思维科学与马克思主义哲学刍论

冯国瑞◎著

中国社会科学出版社

图书在版编目（CIP）数据

思维科学与马克思主义哲学刍论／冯国瑞著．—北京：中国社会科学出版社，2016.3

（北京大学马克思主义哲学论丛）

ISBN 978－7－5161－7860－7

Ⅰ．①思…　Ⅱ．①冯…　Ⅲ．①马克思主义哲学—研究　Ⅳ．①B0－0

中国版本图书馆 CIP 数据核字(2016)第 063193 号

出 版 人　赵剑英
责任编辑　喻　苗
责任校对　王　影
责任印制　王　超

出　　版　中国社会科学出版社
社　　址　北京鼓楼西大街甲 158 号
邮　　编　100720
网　　址　http://www.csspw.cn
发 行 部　010－84083685
门 市 部　010－84029450
经　　销　新华书店及其他书店

印　　刷　北京明恒达印务有限公司
装　　订　廊坊市广阳区广增装订厂
版　　次　2016 年 3 月第 1 版
印　　次　2016 年 3 月第 1 次印刷

开　　本　710×1000　1/16
印　　张　22.25
字　　数　376 千字
定　　价　80.00 元

凡购买中国社会科学出版社图书，如有质量问题请与本社营销中心联系调换
电话：010－84083683

冯国瑞，男，1936 年 3 月生，江苏射阳人。北京大学哲学系教授，北京大学现代科学与哲学研究中心副主任。自 1964 年于北京大学哲学系毕业留校任教以来，为国内外本科生、研究生（硕、博）、进修教师（讲师、副教授）、访问学者（副教授、教授）讲授十多门课程。研究领域：现代科学与马克思主义哲学、当代认识论、毛泽东哲学思想。先后出版《系统论信息论控制论与马克思主义认识论》《信息科学与认识论》《走向智慧——现代科学与马克思主义哲学新探》等多部专著，主编《科学技术革命与社会主义现代化建设》，主编（之一）《信息科学技术与当代社会》《流芳曲——刘北茂百年诞辰纪念文集》，合著《现代科学的哲学探索》《辩证法研究》《毛泽东与中国现代化》《毛泽东哲学思想神髓》《复杂性新探》等十多部著作，发表学术论文 130 多篇。曾获国际学术会议，全国学术会议，省部级、校级学术奖励多项。

总　　序

在新的历史条件下推进马克思主义哲学研究，这既是时代发展和中国发展的客观要求，又是理论工作者所肩负的重要职责。要推进马克思主义哲学研究，必须处理好传承与发展的关系。这里讲的传承，既指马克思主义哲学理论本身的传承，同时也指马克思主义哲学研究成果的传承；这里讲的发展，既指马克思主义哲学理论本身的不断创新，同时也指马克思主义哲学研究水平的突破与提升。加强马克思主义哲学本身的传承与发展无疑是重要的，而对马克思主义哲学研究及其成果的传承与创新也是非常必要的。这两种传承与发展实际上并不是各自孤立进行的，而是内在地结合在一起的。马克思主义哲学的传承与发展固然离不开马克思主义内容本身的研究，同时也包含着后人的理解和阐释，不可能离开后人的研究来孤立地看待马克思主义哲学的传承和发展。因此，要加强马克思主义哲学研究，应当对后人的传承与发展加以重视和关注。这也正是我们组编这套《北京大学马克思主义哲学论丛》的初衷。

北京大学是马克思主义在中国传播的发源地，具有悠久的马克思主义理论研究传统。“五四”新文化运动中，李大钊、陈独秀发起成立“马克思学说研究会”，最早开设唯物史观课程，宣传马克思主义。新中国成立后，北京大学一直是马克思主义哲学教学、研究和宣传的重要阵地，冯定教授等对马克思主义哲学学科的建设起了重要的组织、推动作用。1978年以来，黄枬森教授等在原有的基础上，开创了马克思主义哲学史学科，拓展和完善了马克思主义哲学研究领域，使其成为全国重点学科。

多年来，北京大学马克思主义哲学学科在其研究中逐渐形成了自己的传统，这就是重视马克思主义哲学基础理论研究。“史”（马克思主义哲学史）与“论”（马克思主义哲学基本原理）成为本学科研究的重点。特别是改革开放以来，伴随马克思主义哲学史学科的成功开创，形成了独特的研究特色。由黄枬森等教授主持编写的以及与国内同行共同编写的各种版本的《马克思主义哲学史》在全国学界产生了重要影响。20 世纪 90 年代以来，本学科在保持原有传统优势的基础上，又根据新的发展的需要，逐渐拓宽了研究领域，形成了这样几个主要的研究方向：一是文本研究，包括文献研究和文本内容研究；二是基本原理的专题性研究，特别是历史哲学的研究；三是国外马克思主义研究，重点是西方马克思主义研究；四是马克思主义人学和社会发展理论研究，主要结合当代社会发展变化的实际，对相关重大理论和现实问题从人学和发展理论的视角予以新的探讨。这些研究方向的确立，意味着研究不再仅仅限于传统教科书的框架，同时面向现实问题研究，从而走向新的融合。

对于基础理论研究与现实问题研究的关系，学术界多年来有着不同的看法。有的强调研究的学术性，有的强调研究的现实性，彼此形成不同的倾向和主张。实际上，二者并不构成矛盾与对立，而是完全可以结合在一起的，并且是相互渗透、相互促进的。研究马克思主义哲学，当然需要加强基础理论研究。不能正确理解经典文本和马克思主义哲学史，就不可能真正理解和把握马克思主义哲学，因而正确地阐释文本和马克思主义哲学史，这是掌握马克思主义哲学基本理论的前提和基础。但是，马克思主义哲学又不能仅仅限于这样的研究。将马克思主义哲学研究变为文本、马克思主义哲学史和一些原理的"诠释学""考据学"，无益于推进马克思主义哲学的发展。马克思主义哲学的基础理论也是一个发展、开放的系统，并不是一个固定不变的模式。伴随实践的发展，许多基础理论也要不断深化、调整和完善。关注现实问题，加强"问题导向"，一方面可以使文本中曾被忽视、误解以至被遗忘的思想、观点得到新的重视和开掘，另一方面可以给文本中许多思想赋予新的当代意义，从而激活其思想资源，使其焕发出新的生机、活力。就此而言，加强现实问题研究，又会有力促进基础理论研究。实现二者有机结合，有助于推动马克思主义哲学的深化和发展，这也正是本学科在原有研究基础上拓展研究方向与领域的动因所在。

收录在本论丛的书目，都是本学科老教授的研究成果。这些老教授虽已离开教学岗位，但不少人始终是"退而不休"，一直在马克思主义哲学研究的园地里辛勤耕耘，成果不断，在学科建设中发挥着重要作用。从本论丛写作的时间来看，既有过去撰写的，也有新近创作的，有的完全是近几年研究的成果；从其内容来看，涉及的论域比较广泛，既有关于马克思主义哲学史、经典文本和基本原理的研究，又有关于重大理论问题和现实问题的研究；从其关注的重点来看，既有基础性的问题，又有前沿性的问题；从其研究的领域来看，既有马克思主义哲学本身所涉及的各种领域，又有与其相关的研究领域。可以说，这些成果是这些老教授长期研究的真实记录，是他们探索轨迹的生动描绘，共同构成了马克思主义研究的绚丽画卷。

本论丛只反映了本学科过去研究的一个大致图景，并未体现其研究的全部历史和现状。收录的书目主要反映了作者在研究中的代表性成果或代表性观点。尽管各位作者研究的重点不同，旨趣各异，但其目标指向则是共同的，这就是不断深化和推进马克思主义哲学研究，以求发展、创新。正是围绕这一目标，各位作者分别从不同角度对马克思主义哲学进行了有益的探讨，形成了不同的研究特色。

值得注意的是，本论丛所收集的这些研究成果是和作者们的经历联系在一起的。这些作者都是在20世纪上半叶出生的，大多是在新中国建立后走进大学校园，而后留校任教。他们都经历了共和国的风风雨雨，其学术生涯又是同改革开放的历程联系在一起的。正是这些特殊的经历，使这些作者对社会、人生和马克思主义哲学有着独特而深刻的体认和感悟。这些研究成果均不同程度地打上了时代的烙印和个人体验的印记。今天看来，在这些成果中，尽管有些话题可能有些陈旧，某些看法也不一定新颖，但其确实反映了这些作者在不同历史条件下的独特思考和艰辛探索，有助于我们更好地理解和把握马克思主义哲学研究的思想历程及其经验教训。总体来看，这些成果是本学科长期积累的宝贵财富，它为本学科的发展奠定了厚实的基础，因而是其发展的重要阶梯。

传承是为了更好地发展。站在新的历史起点上，北京大学马克思主义哲学学科的同仁们始终没有忘记自己的使命和责任，没有忘记自己的天职，一直以高度的热忱投身于马克思主义哲学的教学与研究之中。我们相信，在未来的岁月中，只要充分继承和发扬北京大学马克思主义理论研究的光荣传统，锐意进取，不懈努力，就一定会在马克思主义哲学研究上取得新的更大的成就。我们将会把新的成果集中起来，以“马克思主义哲学：经典与当代”丛书加以出版。

近年来，本学科的发展得到了陕西帮建置业有限公司董事长王建良先生的大力支持和帮助，他建议并捐资设立了“黄枬森与北京大学马克思主义哲学学科发展”项目（简称“黄枬森项目”），为本学科的教学、科研作出了重要贡献，在此深表感谢！

本论丛的出版得到了陕西帮建置业有限公司董事长王建良先生和北京大学社会科学部的资助；北京大学哲学系对本论丛的出版给予了大力支持；中国社会科学出版社为本论丛的策划和出版作了很大努力，付出了辛勤劳动。在此一并表示诚挚的谢意！

论丛编委会

2016 年 4 月

为纪念
钱学森院士创建思维科学而作

前　言

思维科学与马克思主义哲学交叉研究是一项综合交叉的前沿性课题。为开展这项研究，既要综合吸收现代科学与马克思主义哲学的最新成果，广泛涉猎中外文化的深厚内蕴，更要从思维科学与马克思主义哲学交叉研究的角度作深层次的探讨。在学习、思考、研究这一课题的近 30 年过程中，笔者得到了方方面面人士的教导、启迪、支持和帮助。

首先，得益于诸多学术活动的智慧启迪。

1987 年 10 月，经北京大学朱照宣教授介绍，笔者参加了钱学森院士倡导的系统学讨论班。在该讨论班进行学术活动的十多年时间里，在与各领域院士、教授、专家的切磋研讨中，笔者受到了很多智慧的启迪。1987—1988 年，在北京大学举行的由钱学森院士倡导的思维科学讨论班上，笔者也得到了许多学理上的启示。1997 年，笔者参加了由科技部和中国科学院联合举办的北京香山科学会议的两次学术会议：一次是研讨“开放的复杂巨系统的理论与实践”，另一次是研讨“跨世纪的脑科学——脑的复杂性研究”。2000 年，在北京香山召开了“意识与大脑”的学术研讨会。同年，笔者参加了国家自然科学基金委员会举办的复杂性科学国际学术研讨会。2001 年，笔者出席了中国科学院数学与系统科学研究院召开的“科学与文化”国际学术研讨会。2002 年，笔者参加了中国科学院举办的复杂性科学国际学术研讨会。同时，笔者参加了北京大学举办的与本课题有关的一系列学术活动。1997 年，北京大学举办了“大脑与思维”学术座谈会，随后举办了“脑科学与思维科学”学术研讨会。同年，北京大学心理学系举办了“思维科学与心理学”学术研讨会。1988 年，北京大学物理系举办了“人工智能”国际学术会议。与之相继，北京大学哲学系举办了“马克思主义哲学与现时代”国际学术研讨会，并举行了系列学术讲座，邀请苏联科学院奥伊泽尔曼院士和著名哲学家列克托尔斯基等人作学术报告。此后，北京大学哲学系还举办了一系列学术活动。例如，1998 年，举办了“中日哲学”国际学术研讨会。2001 年，举办了“《共产党宣言》与全球化”国际学术研讨会。此外，北京大学“现代科学与马克思主义认识论讨论班”自 1989 年 5 月 12 日开展学术活动以来，举行了多达数年的系列学术活动。1997 年 10 月，经北京大学校长办公会议批准，将该讨论班正式定名为“北京大学现代科学与哲学研究中心”。该中心从此开始了“复杂性科学与马克思主义哲学”的系列学术活动，一直持续至今。1998 年，该中心举办了“思维科学与哲学”学术研讨会。

笔者在参加上述学术活动的过程中，拓宽了知识视野，加深了学术理解，获得了智慧启迪，体悟到综合交叉研究的必要性、可能性、前瞻性、创新性，从而为开展思维科学与马克思主义哲学交叉研究作了理论上、思想上的准备。

其次，获得了大批学者的思想激励。

在参加上述学术活动过程中，以及在平时的学术交往过程中，笔者获得了大批学者的思想激励。钱学森院士、徐光宪院士、侯仁之院士、吴良镛院士、吴全德院士、戴汝为院士、郭爱克院士、张岱年教授、张世英教授、汤一介教授、梁柱教授、袁行霈教授、马宾研究员、黄枬森教授、于景元研究员、朱照宣教授、杨辛教授、黄顺基教授、赵光武教授、孙小礼教授、傅世侠教授、赵凯华教授、王恩涌教授、汪云九研究员、李守中教授、罗先汉教授、马蔼乃教授、苗东升教授、钱学敏教授、刘育熙教授、李世煇教授、符友丰教授、魏英敏教授、张文儒教授、李醒尘教授、刘烜教授、李毓臻教授、董镇喜教授、阮慎康教授、赵少奎研究员、卢明森教授、巩献田教授、董学文教授、程郁缀教授、赵为民教授、李少军教授等人，给笔者以巨大的思想激励。同时，许多师友还给笔者以热情的精神鼓舞。中央党校研究生院原院长许全兴教授、航天医学中心成自龙研究员、海军研究院柳克俊研究员、《光明日报》总编辑苟天林同志、《求是》杂志总编辑张晓林同志、北京大学党委书记朱善璐同志、《红旗文摘》总编辑张西立同志、《北京行政学院学报》主编袁吉富教授，他们来舍下看望时都曾给以巨大的精神鼓舞，使我坚定了开展本课题研究的信心。

再次，得到了丰富的文献支持。

钱永刚教授于 2007 年 5 月初送我《钱学森书信》（10 卷）（我为此

书写的书评《为人治学皆闪光——读〈钱学森书信〉》，发表于《光明日报》2007 年 8 月 12 日第 7 版）。2012 年 9 月初，钱永刚教授又送我《钱学森书信补编》（5 卷）、《钱学森文集》（6 卷）。这为我开展本课题的研究提供了重要的文献支持。北京大学图书馆藏书丰富，使我能够阅读到国内外与本课题有关的大量重要文献。

最后，依赖于教学、科研实践活动中的逐渐体悟。

我在讲授现代科学与马克思主义哲学、当代认识论、毛泽东哲学思想等课程的教学活动中，在与众多师友的学术交往、从事科学研究的过程中，逐渐体悟到本课题的研究是一项前沿性的综合交叉的研究课题，应该本着坚持学习、实践、思考、勇于探索的精神对之进行深入的探讨。

对上述各方面人士和未及列出的广大师友所给予的教导、支持和帮助，笔者表示衷心的感谢。

奉献于广大读者面前的这本著作，只是笔者探索性的见解。由于本课题涉及的学科众多，研究的深层次问题也错综复杂，但因笔者学识水平和身体状况的限制，因此书中肯定会有不少疏漏、缺点甚至错误，敬希学界师友和广大读者批评指正。

著　者

2014 年国庆前夕于草思斋

目　录

引　论

思维科学作为一门新兴的交叉科学，它与马克思主义哲学具有深刻联系。探讨思维科学与马克思主义哲学的相互关系，不仅对发展思维科学与马克思主义哲学以及相关学科具有深刻的理论意义，而且对当今中国的社会主义现代化建设和改革开放的伟大事业，提高干部队伍和整个中华民族的综合素质都具有重要的实践价值。概括地说，研究思维科学与马克思主义哲学的相互关系，其理论意义和实践价值可以从如下几个方面加以考察。

一　促进思维科学的不断发展

思维科学正在蓬勃兴起。古今中外关于思维科学有着丰富、深刻的思想，随着现代科学特别是交叉科学的迅速发展，国内外关于认知科学、思维科学的探讨正在不断深入。然而，从人类认识史和现代科学与马克思主义哲学相互联系的全局高度来审视，思维科学的内涵、机制、特点、规律及其在整个人类认识体系中的地位与作用等方面，都应当坚持以马克思主义哲学为指导，对上述诸方面的内容作深入的、创新性的探讨，这首先可以促进思维科学的不断发展。

二　推动马克思主义哲学的深入研究

马克思主义哲学是人类智慧的最高结晶，它同时是一种开放的复杂巨系统。它应当在人类实践和认识的辩证前进过程中，不断地汲取营养，经过自身特有的方法论的提炼，不断地丰富、深化、发展自己。研究思维科学与马克思主义哲学的相互关系，就能够一方面坚持以马克思主义哲学为指导，一方面深入研究思维科学及其与相关学科的发展，为丰富、深化、发展马克思主义哲学提供新颖的、鲜活的思想素材，推动思维科学与马克思主义哲学的深入研究。

三 提高干部队伍的综合素质

干部队伍是党和国家事业的中坚，是遵循中国特色的社会主义理论体系，走中国特色社会主义道路，坚持中国特色社会制度，带领全国人民贯彻落实科学发展观、构建社会主义和谐社会、建成全面小康社会的决定性力量。干部队伍的综合素质包括政治素质、思想素质、道德素质、科学素质、文化素质、决策水平、管理水平等方面内容。而贯穿其中最重要的是政治素质、思想素质、道德素质和思维方式等内容。党的十七届四中全会发布的《中共中央关于加强和改进新形势下党的建设若干问题的决定》指出："中央委员和省部级领导干部要认真研读马克思主义特别是中国特色社会主义理论体系的基本著作，切实提高战略思维、创新思维、辩证思维能力，带头探索回答重大理论问题和实践问题。"这是在新的时代条件和社会实践面前，党中央向全党领导干部发出的一项现实性、战略性、前瞻性的号召，具有重大的理论意义和实践意义。探讨思维科学与马克思主义哲学的相互关系，就可以更深入地引导广大干部特别是领导干部认真领会党中央的决策部署，并在实践中自觉地贯彻执行。广大干部特别是领导干部认真学习马克思主义特别是中国特色社会主义理论体系，学习思维科学与马克思主义哲学，是干部队伍建设的"软件"工程，具有头等重要的特殊作用。因此，探讨思维科学与马克思主义哲学，对于贯彻执行党中央的伟大号召，提高干部队伍的综合素质，具有特别重要的意义。

四 培养创新型的优秀人才

我们国家实施科教兴国战略和人才强国战略，建设创新型国家，这是复兴中华民族伟大事业的英明战略。为使这些战略得以贯彻实施，关键是要源源不断地培养出一代又一代创新型的优秀人才。我国著名科学家钱学森院士长期思考的一个重大问题就是培养创新型优秀人才的问题。直到晚年，身卧病榻，他仍始终关注着这个关系国家大局和前途命运的重大问题。2005 年 7 月 30 日，钱学森对前往医院看望他的温家宝总理说："现在中国没有完全发展起来，一个重要原因是没有一所大学能够按照科学技术发明创造人才的模式去办学，没有自己独特的创新的东西，老是'冒'

不出杰出人才，这是很大的问题。”[①] 2005 年 3 月 29 日，钱学森生前最后一次跟其学术助手涂元季等人的谈话中，语重心长地指出：“今天，党和国家都很重视科技创新问题，投了不少钱搞什么‘创新工程’、‘创新计划’等等，这是必要的。但我觉得更重要的是要具有创新思想的人才。问题在于，中国还没有一所大学能够按照培养科学技术发明创造人才的模式去办学，都是些人云亦云，一般化的，没有自己独特的创新东西，受到封建思想的影响，一直是这个样子。我看，这是中国当前的一个很大问题。”[②] 钱学森不仅提出了这个“钱学森之问”，而且给出了大成智慧教育的设想。他认为，要着力培养各方面创新型的优秀人才。他于 1993 年 10 月 7 日在给钱学敏教授的信中说：“现在我想是大成智慧学的硕士。具体讲：（1）熟悉科学技术的体系，熟悉马克思主义哲学；（2）理、工、文、艺结合，有智慧；（3）熟悉信息网络，善于用电子计算机处理知识。”[③]

研究思维科学与马克思主义哲学，就能够从当代社会对人才培养的发展需要，从人才素质和学科融通的高度，思考和实施创新型优秀人才培养的问题。就中国高等教育来说，应当按照培养有理想、有道德、有文化、有纪律的高质量人才的要求，在培养各种类型、不同层次的创新型的专门人才，以适应经济建设主战场需要的同时，应当着力培养一代又一代高级的创新型的综合人才或者通才。这些人应当具有坚定正确的政治方向，纯洁高尚的思想道德，在业务上能够实现文理交叉、中西贯通、古今融会、运筹谋划，成为哲学社会科学战线和现代科学技术前沿领域的将才和帅才，能够在哲学社会科学战线和现代科学技术的前沿领域从事和组织综合的创造性的研究工作，对国家的经济发展、科教昌盛和社会进步作出开拓性的贡献。

---

① 李斌：《亲切的交谈——温家宝看望季羡林钱学森侧记》，《人民日报》2005 年 7 月 31 日。

② 涂元季等整理：《钱学森的最后一次系统谈话——谈科技创新人才培养问题》，《人民日报》2009 年 11 月 5 日。

③ 涂元季主编：《钱学森书信》第 7 卷，国防工业出版社 2007 年版，第 386—387 页。

第一章

思维科学释义

研究思维科学与马克思主义哲学，首先碰到的一个问题，就是什么是思维科学？这是研究问题应从实际出发的基本思路，即首先研究是什么的问题。只有把这个问题大致上梳理清楚了，下面的一系列问题的研究才能获得由此出发的逻辑基础。

钱学森院士从20世纪80年代以来，一直倡导并且积极探索思维科学，成果十分丰富。因此，本章的内容将着重阐明钱学森关于思维科学的思想。

一　什么是思维科学

要研究什么是思维科学，首先就应当考察思维在认识史上的含义和钱学森关于思维科学中的思维的界定，然后才能探讨什么是思维科学的问题。

那么，什么是思维科学呢？要回答这个问题，必先对什么是思维、思维的辩证过程以及思维的内外关系作一番理论考察，才能为回答这个问题提供必要的理论准备和逻辑基础。

要研究什么是思维科学，首先要了解什么是思维。在人类认识史上，思维的主要含义，至少有下列几种情形。

（一）思维的多义性

在人类认识史上，思维不是单一的含义，而是有多重的含义。

1. 思维与精神、意识处于同等序列

恩格斯指出，“思维对存在、精神对自然界的关系问题，全部哲学的最高问题”[①]。列宁在论述思维与存在、意识与物质关系这一哲学基本问题时，指出这也是认识论的基本问题。他说：“在认识论所能使用的概念中，有没有比存在和思维、物质和感觉、物理的东西和心理的东西这些概念更广泛的概念呢？没有。这是些极为广泛的、最为广泛的概念，其实……认识论直到现在还没有超出它们。”[②] 因为它们是认识论的“根本概念。”所以，研究思维，首先应该弄清楚它在哲学基本问题和认识论基本问题中的含义。这样，才能从哲学高度去理解思维的内涵。

2. 思维与理性认识几乎等义

恩格斯说，“辩证的思维，不过是在自然界中到处发生作用的、对立中的运动的反映”[③]，“辩证思维方法是唯一在最高程度上适合于自然观的这一发展阶段的思维方法”[④]。因为要认识客观世界和人类社会实践，只有运用辩证综合和理论思维。而辩证综合和理论思维的结果是理性认识，贯穿其中的思维则是达到理性认识的方法。所以，在恩格斯看来，思维与理性认识可以在等义的意义上加以考察和运用。列宁指出：“思维应当把握住运动着的全部‘表象’，为此，思维就必须是辩证的。”[⑤] 这里，列宁也是在讲辩证思维就是理性认识。毛泽东更加明确地论述了思维即理性认识的内容。他指出：“认识的真正任务在于经过感觉而到达于思维，到达于逐步了解客观事物的内部矛盾，了解它的规律性，了解这一过程和那一过程间的内部联系，即到达于论理的认识。”[⑥] 毛泽东在读苏联政治经济学批注和谈话中认为：“思维是一种特殊物质的运动形态，它能够反映客观的性质，能够反映客观的运动，并且由此产生科学的预见，而这种预见经过实践又能够转化成为事物。”

3. 思维专指思维形式

在人类认识史上，有一种学说把人们思维的内容当作认识论研究的对象，而把思维形式如概念、判断、推理等则归入思维的范畴，当作逻辑学研究的对象。这样看来，逻辑学与认识论具有深刻的内在一致性。列宁指

① 《马克思恩格斯文集》第4卷，人民出版社2009年版，第278页。

② 《列宁选集》第2卷，人民出版社2012年版，第107页。

③ 《马克思恩格斯文集》第9卷，人民出版社2009年版，第470页。

④ 同上书，第471页。

⑤ 《列宁全集》第55卷，人民出版社1990年版，第197页。

⑥ 《毛泽东选集》第1卷，人民出版社1991年版，第286页。

出，逻辑学是“对世界的认识的历史的总计、总和、结论”[①]。他还认为，“逻辑学是和认识论一致的。这就是极重要的问题”[②]。“逻辑学是关于认识的学说。它是认识论。”[③] 在人类认识史上，在研究思维的问题时，在坚持逻辑学与认识论一致的前提下，着重研究思维形式及思维过程的规律，不失为探讨思维问题的一个新角度。

（二）钱学森思维科学中的思维的特殊性

钱学森院士在创建思维科学的过程中，既坚持了马克思主义哲学对思维科学的指导，又对思维科学中的思维作了在人类认识史上的丰富和深化。

1. 思维是研究思维运动中信息的过程

钱学森院士在研究思维科学中的思维时，在坚持逻辑学与认识论一致的前提下，着重从人们已经获得的信息在思维运动中的情形、特点和规律的角度进行考察。他说：“只处理所获得的信息，那才是思维学的研究课题。”[④] “思维学是研究加工信息，而不是研究如何获得信息。”[⑤] 钱学森1982年10月23日在给胡岚的信中指出：“认识和思维不是同一个东西。认识是讲人通过实践，加上过去自己和他人认识了的东西，总结提炼，达到对客观世界规律的认识。而思维则是以上认识过程中人脑的具体活动。”[⑥] “思维当然有规律，因为思维也是一种客观现象，是物质运动，而一切客观的东西和物质运动都有其自己的规律，思维当然也不例外。”[⑦] 这就从逻辑学与认识论一致的基础上，区分出思维着重研究思维是信息加工的过程，这在人类认识史上深入、前进了一大步。

2. 思维内容的多样性

在人类认识史上，对思维内容的研究虽然文献较多，但总体说来，对逻辑思维研究得比较清楚，而对形象思维则归入文学艺术的领域。自从俄国文学家别林斯基1841年首次提出形象思维以来，世界各国对形象思维的研究蓬勃兴起。毛泽东1965年7月21日在《给陈毅的信》中，明确指

① 《列宁全集》第55卷，人民出版社1990年版，第77页。

② 同上书，第146页。

③ 同上书，第152页。

④ 涂元季主编：《钱学森书信》第9卷，国防工业出版社2007年版，第133页。

⑤ 同上。

⑥ 涂元季主编：《钱学森书信》第1卷，国防工业出版社2007年版，第209页。

⑦ 顾吉环、李明、涂元季编：《钱学森文集》卷三，国防工业出版社2012年版，第215页。

出："诗要用形象思维，不能如散文那样直说，所以比、兴两法是不能不用的。"① 他还认为："要作今诗，则要用形象思维方法，反映阶级斗争与生产斗争，古典绝不能要。"② 至于对灵感思维、社会思维等，则散见于各门学科的零星研究之中。

钱学森在创建思维科学的过程中，把逻辑思维、形象思维、灵感思维、社会思维、创造性思维（就一种意义上说来，它等义于创新思维）等统统纳入思维科学的基础科学——思维学之中。这在人类认识史上是一项具有特殊重要意义的理论贡献。

3. 思维科学的体系性

钱学森在创建思维科学的过程中，关于思维科学的体系，也有他自己的宏观的构想。他把思维科学放在他的现代科学技术体系之中，作为整个现代科学技术体系中有机联系的一个独立的科学大部门。而且，思维科学自身也构成体系，它分为三个层次，即基础科学层次、技术科学层次和工程技术（技术应用）层次。思维科学通过认识论这座桥梁与马克思主义哲学相连接。虽然钱学森关于思维科学体系的宏观构想有待于在实践和认识的过程中进一步丰富和深化，但在人类认识史上，较之此前的和同时代人的认识成果来说，这仍然是一项具有创新意义的理论概括。

（三）什么是思维科学

在对上述内容作了初步梳理之后，对什么是思维科学的问题，可以有一个相对明确的界定。所谓思维科学，是指研究思维的情形、结构、功能、特点、规律及其调控规律的一门综合交叉的、非线性的、复杂性的学科。

钱学森院士在1986年5月28日给戴汝为的信中指出："思维科学是非常重要的，似应译为 Noetic Siences，是处理意识与大脑、精神与物质、主观与客观的马克思主义科学，很不容易！千万不能庸俗化！搞好了，是马克思列宁主义的胜利。"③ 思维科学在研究客观与主观、实践与认识矛盾运动的基础上，着重研究思维主体自身思维过程的情形、结构、功能、特点、规律及其调控规律的非线性的复杂过程。思维科学不直接研究思维

---

① 《毛泽东文集》第8卷，人民出版社1999年版，第421页。

② 同上书，第422页。

③ 涂元季主编：《钱学森书信》第3卷，国防工业出版社2007年版，第141页。

主体是怎么获取思维客体的信息以进行思维活动的，但以客观与主观、实践与认识的矛盾运动为其研究的前提和基础。

思维科学是一门综合交叉的学科。它与生理学、脑科学、人工智能、认知科学、社会科学中的许多部门、认识论等学科存在着复杂的交互作用。这从思维科学的结构可以看出来。至于思维科学的结构，其内容将在后面展开。

思维科学的综合交叉性是植根于现代科学特别是系统科学和复杂性科学的大背景的肥沃土壤上的。同时，它也是人类认识史逻辑发展的必然。

现代科学的发展，呈现出整体化、综合化、智能化的趋势，系统科学、复杂性科学等学科的发展，正是在这种大背景下不断演进的。这种科学发展的趋势催生了思维科学的兴起。同时，人类认识史内在的发展趋势表明，由古代的从研究客观世界为主到近代的研究客观与主观的关系，再到现代的以研究客观与主观、实践与认识的矛盾运动，直到当代的在研究客观与主观、实践与认识矛盾运动的同时，深入研究认识主体自身。正是由于人类认识史的内在发展趋势，引起了人们对思维过程的情形、结构、功能、特点、规律及其调控规律研究的兴趣，从而从历史与逻辑统一的高度推动了思维科学的创立和发展。

思维科学（Noetic Science）不同于认知科学（Cognitive Science）。认知科学主要是计算机科学与心理学交叉结合的产物，而思维科学则是诸多学科综合交叉的学科，它研究的内容比认知科学要丰富、深刻得多。虽然国外有人把认知科学与思维科学看做是同一学科，我们国内在20世纪80年代初期也曾受到这一学说的影响，但是，我国著名科学家钱学森院士对思维科学与认知科学作了严格的区分。钱学森于1989年7月3日给南开大学胡国定教授的信中，明确指出："思维科学是另外的事，是与系统科学并列的一个科学部门。我想英文宜用 noetic science，不用 thinking science 或 cognitive science。"① "思维科学就是人的思维的科学，翻成英语叫 noetic science。思维科学是真正的科学……思维科学是'显科学'。"② "思维科学是从人脑通过思维认识整个客观世界这个角度，去开展研究的。"③ 钱

① 涂元季主编：《钱学森书信》第4卷，国防工业出版社2007年版，第502页。

② 顾吉环、李明、涂元季：《钱学森文集》卷五，国防工业出版社2012年版，第23页。

③ 同上书，第341页。

学森于1989年2月8日给刘奎林的信中指出："外国人的所谓'认知科学'有机械唯物论的味道，对人的能动性作用重视不够，我们的思维科学似乎更符合辩证唯物主义。"①

二　思维科学的结构

结构是指系统的要素按一定方式所构成的"部分的秩序"，它具有层次性。思维科学作为一门非线性的、综合交叉的学科，它的结构也是比较复杂的。它上面通过认识论这座桥梁与马克思主义哲学相连接，而且，它本身又包括基础科学、技术科学和工程技术（技术应用）三个层次。戴汝为院士根据钱学森院士有关思维科学的框图和思想，绘制了思维科学的系统结构图。请见图1.1

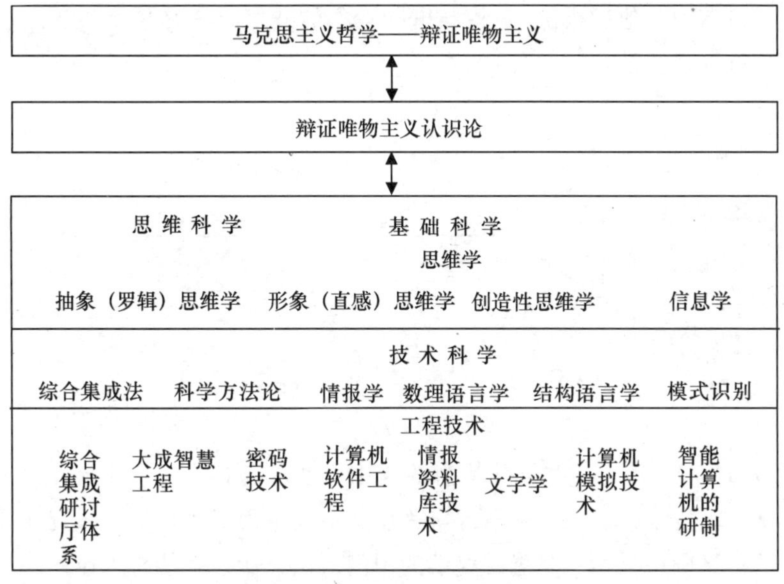

图1.1　思维科学的系统结构②

① 涂元季主编：《钱学森书信》第1卷，国防工业出版社2007年版，第337—338页。

② 总装备部科技委、总装备部政治部编：《钱学森学术思想研究论文集》，国防工业出版社2011年版，第505页。

下面，就根据此图，对思维科学结构的内容分别作些介绍。

(一) 钱学森关于思维科学的总体论述

关于思维科学的结构，钱学森也有十分明确的论述。1984 年 1 月 23 日，他在给李德华教授的信中指出："思维学，它是研究人思维的规律的，又可按人的思维类型分为抽象（逻辑）思维学、形象（直感）思维学及灵感（顿悟）思维学。目前只有第一种思维学有点门道，其他两门尚在探索。模式识别、科学语言学都会为形象（直感）思维学提供素材。这样从工程技术到技术科学，再到基础科学就形成了完整的一个现代科学技术大部门——思维科学。"[①] 钱学森于 1988 年 1 月 1 日给戴汝为的信中提出："任何人们对具体问题的思维过程都是综合抽象思维和形象思维（有时也有灵感思维）以及社会思维的思维过程。……作为思维科学的应用的具体思维应该是综合性的，是一项系统工程，叫'思维工程'吧。"[②] 在同一封信中，他还指出："指导思维工程的技术科学是思维科学的中间层次的思维系统学。

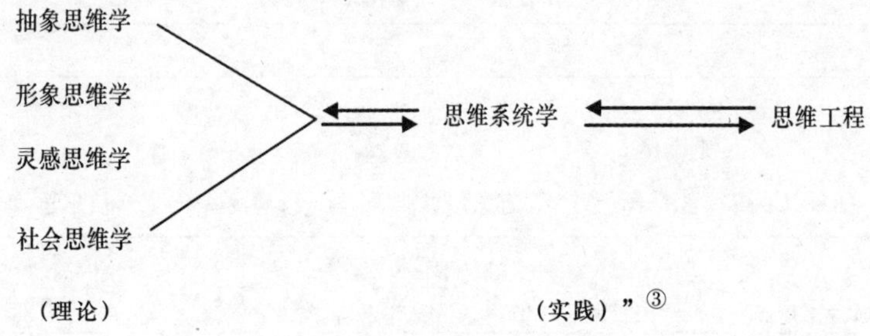

1990 年 10 月 4 日在给戴汝为的信中，钱学森指出："智能机和人工智能是工程技术，属思维科学的实用层次；而上面提到的知识系统或知识系统学则属应用科学，是思维科学的中间层次；所以智能机工作最终也将有助于思维学的研究，思维学属思维科学的基础科学层次。"[④] 钱学森

① 涂元季主编：《钱学森书信》第 1 卷，国防工业出版社 2007 年版，第 323 页。
② 涂元季主编：《钱学森书信》第 4 卷，国防工业出版社 2007 年版，第 111 页。
③ 同上。
④ 涂元季主编：《钱学森书信》第 5 卷，国防工业出版社 2007 年版，第 358 页。

1993 年 1 月 25 日在给戴汝为的信中提出："至于人的思维，我们一直说有抽象（逻辑）思维、形象（直感）思维、灵感（顿悟）思维和社会思维，又说有量智和性智。近日我想：性智又分两层，低一层次是以形象为基本的，可以称'象智'，高层次的可是性智。所以

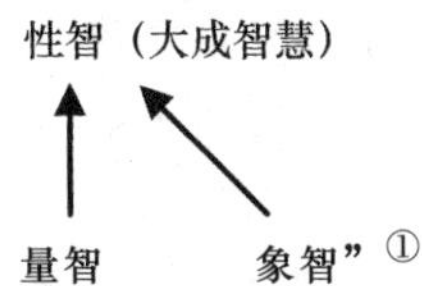

1994 年 11 月 6 日，在给杜乐天的信中，钱学森指出："思维科学部门，基础学科是抽象（逻辑）思维学、形象（直感）思维学和灵感（顿悟）思维学。您的文章说的是如何运用这三种思维去解决面临的问题，是讲策略，所以是思维谋略学，属中间技术层次，它是很重要的。我希望您能再深入下去。"②

关于思维科学的体系，钱学森后来的思想又有了发展，他特别重视创造性思维和辩证思维。这里，仅就创造性思维作一些介绍，至于辩证思维，因其内容非常丰富、深刻，我拟放在思维学的那一部分再详细展开。

1995 年 6 月 28 日，在给杨春鼎教授的信中，钱学森指出："人的创造需要把形象思维的结果再加逻辑论证，是两种思维的辩证统一，是更高层次的思维，应取名为创造思维，这是智慧之光！"③

总之，关于思维科学体系，钱学森在探讨的过程中，其思想是不断发展的。他不仅讲了思维科学应分为基础科学、技术科学和工程技术三个层次，而且对这三个层次的见解也是不断发展变化的，尤其在思维科学的基础科学——思维学这一部分（如对创造思维和辩证思维的论述），他的思想发展便体现了他不断探索、勇于创新的治学风格。

不仅如此，而且钱学森特别着重地指出："思维科学只研究思维的规律和方法，不研究思维的内容，内容是其他科学技术部门的事。"④ 这就

① 涂元季主编：《钱学森书信》第 7 卷，国防工业出版社 2007 年版，第 90 页。

② 涂元季主编：《钱学森书信》第 8 卷，国防工业出版社 2007 年版，第 456 页。

③ 涂元季主编：《钱学森书信》第 9 卷，国防工业出版社 2007 年版，第 273 页。

④ 顾吉环、李明、涂元季编：《钱学森文集》卷三，国防工业出版社 2012 年版，第 216 页。

从总体上界定了思维科学研究的对象。这是对思维科学的创新和深入前进之处。

（二）思维科学的基础科学——思维学

对思维科学的基础科学——思维学的探讨，钱学森的学术思想也是与时俱进的。他着重就逻辑思维、形象思维、灵感思维、社会思维、创造性思维、辩证思维和大成智慧学各自的内涵、特点以及它们之间的相互关系作了辩证的探索。

1. 逻辑思维

对逻辑（抽象）思维，钱学森虽未作为着力研究的领域，但也有丰富、深刻的思想。

（1）逻辑思维研究有了些门道

1984 年 1 月 23 日，钱学森在给李德华的信中提出："思维学，它是研究人思维的规律的；又可按人的思维类型分为抽象（逻辑）思维学、形象（直感）思维学及灵感（顿悟）思维学。目前只第一种思维学有点门道，其他两门尚在摸索。"① 1991 年 10 月 24 日，在给刘元亮的信中，钱学森指出："抽象（逻辑）思维是理性的，能说清楚。"② 1992 年 8 月 12 日，在给汪成为的信中，钱学森认为："抽象（逻辑）思维是人长期实践经验的总结，概括出的规律，一阶逻辑，比较成熟有把握，所以敢于用它'深加工'，从公理、定义得到可以信赖的定理，中间不需要再与事实核对，'抽象'即此而言。"③

（2）逻辑思维的发展

人类的逻辑思维在实践和认识的矛盾运动过程中是不断发展、前进的。这种发展、前进的逻辑思维形态有模态逻辑、数理逻辑、模糊逻辑和辩证逻辑等。钱学森 1989 年 8 月 24 日在给戴汝为的信中指出："搞思维科学、思维学和模拟智能机的人不就应该重视现代逻辑学的新发展、模态逻辑吗？模态逻辑离得近嘛。"④ 1991 年 10 月 6 日，钱学森在给杨达的信中指出："今天和今后一个时期思维科学主要是从已知的经验思维规律，

---

① 涂元季主编：《钱学森书信》第 1 卷，国防工业出版社 2007 年版，第 323 页。

② 涂元季主编：《钱学森书信》第 6 卷，国防工业出版社 2007 年版，第 133 页。

③ 同上书，第 365—366 页。

④ 涂元季主编：《钱学森书信》第 5 卷，国防工业出版社 2007 年版，第 25 页。

如逻辑（包括近代发展起来的高阶逻辑、模态逻辑），来构筑人与电子计算机信息库的高效思维系统。”① 1992 年 7 月 14 日，钱学森在给戴汝为的信中提出：“把‘逻辑求解的思维学’与‘非逻辑求解的思维学’有机地、辩证地结合起来，成为更高阶的‘思维学’。”② 逻辑思维发展到更高阶段是辩证逻辑和辩证思维。这部分内容将在后文论述。

（3）逻辑思维与其他思维方式的辩证综合

在人的思维过程中，不只是单独运用逻辑思维，而常常是把逻辑思维与其他思维方式辩证综合起来运用的。钱学森于 1982 年 10 月 23 日在给胡岚的信中指出：“出现于各高阶段的思维，是大脑活动的机能或表现。它也有自己的规律，研究这种规律的学科，我拟称之为思维学。思维学的第一项任务是思维形式的分类。我拟将思维形式分为三种：即抽象（逻辑）思维、形象（直感）思维和灵感（顿悟）思维。这在认识的从知觉起的六个阶段（系指知觉、表象、加工、概念、判断和推理——引者注）中，每个阶段都离不开这几种思维，有时用一种，有时用两种，有时三种都得交替使用。”③ 1988 年 1 月 1 日在给戴汝为的信中，钱学森认为：“任何人们对具体问题的思维都是综合抽象思维和形象思维（有时也有灵感思维）以及社会思维的思维过程。”④ 1992 年 1 月 7 日，钱学森在给戴汝为的信中指出：“把抽象（逻辑）思维和形象（直感）思维综合成一体，即辩证思维了。”⑤ 1995 年 11 月 5 日，在给刘为民的信中，钱学森认为：“科学工作是源于形象思维，终于逻辑思维。形象思维是源于艺术，所以科学工作是先艺术，后才是科学。相反，艺术工作必须对事物有个科学的认识，然后才是艺术的创作。”⑥

（4）逻辑思维在一定条件下可以转化为形象思维

1984 年 9 月 8 日在给隗寿彰的信中，钱学森指出：“人的具体思维过程非常复杂，可以从抽象思维跳到形象思维。”⑦ 1985 年 2 月 25 日，在给北京师范大学汪培庄教授的信中，钱学森认为：“如把非单调逻辑结成

① 涂元季主编：《钱学森书信》第 6 卷，国防工业出版社 2007 年版，第 117 页。
② 同上书，第 357 页。
③ 涂元季主编：《钱学森书信》第 1 卷，国防工业出版社 2007 年版，第 210—211 页。
④ 涂元季主编：《钱学森书信》第 4 卷，国防工业出版社 2007 年版，第 111 页。
⑤ 涂元季主编：《钱学森书信》第 6 卷，国防工业出版社 2007 年版，第 214 页。
⑥ 涂元季主编：《钱学森书信》第 9 卷，国防工业出版社 2007 年版，第 371—372 页。
⑦ 涂元季主编：《钱学森书信》第 2 卷，国防工业出版社 2007 年版，第 6 页。

网，形成一个逻辑的巨系统，就会出现‘协同作用’，就是人工智能。这也就是形象（直感）思维。”① 1985 年 4 月 29 日，钱学森在给周波的信中指出：“如果逻辑网复杂到一定程度，即您的 m、n 大到一定值，逻辑会变成直觉，抽象思维变形象思维。”② 1985 年 5 月 20 日，钱学森在给汪培庄的信中认为：“逻辑网络巨系统可以出现‘协同’作用，出现‘有序化’现象，我想这个‘有序化’就是‘智慧’、就是形象思维或直感。”③ 1985 年 7 月 1 日，在给杨春鼎的信中，钱学森阐述道：“我这几个月一直在考虑如何用人工智能来突破形象（直感）思维，而这必须在理论上有创新。怎么创？好像得用协同学的有序化概念，即把逻辑思维的‘线’组成大网络，高度并行化，从而产生飞跃——形象（直感）思维。正在找几位理论家在探索。”④ 可见，逻辑思维在一定条件下，可以转化为形象思维。它们之间没有不可逾越的鸿沟，关键是要找到实现转化的一定条件。这正如毛泽东所说：“矛盾着的对立的双方互相斗争的结果，无不在一定条件下互相转化。在这里，条件是重要的。没有一定的条件，斗争着的双方都不会转化。”⑤ 思维过程的矛盾运动也是如此。

（5）辩证逻辑是逻辑思维发展的最高阶段

一方面，辩证逻辑是辩证思维的体现，是逻辑思维发展的最高阶段。另一方面，辩证思维渗透于、贯穿于逻辑思维、形象思维、灵感思维、社会思维和创造性思维等全部思维方式的交互作用过程之中。1991 年 4 月 30 日，钱学森在给马佩教授的信中指出：“辩证逻辑实是辩证思维的规律，是思维科学的重要内容。”⑥ 1992 年 7 月 14 日，在给戴汝为的信中，钱学森认为：“把‘逻辑求解的思维学’与‘非逻辑求解的思维学’有机地、辩证地结合起来，成为更高阶的‘思维学’。”⑦ 这里所说的“更高阶的‘思维学’”实际上主要是指辩证逻辑的思维学。钱学森还把从定性到定量综合集成法、从定性到定量综合集成研讨厅体系、大成智慧工程和大成智慧学等都说成是辩证思维的体现。

---

① 涂元季主编：《钱学森书信》第 2 卷，国防工业出版社 2007 年版，第 179 页。
② 同上书，第 261—262 页。
③ 同上书，第 292 页。
④ 同上书，第 350 页。
⑤《毛泽东文集》第 7 卷，人民出版社 1999 年版，第 239 页。
⑥ 涂元季主编：《钱学森书信》第 5 卷，国防工业出版社 2007 年版，第 520 页。
⑦ 涂元季主编：《钱学森书信》第 6 卷，国防工业出版社 2007 年版，第 337 页。

2. 形象思维

形象思维是钱学森着力探讨的内容。在这一领域，他的思想十分丰富，也相当深刻。

（1）形象思维的基础与机制

形象思维的基础是实践。而且，形象思维是脑子中的内存信息——关于“形”的存储与当下获得的外来信息中关于“形”的“同形”的匹配，通过“悟”才能产生形象，构成形象思维。1991 年 11 月 21 日在给戴汝为的信中，钱学森指出：“认识形象的基础是人的实践。实践经验沉积于人脑，以后就用来认识新的形象。认识的过程即‘悟’。这个过程——形象思维，完成了，一切就好办了。”① 在 1991 年 7 月 13 日给李德华的信中，钱学森认为：“我以为形象思维重在整体，是感觉所接收的‘形’与脑中库存的‘形’搜索比较，搜索到的‘同形’，即从脑中对该‘形’的经验，作为感觉到的‘形’的判断。丰富的实践及知识是形象思维的基础。”② 1992 年 1 月 7 日在给戴汝为的信中，钱学森指出：“形象思维的过程实是与人的实践经验有关的，还是毛泽东的《实践论》。人的实践经验沉积于人的大脑，把某一形象（心象）与其将产生的结果作为规律，一旦人在后来对某时某刻又得此形象（心象），则‘归纳’为规律所决定的结果，即‘概念’。我自己反思，我的形象思维是这么回事！所以形象思维即直感思维。”③ 形象思维的构思过程非常复杂，需要对多种情况和关系作复杂的认识与处置。1994 年 5 月 10 日，在给杨春鼎的信中，钱学森认为：“我想形象思维之有别于逻辑思维在于大跨度地思维，从初看无关事物中找出有关。”④ 1994 年 9 月 18 日，在给戴汝为、钱学敏的信中，钱学森指出：“所谓形象（直感）思维则是与上述答对联相反的；有材料，但无结构。思维的任务是找形象，即结构。相反，不正相成吗？我们总结中国极为丰富的对联文学，不能为研究形象（直感）思维做贡献吗？知道形象（直感）思维是从零碎材料找结构不就是一个开端吗？从思维学的角度研究中国古代文学是值得的。”⑤ 1995 年 4 月 20 日，在给戴

① 涂元季主编：《钱学森书信》第 6 卷，国防工业出版社 2007 年版，第 164 页。

② 同上书，第 58 页。

③ 同上书，第 213—214 页。

④ 涂元季主编：《钱学森书信》第 8 卷，国防工业出版社 2007 年版，第 148 页。

⑤ 同上书，第 375 页。

汝为的信中，钱学森认为："形象思维不就是由人感受到的形象去搜集存贮于大脑中的形象库，求能对号的形象吗？当然也要用人、机结合的网络集成！大有希望，可喜可贺！这一旦成功，大脑中形象库就大大扩展为计算机网络库中的信息库，存量成百上千倍地增长，形象思维能力上升了，人、机结合是'大成智慧'！"①

（2）形象思维早于逻辑思维

从思维发生学角度考察，无论从宏观的人类思维史，还是从微观的个体的思维发生过程来看，形象思维都早于逻辑思维。1984 年 7 月 28 日，在给王南的信中，钱学森认为："我尤其欣赏您指出的：形象思维先于语言，也先于抽象思维。古人云：'只能意会，不可言传'，也似说形象思维先于抽象思维。"② 1993 年 1 月 10 日，在给戴汝为的信中，钱学森指出："形象思维似乎比逻辑思维更原始，但没有它不行。"③ 1983 年 12 月 3 日，在给刘奎林的信中，钱学森认为："人在成长过程中是先有形象的，以后才学会思维。"④ 1991 年 7 月 13 日，在给李德华的信中，钱学森指出："人的形象思维发展较抽象思维早，幼儿有形象思维，但可能还没有抽象思维。"⑤ 在《关于教育科学的基础理论》的文章中，钱学森认为："形象思维不靠语言，形象感知是只可意会，不可言传的。幼儿心理学也证明形象思维先于语言，也先于逻辑思维。"⑥

（3）形象思维与其他思维方式的综合运用

1993 年 1 月 25 日，在给戴汝为的信中，钱学森指出："人的思维，我们一直说有抽象（逻辑）思维、形象（直感）思维、灵感（顿悟）思维和社会思维。又说有量智和性智。"⑦ 同年 5 月 16 日，在给戴汝为的信中，钱学森认为："系统的整体观，即把握系统的'形象'，而不是一枝一节。……所以形象（直感）思维是系统整体思维。"⑧ 人的思维过程，

---

① 涂元季主编：《钱学森书信》第 9 卷，国防工业出版社 2007 年版，第 177—178 页。

② 涂元季主编：《钱学森书信》第 1 卷，国防工业出版社 2007 年版，第 491 页。

③ 涂元季主编：《钱学森书信》第 7 卷，国防工业出版社 2007 年版，第 85 页。

④ 涂元季主编：《钱学森书信》第 1 卷，国防工业出版社 2007 年版，第 265 页。

⑤ 涂元季主编：《钱学森书信》第 6 卷，国防工业出版社 2007 年版，第 58 页。

⑥ 顾吉环、李明、涂元季编：《钱学森文集》卷三，国防工业出版社 2012 年版，第 301 页。

⑦ 涂元季主编：《钱学森书信》第 7 卷，国防工业出版社 2007 年版，第 90 页。

⑧ 同上书，第 222 页。

是综合运用形象思维与其他思维方式的，是要达到整体优化的系统思维，从而把握思维客体以及思维客体与思维主体交互作用的发展规律，以作为人们谋划和行动的指导。

（4）形象思维是思维科学研究的突破口

关于这个问题，钱学森不仅阐明了形象思维是思维科学研究的突破口，而且对怎样攻克这个突破口也进行了多方面的积极探索。

关于形象思维是思维科学的突破口，钱学森作了多方面的论述。1984年3月16日，在给刘奎林的信中，他指出："关于思维科学，我现在以为突破口在形象（直感）思维……为什么说突破口？因为中国科学技术大学生物物理系陈霖同志说形象思维在人的语言交往、看图识字中是普遍存在的，但以前分析研究沿用一套逻辑思维方法，即抽象思维方法、电子计算机方法，所以不得其门而入。现在知道不对了，岂非大好事？这就是突破口。"① 1985年5月4日，在给王南的信中，钱学森认为："形象思维就是多元的推理，也可以称之为多元思维。……突破口在形象思维学。"② 1985年8月28日，在给高里斗的信中，钱学森指出："我认为思维科学在今天的中心任务是帮助国家造出智能机·机器人；而为此，要以形象思维为突破口。"③ 钱学森于1986年11月28日在给杨春鼎的信中提出："建立思维科学的突破口是形象（直感）思想学的创立。"④ 1986年12月24日，在给中央音乐学院张帆教授的信中，钱学森指出："有朝一日，思维科学有了突破，形象（直感）思维的规律搞清楚了，那科学与文学艺术的界限会变的。我们欢迎这一天的到来。"⑤ 1984年9月17日，在给陈霖的信中，钱学森认为："如果说形象思维是思维科学的突破口，那视觉中的信息处理及判断就是突击点了。"⑥

关于如何攻克形象思维这一思维科学的突破口，钱学森的探索是多方面的，也是很有意义的。

首先，从现代科学技术入手。

---

① 涂元季主编：《钱学森书信》第1卷，国防工业出版社2007年版，第363—364页。

② 涂元季主编：《钱学森书信》第2卷，国防工业出版社2007年版，第269页。

③ 同上书，第414页。

④ 涂元季主编：《钱学森书信》第3卷，国防工业出版社2007年版，第326页。

⑤ 同上书，第352页。

⑥ 涂元季主编：《钱学森书信》第2卷，国防工业出版社2007年版，第11页。

1984年1月23日，在给李德华的信中，钱学森指出：“模式识别、科学语言学都会为形象（直感）思维提供素材。”① 1986年7月5日，在给戴汝为的信中，钱学森认为：“您说到思维科学的研究，我仍然以为其突破口在于形象思维学的建立，而这也是人工智能、智能机的核心问题。因此，这也是高技术或尖端科学技术的一个重点。我们一定要抓住它不放，以此带动整个思维科学的研究。”② 1986年11月28日，在给杨春鼎的信中，钱学森指出：“我以为创立形象（直感）思维学又必须同人工智能和智能机的研究结合起来。”③ 1987年10月16日，在给张锡令的信中，钱学森指出：“我认为人脑的实际是一个极度并联（massivery parallel）系统，成百万、上亿的并联度。人能形象（直感）思维，人有智慧，都在于此。”④ 1992年1月7日，在给戴汝为的信中，钱学森认为：“专家系统的基础看来也是形象（心象）的‘归纳’，是实践经验为基础的。千万专家系统的综合即人工形象（直感）智能了。”⑤ 1992年11月4日，在给汪成为的信中，钱学森指出：“人的思维还有形象思维。所以要人·机结合，我们一定要让计算机软件像人脑那样工作。”⑥ 钱学森1993年7月3日在给汪成为的信中认为：“我对灵境技术及多媒体的兴趣，在于它能大大扩展人脑的知觉，因而使人进入前所未有的新天地，新的历史时代就要开始了！”⑦ 1993年8月2日，在给汪成为的信中，钱学森指出：“一旦人脑认知某一信息系统的图象，计算机信息系统就提供此图象的知识，供人使用。这一方案实现了，这将是形象（直感）思维的一件大事。”⑧ 1993年8月8日，在给戴汝为的信中，钱学森认为：“近日来我也在想形象思维的事，由于让机器认知复杂图象还非近日能解决的难题，我就想，能不能也人·机结合？叫计算机信息网络系统存储图象及关于每一图象的知识，然后在人的操作下，搜检库存，人定取舍，机器帮助。一旦人认知了，找到了，问题也就解决了，背景知识也就定下来了。这是否是形象思

① 涂元季主编：《钱学森书信》第1卷，国防工业出版社2007年版，第323页。
② 涂元季主编：《钱学森书信》第3卷，国防工业出版社2007年版，第173页。
③ 同上书，第326页。
④ 涂元季主编：《钱学森书信》第4卷，国防工业出版社2007年版，第53页。
⑤ 涂元季主编：《钱学森书信》第6卷，国防工业出版社2007年版，第214页。
⑥ 涂元季主编：《钱学森书信》第7卷，国防工业出版社2007年版，第4页。
⑦ 同上书，第254页。
⑧ 同上书，第297页。

维的人·机结合系统法？我已告汪成为同志，请他考虑并构筑系统软件。您也请考虑一下，提些建议。”① 1993 年 9 月 27 日，在给戴汝为的信中，钱学森指出：“什么叫形象（直感）思维？要建立形象（直感）思维学，目的是叫电子计算机更好地帮助人进行形象（直感）思维，以解放人，去更有效地面向涌来的第五次产业革命信息大潮。”② 1995 年 7 月 9 日，在给戴汝为的信中，钱学森再次申述了他关于形象思维要依靠人·机结合的思想，他指出：“现在通过灵境技术以及有关的 virtual prototyping virtual architecture design，实是在搞人·机结合的形象思维。它们都使人的思维能力有一个飞跃。”③ 1996 年 3 月 10 日，在给戴汝为的信中，钱学森指出：“‘机’不是代替人，而是协助人，是人·机结合，而人·机结合又分两个阶段：

①目前的信息革命会导致人·机结合的第一阶段；

②灵境技术的发展将导致人·机结合的感受，是更高层次的结合，也是人·机结合的第二阶段。”④

其次，深入探究人的思维过程。

要攻克形象思维这一思维科学的突破口，必须深入探究人的思维过程。1985 年 2 月 4 日，在给杨春鼎的信中，钱学森指出：“‘悟’非常重要。‘悟’即形象（直感）思维嘛！”⑤ 1985 年 5 月 4 日，在给王南的信中，钱学森认为：“形象思维就是多元的推理，也可以称之为多元思维。”⑥ 1987 年 1 月 14 日，在给李志中的信中，钱学森指出：“形象（直感）思维就是从多途径的模糊达到最终的清晰认识。”⑦ 1992 年 9 月 19 日，在给谢强安的信中，钱学森指出：“要开窍还是要靠研究工作的经验，而其中道理就在思维学，在于由经验累积沉于大脑中的形象思维途径。是‘悟’，不是逻辑推理。”⑧ 1992 年 9 月 27 日，在给李德华的信中，钱学森论述了形象思维的思维过程，他指出：“我觉得形象（直感）

① 涂元季主编：《钱学森书信》第 7 卷，国防工业出版社 2007 年版，第 311 页。
② 同上书，第 371 页。
③ 涂元季主编：《钱学森书信》第 9 卷，国防工业出版社 2007 年版，第 287 页。
④ 同上书，第 511 页。
⑤ 涂元季主编：《钱学森书信》第 2 卷，国防工业出版社 2007 年版，第 161 页。
⑥ 同上书，第 269 页。
⑦ 涂元季主编：《钱学森书信》第 3 卷，国防工业出版社 2007 年版，第 374 页。
⑧ 涂元季主编：《钱学森书信》第 6 卷，国防工业出版社 2007 年版，第 448 页。

思维的关键在于人的实践经验沉积于人的脑中，是事物形象——‘后果’的关系。……这里的推理是事物的形象一步到结果，难处在于在大脑库中找出恰当的形象。是一个搜索过程。”[①] 1993 年 1 月 10 日，在给戴汝为的信中，钱学森认为：“人认识客观世界是靠实践，实践经验存入大脑。人以后又有什么感受（心理学家称‘感知’），人就在大脑库存中搜索类似的感受或‘感知’，一旦认为找到了，新的‘感知’就按老经验加以解释，即‘感性认识’，这过程即形象思维。”[②] 1993 年 10 月 4 日在给戴汝为的信中，钱学森指出：“形象（直感）思维是思维过程中的‘视觉’，即存贮于大脑的视觉形象。”[③] 1993 年 5 月 16 日，在给戴汝为的信中，钱学森认为：“Arnheim 的‘视觉思维’是眼的感觉到知觉与大脑中存贮的从整体上比较，找出相似的，是为看到并认识‘形象’。……形象思维是系统整体思维。”[④] 1993 年 11 月 21 日，在给戴汝为的信中，钱学森指出：“我们的希望就在于攻思维学，特别是形象思维。这方面找出路子来了，那么人类最难的科学——心理学可有真正的出路。”[⑤] 1994 年 5 月 10 日，在给杨春鼎的信中，钱学森认为：“形象思维之有别于逻辑思维在于大跨度地思维，从初看无关事物中找出有关。”[⑥] 1995 年 8 月 20 日，在给戴汝为的信中，钱学森指出：“形象思维重要，又必须能泛化运用知识，大成智慧就是其基础了。”[⑦] 同年 8 月 20 日，在给杨春鼎的信中，钱学森认为：“‘泛化’如作为‘联觉’，那‘统觉’和‘通觉’就是更高层次的形象思维了。”[⑧]

最后，接受中国文化和马克思主义哲学的启迪。

钱学森在探讨如何攻克形象思维这一思维科学的突破口时，十分重视从中国文化中汲取营养，并接受马克思主义哲学的指导。1987 年 6 月 25 日，在给杨春鼎的信中，钱学森指出：“我现在认为研究文艺语言学，把文艺语言、俚语、阐释语言的规律找出来，那也是研究形象（直感）思

① 涂元季主编：《钱学森书信》第 6 卷，国防工业出版社 2007 年版，第 462 页。
② 涂元季主编：《钱学森书信》第 7 卷，国防工业出版社 2007 年版，第 85 页。
③ 同上书，第 222 页。
④ 同上。
⑤ 同上书，第 451 页。
⑥ 涂元季主编：《钱学森书信》第 8 卷，国防工业出版社 2007 年版，第 148 页。
⑦ 涂元季主编：《钱学森书信》第 9 卷，国防工业出版社 2007 年版，第 315 页。
⑧ 同上书，第 320 页。

维的一个门路。”① 1993年6月6日，在给钱学敏教授的信中，钱学森从科学与艺术的结合及其与大成智慧的内在联系中，更深刻地揭示了如何突破形象思维的问题。他认为：“科学和艺术的结合部。这后者实际上是说人类的智慧有‘性智’和‘量智’两方面，二者综合成为大成智慧，所以科学与艺术是相通的。”② 1993年8月8日，在给夏军教授的信中，钱学森指出：“文学艺术更是以形象思维和灵感思维为其全部活动的本质。文学艺术的创造是如此，文学艺术的欣赏也如此。”③ 所以，要攻克形象思维这一思维科学的突破口，就应当研究文学艺术活动的思维过程。1993年9月6日，在给刘培育研究员的信中，钱学森从形象思维是系统整体思维这一角度，论述了研究形象思维应当从中国古代文化中汲取这一方面的营养，他指出：“整体思维……我国古代是十分强调整体认识方法的。您书的145页上就说到王弼的‘言’、‘象’、‘意’的思维方式，这是整体思维方法论。”④ 正因为研究文学艺术中的“言”“象”“意”的思维过程对攻克形象思维这一思维科学的突破口有如此重要的意义，所以，钱学森于1993年11月25日在给杨春鼎的信中，充满信心地期待着：“我希望马克思主义的意象理论作为思维科学的一个组成部分在中国建立起来！”⑤ 1994年1月14日，在给戴汝为的信中，钱学森指出：“研究语言是可以探索人脑的思维活动的。因此思维学与语言学关系密切。前信说我们可以从文艺语言学中找形象（直感）思维的线索，就是这个道理。……现在我们要开拓另一方面的研究：语言与形象（直感）思维。”⑥ 1994年9月4日，在给柯资能的信中，钱学森从马克思主义哲学、中国传统文化、现代科学技术辩证结合的高度，从总体上论述了创建中国社会主义的新文化，其中当然涵盖了形象思维这一思维科学的突破口的问题。他指出：“以马克思主义哲学为指导，取我国传统文化中的精华，结合现代科学技术辩证统一扬弃为新的文化。这是我说的将在社会主义中国出现的第二次文艺复兴。”⑦ 1994年9月18日，在给戴汝为、钱学敏的信中，钱学森认

① 涂元季主编：《钱学森书信》第3卷，国防工业出版社2007年版，第496—497页。
② 涂元季主编：《钱学森书信》第7卷，国防工业出版社2007年版，第237页。
③ 同上书，第317页。
④ 同上书，第352页。
⑤ 同上书，第464页。
⑥ 涂元季主编：《钱学森书信》第8卷，国防工业出版社2007年版，第33页。
⑦ 同上书，第363—364页。

为："我们为什么不从我国的赋、诗、词、曲及杂文小品中，学习探讨思维学呢？它们是最丰富的源泉呀！"[①] 探讨这些文学样式的内在思维过程，有助于研究思维学，这其中当然包括对形象思维的研究。在同一封信中，钱学森指出："我们总结极为丰富的对联文学，不能为研究形象（直感）思维做贡献吗？知道形象（直感）思维是从零碎材料找结构，不就是一个开端吗？从思维学的角度研究中国古代文学是值得的。"[②] 1995 年 5 月 29 日，在给戴汝为的信中，钱学森认为："中国古代哲学有不少特色的宏观、整体性的思想，所以对研究形象思维有帮助，我们应该吸取有用的东西。但我们怎能忽视当代哲学的巨厦——马克思主义哲学？因为我悟到研究形象思维要靠现代哲学——马克思主义哲学，辅以中国哲学之精华。这是非常重要的。西方学者在这一点上就差了，他们不懂得这种关系。"[③] 1995 年 10 月 22 日，在给高介华的信中，钱学森从中国文化中的"意境"与形象思维的内在联系中，认为要研究形象思维，就应当探讨中国文化中这一方面的内容。他指出："意境是精神文明的境界，在文艺理论中有许多论述讲意境。这是中国文化的精华！"[④] 研究形象思维必须实行科学与艺术的结合，所以，钱学森在 1998 年 6 月 17 日在给戴汝为的信中说："聪明来自艺术与科学的结合。"[⑤] 研究形象思维，应当在马克思主义哲学的指导下，综合吸取各种相关学科的最新成果。钱学森指出："认知心理学、语言、人工智能、视觉生理心理学、文艺理论、美学、人体特异功能等都与形象思维有关系。我们要综合一切可以利用的素材加以整理，把它构筑成一门形象思维学问——形象（直感）思维学。"[⑥]

3. 灵感思维

灵感思维是思维学的重要组成部分。古今中外，学术界对灵感思维做出了丰富而深刻的探讨。钱学森对灵感思维也进行了积极的探索，提出了许多颇富启发性的深刻思想。

---

① 涂元季主编：《钱学森书信》第 8 卷，国防工业出版社 2007 年版，第 373 页。

② 同上书，第 375 页。

③ 涂元季主编：《钱学森书信》第 9 卷，国防工业出版社 2007 年版，第 227—228 页。

④ 同上书，第 357 页。

⑤ 涂元季主编：《钱学森书信》第 10 卷，国防工业出版社 2007 年版，第 376 页。

⑥ 顾吉环、李明、涂元季编：《钱学森文集》卷五，国防工业出版社 2012 年版，第180 页。

(1) 灵感思维是思维学的重要内容

1981年11月23日，在致杨春鼎的信中，钱学森认为："我们说思维学包括抽象思维学、形象思维学和灵感思维学等，是讲思维科学的基础科学、基础理论。"① 1982年10月23日，在给胡岚的信中，钱学森指出："我拟将思维形式分为三种：即抽象（逻辑）思维、形象（直感）思维和灵感（顿悟）思维。"② 1983年4月8日，在给刘奎林的信中，钱学森认为："抽象（逻辑）思维为思维的第一层次，形象（直感）思维为思维的第二层次，而灵感（顿悟）思维为思维的最高层次。"③ 1984年1月23日，在给李德华的信中，钱学森重申了他关于思维学和灵感思维的观点，他指出："思维学，它是研究人思维的规律的；又可按人的思维类型分为抽象（逻辑）思维学，形象（直感）思维学及灵感（顿悟）思维学。"④此后，在与多人的通信以及讲话和发表的文章中，钱学森反复强调指出思维学的构成和灵感思维在思维学中的地位。

(2) 灵感思维的机制

1982年5月24日，在给刘奎林的信中，钱学森指出："灵感思维之本是什么？您文中提出意识到下意识的贯通，我认为这是个要害！对这一点我欣赏，所以把文稿送《中国社会科学》。所以我认为您应该顺这条路走下去，研究大脑的高阶活动，即存在多个'自我'，而灵感思维要靠多个自我的综合。（见《New Scientist》1981.10.8期P113）这才是出路。切莫舍本求末！"⑤ 1982年5月31日，在给杨春鼎的信中，钱学森认为："关于灵感思维，哈尔滨科学技术大学马列教研室刘奎林同志（44岁）有个突破：他认为是意识与下意识的交流综合之成果。如说意识是'自我'，下意识是'自我x'，与多个自我说，就合拍了；也就是Sperry的多层次理论。此说也就解释了'神灵感受'；'神'原来也是人，'神'物化了。"⑥ 1983年6月2日，在给刘奎林的信中，钱学森指出："人的意识本来就是人脑的最高层活动，但现在看，意识又分意识（也可称显意识）

① 涂元季主编：《钱学森书信》第1卷，国防工业出版社2007年版，第162页。
② 同上书，第211页。
③ 同上书，第229页。
④ 同上书，第323页。
⑤ 同上书，第188页。
⑥ 同上书，第189页。

和潜意识两个层次。从物质结构来说，不论显意识或潜意识的构成都是千千万万神经元组织，都是宏观的。不能说潜意识是微观的。”[①] 1984 年 3 月 16 日，在给刘奎林的信中，钱学森认为：“灵感（顿悟）思维是形象（直感）思维从显意识到潜意识，在更大范围内搜索问题的解答。”[②] 1985 年 1 月 15 日，在给张铁声的信中，钱学森指出：“我认为从精神学（mentalics）的观点，直感在浅层，即显意识，而灵感涉及深层，即潜意识。”[③] 1987 年 8 月 17 日，在给刘奎林的信中，钱学森认为灵感思维出现到转化有一个过程，他指出：“一个人在成长过程中，可能有个灵感思维出现到转化的时期。……爱因斯坦创造狭义相对论时的灵感发生于 1905 年，那时他 26 岁。人年长了，灵感思维会转入显意识，成了高级的形象（直感）思维。此为转化，可能在 50 岁之后。”[④] 钱学森对灵感思维的内在机制作了深入的考察，他指出：“灵感的蕴育也有一个过程，只不过不在意识范围之内，而在意识范围之外，在潜意识，当酝酿成熟，却突然沟通，涌现于意识，成为灵感。”[⑤] 1990 年 2 月 19 日，在给肖君和的信中，钱学森对灵感思维的内在机制作了更为深入的探讨，他指出：“灵感并不发生于人的正常醒觉功能状态，而发生于似醒似梦的功能状态。……在此大脑功能状态，常规的一些想法受压制而不起作用，于是思维飞跃出现灵感。”[⑥] 1992 年 1 月 7 日，在给戴汝为的信中，钱学森在论述了形象思维的机制以后，接着指出：“灵感（顿悟）思维也是这么回事，只不过从形象（心象）到概念的搜索对比过程非常曲折，而且还可能插入些逻辑推理。”[⑦] 1992 年 9 月 27 日，在给李德华的信中，钱学森在阐明了形象思维的机制以后，马上指出：“我现在想灵感（顿悟）思维也是如此，只不过大脑要进入一种激发状态，打掉常时障碍，一下子找到所要的形象。……这就是灵感了。”[⑧] 1994 年 2 月 13 日，在给吴远的信中，钱学森指出：

---

① 涂元季主编：《钱学森书信》第 1 卷，国防工业出版社 2007 年版，第 235 页。

② 同上书，第 364 页。

③ 涂元季主编：《钱学森书信》第 2 卷，国防工业出版社 2007 年版，第 140 页。

④ 涂元季主编：《钱学森书信》第 4 卷，国防工业出版社 2007 年版，第 16 页。

⑤ 顾吉环、李明、涂元季编：《钱学森文集》卷三，国防工业出版社 2012 年版，第 221 页。

⑥ 涂元季主编：《钱学森书信》第 5 卷，国防工业出版社 2007 年版，第 201 页。

⑦ 涂元季主编：《钱学森书信》第 6 卷，国防工业出版社 2007 年版，第 214 页。

⑧ 同上书，第 462 页。

“灵感思维是人们在生活中真有的，我自己就有过多次，解决了研究中遇到的难题。这都是在半梦半醒时发生的。……灵感思维也是以人头脑中沉积的知识为基础的，如果没有人类的实践认识（自己的、他人告知的、书本上学得的），灵感思维也不能自天而降。”[①] 1995 年 1 月 8 日，在给汪悃款的信中，钱学森认为：“灵感思维实是在幻梦半醒状态中的形象思维。为什么要在幻梦半醒状态？解放思维束缚而矣！”[②] 钱学森还从多重角度探讨了灵感思维的内在机制，他指出：“灵感出现于大脑高度激发状态，高潮极为短暂，瞬息即过。”[③] “灵感，也就是人在科学或文艺创作中的高潮，突然出现的、瞬息即逝的短暂思维过程。……灵感是又一种人可以控制的大脑活动，又一种思维，也是有规律的。我们要研究它，要创立一门‘灵感学’。”[④] “所谓灵感，就是人在实践中大脑里累积起来的一些东西，在需要解决某个问题时，在人没有意识到的情况下，大脑中处理信息取得结果，而后又突然接通了意识，从非意识到有意识。”[⑤] 1998 年 12 月 31 日，在给于景元等 6 人的信中，钱学森对灵感思维及其发展趋势作了颇有见地的构想，他指出：“‘灵感思维’是常人脑思维的最高阶层，集逻辑思维、形象思维之大成，那么‘灵性思维’呢？那只能是非常人的高层次思维，这是思维学的一个发展，很值得深思。”[⑥]

（3）灵感思维的特点

人们在思维过程中，综合运用多种思维方式和多种精神因素，当灵感出现时，它具有自身的一些特点。

首先，是涌现性。

灵感在人们思维过程中出现时，思维主体实时地优化匹配各种主客观条件，能够迸发出天才的思想火花，涌现出创造性的智慧。钱学森对此作了一些很有深度的理论探索。1993 年 8 月 8 日，在给上海市委党校夏军教授的信中，钱学森强调指出灵感思维在思维过程中出现时的涌现性，他

---

① 涂元季主编：《钱学森书信》第 8 卷，国防工业出版社 2007 年版，第 65 页。

② 涂元季主编：《钱学森书信》第 9 卷，国防工业出版社 2007 年版，第 21 页。

③ 顾吉环、李明、涂元季编：《钱学森文集》卷二，国防工业出版社 2012 年版，第 366 页。

④ 顾吉环、李明、涂元季编：《钱学森文集》卷三，国防工业出版社 2012 年版，第 32 页。

⑤ 顾吉环、李明、涂元季编：《钱学森文集》卷五，国防工业出版社 2012 年版，第 115 页。

⑥ 涂元季主编：《钱学森书信》第 10 卷，国防工业出版社 2007 年版，第 427 页。

说："我特别要强调的是形象思维和灵感思维的重要性；在科学技术领域中，这两种思维是发明创造的动力，没有它们就不会有科学技术的突破。"[①] 灵感思维的突破，就是创新，就是涌现。所以，钱学森说："灵感（顿悟）思维，其实就是创新思维。"[②] 他在通信、讲话、文章中反复强调灵感思维在思维过程中的涌现性。

其次，是放松态。

要获得灵感，只有在半睡半醒、思想放松、没有思想障碍的情况下才有可能，或者在其他思想放松的情况下才会出现灵感。

再次，是自发性。

灵感的出现，既不是思维主体自己预先计划好了的，也不是别人命令或要求思维主体何时产生灵感，而是在思维主体与思维客体复杂的交互作用过程中自然而然出现的。

最后，是突发性。

灵感思维在思维过程中是突然发生的，但其孕育则因主客观条件的不同而有一个较长的过程。1995 年 2 月 4 日，在给杨春鼎的信中，钱学森指出："灵感思维又称顿悟思维，是强调其突发性，其实形象思维也是在长时间思索后的突然出现。但我个人体会是：突发在最后一秒钟，但准备阶段则可能是一小时，几天，甚至更长。"[③]

（4）怎样研究灵感思维

研究灵感思维，必须以马克思主义哲学为指导，综合吸取古今中外文化中的有益成分，同时要具备丰厚的生活实践经验，深入研究现代科学技术与灵感思维的综合交叉以及思维过程动态发展的复杂性。1984 年 3 月 16 日，在给刘奎林的信中，钱学森认为："从形象思维到灵感思维，因此是个文化素养、知识素养问题，不博学不行，没有多方面的生活实践不行。"[④] 1982 年 4 月 14 日，钱学森在给刘奎林的信中指出："我因此认为要研究灵感思维必须对心理学以及脑神经生理学下点功夫，还是要唯物论

---

① 涂元季主编：《钱学森书信》第 7 卷，国防工业出版社 2007 年版，第 317 页。

② 顾吉环、李明、涂元季编：《钱学森文集》卷六，国防工业出版社 2012 年版，第 415 页。

③ 涂元季主编：《钱学森书信》第 9 卷，国防工业出版社 2007 年版，第 57 页。

④ 涂元季主编：《钱学森书信》第 1 卷，国防工业出版社 2007 年版，第 364 页。

嘛。”[①] 1983 年 6 月 2 日，在给刘奎林的信中，钱学森认为：“要弄清显意识和潜意识，要利用 S. Freud 和以后的现代心理学成果。所以我在前信中建议多看一些 Freud 的书，也许这是研究灵感思维的途径，即从‘心理学分析’走向灵感。”[②]

4. 社会思维

社会思维是思维学的重要内容之一。钱学森在通信、讲话、论著中，对社会思维进行了多方面的探索，展现了丰富、深刻的思想。

（1）社会思维是基本的思维方式之一

1988 年 1 月 1 日，在给戴汝为的信中，钱学森指出：“任何人们对具体问题的思维都是综合抽象思维和形象思维（有时也有灵感思维）以及社会思维的思维过程。”[③] 1993 年 1 月 25 日，在给戴汝为的信中，钱学森认为：“至于人的思维，我们一直说有抽象（逻辑）思维、形象（直感）思维、灵感（顿悟）思维和社会思维。”[④]

（2）社会思维的机制和规律

钱学森对社会思维机制的探讨是多方面的，并且有相当深刻的见解。1984 年 10 月 4 日，在给黄建平的信中，钱学森指出：“我讲的社会思维学是研究人在思维中相互影响‘形式’和‘规律’，而不是其‘内容’。”[⑤] 钱学森于 1994 年 11 月 15 日在致戴汝为的信中说：“思维学中的‘社会思维’非常重要，那不是一群人凑在一起，而要做到互有启发，使每个人的大脑激活，提高一步，即 1 + 1 + …（n 个）> n。”[⑥] 钱学森在《创新思维——微观与宏观的结合》一文中指出：“社会思维学，实际上是研究人在集体讨论中所触发的大脑激活状态下的思维，它主要是神经心理学和精神学的事。”[⑦]

那么，怎样揭示社会思维的机制和规律呢？

---

① 涂元季主编：《钱学森书信》第 1 卷，国防工业出版社 2007 年版，第 176 页。

② 同上书，第 235—236 页。

③ 涂元季主编：《钱学森书信》第 4 卷，国防工业出版社 2007 年版，第 111 页。

④ 涂元季主编：《钱学森书信》第 7 卷，国防工业出版社 2007 年版，第 90 页。

⑤ 涂元季主编：《钱学森书信》第 2 卷，国防工业出版社 2007 年版，第 41 页。

⑥ 李明、顾吉环、涂元季编：《钱学森书信补编》第 4 卷，国防工业出版社 2012 年版，第 399 页。

⑦ 顾吉环、李明、涂元季编：《钱学森文集》卷六，国防工业出版社 2012 年版，第 415 页。

第一，社会思维揭示的是人们在思维过程中相互影响的规律

1984 年 10 月 4 日，在给黄建平的信中，钱学森指出：“我讲的社会思维学是研究人在思维中相互影响的‘形式’和‘规律’，而不是其‘内容’。”① 1985 年 5 月 30 日，在给刘奎林的信中，钱学森认为：“社会思维指的是人的集体思维。首先是思维，不是意识；第二，是人的集体在讨论问题时，相互交流思维结果，相互影响下的思维。”② 1986 年 7 月 25 日，在给王义勇的信中，钱学森指出：“社会思维学是研究人们在讨论问题时，集体之间相互作用的规律。相互启发在思维中是极为重要的，我们要充分利用这一现象。”③

第二，社会思维可以涌现创造性的智慧

1987 年 8 月 3 日，在给戴汝为的信中，钱学森指出：“社会思维是多个大脑在信息网络的连通下，形成比单个大脑更复杂、更高层次的思维体系。”④ 1989 年 10 月 19 日，在致戴汝为的信中，钱学森认为：“我们能讲些社会思维的机理，而且有了定性与定量相结合的综合集成法，将来社会思维学也许反而会走在形象（直感）思维学（和灵感思维学）的前头。”⑤ 1993 年 4 月 10 日，在给戴汝为的信中，钱学森指出：“在从定性到定量综合集成研讨厅体系中，核心的还是人，即专家们。整个体系的成效有赖于专家们，即人的精神状态，是处于高度激发的状态呢，还是混时间的状态。只有前者才能使体系高效运转。……高度的民主气象，所以思想活泼。”⑥ 1993 年 9 月 3 日，在给张育铭的信中，钱学森结合自己的学术实践的经验，阐明了社会思维远胜过个人的思维规律，他说：“怎样使一个集体在讨论问题中能互相启发，互相激励，从而使集体远胜过一个个人，不接触别人的简单总和。我自己在学术生活中，对这一点是深有体会的：一个好的集体，人人畅所欲言，思想活跃，其创造力是伟大的。……社会思维学的一个重点应是集体思维的激活。”⑦

第三，民主集中制是社会思维的重要规律

① 涂元季主编：《钱学森书信》第 2 卷，国防工业出版社 2007 年版，第 41 页。

② 同上书，第 301 页。

③ 涂元季主编：《钱学森书信》第 3 卷，国防工业出版社 2007 年版，第 204 页。

④ 涂元季主编：《钱学森书信》第 4 卷，国防工业出版社 2007 年版，第 3 页。

⑤ 涂元季主编：《钱学森书信》第 5 卷，国防工业出版社 2007 年版，第 75 页。

⑥ 涂元季主编：《钱学森书信》第 7 卷，国防工业出版社 2007 年版，第 185 页。

⑦ 同上书，第 344 页。

1994 年 10 月 10 日，在给戴汝为的信中，钱学森指出：“民主集中制就是社会思维学的基本原理，非常重要，我希望我国思维科学界同志能重视这个问题。而且信息网络的建立，将使社会思维有个前所未有的发展，所以也是现代中国第三次社会革命的问题。”① 1994 年 10 月 10 日，在给曾杰的信中，钱学森认为：“社会思维的规律用一句话，就是我们党的民主集中制：在集中领导下的民主，在民主基础上的集中。……这一条是非常重要的，它关系到我国社会主义建设的大业！”②

（3）怎样研究社会思维

研究社会思维，应当以马克思主义哲学为指导，综合汲取现代科学技术的最新成就，深入探究社会思维过程中的情形、特点与规律。在这一方面，钱学森也作了许多有益的探索。1991 年 1 月 14 日，在给戴汝为的信中，钱学森指出：“从定性到定量综合集成工程，Metasynthetic engineering，就是以人、机结合的方法搞社会思维。由此实践再上升到理论，即社会思维学；所以社会思维学的路子好像有了。”③ 1995 年 3 月 16 日，在给王寿云的信中，钱学森认为：“我们讲的社会思维学是研究人在集体讨论所触及的大脑激化状态下的思维，所以它主要是神经心理学和精神学的事。”④

5. 创造性思维

创造性思维是思维学的重要内容之一。钱学森对创造性思维作了多方面的有益探索，展现出丰富、深刻的智慧思想火花。

（1）什么是创造性思维

所谓创造性思维，是指思维主体在思维过程中，综合运用多种思维方式与多种精神因素交互作用所涌现出来的具有思维新质的思维活动。1995 年 6 月 28 日，在给杨春鼎的信中，钱学森指出：“人的创造需要把形象思维的结果再加逻辑论证，是两种思维的辩证统一，是更高层次的思维，应取名为创造思维，这是智慧之花！”⑤ 1995 年 3 月 16 日，在给王寿云等 6 人的信中，钱学森认为：“创造思维才是智慧的泉源；逻辑思维和形象思

---

① 涂元季主编：《钱学森书信》第 8 卷，国防工业出版社 2007 年版，第 397 页。

② 同上书，第 401 页。

③ 涂元季主编：《钱学森书信》第 5 卷，国防工业出版社 2007 年版，第 435 页。

④ 涂元季主编：《钱学森书信》第 9 卷，国防工业出版社 2007 年版，第 132—133 页。

⑤ 同上书，第 273 页。

维都只是手段。”[①] 1996 年 1 月 4 日，在给戴汝为的信中，钱学森指出：“我认为人的思维从根本上来说是人脑接受实践感受后的结果，是人脑的产物。分三类：①逻辑思维，这是总结了大量思维之后，得出的体系化的思维；②形象思维（包括灵感思维）则是人从实践中体会出的，但还未形成体系的思维；③创造思维，即前两种思维的有机结合。”[②]

（2）创造性思维的机制

创造性思维的机制非常复杂、深刻，钱学森对此也作了积极的探索。1988 年 1 月 15 日，在给孟凯韬的信中，钱学森认为：“人的创造思维是从模糊进入清晰。”[③] 他还指出：创造性思维，一开始都不是清晰的，而是由模糊到清晰。1993 年 8 月 8 日，在给夏军的信中，钱学森指出：“大科学家 A. Einstein 就明确表示过，创造并非逻辑推理之结果，逻辑推理是用来验证已有的创造设想。”[④] 1997 年 3 月 8 日，在给戴汝为的信中，钱学森认为：“我们的综合集成法和研讨厅体系是同时结合形象思维和逻辑思维，因而是创造性思维的好范例。”[⑤] 1993 年 4 月 2 日，在给戴汝为的信中，钱学森指出：“只有建立公理和定义时，才是创造性思维，要用形象（直感）思维和灵感（顿悟）思维，数学家在证明定理时（第一在提出问题时，第二在构筑证明途径时），也要用创造性思维。”[⑥]

（3）怎样实现创造性思维

这是一项复杂的思维系统工程。钱学森对此进行了有益的探索，提出了许多富有启发性的见解。

第一，以马克思主义哲学为指导

1986 年 12 月 3 日，在给刘元亮等人的信中，钱学森指出：“关于创造性思维，我说人的智慧（而不是小聪明，小机灵）我近来有点看法：‘大智’导源于洞察客观世界的最普遍、最概括的规律，而洞察就要知道这些规律并会运用这些规律去改造客观世界。所以大智是可以培养的，并不神奇。培养的方法就是掌握马克思主义哲学。马克思主义哲学是人类对

① 涂元季主编：《钱学森书信》第 9 卷，国防工业出版社 2007 年版，第 133 页。
② 同上书，第 425 页。
③ 涂元季主编：《钱学森书信》第 4 卷，国防工业出版社 2007 年版，第 124 页。
④ 涂元季主编：《钱学森书信》第 7 卷，国防工业出版社 2007 年版，第 317 页。
⑤ 涂元季主编：《钱学森书信》第 10 卷，国防工业出版社 2007 年版，第 259 页。
⑥ 涂元季主编：《钱学森书信》第 7 卷，国防工业出版社 2007 年版，第 174 页。

客观世界认识的最高概括嘛！”[①]

第二，大跨度的跳跃

1991 年 3 月 13 日，在给潘云鹤的信中，钱学森认为：“创新来源于跳出老思路、老框框，而启发来自初看是无关的方面，大跨度跳跃！”[②] 1994 年 1 月 13 日，在给钱学敏的信中，钱学森指出：“触类旁通，跨度越大，创新程度也越大。而这里的障碍是人们习惯中的部门分割、分隔，打不通。而大成智慧学却教我们总揽全局，洞察关系，所以促使我们突破障碍，从而做到大跨度的触类旁通，完成创新。”[③] 在《关于形象思维问题的一封信》中，钱学森说：“我认为创造性思维中的‘灵感’是一种不同于形象思维和抽象思维的思维形式。文艺工作者有灵感，科学技术工作者也有灵感，它是创造过程所必需的。……要创造要突破得有灵感。”[④] 1988 年 12 月 30 日，在致陈信的信中，钱学森指出：“突破总是来自没想到的方向。”[⑤] 在《最后一次系统谈话——谈科技创新人才的培养问题》一文中，钱学森认为：“创新的思想往往开始于形象思维从大跨度的联想中得到的启迪，然后再用严密的逻辑加以论证。”[⑥] 创造性思维实现于大跨度的跳跃，使人聪明，而“聪明来自艺术与科学的结合”[⑦]。

第三，从探索创造性思维规律和人·机关系的研究中实现创造性思维

1997 年 8 月 31 日，在给戴汝为的信中，钱学森指出：“①人的创造性思维还是有规律可以研究。但又说②创造又是机器不能代替的。……机器只能模仿人脑，而不能代替人脑。”[⑧] 所以，研究创造性思维，要从考察创造性思维的规律和人·机互动，以人为主的思维过程着手来进行。

6. 辩证思维

辩证思维是思维学的高级形态，它是运用唯物辩证法于思维过程，并

---

① 涂元季主编：《钱学森书信》第 3 卷，国防工业出版社 2007 年版，第 332 页。

② 涂元季主编：《钱学森书信》第 5 卷，国防工业出版社 2007 年版，第 494 页。

③ 涂元季主编：《钱学森书信》第 8 卷，国防工业出版社 2007 年版，第 30 页。

④ 顾吉环、李明、涂元季编：《钱学森文集》卷二，国防工业出版社 2012 年版，第 366 页。

⑤ 李明、顾吉环、涂元季编：《钱学森书信补编》第 3 卷，国防工业出版社 2012 年版，第 144 页。

⑥ 顾吉环、李明、涂元季编：《钱学森文集》卷六，国防工业出版社 2012 年版，第 420 页。

⑦ 涂元季主编：《钱学森书信》第 10 卷，国防工业出版社 2007 年版，第 420 页。

⑧ 同上书，第 310 页。

且综合各种思维方式的系统性思维。钱学森在探讨思维学的过程中，对辩证思维也进行了积极的探索，展现了一系列很有见地的思想。

（1）什么是辩证思维

1991年4月30日，在给马佩教授的信中，钱学森认为："辩证思维是什么？它是人们从事将感性认识上升到理性认识的思维过程。"① 1991年10月1日，在给孙凯飞的信中，钱学森指出："人的思维是非理性与理性的辩证统一，人的思维是辩证思维。只承认非理性，是唯心主义；只承认理性，是机械唯物论。"② 这些论述不仅揭示了辩证思维的实质，而且阐明了辩证思维同唯心主义、机械唯物论划清界限的内在根据。

（2）辩证思维的机制

辩证思维的机制是唯物辩证法在思维过程中的运用和展现。1989年11月11日，在给孟凯韬的信中，钱学森认为："人对客观世界的认识，就是由定性跃到定量，又跃到定性，再跃到定量……永无止境地深化下去。这是辩证法。"③ 1991年1月28日，在给于景元的信中，钱学森阐述道："我看从定性到定量综合集成法，实质上体现了辩证思维，是应用知识工程及信息技术来完成陈云同志提出的'不惟上，不惟书，只惟实，交换、比较、反复'。"④ 1991年4月30日，在给马佩的信中，钱学森在阐明了辩证思维是什么以后，接着揭示了辩证思维的机制，指出："这一过程是高度复杂的，是我们一批搞思维学的同道称为从定性到定量综合集成（以前称定性与定量相结合综合集成）法是处理开放的复杂巨系统时的思维过程。定性就是点点滴滴，不全面的感性认识；定量就是全面的、深化了的理性认识。这一转变是一个飞跃，所以是辩证思维。……辩证思维是高层次的，是思维科学中的一大难题；现在去完整的理论尚远。"⑤ 1991年10月24日，在给刘元亮的信中，钱学森认为："抽象（逻辑）思维是理性的，能说清楚；而直感思维和灵感思维就说不清楚了，所以是非理性的。科学研究要运用二者结合起来的辩证思维。这也说明科学研究不全是理性，要有非理性的帮助，排除非理性就陷入机械唯物论；排除理

① 涂元季主编：《钱学森书信》第5卷，国防工业出版社2007年版，第520页。

② 涂元季主编：《钱学森书信》第6卷，国防工业出版社2007年版，第115页。

③ 涂元季主编：《钱学森书信》第5卷，国防工业出版社2007年版，第91页。

④ 同上书，第464页。

⑤ 同上书，第520—521页。

性、搞非理性主义就是唯心主义。我们要坚持辩证唯物主义。"[①] 这里，把形象思维和灵感思维说成是非理性的，这一点似可商榷。在笔者看来，形象思维和灵感思维也是理性与非理性的辩证统一，它们都体现着辩证思维。但钱老的这段话的核心是强调辩证思维，这是对的，也是非常深刻的。1991 年 10 月 25 日，在给戴汝为的信中，钱学森从马克思主义哲学与现代科学技术结合的高度指出："辩证思维是三种思维（指逻辑思维、形象思维和灵感思维——引者注）的综合，才是系统思维。"[②] 1992 年 3 月 13 日，在给戴汝为的信中，钱学森论述了从定性到定量综合集成研讨厅体系是辩证思维的体现，他指出："在我们社会主义中国，应该把这个宝贵经验（指 seminar——引者注）与马克思列宁主义、毛泽东思想和现代科学技术结合起来，这就是厅。"[③] 在同一封信中，钱学森认为：这种综合集成研讨厅体系"是 21 世纪的民主集中工作厅，是辩证思维的体现！"[④]

（3）怎样研究辩证思维

这是一项复杂的思维系统工程。

首先，坚持以马克思主义哲学为指导。

1984 年 1 月 6 日，在给邹伟俊的信中，钱学森从现代科学方法与中国传统文化方法论之间的结合上，阐明了研究辩证思维的方法论，他指出："用马克思主义哲学来综合统一，通过扬弃，才能达到更高水平的科学革命。"[⑤] 1991 年 2 月 9 日，在给李德华的信中，钱学森认为："我们这里的小班子总想超出洋人的那一套，用马克思主义哲学、辩证唯物主义为指导，人·机结合，开创出人类智慧的新水平，方法是从定性到定量综合集成法。"[⑥]

其次，运用系统科学的理论和方法。

1984 年 7 月 31 日，在给北京师范大学方福康教授的信中，钱学森指出："脑科学、思维科学，以及心理学基本理论的突破在于找出人体巨系

① 涂元季主编：《钱学森书信》第 6 卷，国防工业出版社 2007 年版，第 133 页。
② 同上书，第 135 页。
③ 同上书，第 280 页。
④ 同上书，第 279 页。
⑤ 涂元季主编：《钱学森书信》第 1 卷，国防工业出版社 2007 年版，第 303 页。
⑥ 涂元季主编：《钱学森书信》第 5 卷，国防工业出版社 2007 年版，第 469 页。

统的规律，这完全得靠系统学。……系统学是今后科学发展中的主流之一，是科学革命的主力军！"[①] 1989 年 5 月 8 日，在给于景元的信中，钱学森认为："我们对开放的复杂巨系统和社会系统，需要的是'系统综合'，即把众多的'一得之见'论文汇总'集腋成裘'。"[②] 同日，在给北京大学朱照宣教授的信中，钱学森指出："我们要的是综合，即系统综合。我想方法还是定性与定量相结合。每一项一得之见的工作都是一位专家的意见，要集腋成裘。"[③] 1989 年 11 月 23 日，在给杨学鹏的信中，钱学森认为："核心的问题是：人体是开放的复杂巨系统，不能用所谓的现代科学理论解决问题。……定性与定量相结合的综合集成法突破了所谓现代科学理论，是革命性的。"[④] 1990 年 2 月 12 日，在给戴汝为的信中，钱学森指出："思维科学的思维学研究要用开放的复杂巨系统方法。"[⑤]

再次，综合汲取现代科学技术的前沿成果。

研究辩证思维，首先就要汲取脑科学和人体科学的研究成果。1989 年 10 月 19 日，在给著名的脑科学家张香桐教授的信中，钱学森以科学家同道的谦虚态度谈道："大脑是人类感觉、意识、情绪、思维等一切智慧行为的物质基础，是控制调节全身各种器官活动的总枢纽。这是完全正确的。……人体和人脑都是开放的复杂巨系统。这一认识我们认为是重要的，不知您以为如何？望指教。"[⑥]

研究辩证思维，还要综合汲取人·机系统复合智能的研究成果。1992 年 3 月 6 日，在给汪成为的信中，钱学森指出："我不以为能造出没有人实时参与的智能计算机，所以奋斗目标不是中国智能计算机，而是人·机结合的智能计算机体系。"[⑦] 1992 年 8 月 12 日，在给汪成为的信中，钱学森认为："各种软件是大有可为的，但它寸步离不开与实践经验的对比和纠正。这就是人的作用了，所以是人·机结合，将来软件设计得更好了，步子可以迈大一点，人的干预少一点，自动化程度高一点。Neural com-

---

① 涂元季主编：《钱学森书信》第 1 卷，国防工业出版社 2007 年版，第 495—496 页。

② 涂元季主编：《钱学森书信》第 4 卷，国防工业出版社 2007 年版，第 478 页。

③ 同上书，第 479 页。

④ 涂元季主编：《钱学森书信》第 5 卷，国防工业出版社 2007 年版，第 103 页。

⑤ 同上书，第 196 页。

⑥ 同上书，第 76—77 页。

⑦ 涂元季主编：《钱学森书信》第 6 卷，国防工业出版社 2007 年版，第 270 页。

puting 也如此，其 intelligence 有限得很。”①

7. 大成智慧

大成智慧是钱学森研究思维学过程中的一个重要思想。他对大成智慧在思维学中的地位、作用以及大成智慧的机制、研究途径和实际应用等方面进行了广泛而深入的探索。

（1）何谓大成智慧

1993 年 1 月 25 日，在给戴汝为的信中，钱学森认为：“有量智及性智。近日我想：性智又分两层，低一层次是以形象为基本的，可以称‘象智’，高层的可是性智，所以如下图：

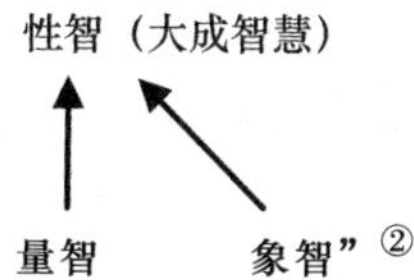

1992 年 10 月 10 日，在给钱学敏的信中，钱学森指出：“从定性到定量综合集成研讨厅体系……这是利用我们的现代科学技术体系的思想，综合古今中外，上万亿个人类头脑的智慧！”③ 1993 年 7 月 8 日，在给钱学敏的信中，钱学森指出：“人的智慧是两大部分：量智和性智。缺一不成智慧！此为‘大成智慧学’，是辩证唯物主义的。”④ 1993 年 6 月 6 日，在给钱学敏的信中，钱学森认为：“人类的智慧有‘性智’和‘量智’两方面，二者综合为大成智慧，所以科学和艺术是相通的。”⑤ 1993 年 6 月 10 日，在给钱学敏的信中，钱学森认为：“以马克思主义哲学为指导核心的知识体系论，大成智慧学是革命的锐利武器。”⑥ 2001 年春季，在接受《文汇报》记者采访时，钱学森指出：“系统科学的这一发展，结合现代信息技术和网络技术，我们将能集人类有史以来的一切知识、经验之大成，大大推动我国社会物质文明和精神文明建设的发展，实现古人所说

① 涂元季主编：《钱学森书信》第 6 卷，国防工业出版社 2007 年版，第 366 页。
② 涂元季主编：《钱学森书信》第 7 卷，国防工业出版社 2007 年版，第 90 页。
③ 涂元季主编：《钱学森书信》第 6 卷，国防工业出版社 2007 年版，第 491 页。
④ 涂元季主编：《钱学森书信》第 7 卷，国防工业出版社 2007 年版，第 262 页。
⑤ 同上书，第 237 页。
⑥ 同上书，第 243 页。

‘集大成，得智慧’的梦想。”[①] 在《创新思维——微观与宏观的结合》一文中，钱学森认为：“在当今的信息时代，只有将人与计算机信息网络结合起来，对一切有关的知识和信息进行综合集成，才能产生创新思维的成果，做到古人所说的‘集大成，得智慧’。这就是我提出的大成智慧工程和大成智慧学。”[②]

（2）大成智慧的机制

1993 年 7 月 18 日，在给钱学敏的信中，钱学森指出：“（二）性智、量智、大成智慧学：……（4）我们在这里强调的是整体观、系统观。这是我们能向前走一步的关键。所以是大成智慧学。（5）我个人……后来学了点马克思主义哲学才豁然开朗。近年来弄系统科学，真有点整体观了，才搞了点‘性智’。”[③] 1994 年 2 月 7 日，在给钱学敏的信中，钱学森认为：“马克思主义哲学居于科学技术以及知识体系之首，才是触类旁通的钥匙。创造力来源于马克思主义哲学，而用这个观点看科学技术以及知识体系，就是大成智慧学。”[④] 1994 年 3 月 14 日，在给戴汝为、钱学敏的信中，钱学森指出：“我们几个人这一阵子提出的大成智慧学是这一思想的进一步发展，把意识提高到思维，包括抽象（逻辑）思维和形象（直感）思维，以及灵感（顿悟）思维，特别是后二者‘非理性’思维；我们说人的意识要用语言和符号表达联结起来的知识体系（包括信息网络）来提高，达到‘大成智慧’。这是人的第二次飞跃。”[⑤] 1994 年 10 月 16 日，在给戴汝为的信中，钱学森认为：“知识体系的作用很重要，所以是科学技术体系学；大成智慧。”[⑥] 1994 年 10 月 10 日，在给戴汝为、汪成为、钱学敏的信中，钱学森指出：“灵境技术是继计算机技术革命之后的又一次技术革命。它将引发一系列震撼全世界的变革，一定是人类历史中的大事。具体关系见附页图表。”（见图 1.2）

---

① 钱学森：《创建系统学》（新世纪版），上海交通大学出版社 2007 年版，第 216 页。

② 顾吉环、李明、涂元季编：《钱学森文集》卷六，国防工业出版社 2012 年版，第 416 页。

③ 涂元季主编：《钱学森书信》第 7 卷，国防工业出版社 2007 年版，第 268—269 页。

④ 涂元季主编：《钱学森书信》第 8 卷，国防工业出版社 2007 年版，第 59—60 页。

⑤ 同上书，第 101 页。

⑥ 同上书，第 406 页。

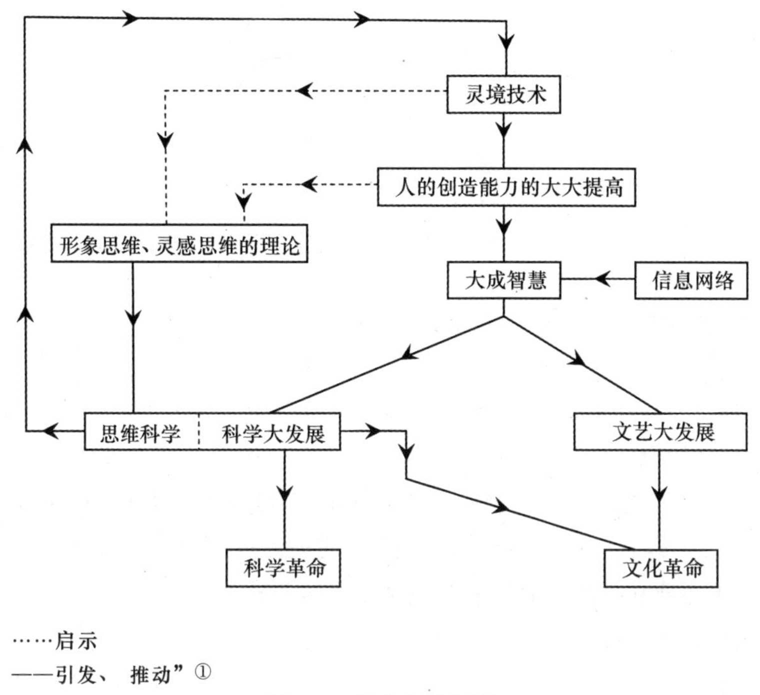

……启示

——引发、推动”①

图 1.2　大成智慧机制

钱学森还认为：“智慧是人脑更高层次的活动，聪明、机灵，以及所谓智力、智能都是在低层次，低一个或几个层次。”②

（3）怎样实现大成智慧

钱学森对如何达到大成智慧作了多方面的探索，展现出丰富、深刻的思想。

首先，坚持以马克思主义哲学为指导。

钱学森在阐明了从定性到定量综合集成法是实现大成智慧的重要方法之后，指出：“我们的方法是深得益于马克思主义哲学的，资本主义世界的科学界可能认为我们不科学，他们才是科学！世界观的问题啊！”③ 早在 20 世纪 80 年代，钱学森就反复强调马克思主义哲学是人类的最高智

---

① 涂元季主编：《钱学森书信》第 8 卷，国防工业出版社 2007 年版，第 398—399 页。

② 顾吉环、李明、涂元季编：《钱学森文集》卷五，国防工业出版社 2012 年版，第 31 页。

③ 涂元季主编：《钱学森书信》第 10 卷，国防工业出版社 2007 年版，第 342 页。

慧，是“对人类知识、理论的最高概括”[①]。“马克思主义哲学也是人类一切实践经验的最高概括。”[②] 他还指出：“要有智慧就必须懂得并会用马克思主义哲学去观察客观世界的事物。这样我们就重新肯定了哲学的含义：智慧的学问。但更明确了，必须是马克思主义哲学。”[③] “哲学必须是人的智慧的结晶，而人的智慧只能来自个人的实践和吸取他人、包括古人遗留下来的实践经验的总结。如有空白，那时才能以猜想填补；而这猜想也实际来自个人生活实践在头脑中的沉积。所以哲学就是大成智慧！大成智慧是古老的‘爱、智、慧’概念的更进一步，更具体了。”[④] 他还认为：“我们要取得最高的创造力，最高的智慧，就应该学习马克思主义哲学。”[⑤] 1994 年 6 月 15 日，在给蒋谦的信中，钱学森指出：“不能离开马克思主义哲学！只能集合古今中外之大成，得智慧！”[⑥] 钱学森于 2001 年春季在接受《文汇报》记者采访时，指出：“我相信，我们中国科学家从系统工程、系统科学出发，进而开创的大成智慧工程和大成智慧学在 21 世纪一定会成功，因为我们有马克思主义哲学作为指导。”[⑦]

其次，坚持综合创新。

要获得大成智慧，就必须实行跨域集成，综合创新。1992 年 8 月 27 日，在给王寿云的信中，钱学森认为：“把人类几千年来的智慧成就集其大成，把计算机科学技术，人工智能技术，作战模拟技术，思维科学，学术交流经验，加上马克思主义哲学，合成为‘大成智慧工程，Meta－Synthetic Engineering’。用这样一个词是吸取了中国文化的精华的，有中国味。”[⑧] 1995 年 5 月 15 日，在给钱学敏的信中，钱学森指出：“我们认为打通哲学、社会科学、自然科学、应用科学技术的隔阂是今后一定要做到的，也是大成智慧的必须条件。”[⑨]

---

① 钱学森著，吴义生编：《社会主义现代化建设的科学和系统工程》，中共中央党校出版社 1987 年版，第 53 页。

② 钱学森 1994 年春致钱学敏的信。

③ 钱学森：《智慧与马克思主义哲学》，《哲学研究》1987 年第 2 期。

④ 李明、顾吉环、涂元季编：《钱学森书信补编》第 5 卷，国防工业出版社 2012 年版，第 2—3 页。

⑤ 顾吉环、李明、涂元季编：《钱学森文集》卷五，国防工业出版社 2012 年版，第 5 页。

⑥ 涂元季主编：《钱学森书信》第 8 卷，国防工业出版社 2007 年版，第 216 页。

⑦ 钱学森：《创建系统学》（新世纪版），上海交通大学出版社 2007 年版，第 216 页。

⑧ 涂元季主编：《钱学森书信》第 6 卷，国防工业出版社 2007 年版，第 392—393 页。

⑨ 涂元季主编：《钱学森书信》第 10 卷，国防工业出版社 2007 年版，第 54—55 页。

最后，做好大成智慧的应用。

钱学森关于大成智慧的应用的思想，主要表现在两个方面：一是大成智慧工程，二是大成智慧教育。

关于大成智慧工程，钱学森作了多方面的论述。1993 年 5 月 6 日，在给钱学敏的信中，钱学森在对美国圣菲研究所（Santa Fe institute）作了辩证分析之后，指出："我们也能把它作为我们综合集成专家言中的一家，但忽视这位'SFi 专家'也是不对的。我们是'大成智慧嘛，是 Meta - Synthcsic嘛，必须集一切有用之材'嘛！"① 钱学森于 1993 年 9 月 11 日在给钱学敏的信中说："我们因此提倡从定性到定量综合集成法，提倡大成智慧学。"② 1993 年 9 月 16 日，在给王寿云等 6 人的信中，钱学森指出："我们的从定性到定量综合集成法或称大成智慧工程，就要把众人的'举重若轻'和'举轻若重'结合统一起来；在定方针时居高远望，统览全局，抓住关键；在制定行动计划时又注意到一切因素，重视细节。这可能是马克思主义哲学了，是大成智慧学了。"③ 1996 年 3 月 3 日，在给汪成为的信中，钱学森认为："从灵境系统开始的这种结合则是融合，是把人'神化'了，成为'超人'！'超人'的感受可以大到宇宙，小到微观，成'仙'了！这真是人类历史的一次大革命，就如人类有了语言、文字！这将是 21 世纪中叶的事。"④

关于什么是大成智慧工程，钱学森指出："把一个非常复杂的事物的各个方面综合起来，集其大成嘛！而且，我们是要把人的思维，思维的成果，人的知识、智慧以及各种情报、资料、信息统统集成起来，我看可以叫大成智慧工程。英语翻译为 Metasynthetic Engineering，缩写是 MSE。"⑤ 大成智慧工程的实体表现就是总体设计部。钱学森于 1990 年 10 月 4 日，在给戴汝为的信中，指出："我很希望你们的工作能应用到国家的大工程：综合集成工程，即从定性到定量综合集成总体设计部。"⑥ "总体设计部由多部门、多学科的专家组成，在以计算机网络和通信为核心的高新技

---

① 涂元季主编：《钱学森书信》第 7 卷，国防工业出版社 2007 年版，第 208—209 页。

② 同上书，第 356 页。

③ 同上书，第 360 页。

④ 涂元季主编：《钱学森书信》第 9 卷，国防工业出版社 2007 年版，第 499 页。

⑤ 顾吉环、李明、涂元季编：《钱学森文集》卷六，国防工业出版社 2012 年版，第 274 页。

⑥ 钱学森：《创建系统学》（新世纪版），上海交通大学出版社 2007 年版，第 320 页。

术支持下，对社会主义现代化建设的各种问题进行总体分析、总体论证、总体设计、总体规划、总体协调，提出具有可行性和可操作性的配套的解决方案，为决策者和决策部门提供科学的决策支持。”① “将来我们的系统工程、系统科学发展到大成智慧工程，要集信息和知识之大成，以此来解决现实生活中的复杂问题。”②

关于大成智慧教育，钱学森也作了高瞻远瞩的设想，并就中国当前教育的现状发出了“钱学森之问”。1993 年 7 月 16 日，在给戴汝为的信中，钱学森指出：“我们的大成智慧工程与大成智慧学就是这个思想。您把形象思维和抽象思维融为一体了。用此理论培养学生，就可以适应我前次给您去信提出的问题：如何迎接即将到来的多媒体技术和灵境技术世界，当然讲辩证统一，还靠马克思主义哲学。”③ 钱学森还对大成智慧教育提出了具体的构想。他于 1993 年 10 月 7 日在给钱学敏的信中说：“现在我想是大成智慧学的硕士。具体讲：①熟悉科学技术体系，熟悉马克思主义哲学；②理、工、文、艺结合，有智慧；③熟悉信息网络，善于用计算机处理知识。这样的人是全才。……21 世纪的全才并不否定专家，只是他，这位全才，大约需要一个星期的学习和锻炼就可以从一个专业转入另一个不同的专业。这是全与专的辩证统一。”④

正是因为钱学森提倡大成智慧教育，一方面，他为教育的发展而感到欢欣鼓舞，另一方面，他也为中国教育培养不出杰出的创新人才而深表忧虑。2005 年 7 月 30 日，正在住院的钱学森向前来探望他的温家宝总理说：“现在中国没有完全发展起来，一个重要原因是没有一所大学能够按照培养科学技术发明创造人才的模式去办学，没有自己独特的创新的东西，老是‘冒’不出杰出人才，这是很大的问题。”⑤ 此前不久，2005 年 3 月 29 日，钱学森生前最后一次在跟涂元季等人的系统谈话时指出：“今天，党和国家都很重视科技创新问题，投了不少钱搞什么‘创新工程’、‘创新计划’等等，这是必要的。但我觉得更重要的是要具有创

---

① 钱学森：《创建系统学》（新世纪版），上海交通大学出版社 2007 年版，第 202 页。

② 同上书，第 215 页。

③ 同上书，第 324 页。

④ 涂元季主编：《钱学森书信》第 7 卷，国防工业出版社 2007 年版，第 386 页。

⑤ 李斌：《亲切的交谈——温家宝看望季羡林钱学森侧记》，《人民日报》2005 年 7 月 31 日。

新思想的人才。问题在于，中国还没有一所大学能够按照培养科学技术发明创造人才的模式去办学，都是人云亦云、一般化的，没有自己独特的东西，受封建思想的影响，一直是这样子。我看，这是中国当前的一个很大问题。”①

钱老不愧是一位伟大的战略科学家，他的这些具有现实性、战略性、前瞻性的思想，不正是今人应该深长思之并采取切实措施贯彻落实的吗?!

（三）思维科学的技术科学

钱学森对技术科学的内涵、地位、作用等多方面的内容作了许多有益的探讨，对思维科学的技术科学更有深入的阐明。

1. 技术科学是中介学科

技术科学是沟通基础科学与应用技术（工程技术）的中介，是由此达彼的桥梁。中介不仅是客观世界普遍联系的过渡环节，而且是构建精神体系的枢纽节点。列宁曾经指出：“一切 vermittelt = 都是经过中介，连成一体，通过过渡而联系的。达到整个世界（过程）的有规律的联系。”②他还认为：“仅仅‘相互作用’ = 空洞无物，需要有中介（联系）。”③“要真正地认识事物，就必须把握住、研究清楚它的一切方面、一切联系和‘中介’。”④ 早在 20 世纪 40 年代，还在美国工作期间，基于对马克思主义哲学的初步了解，更由于自身科学技术实践的切身体会，钱学森就提出了作为技术科学的“工程科学”。《钱学森手稿》第五部分“工程科学”中指出：“1947 年夏，作者回国探亲，先后访问了浙江大学、交通大学和清华大学，以‘工程和工程科学’为题，就工程科学的内涵和特点、研究内容和方法、当前的研究领域，特别是工程科学在中国发展的重要性等方面做了讲演。”⑤ 钱学森的长期挚友、著名科学家罗沛霖院士认为：“《钱学森手稿》的第五部分是‘工程科学’，指旨在基本科学与技术之间起桥梁作用的科学。这是在 20 世纪中期兴起来并起巨大作用的一个科学

① 涂元季等整理：《钱学森的最后一次系统谈话——谈科技创新人才的培养问题》，《人民日报》2009 年 11 月 5 日。

② 《列宁全集》第 55 卷，人民出版社 1990 年版，第 85 页。

③ 同上书，第 137 页。

④ 《列宁选集》第 4 卷，人民出版社 2012 年版，第 419 页。

⑤ 郑哲敏主编：《钱学森手稿》，山西教育出版社 2000 年版，第 407 页。

范畴。……从《钱学森手稿》看，钱学森基于他在飞行器方面的研究实践，早在20世纪40年代已经加以强调和倡导了。”①

在中国政府高度关心和积极帮助之下，经过自己巧妙而艰苦的努力，钱学森终于冲破美国政府所加予的种种迫害和百般阻难，于1955年10月回到了他日夜思念的伟大祖国。回国后不久，他于1957年发表了《论技术科学》一文，对他1947年以来在“工程科学”方面的思想作了回顾和总结。他指出：“技术科学，它是从自然科学和工程技术的互相结合所产生出来的，是为工程技术服务的一门学问。”② 同时，他还认为，对“技术科学研究的成果再加以分析，再加以提高，就有可能成为自然科学的一部分”③。可见，钱学森正是由于找到了基础科学与工程技术的交叉和中介，才提出了技术科学的概念。这不仅体现了科学与技术的交叉结合，由此构建了现代科学技术体系的一个中介环节，而且对人类认识现代科学技术体系是一个巨大的创造性的贡献，对促进工程技术和现代科学技术的发展以及整个社会的进步产生了并且正在发挥着积极的影响。

2. 思维科学的技术科学

钱学森关于思维科学的技术科学，大致包括以下这些内容：科学方法论、情报学、数理语言学、结构语言学、模式识别与知识系统学，等等。思维科学的技术科学是一个动态发展的过程，这些内容会随着整个现代科学技术的进步而有所丰富、深化和发展，也一定会出现新的思维科学的技术科学的内容。

关于科学方法论。要了解科学方法论，首先必须弄清楚什么是方法论。

什么是方法论呢？简要地说，就是关于方法的理论。关于方法论，国内外学术界有许多有代表性的界定和论述。就国内来看，主要有如下这些观点：

《中国大百科全书》（哲学卷Ⅰ）指出：“方法论（Methodology）是关于认识世界和改造世界的方法的理论。方法论在不同层次上有哲学方法论、一般科学方法论、具体科学方法论之分。关于认识世界、改造世界、

① 宋健主编：《钱学森学术贡献暨学术思想研讨会论文集》，中国科学技术出版社2001年版，第378页。

② 钱学森：《论技术科学》，《科学通报》1957年第2期。

③ 同上。

探索实现主观世界与客观世界相互一致的最一般的方法理论是哲学方法论；研究各门具体学科带有一定普遍意义，运用于许多有关领域的方法理论是一般科学方法论；研究某一门具体学科，涉及某一具体领域的方法理论是具体科学方法论。三者之间的关系是互相依存、互相作用、互相补充的对立统一关系；而哲学方法论在一定意义上说带有决定性的作用，它是各门学科方法论的概括和总结，是最一般的方法论，对一般科学方法论、具体科学方法论有着指导意义。马克思主义哲学是唯一科学的哲学方法论，它不仅是认识客观世界的武器，也是改造现实的武器。”①

《马克思主义哲学全书》认为：“方法论是关于认识世界和改造世界的方法的理论。通常分为哲学方法论、一般科学方法论和具体科学方法论三个基本层次。三者之间具有互相依存、互相影响和互相补充的对立统一关系；哲学方法论在最抽象的层次研究思维与存在如何统一的方法，因而是适用于一切具体科学的具有普遍意义的方法论。”②

《哲学辞典》指出：“方法论是关于人们认识世界、改造世界的一般方式、方法的学说和理论体系。方法论同世界观是统一的。……唯物辩证法是唯一科学的世界观、方法论，是无产阶级和一切进步势力认识世界和改造世界的强大思想武器。”③

《方法论辞典》认为：“方法论是人们认识世界和改造世界的一般方式、方法的理论体系。方法论和世界观两者是统一的。……唯物辩证法是唯一科学的世界观，也是在任何领域中观察问题和处理问题的唯一科学的哲学方法论，是无产阶级和劳动人民认识世界、改造世界的强大思想武器。”④

《自然辩证法通论·第2卷 方法论》指出：“方法论是从认识论角度总结人类认识世界和改造世界的经验，探讨各种方法的性质和作用以及方法之间的相互联系，概括出关于方法的规律性的认识。”⑤ 该书还认为：“方法论的研究已经形成了不同的层次，即比较具体的各门学科的方法

---

① 《中国大百科全书》（哲学卷Ⅰ），中国大百科全书出版社1987年版，第203页。

② 李淮春主编：《马克思主义哲学全书》，中国人民大学出版社1996年版，第137页。

③ 刘延勃、张弓长、马乾乐、张念丰主编：《哲学辞典》，吉林人民出版社1983年版，第130—131页。

④ 刘蔚华主编：《方法论辞典》，广西人民出版社1988年版，第2—3页。

⑤ 孙小礼主编：《自然辩证法通论·第2卷 方法论》，高等教育出版社1993年版，第5页。

论；概括出自然科学的一般方法的自然科学方法论和概括社会科学研究方法的社会科学方法论；从哲学的认识论的高度来论述的方法论。这三者大体上呈现着个别——特殊——普遍的关系。”①

笔者认为，所谓方法论，是指人们认识世界和改造世界的方法理论。方法论是由具体科学方法论，一般科学方法论（包括自然科学研究的一般方法论和社会科学研究等一般方法论）以及哲学方法论所构成的复杂的动态网络系统。唯物辩证法是唯一科学的哲学方法论，在方法论体系中居于指导的地位，并不断汲取具体科学方法论、一般科学方法论的最新研究成果和自身的深入开掘而不断地丰富、深化、发展自己。

另外，再来考察科学方法论。

何谓科学方法论？所谓科学方法论，是指介于哲学方法论与具体科学方法论之间的中介学科，它是一般的科学方法论，它是各门科学（包括自然科学、社会科学、技术科学和交叉科学）所共同运用的科学方法的理论。因此，它具有一般方法论的意义。

科学方法论是各门学科所运用的基本方法和一般方法的理论。现代科学的发展，产生了一系列的基本的科学方法和一般的科学方法。诸如：系统方法、信息方法、反馈方法（包括正反馈、负反馈以及由前馈与负反馈藕合回路所构成的认识方法等）、功能模拟方法（含“黑箱”“灰箱”“白箱”方法和人工智能方法等）以及从定性到定量综合集成方法等。现代科学方法论就是上述基本的科学方法和一般科学方法的理论。

思维科学的技术科学的内容十分丰富，除了上述的科学方法论之外，还有许多其他方面的内容。这里，仅介绍其中的情报学和数理语言学、结构语言学的基本内容。

关于情报学。首先就要了解什么是情报。所谓情报，按照钱学森的说法：“情报就是为了解决一个特定的问题所需要的知识，要注意它的及时性和针对性的要求。”② “情报还要经过一个活化、激活的过程。”③ 因此，对情报工作要作两方面的分析和处置：“一个就是把资料收集起来，建立资料库，建立检索系统，以便于使用；再一个方面，就是把这些资料活

① 孙小礼主编：《自然辩证法通论·第2卷 方法论》，高等教育出版社1993年版，第5—6页。

② 钱学森：《科技情报工作的科学技术》，《国防科技情报工作》1983年特刊。

③ 同上。

化、激活了以后，变成情报。”[①]“情报是激活了的、活化了的知识或者精神财富，或者说利用资料提取出来的活东西。”[②]情报学“就是把情报工作上升到理论的、系统的学问，使科技情报工作形成一个有效的组织体系结构”[③]。

关于数理语言学、结构语言学。恩格斯认为：“语言是从劳动中并和劳动一起产生出来的，这个解释是唯一正确的。”[④]“首先是劳动，然后是语言和劳动一起，成了两个最主要的推动力。”[⑤]“脑和为它服务的感官、越来越清楚的意识以及抽象能力和推进能力的发展，又反作用于劳动和语言，为这二者的进一步发育不断提供新的推动力。”[⑥]钱学森指出：“人类产生语言是一个很大的进步，是第一个进步。有了语言表达，一个人在劳动中积累的经验就可以彼此交流。”[⑦]当前，人们在运用人·机结合进行思维活动时，更需要有统一的、规范化的语言文字。但是，“目前计算机语言繁杂多样、各不相谋的现象令人忧虑”[⑧]。

不仅如此，钱学森还从中国语言文字与思维活动的关系的角度，论述了学习中国语言文字对推进思维活动的重要意义。1994 年 9 月 18 日，在给戴汝为、钱学敏的信中，钱学森指出：“既然文学创作中要运用抽象（逻辑）思维、形象（直感）思维和灵感（顿悟）思维，那我国几千年古老的文学作品不就是三种思维的结晶吗？那我们为什么不从中国的赋、诗、词、曲及杂文小品中学习探讨思维学呢？它们是最丰富的泉源呀！”[⑨]在同一封信中，他还认为：“我们总结极为丰富的对联文学，不能为研究形象（直感）思维做贡献吗？知道形象（直感）思维是从零碎材料找结构不就是一个开端吗？从思维学的角度研究中国古代文学是值得的。”[⑩]1983 年 6 月 2 日，在给刘奎林的信中，钱学森在阐明灵感思维应从心理

---

① 钱学森：《科技情报工作的科学技术》，《国防科技情报工作》1983 年特刊。

② 钱学森：《开展思维科学的研究》，《大自然探索》1985 年第 2 期。

③ 顾吉环、李明、涂元季主编：《钱学森文集》卷三，国防工业出版社 2012 年版，第 324 页。

④ 《马克思恩格斯文集》第 9 卷，人民出版社 2009 年版，第 553 页。

⑤ 同上书，第 554 页。

⑥ 同上。

⑦ 钱学森：《科技情报工作的科学技术》，《国防科技情报工作》1983 年特刊。

⑧ 钱学森：《电子计算机软件与新时期语言文字工作》，《光明日报》1980 年 8 月 5 日。

⑨ 涂元季主编：《钱学森书信》第 8 卷，国防工业出版社 2007 年版，第 373 页。

⑩ 同上书，第 375 页。

分析开始时，指出："这同研究形象思维学要从模式识别和数理语言学开步一样，都是从思维科学的技术科学走向思维科学的基础科学。"① 1984年1月23日，在给李德华的信中，钱学森认为："模式识别、科学语言学都会为形象（直感）思维提供素材。"②

（四）思维科学的应用技术（工程技术）

这大体包括密码技术、计算机软件技术、情报资料库技术、文字学、计算机模拟技术、人工智能、智能机以及大成智慧工程（从定性到定量综合集成技术）等。钱学森指出："思维科学中直接改造客观世界的学问也很多，属工程技术阶层，有人工智能、计算机软件工程、密码技术、情报资料库技术、文字学和计算机模拟技术以及其他。"③ 这里，笔者将选择其中的一些内容加以论述。

什么是技术呢？马克思认为，技术是人与自然的中介，是"人对自然的能动关系，人的生活的直接生产过程。"④ 国际上有人把技术定义为：技术是"人类改变或控制客观环境的手段或活动。"⑤ 钱学森在20世纪90年代后半叶提出：技术是改造客观世界的学问。在20世纪90年代初期，他在同王寿云等人的谈话中，又指出，改造客观世界的学问就是技术。这就揭示了技术更接近于实践的内涵。

关于人工智能、智能机与思维科学的关系，钱学森作了多方面的探索，展现出丰富、深刻的思想。

1. 人工智能、智能机对思维科学的促进作用

1984年10月9日，在给戴汝为的信中，钱学森指出："我认为人工智能的基础理论就是思维科学的基础科学——思维学。"⑥ 1984年12月4日，在给李泽厚的信中，钱学森认为："为了扎扎实实地搞思维科学，宜从理论与实际两个方面去攻智能机，第一代智能机、第二代智能机、第三

① 涂元季主编：《钱学森书信》第1卷，国防工业出版社2007年版，第236页。

② 同上书，第323页。

③ 顾吉环、李明、涂元季编：《钱学森文集》卷三，国防工业出版社2012年版，第222页。

④ 《马克思恩格斯文集》第5卷，人民出版社2009年版，第429页。

⑤ 《简明不列颠百科全书》第4卷，中国大百科全书出版社1985年版，第233页。

⑥ 涂元季主编：《钱学森书信》第2卷，国防工业出版社2007年版，第43页。

代智能机地干下去。不然，空谈何益!”[①] 1984 年 12 月 13 日，在给张锡令的信中，钱学森指出：“走脑科学去搞思维科学的路不如走人工智能搞思维科学的路。而怎么走人工智能的路呢？搞智能机！怎么搞智能机呢？理论与实际并重，即您说的 Sumuel 的意见。”[②] 1984 年 12 月 20 日，在给刘惠章的信中，钱学森认为：“思维科学的突破看来要靠人工智能与智能机的发展。”[③] 1985 年 6 月 12 日，在给陈信的信中，钱学森指出：“思维学可以走两条道路：一条是宏观的道路，从观察人的思维功能入手，也可以称做人工智能的道路；一条是微观的道路，从分析人脑到神经细胞元、大脑皮层结构等入手，也可以称做是脑科学的道路。后者工作量极大，十分繁琐，近期不可能见效。所以在去年 8 月的会上，大家认为第一条道路更为现实。”[④] 1986 年 7 月 4 日，在给陈堃的信中，钱学森认为：“我想辩证思维不能停留在论述，应该进一步用模糊数学、图论（超图论）和系统学（系统科学的基础理论）加以具体化，形成科学理论，最后上电子计算机，造出智能机。”[⑤] 钱学森于 1986 年 9 月 5 日在给戴汝为的信中，更详细地论述了人工智能、智能机的研究以对思维科学的发展所具有的重要作用，他说：“您说到思维科学的研究，我仍然以为其突破口在形象思维学的建立，而这也是人工智能、智能机的核心问题。因此，这也是高新技术或尖端技术的一个重点。我们一定要抓住它不放，以此带动整个思维科学的研究。”[⑥] 1986 年 11 月 28 日，在给杨春鼎的信中，钱学森重申了他的上述思想，并且指出：“建立思维科学的突破口是形象（直感）思维学的创立，而我以为创立形象（直感）又必须同人工智能和智能机的研究、制造结合起来。”[⑦] 1990 年 11 月 8 日，在给刘奎林的信中，钱学森认为：“搞思维学应从实际问题入手，才能有实实在在的进展；而具体做法可以是人工智能、知识工程，也就是叫电子计算机做人脑的助手，结成人・机思维。”[⑧] 1992 年 11 月 4 日，在给汪成为的信中，根据汪成为读了

① 涂元季主编：《钱学森书信》第 2 卷，国防工业出版社 2007 年版，第 100 页。
② 同上书，第 112 页。
③ 同上。
④ 同上书，第 325 页。
⑤ 涂元季主编：《钱学森书信》第 3 卷，国防工业出版社 2007 年版，第 169 页。
⑥ 同上书，第 173 页。
⑦ 同上书，第 326 页。
⑧ 涂元季主编：《钱学森书信》第 5 卷，国防工业出版社 2007 年版，第 393 页。

钱学森的报告《抓住面向对象技术的机遇——把软件危机转化为软件动力》，钱学森指出："我想这是一个思维学的问题，计算机软件在以前是完全按照抽象（逻辑）思维建立起来的，但人的思维还有形象思维。所以要人·机结合，我们一定要让计算机软件像人脑那样工作。"①

2. 人·机结合、人·机融合，以人为主

1988 年 7 月 13 日，在给北京大学计算机专家马希文教授的信中，钱学森说："我想所谓智能机也只是人的助手而已，还是人·机体系；只不过机器干得好了，人更解放了、更自由了。"② 1991 年 10 月 28 日，在给戴汝为的信中，钱学森指出："我看由人搞形象思维及抽象思维，让计算机搞它能搞的事以节省人的脑力劳动，这是人·机结合的、辩证思维的智能体系。大有可为!"③ 1992 年 3 月 6 日，在给汪成为的信中，钱学森认为："我不以为能造出没有人实时参与的智能计算机，所以奋斗目标不是中国智能计算机，而是人·机结合的智能机体系。"④ 1992 年 8 月 12 日，在给汪成为的信中，钱学森指出："各种软件是大有可为的，但它寸步离不开与实践经验的对比和纠正，这就是人的作用了，所以是人·机结合。将来软件设计得更好了，步子可以迈大一点，人的干预少一点，自由化程度高一点。"⑤ 1993 年 9 月 28 日，在给戴汝为的信中，钱学森认为："智能机器人之所以智能，可能就在于能干点复杂些的事；所以要紧的是适应并反应比较复杂的环境。"⑥ 在人·机交互、人·机融合的过程中，人将变得更加聪明。钱学森认为："脑子不要花在记忆上了，那脑子还干什么？从繁重性的记忆脑力劳动解放出来的人，将有可能把智慧集中到整理人类的知识，全面考察，融会贯通，从而能够搞更多更高的创造性脑力劳动。人类将变得更为聪明，人类的前进步伐更将加快。"⑦ 他还指出："我们说计算机永远也代替不了人的全部思维，因为第一，计算机是人造的，人是计算机的主人；第二，当人从简单的、计算机能搞的思维解脱出来

① 涂元季主编：《钱学森书信》第 7 卷，国防工业出版社 2007 年版，第 4 页。

② 涂元季主编：《钱学森书信》第 4 卷，国防工业出版社 2007 年版，第 241 页。

③ 涂元季主编：《钱学森书信》第 6 卷，国防工业出版社 2007 年版，第 139 页。

④ 同上书，第 270 页。

⑤ 同上书，第 366 页。

⑥ 涂元季主编：《钱学森书信》第 7 卷，国防工业出版社 2007 年版，第 199 页。

⑦ 顾吉环、李明、涂元季编：《钱学森文集》卷二，国防工业出版社 2012 年版，第 276 页。

时，人的思维又可以向更高一级发展。人是会越来越聪明的，计算机总是不可能完全代替人。不这样考虑，就要陷入机械唯物论。”① 钱学森对思维科学与智能机的辩证互动及其科学意义作了深刻的阐述，他指出：“我说思维科学是孕育着一场新的科学革命。另一方面，思维科学的研究，又会推动智能机的发展，把人的知识、智力提高到前所未有的高度，这肯定是一场技术革命。”② 1993 年 7 月 3 日，在给汪成为的信中，钱学森对人·机融合的灵境技术抱着极其乐观的态度，他指出：“我对灵境技术及多媒体的兴趣，在于它能大大扩展人脑的知觉，因而使人进入前所未有的新天地，新的历史时代要开始了！”③ 1994 年 10 月 10 日，在给戴汝为、汪成为、钱学敏的信中，钱学森认为：“灵境技术是继计算机技术革命之后的又一次技术革命。它将引发一系列震撼全世界的变革，一定是人类历史中的大事。”④ 1995 年 7 月 9 日，在给戴汝为的信中，钱学森指出：“现在通过灵境技术以及有关的 Virtual Prototyping Virtual architenture design，实在是搞人·机结合的形象思维。它们都使人的思维能力有一个飞跃。”⑤ 1996 年 3 月 10 日，在给戴汝为的信中，钱学森认为：“灵境技术的发展将导致人·机结合的感受，是更高层次的结合，也是人·机结合的第二阶段。”⑥ 他还指出：“信息时代改造了人，人将会有一个飞跃，并进化到一个新的层次。”⑦

3. 大成智慧工程

1992 年 3 月 6 日，在给汪成为的信中，钱学森在阐明了创立人·机结合的智能计算机的体系以后，接着指出：“最近我向王寿云同志提出一个新名词，叫‘从定性到定量综合集成研讨厅体系’，是专家们用计算机（可能要几十亿 F10P）和信息资料情报系统一起工作的‘厅’。”⑧ 1993

① 顾吉环、李明、涂元季编：《钱学森文集》卷二，国防工业出版社 2012 年版，第 102 页。

② 顾吉环、李明、涂元季编：《钱学森文集》卷三，国防工业出版社 2012 年版，第 337 页。

③ 涂元季主编：《钱学森书信》第 7 卷，国防工业出版社 2007 年版，第 254 页。

④ 涂元季主编：《钱学森书信》第 8 卷，国防工业出版社 2007 年版，第 398 页。

⑤ 涂元季主编：《钱学森书信》第 9 卷，国防工业出版社 2007 年版，第 287 页。

⑥ 同上书，第 511 页。

⑦ 顾吉环、李明、涂元季编：《钱学森文集》卷六，国防工业出版社 2012 年版，第 372 页。

⑧ 涂元季主编：《钱学森书信》第 6 卷，国防工业出版社 2007 年版，第 270—271 页。

年 10 月 10 日，在给戴汝为的信中，钱学森在评析了国际上相关的科学方法之后，认为："那就只有用我们说的从定性到定量综合集成技术和 HWSMSE 了。我们是在攻最艰难的堡垒。"[①] 1995 年 4 月 20 日，在给戴汝为的信中，钱学森指出："要用人·机结合的网络集成！大有希望，可喜可贺！这一旦成功，大脑中形象库就大大扩展为计算机网络中的信息库，存量成百上千倍地增长，形象思维上升了，人·机结合创'大成智慧'！"[②]

4. 人·机结合、人·机融合的展望

钱学森在 1985 年 5 月 26 日召开的全国第五代计算机学术研讨会开幕式上的讲话中指出："思维科学的发展也恰恰要靠智能机、人工智能的工作。我们也可以说用思维科学来指导智能机的工作，又用智能机的发展，来推动思维科学的研究。"[③] 1994 年 5 月 20 日，在给王寿云等 6 人的信中，钱学森对由人·机结合、人·机融合的智能体系所形成的大成智慧和大成智慧教育充满热情的期待，他说："中心是大成智慧和大成智慧教育，也就是第五次产业革命所暴发的人·机结合的劳动体系。"[④] 1995 年 4 月 30 日，在给戴汝为的信中，钱学森指出："人·机结合的思维会不会导致出现比过去更聪明的人！今读张浩著《思维发生学——从动物思维到人的思维》（中国社会科学出版社，1994 年），感到肯定是如此的。"[⑤] 1995 年 10 月 23 日，在给戴汝为、钱学敏的信中，钱学森更是豪情满怀地期望："未来的人工智能工作是人·机结合的一项'大成智慧'工程！……我们一旦进入这样的人工智能世界，人类也跟着改造了，将会出现一个'新人类'，不只是人，是人·机结合的'新人类'！"[⑥] 1996 年 3 月 1 日，在给汪成为的信中，钱学森指出："从灵境系统开始的这种结合则是融合，是把人'神化'了，成为'超人'！'超人'的感受可以大到宇宙，小到微观，成'仙'了！这真是人类历史的一次大革命，就如人

---

① 涂元季主编：《钱学森书信》第 7 卷，国防工业出版社 2007 年版，第 394 页。

② 涂元季主编：《钱学森书信》第 9 卷，国防工业出版社 2007 年版，第 178 页。

③ 顾吉环、李明、涂元季编：《钱学森文集》卷四，国防工业出版社 2012 年版，第 153 页。

④ 涂元季主编：《钱学森书信》第 8 卷，国防工业出版社 2007 年版，第 160 页。

⑤ 涂元季主编：《钱学森书信》第 9 卷，国防工业出版社 2007 年版，第 188 页。

⑥ 同上书，第 360—361 页。

类有了语言、文字！这将是21世纪后半叶的事。”①

关于思维科学的应用技术（工程技术）的其他内容，为节省篇幅，恕不一一论述。

三　思维科学的功能

功能是指系统与环境交互作用所表现出来的“过程的秩序”。思维科学的功能表现在，它与客观世界的关系中的作用，思维在与客观世界交互作用过程中的辩证性、思维网络系统中的内部关系及其整体涌现性，以及思维对思维主体的积极作用。

（一）思维是对客观世界的反映

探讨这一问题，可以从如下几个方面加以考察。

1. 主观辩证法是对客观辩证法的辩证反映

客观物质世界是辩证发展的，思维是对这种辩证发展着的客观物质世界的辩证反映过程。马克思指出：思维反映客观物质世界，思维与存在又处于辩证法的同一规律的作用过程之中。因此，“思维和存在虽有区别，但同时彼此处在统一中。”② 恩格斯认为：“所谓的客观辩证法是在整个自然界中起支配作用的，而所谓的主观辩证法，即辩证的思维，不过是在自然界中到处发生作用的、对立中的运动的反映，这些对立通过自身的不断斗争和最终的互相转化或向更高形式的转化，来制约自然界的生活。”③ 列宁指出：“事物的辩证法创造观念的辩证法，而不是相反。”④ 可见，思维是对客观辩证法之辩证的反映。

2. 自然科学的发展进程也表明了思维反映着客观物质世界

人们的思维在反映客观物质世界的过程中，就自然科学的历史进程来看，也经历着一个辩证发展的过程。在古代，人们只是直观地、天才地猜测到客观物质世界的浑然整体，而对这种整体的思维不可能有严格的、精细的科学证明。到了近代，人们通过观察、测量、实验、计算、解剖等科

① 涂元季主编：《钱学森书信》第9卷，国防工业出版社2007年版，第499页。

② 《马克思恩格斯文集》第1卷，人民出版社2009年版，第189页。

③ 《马克思恩格斯文集》第9卷，人民出版社2009年版，第470页。

④ 《列宁全集》第55卷，人民出版社1990年版，第166页。

学方法，从物理学、化学、数学、天文学、地学、生物学、医学等领域着手，分别揭示出客观物质世界各个特殊领域运动过程的情形、特点和规律。这种以分析为主的思维方式，一方面，相对于古代人们的素朴整体论的思维方式来说，是精细了，进步了。但是，另一方面，这种思维方式又内在地带有很大的局限性，这就是这种思维方式只见树木，不见森林，本质上是一种还原论的思维方式。19 世纪中叶以来，经验自然科学发展到理论自然科学的新阶段，这种还原论的思维方式的局限性就更加突出地暴露出来了。自然科学的历史进程表明，自然科学应当运用辩证的、系统的思维方式来反映客观物质世界的整体性和辩证性。恩格斯根据自然科学发展进程的内在要求，及时地总结了当时自然科学的伟大成就，特别是能量守恒与转化定律、细胞学说和进化论这三大发现的科学成就，明确指出："我们就能够依靠经验自然科学本身所提供的事实，以近乎系统的形式描绘出一幅自然界联系的清晰图画。"① 恩格斯根据当时自然科学的现实和对自然科学历史进程的思维领悟，教导人们应当"意识到自然过程的辩证性质"，② 以辩证综合和理论思维的思维方式来反映这种辩证发展的自然过程。20 世纪以来，自然科学的发展，特别是交叉科学尤其是系统科学和复杂性科学的发展，更加证实了马克思主义哲学关于辩证思维方式的正确性和重要性。

3. 逻辑的东西应当与历史的东西相一致

恩格斯指出："历史从哪里开始，思想进程也应当从哪里开始，而思想进程的进一步发展不过是历史过程在抽象的、理论上前后一贯的形式上的反映；这种反映是经过修正的，然而是按照现实的历史过程本身的规律修正的，这时，每一个要素可以在它完全成熟而具有典型性的发展点上加以考察。"③ 这就是说，思维在反映客观物质世界的过程中，历史的起点就应当是逻辑的起点；逻辑的东西应当与历史的东西相一致；这种一致是逻辑的东西在本质和规律的层次上反映着历史的东西。列宁对此也有许多精辟的见解，他认为："逻辑不是关于思维的外在形式的学说，而是关于'一切物质的、自然的和精神的事物'发展规律的学说，即关于世界的全

① 《马克思恩格斯文集》第 4 卷，人民出版社 2009 年版，第 300 页。
② 《马克思恩格斯文集》第 9 卷，人民出版社 2009 年版，第 15 页。
③ 《马克思恩格斯文集》第 2 卷，人民出版社 2009 年版，第 603 页。

部具体内容的以及对它的认识的发展规律的学说，即对世界的认识的历史的总计、总和、结论。”[①] 列宁还指出，逻辑的东西反映历史的东西是一种本质和规律再现的辩证发展的过程，表现为认识过程或思维过程的一串串圆圈。正因为逻辑的东西应当从本质和规律的网络层次上反映历史的东西，所以，思维的任务就在于通过一切迷乱现象探索这一过程的逐步发展的阶段，并且透过一切表面的偶然性揭示这一过程的内在的本质和规律。

4. 思维应当反映发展着的实践过程

马克思指出：“人的思维是否具有客观的［gegenständliche］真理性，这不是一个理论的问题，而是一个实践的问题。”[②] 这就表明，人的思维应当反映客观世界和实践过程，并且应当符合社会实践，这样才能获得客观真理。恩格斯更加明确地论述了实践活动对思维发展的根本作用，他指出：“人的思维的最本质的和最切近的基础，正是人所引起的自然界的变化，而不仅仅是自然界本身；人在怎样的程度上学会改变自然界，人的智力就在怎样的程度上发展起来。”[③] 可见，思维应当反映实践过程，并且应当随着实践过程的发展而发展。只有这样，思维才有了坚实的基础和不竭的动力。

（二）思维反映客观物质世界和实践过程的辩证性

由于客观物质世界和实践过程是辩证发展的，因此，作为对这种客观物质世界和实践过程之反映的思维也应当是辩证发展的过程。这是思维辩证法之重要的功能体现。

1. 思维过程的辩证性根源于客观物质世界和实践过程的辩证性

思维过程作为自然过程的历史过程的反映，而历史过程本身又体现为自然历史过程。因此，思维过程也应当遵循自然过程和历史过程的同样的规律。正因为思维本身是在一定的历史条件下形成的，因而它本身也应当是一个辩证发展的“自然过程”。[④] 恩格斯指出，“人的全部认识是沿着一条错综复杂的曲线发展的”，[⑤] 因此，“我们只能在我们时代的条件下去认

① 《列宁全集》第55卷，人民出版社1990年版，第77页。

② 《马克思恩格斯文集》第1卷，人民出版社2009年版，第500页。

③ 《马克思恩格斯文集》第9卷，人民出版社2009年版，第483页。

④ 《马克思恩格斯文集》第10卷，人民出版社2009年版，第290页。

⑤ 《马克思恩格斯文集》第9卷，人民出版社2009年版，第493页。

识，而且这些条件达到什么程度，我们才能认识到什么程度”[①]。所以，作为思维过程之认识结晶的思维的科学也应当是一种历史性的辩证发展的科学。恩格斯认为：“关于思维的科学，也和其他各门科学一样，是一种历史的科学，是关于人的思维的历史发展的科学。”[②] 列宁关于认识（思维）不是直线，而是曲线，是一串串辩证发展的无限圆圈的思想，是对恩格斯上述思想的继承和发展，更深刻地揭示了认识过程或思维过程的辩证法是对客观物质世界和实践过程的辩证法之辩证反映的过程。

2. 人类思维过程复归到辩证思维的历史必然性

在客观与主观、实践与认识的矛盾运动的过程中，人类思维的发展过程由古代素朴的整体论思维方法过渡到近代的以分析为主的思维方法，这些思维方法经过哲学家们的理论概括，形成了形而上学的思维方法。后来，由于社会实践的发展，科学技术的进步，人们认识的前进，出现了黑格尔的唯心主义辩证思维的理论和方法。马克思主义哲学的创立，把实践观点引进认识论，把辩证法应用于反映论，应用于认识的过程和发展，才真正形成为唯物辩证法的思维的理论和方法，从而实现了人类认识史上一场伟大的革命变革。恩格斯指出：“人类思维的发展，既然没有别的出路，既然无法找到明晰思路，也就只好以这种或那种形式从形而上学思维向辩证思维复归”[③]。在现代科学迅猛发展的今天，特别是交叉科学尤其是系统科学和复杂性科学蓬勃兴起的年代，这种由形而上学的思维方法反转到辩证思维方法的历史进程和发展趋势更为加速和愈益突出了。

3. 思维通过一系列辩证思维方法反映客观物质世界和实践过程

思维在辩证地反映客观物质世界和实践过程的过程中，是通过一系列的辩证思维方法的交互作用而实现的。这些辩证的思维方法包括：个别与一般、分析与综合、归纳与演绎、抽象与具体、知性与理性、有限与无限等内容。这些辩证思维方法是在总结人类认识史的成果的基础上加以综合创新而形成的，而且，这些辩证思维方法彼此渗透，相互交叉，形成了具有内在联系的思维方法的科学系统。这些辩证思维方法具有根本的、科学的方法论意义，对社会实践和科学研究具有方法论的指导意义。下面，举

---

① 《马克思恩格斯文集》第 9 卷，人民出版社 2009 年版，第 494 页。

② 同上书，第 436 页。

③ 同上书，第 438 页。

其要者作一些简略的考察。

首先，关于个别与一般。

马克思指出："读者如果真想跟着我走，就要下定决心，从个别上升到一般。"[①] 恩格斯认为："一切真实的、寻根究底的认识都只在于：我们在思想中把个别的东西从个别性提高到特殊性，然后再从特殊性提高到普遍性；我们从有限中找出和确定无限，从暂时中找出和确定永久。"[②] 这就揭示出，人们的辩证思维过程是从个别到特殊再到一般的辩证发展过程。这体现着人们在客观与主观、实践与认识的矛盾运动的过程中。由于认识领域的不断拓宽和认识程度的不断加深，以及认识日益逼近客观物质世界和实践过程的复杂性，人们就能够通过事物的现象而揭示事物现象、过程的内在本质和规律。这样，既可以从本质和规律的层次上去把握事物、现象和过程，更有利于在正确的理性认识的指导下去从事社会实践，从而能够更加有效地改造客观世界。马克思写作《资本论》的过程中所运用的研究方法和思维方法，就提供了这方面的光辉范例。列宁对此作出过正确而深刻的评价，他指出："《资本论》不是别的，正是'把堆积如山的实际材料总结为几点概括性的、彼此紧相联系的思想'。"[③] 列宁还认为：马克思所用的研究方法和思维方法，正是从个别到一般的辩证方法。"马克思在这方面大大前进了一步：他抛弃了所有这些关于一般社会和一般进步的议论，而对一种社会（资本主义社会）和一种进步（资本主义进步）作了科学的分析。……从头开始，而不是从尾开始；从分析事实开始，而不是从最终结论开始；从研究个别的、历史上一定的社会关系开始，而不是从什么是一般社会关系的一般理论开始！"[④] 毛泽东对个别、特殊、一般的辩证思维运动作了非常深刻的论述，他指出："这是两个认识的过程：一个是由特殊到一般，一个是由一般到特殊。人类的认识总是这样循环往复地进行的，而每一次的循环（只要是严格地按照科学的方法）都可能使人类的认识提高一步，使人类的认识不断地深化。"[⑤]

其次，关于分析和综合。

---

① 《马克思恩格斯文集》第 2 卷，人民出版社 2009 年版，第 588 页。

② 《马克思恩格斯文集》第 9 卷，人民出版社 2009 年版，第 498 页。

③ 《列宁选集》第 1 卷，人民出版社 2012 年版，第 9—10 页。

④ 同上书，第 13 页。

⑤ 《毛泽东选集》第 1 卷，人民出版社 1991 年版，第 310 页。

恩格斯指出："没有分析就没有综合。"[①] 他还认为：人们应当把依靠视觉、听觉、嗅觉、味觉和触觉得来的不同的感性印象进行思维的加工。"把它们综合为一个整体。"[②] 揭示它们"共同的属性"，[③] "揭明它们之间的内在联系，这恰好是科学的任务"。[④] 列宁指出："分析和综合的结合，——各个部分的分析和所有这些部分的总和、总计。"[⑤] 毛泽东认为："分析的方法就是辩证的方法。所谓分析，就是分析事物的矛盾。"[⑥] 这就告诉人们，分析是认识事物的个别的成分、现象、性质和矛盾等的思维方法，而综合则是在分析的基础上，把握事物的总体、本质和规律的思维方法。只有经过综合，才能达到更高层次的理性认识，从而才能更好地提供对社会实践的指导。分析与综合在思维过程中应当彼此渗透，交互作用，协同优化，辩证发展，才能不断地获得正确而深刻的认识。

再次，关于抽象与具体。

马克思指出：认识事物的思维程序应当是从具体到抽象，再从抽象到具体。从具体到抽象，这是认识事物的第一条道路。这里所谓的具体，是指感性实在的具体事物，这种感性实在的具体事物是"现实的起点，因而也是直观和表象的起点"[⑦]。从具体到抽象，就是指从浑沌的关于事物整体的表象中的具体抽象出越来越稀薄的规定，直到最后达到一些最简单的规定，即由"完整的表象蒸发为抽象的规定"。[⑧] 从抽象到具体，这是认识事物的辩证运动过程中的第二条道路。这里所说的具体，已经不是前面所说的那种具体，而是指在思维过程中对事物从本质和规律的层次上的具体再现。这种"具体之所以具体，因为它是许多规定的综合，因而是多样性的统一。因此它在思维中表现为综合的过程，表现为结果"[⑨]。这种结果是"抽象的规定在思维行程中导致具体的再现"[⑩]。恩格斯在论述

① 《马克思恩格斯文集》第9卷，人民出版社2009年版，第45页。

② 同上书，第498页。

③ 同上。

④ 同上。

⑤ 《列宁全集》第55卷，人民出版社1990年版，第191页。

⑥ 《毛泽东文集》第7卷，人民出版社1999年版，第277页。

⑦ 《马克思恩格斯文集》第8卷，人民出版社2009年版，第25页。

⑧ 同上书，第18页。

⑨ 同上。

⑩ 同上书，第25页。

抽象与具体的辩证关系时，也有许多非常深刻的思想。他指出："抽象的和具体的。运动形式变换的一般规律，比运动形式变换的任何个别的'具体的'例证都更具体得多。"[①] 恩格斯还通过对物、物质、运动等概念的阐明，深刻地揭示了抽象与具体这一辩证思维方法的内容和意义。他指出："物、物质无非是各种物的总和，而这个概念就是从这一总和中抽象出来的，运动本身无非是一切感官可感知的运动形式的总和；'物质'和'运动'这样的词无非是简称，我们就用这种简称把感官可感知的许多不同的事物按照其共同的属性概括起来。因此，只有研究单个的物和单个的运动形式，才能认识物质和运动，而我们通过认识单个的物和单个的运动形式，也就相应地认识物质本身和运动本身。"[②] 列宁认为："最丰富的是最具体的和最主观的。"[③] 由于本质和规律是复杂的动态网络系统，因此，作为对这种本质和规律之辩证反映的思维行程中的具体也应当是复杂的动态网络系统，它具有无限丰富的内容。而且，这种思维行程中的具体，由于它是多种规定性的综合，在其思维行程中，随着抽象层次的不断提高，提高到"物质"与"意识"这对最一般的范畴，其包含的内容就是最丰富的，而其表现形式则是最主观的。

又次，关于知性和理性。

恩格斯指出："知性和理性。黑格尔的这一区分——其中只有辩证的思维才是理性的——是有一定意义的。"[④] 这里所说的"知性"和"理性"，本来是康德哲学和黑格尔哲学中用来表征认识的两种能力或两个阶段的。康德认为，人的认识有感性、知性和理性三个阶段或三种能力。但是，感性、知性（悟性）、理性只能认识现象，不能认识本质。康德指出："物之在感性中的是现象，是'未决定的现象'；物之在悟性中的，也是现象，然却是'可能经验的对象'；物之在理性中的，是物之整体，故为现象，也是现象的整体。"[⑤] 黑格尔批判了康德割裂"现象"和"本质"的错误，指出现象和本质是辩证统一的。而且，黑格尔认为：悟性或知性是形式逻辑的、形而上学的思维，而理性才是最完全的认识能力，

① 《马克思恩格斯文集》第9卷，人民出版社2009年版，第486页。

② 同上书，第500—501页。

③ 《列宁全集》第55卷，人民出版社1990年版，第200页。

④ 《马克思恩格斯文集》第9卷，人民出版社2009年版，第485页。

⑤ 郑昕著：《康德学述》，商务印书馆2001年版，第65页。

最高级的认识阶段，只有理性才能进行辩证的思维，把握事物的本质。当然，黑格尔所说的本质，其实就是他所说的理念，因而这是唯心主义的。但是，黑格尔通过对康德的批判所阐明的关于知性（悟性）和理性的区别是有合理之处的，而且，他关于理性的辩证思维的思想也是有学术价值的。恩格斯在批判地吸收了黑格尔的合理思想之后，接着指出："辩证的思维——正因为它是以概念本身的本性的研究为前提——只对于人才是可能的，而且只对于已处于较高发展阶段上的人（佛教徒和希腊人），才是可能的，而其充分的发展还要晚得多，通过现代哲学才达到。"① 因为知性是人和一切高等动物都共同具有的，而理性则是人才有的，而且，在唯物辩证法的哲学中，理性认识也是一种无限发展的辩证运动的前进过程。马克思指出："观念的东西不外是移入人的头脑并在人的头脑中改造过的物质的东西而已。"② 恩格斯认为：在事物及其相互关系不是被看作固定的东西，而是被看作可变的东西的时候，它们在思想上的反映、概念，同时会发生变化和变形。恩格斯还指出：对概念、范畴、逻辑规定等进行论述时，应当运用唯物辩证法的认识方法和思维方法。人们不应当把概念、范畴、逻辑规定等东西限定在僵硬的定义中，而是要在它们的历史的或逻辑的形成过程中加以阐明。列宁也指出：概念的灵活性，一方面，是指概念与客观事物的对立统一，概念是对事物的本质与规律的辩证的反映；另一方面，概念自身又是一种动态的网络系统，概念的矛盾运动过程是对立统一的。这就告诉人们，在主观与客观，认识与实践的矛盾运动过程中，理性认识也应当变化、发展，也应当遵循唯物辩证法的发展规律。可见，只有运用唯物辩证法的认识方法和思维方法，才能不断地拓宽、加深对事物及其本质与规律的认识。

最后，关于有限与无限。

有限与无限，既表现为客观辩证法，又体现为主观辩证法。恩格斯指出："无限的东西既是可以认识的，又是不可以认识的，而这就是我们所需要的一切。"③ 为什么呢？因为说无限的东西可以认识，这可以从两个方面来加以理解。一方面，认识有限的东西就是在认识无限的东西。由于

① 《马克思恩格斯文集》第 9 卷，人民出版社 2009 年版，第 485 页。

② 《马克思恩格斯文集》第 5 卷，人民出版社 2009 年版，第 22 页。

③ 《马克思恩格斯文集》第 9 卷，人民出版社 2009 年版，第 499 页。

无限的东西是由有限的东西所组成的，因此，人们“对自然界的一切真实的认识，都是对永恒的东西、对无限的东西的认识，因而本质上是绝对的”①。另一方面，人们又能够通过无穷世代的延续的认识，却日益逼近对无限的东西的认识。恩格斯指出：“可认识的物质的无限性，是由各种纯粹的有限性组成的，同样，绝对地认识着的思维的无限性，也是由无限多的有限的人脑所组成的。”② 而这种无限多的人脑表现为人的世代前进的无穷系列，因而人们能够通过对有限的东西的认识的世代累积，无限逼近地去把握无限的东西。那么，又怎么理解无限的东西不可以认识呢？这也可以从两个方面来加以考察。一方面，人们不可能一下子毫无遗漏地从所有的联系中认识整个世界体系。另一方面，人们也不可能有一无穷尽对无限的东西的认识。为什么呢？因为人们“对无限的东西的认识受到双重困难的困扰，并且按其本性来说，只能通过一个无限的渐进的前进过程而实现”③。这样，整个人类认识发展的过程，就表现为有限与无限，非至上性与至上性的对立统一的认识发展过程和辩证思维的发展过程。

（三）思维的网络层次性

人类的认识方法和思维方法是一种具有复杂的层次结构的动态网络系统。就人类认识发展到19世纪中叶以后的情况来看，在这种认识方法和思维方法的动态网络系统中，最基础的层次是各门具体科学（包括自然科学的各个门类和社会科学的各个门类）的认识方法和思维方法。中间的层次是初现端倪的各种层次的交叉科学雏形的各种认识方法和思维方法。随着20世纪中叶以来现代科学的发展，特别是交叉科学的日益进步和趋于系统化，这种认识方法和思维方法也日益成熟起来并趋于系统化。再上一个层次是科学哲学层次上的认识方法和思维方法。它是探讨科学哲学层次上共通的认识方法和思维方法。最高的层次是马克思主义哲学的认识方法和思维方法。马克思主义哲学的认识方法和思维方法，在整个人类的认识方法和思维方法的动态网络系统中，居于指导和统率的地位。一方

---

① 《马克思恩格斯文集》第9卷，人民出版社2009年版，第499页。

② 同上。

③ 同上。

面，它可以为具体科学的认识方法和思维方法、各种层次的交叉科学的认识方法和思维方法，以及科学哲学层次上的认识方法和思维方法提供哲学方法论的正确指导。另一方面，它又应当从后三者的发展成果中不断地汲取营养，从而不断地丰富、深化和发展自己。

自从马克思主义哲学创立以来，在马克思主义哲学与具体的自然科学、社会科学和各种层次的交叉科学以及科学哲学交互作用的动态过程里，在认识方法和思维方法的动态网络系统日益丰富、深化、复杂化的过程中，上述两个方面的交互作用显得越加突出和日益重要。

就中国社会的思维主体来说，首先是要提高整个中华民族的综合素质。而提高综合素质的“软件系统”是要提高整个中华民族的思维水平。时任中国科学院院长的路甬祥院士在为《院士思维》一书所作的《序言》中指出：“马克思、恩格斯在创立辩证唯物主义尤其是自然辩证法时，更特别强调了哲学理论思维和多种科学思维方式的运用。”[①] 他还认为：“要实现我国科学技术的持续创新……更要靠多样化的现代科学思维方式作为‘软件’。大量事实证明，正确的科学思维方式确实堪称近现代科技工作者的灵魂，犹如科学宏观研究的望远镜和微观研究的显微镜一样重要。”[②] 提高整个中华民族的思维水平，这是根本。

思维主体最重要的是各级领导干部和广大青少年。提高各级领导干部的理论思维水平和辩证思维、科学思维能力，这是整个事业发展的关键。提高广大青少年的理论思维水平和辩证思维、科学思维能力，这是整个中华民族的希望。关于这方面的内容，我们将在第四章中展开论述，这里暂且从略。

关于思维科学对社会发展的巨大促进作用，我们将在第六章中详加说明，这里只作一些简略的考察。就我国当前和今后一个时期来看，社会发展的最重要的任务是贯彻落实科学发展观、构建社会主义和谐社会、全面建成小康社会，实现中华民族伟大复兴的中国梦。运用理论思维特别是辩证思维和科学思维方法来考察这一历史任务的实现过程，就应当正确认识和优化处置矛盾的动态网络系统和规律的动态网络系统。在认识问题时，能够居高望远，总揽全局，在处置问题

---

① 卢嘉锡编：《院士思维》卷一，安徽教育出版社 1998 年版，《序言》第 1 页。

② 同上书，《序言》第 3 页。

时，又要精心组织，细致周到。这样，把观察问题时的举重若轻和处理问题时的举轻若重辩证地统一起来，从而不断地夺取这一伟大的历史任务的新胜利。

第二章

思维科学定位

思维科学在整个现代科学技术体系中居于什么地位，它与马克思主义哲学以及其他相关学科之间的关系如何？这是本章将要探讨的问题。

一　思维科学在现代科学技术体系中的位置

在整个现代科学技术体系中，思维科学处于何种位置，它与上、下、左、右相关学科是什么关系？这是我们首先要弄清楚的问题。

（一）思维科学在现代科学技术体系中的地位

在整个现代科学技术体系中，思维科学是11个大部门之一。它与自然科学、社会科学、数学科学、系统科学、人体科学、地理科学、军事科学、行为科学、建筑科学一起构成目前已知的现代科学技术体系。整个现代科学技术体系和其中的各门科学技术都是开放的复杂巨系统，都会随着客观世界和实践过程的发展，以及科学技术的进步和人们认识的前进而不断地丰富、深化和发展。现代科学技术体系，如图2.1所示：

（二）思维科学与相关学科的关系

按照本书第一章第二节图1.1所表明的思维科学结构和在现代科学技术体系中的位置，可以探讨思维科学的学科结构以及与相关学科的关系。

思维科学自身包括基础科学、技术科学和应用技术（工程技术）三个层次的结构。思维科学往上通过认识论这座桥梁与马克思主义哲学相连接，思维科学往下与前科学相沟通。这里所说的前科学是指实践经验知识

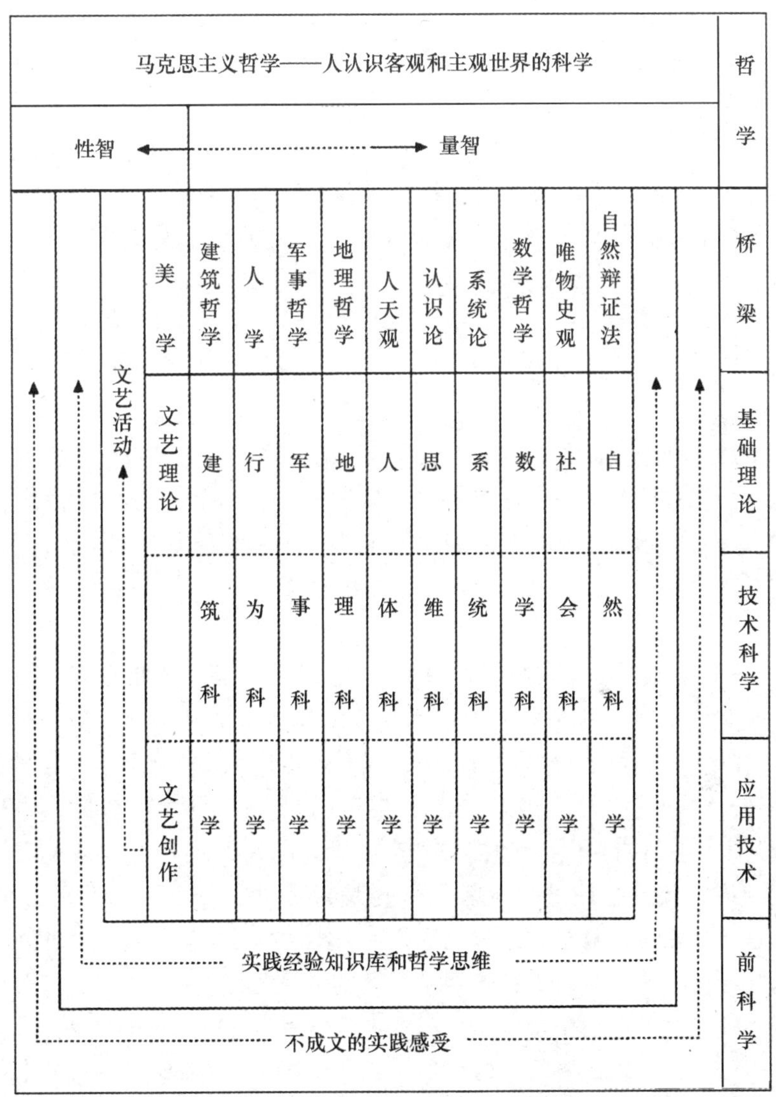

图 2.1　现代科学技术体系①

① 此图取自北京大学现代科学与哲学研究中心编：《钱学森与现代科学技术》，人民出版社 2001 年版，第 7 页。

库和相应的哲学思维以及不成文的实践感受等知识。这些知识的现成形态虽然尚不具备科学的形态，但是，随着社会实践的发展，科学技术的进步和人们认识的前进，这些知识可以转化并升入思维科学的领域。更何况，思维科学自身也是一种开放的复杂巨系统，它与各种相关学科之间存在着复杂的辩证互动的关系。这样看来，无论是从思维科学在整个现代科学技术体系中的地位来看，还是从思维科学与上、下学科以及与相关学科的关系来看，思维科学是处在整个人类知识的复杂的动态网络系统中的一门科学。

二 思维科学与马克思主义哲学

思维科学通过认识论这座桥梁与马克思主义哲学相连接。一方面，思维科学应当接受认识论和马克思主义哲学的指导，另一方面，思维科学的发展，又可以丰富、深化、发展认识论乃至马克思主义哲学。这是思维科学与认识论和马克思主义哲学辩证互动的过程。

（一）思维科学应当接受认识论和马克思主义哲学作指导

这是由思维科学在整个现代科学技术体系中的地位所决定的。1990年11月29日，在给章维一的信中，钱学森指出："马克思主义哲学是指导一切理论研究的。"① 当然，这也包括对指导思维科学的研究。1991年1月7日，在给刘新中、王桂娣的信中，钱学森明确指出："我们要坚持辩证唯物主义。这是根本问题。"② 这是指明了在一切科学研究工作中，当然也包括在思维科学的研究过程中，最根本的是应坚持以马克思主义哲学为指导的问题。不仅如此，钱学森还深入到思维科学的研究过程之中，更深入地论述了应当坚持以马克思主义哲学为指导的这一根本问题。1991年10月24日，在给刘元亮的信中，钱学森认为："抽象（逻辑）思维是理性的，能说清楚；而直感思维和灵感思维就说不清楚了，所以是非理性的。科学研究要运用二者结合起来的辩证思维。这也说明科学研究不全是理性，要有非理性的帮助，排除非理性就陷入了机械唯物论；排除理性，

① 涂元季主编：《钱学森书信》第5卷，国防工业出版2007年版，第399页。

② 同上书，第432页。

搞非理性主义就是唯心主义。我们要坚持辩证唯物主义。”① 1992 年 8 月 12 日，在给汪成为的信中，钱学森就逻辑思维与形象思维的结合，用“软件”系统把它们连接起来，指出：“这样我们就用马克思主义认识论把思维学中的几种思维统一起来了。”② 在 1987 年由中国广播电视出版社出版的《现代思维与改革》之《开篇的话》中，钱学森认为：“我们研究思维科学，一定要注意应用马克思主义哲学。”③

钱学森的这些思想，是从他对现代科学技术体系与马克思主义哲学的关系的总体考虑出发，并从这两者辩证互动的全局的高度，所坚持、发展的思想精华。

（二）思维科学可以丰富、深化、发展认识论与马克思主义哲学

这是思维科学与认识论和马克思主义哲学辩证互动过程中又一个重要的方面。坚持和发展马克思主义哲学，有多种途径。深入开掘马克思主义哲学的伟大宝库，认真总结当代社会实践的新鲜经验，科学继承并且不断吸收古今中外优秀的文明成果，综合汲取现代科学技术的前沿成就，正确评析国内外重大思潮及其论争，这些都是坚持和发展马克思主义哲学的有效途径，就思维科学对认识论和马克思主义哲学的有效途径，就思维科学对认识论和马克思主义哲学的思想贡献来看，应当做更深入、细致的探讨。1991 年 1 月 28 日，在给于景元的信中，钱学森指出：“我看从定性到定量综合集成法，实质上体现了辩证思维，是应用知识工程及信息技术来完成陈云同志提出的‘不惟上，不惟书、只惟实，交换、比较、反复’。”④ 钱学森在《系统科学、思维科学与人体科学》（《自然杂志》1981 年第 1 期）中认为：“思维科学的发展会大大丰富认识论的内容，从而也为马克思主义哲学提供发展的材料，明确了思维科学和哲学的关系，也就可以帮助解决近来在讨论辩证逻辑中的分歧。”⑤ 1992 年 10 月 10 日，在给钱学敏的信中，钱学森强调指出：“从定性到定量综合集成研讨厅体

---

① 涂元季主编：《钱学森书信》第 6 卷，国防工业出版社 2009 年版，第 133 页。

② 同上书，第 367 页。

③ 顾吉环、李明、涂元季编：《钱学森文集》卷五，国防工业出版社 2012 年版，第 183 页。

④ 涂元季主编：《钱学森书信》第 5 卷，国防工业出版社 2007 年版，第 464 页。

⑤ 顾吉环、李明、涂元季编：《钱学森文集》卷三，国防工业出版社 2012 年版，第 31 页。

系……这是利用我们的现代科学技术体系的思想，综合古今中外，上万亿人类头脑的智慧！所以可以称之为‘大成智慧工程’！前无古人！”[①] 1993年11月21日，在给戴汝为的信中，钱学森认为：“我想我们的希望就在攻思维学，特别是形象思维，这方面找出路子来了，那么人类最难的科学——心理学可能会有真正的出路。”[②] 而心理学与认识论乃至马克思主义哲学之间存在着更紧密的联系。因而，攻思维学促进心理学，可以丰富、深化、发展认识论和马克思主义哲学。1993年7月3日，在给汪成为的信中，钱学森指出：“我对灵境技术及多媒体的兴趣，在于它能大大扩展人脑的知觉，因而使人进入前所未有的新天地，新的历史时代要开始了！”[③] 1994年10月10日，在给戴汝为、汪成为、钱学敏的信中，钱学森认为：“灵境技术是继计算机技术革命之后的又一次技术革命。它将引发一系列震撼全世界的变革，一定是人类历史中的大事。”[④] 他在1990年10月16日发表的《再谈开放的复杂巨系统》的演讲中，还指出：“从定性到定量综合集成技术是思维科学的应用技术，是大有可为的。应用技术发展了，也会提炼、上升到思维科学的理论，最后，上升到思维科学的哲学——认识论。”[⑤] 1995年10月23日，在给戴汝为、钱学敏的信中，钱学森满怀信心地指出：“未来的人工智能工作是人·机结合的一项‘大成智慧’工程！”[⑥]“我们一旦进入这样的人工智能世界，人类也跟着改造了，将会出现一个‘新人类’，不只是人，是人·机结合的‘新人类’！……我们人民中国向此方向努力，也是为了促进新世界！”[⑦]

钱学森的上述思想，具体、深入地阐明了思维科学的发展，可以丰富、深化、发展认识论和马克思主义哲学。这些思想值得学术界深长思之类并深入探究。

① 涂元季主编：《钱学森书信》第6卷，国防工业出版社2007年版，第491页。
② 涂元季主编：《钱学森书信》第7卷，国防工业出版社2007年版，第451页。
③ 同上书，第254页。
④ 涂元季主编：《钱学森书信》第8卷，国防工业出版社2007年版，第398页。
⑤ 钱学森：《创建系统学》（新世纪版），上海交通大学出版社2007年版，第128页。
⑥ 涂元季主编：《钱学森书信》第9卷，国防工业出版社2007年版，第360页。
⑦ 同上书，第360—361页。

三　思维科学是一门综合交叉的复杂性科学

思维科学是与人文科学、社会科学、自然科学、技术科学、交叉科学等学科综合交叉的一门复杂性科学。它不限于哪一门学科或只与某一门学科交叉，而是与多种学科综合交叉而形成和发展起来的一门复杂性科学。因此，思维科学在创立和发展过程中有其自身的特点。这是在探讨思维科学的学科定位时应当特别注意的问题。

（一）思维科学与人文科学的相互交叉

思维科学在形成和发展的过程中，与人文科学的各个领域发生错综复杂的交互作用的情形。

1. 思维科学与哲学的辩证互动

思维科学在形成和发展的过程中与哲学学科的多个领域存在着辩证互动的情形。

首先，与哲学学科本身的辩证互动。

思维科学与古今中外的哲学学科交互作用的情形是：一方面，思维科学向古今中外哲学学科吸取思想营养而使自己创立、发展起来。另一方面，思维科学的创立和发展，又可以丰富、深化、发展哲学学科的内容和思路。至于思维科学与当代哲学的最高智慧——马克思主义哲学的辩证互动的情形，我们已在本章第二节中作了简要的考察，这里恕不赘述。

其次，与逻辑学的交互作用。

逻辑学在发展过程中，由形式逻辑发展到模态逻辑、多值逻辑、道义逻辑、认知逻辑（以及动态认知逻辑）时态逻辑、模糊逻辑、数理逻辑、辩证逻辑等学科。思维科学在形成和发展的过程中，同逻辑学的发展过程交互作用，相互促进。一方面，思维科学汲取了逻辑学的发展成果，促进其自身向广度、深度、高度发展。钱学森指出："我们研究思维学要从哲学的逻辑学吸取营养。"[①] 另一方面，思维科学的发展，又促进了逻辑学

---

① 顾吉环、李明、涂元季主编：《钱学森文集》卷五，国防工业出版社 2012 年版，第 28 页。

的深入和前进。这不仅表现在思维科学的发展，有助于逻辑思维的深入和前进，从而促进逻辑学的发展，更重要的是，思维科学的发展，可以丰富、深化、发展辩证逻辑的内容，从而推动逻辑学的前进。

再次，与美学的彼此促进。

美是人们在社会实践过程中积极的自由创造，是人的主观能动性的重要体现。但是，这种主观能动性必须以对客观必然性的认识（真理）为前提，方能推动对客观世界的认识和改造。所以，美是以真为前提的。同时，美是一种特殊的认识形式。它不是以逻辑的认识形式为其特点的，而是在美的创造、审美活动、审美评价中通过美的形象，以情感体验与理性认识相统一为其特征的。这种美的认识活动同样能够促进人们更深入地把握客观世界，更有效地改造客观世界。

不仅如此，而且人们还能够按照美的规律①创造世界。只有在社会主义制度下，人们“按照美的规律”创造世界的活动，才真正获得历史性的发展。而作为社会主义发展之高级阶段的共产主义，它才真正是“历史之谜的解答，而且知道自己就是这种解答。”② 这就是说，应当从真、善、美统一的理论高度和动态协同的实践过程，通过社会主义创造性的实践过程，实现共产主义的世界大同。我国著名社会学家费孝通教授认为：各美其美，美人之美，美美与共，天下大同。正是体现了马克思上述思想的新的发展。我国国学泰斗、著名哲学史家张岱年教授在20世纪30年代指出：“中国人要参赞美育，必须依靠科学，要实现天下大同，则舍社会主义别无途径。……而欲‘通天下之志’、‘天下为公’，只有经过社会主义革命及建设，才能变理想为现实。”③ 我国著名科学家钱学森院士认为：思维科学将融合为大成智慧，而这种大成智慧只有在社会主义制度下，才能得到真正的发展，直至有助于创立共产主义的新的世界社会形态。这更是融合了思维科学、大成智慧与真、善、美相统一而与社会发展之内在联系之中，是对马克思上述思想的展开和丰富。

思维科学与美学的彼此促进，表现在美学作为一种特殊的认识形式，它对思维科学中的基础学科——思维学能够起着指导的作用，特别是对形

① 《马克思恩格斯文集》第1卷，人民出版社2009年版，第163页。

② 同上书，第185—186页。

③ 《张岱年文集》第1卷，清华大学出版社1989年版，第254页。

象思维和灵感思维更有着明显的促进作用。钱学森在发表于《文艺研究》1986 年第 4 期的文章《美学、社会主义文艺学和社会主义文化建设》中认为："美离不开形象思维，而形象思维是活的，不能'死心眼儿'，活就是模糊，模糊才能活。"①

另外，思维科学的发展，又能够以更深入的前沿进展丰富、深化、发展美学思想，特别是在美的创造、审美活动等方面对美学的发展起着促进的作用。钱学森在《技术美学丛刊》1984 年第 1 卷发表的文章《对技术美学和美学的一点认识》中，认为："要努力建立科学的美学。怎么办？上面说的是心理学的路子是可取的。但我认为如果要说得完整些，就应当引用思维科学这个概念，因为灵感是人思维过程的结果。"②

2. 与文学艺术相互融通

文学艺术侧重运用形象思维，塑造典型环境中的典型人物。它通过创造意境和想象等艺术手法来实现文学艺术源于生活又高于生活的创作目的。恩格斯指出："我认为，倾向应当从场面和情节中自然而然地流露出来，而无须特别把它指点出来"。③ 文学艺术重在创造意境，以体现创作的目的。美学大师宗白华教授认为："在一个艺术表现里情和景交融互渗，因而发掘出最深的情，一层比一层更深的情，同时也透入了最深的景，一层比一层更晶莹的景；景中全是情，情具象而为景，因而涌现了一个独特的宇宙，崭新的意象，为人类增加了丰富的想象，替世界开辟了新境，正如恽南田所说'皆灵想之所独辟，总非人间所有！'这是我的所谓'意境'。"④ 文学艺术还通过想象塑造典型的人物形象和典型的情景环境，想象是一种以形象进行思维的认识活动。我国宋代诗人梅尧臣曾对欧阳修说：优秀的诗篇应当"意新语工"，"必能状难写之景如在目前；会不尽之意见于言外"。高尔基认为："想象是创造形象的文学技巧的最重要手段之一。……想象要完成研究和选择材料的过程，并且最终使这个材料形

① 顾吉环、李明、涂元季编：《钱学森文集》卷四，国防工业出版社 2012 年版，第 266 页。

② 顾吉环、李明、涂元季编：《钱学森文集》卷三，国防工业出版社 2012 年版，第 259 页。

③ 《马克思恩格斯文集》第 10 卷，人民出版社 2009 年版，第 545 页。

④ 宗白华著：《美学散步》，上海人民出版社 1981 年版，第 72 页。

成为活生生的、具有肯定或否定意义的社会典型。”[①] 想象通过“象外之旨”“韵外之主”和“情景交融”等拟人手法，使人们通过无穷的想象、丰富的联想，达到对审美对象的理性把握。

思维科学与文学艺术有其内在的贯通之处。文学艺术通过意境、想象等创作手法实现塑造典型的人物形象和情景环境，这期间贯穿着逻辑思维、形象思维、灵感思维、社会思维等内容。文学艺术与思维科学特别是思维学在更深层次上内在地贯通起来，从而实现两者的彼此交融，创造出感人的艺术形象和深刻的思维境界。

（二）思维科学与社会科学的彼此交融

社会科学中的诸领域与思维科学之间存在着彼此交融的辩证关系。其中，思维科学与语言学的关系更为紧密。

从起源上看，思维早于语言。若从发展进程来看，则语言学形成于前，思维科学形成于后。因为语言同人们的生活实践、社会交往、思想交流更直接、更频繁、更紧密，而思维在人们的生活实践、社会交往、思想交流中显得更深层、更缓慢、更从容。因此，语言学早于思维科学形成于世。

1. 语言是人们交流思想的工具

恩格斯在考察劳动在从猿到人的发展过程中的历史作用的时候，对语言的形成及其社会功用作了明确的揭示，他指出：“这些正在生成中的人，已经达到彼此间不得不说些什么的地步了。”[②] 这就是说，正在生成中的人们，由于社会实践过程中交流思想的需要。因而才形成了语言。人类发展的历史表明，“语言是从劳动中并和劳动一起产生出来的，这个解释是唯一正确的，拿动物来比较，就可以证明”[③]。美国著名语言学家C. F. 霍凯特在考察语言产生的历史时，也明确指出：在从猿到人的发展过程中，自从人与猿揖别以来，“我们认为这是使人类与其现存的堂兄弟分手的一步关键的发展，就这步发展来说，凡是经过了的，都是人，从中

① ［苏］高尔基：《论文学》，孟昌、曹葆华、戈宝权译，人民文学出版社1978年版，第317页。

② 《马克思恩格斯文集》第9卷，人民出版社2009年版，第553页。

③ 同上。

得到的，就是真正的语言”[①]。

不仅如此，恩格斯还考察了劳动、语言、脑髓、感官、意识、抽象能力、推进能力等因素复杂的交互作用的两方面的情形。一方面，“首先是劳动，然后是语言和劳动一起，成了两个最主要的推动力，在它们的影响下，猿脑就逐渐地过渡到人脑；后者和前者虽然十分相似，但是要大得多和完善得多”[②]。另一方面，“脑和为它服务的感官、越来越清楚的意识以及抽象能力和推理能力的发展，又反作用于劳动和语言，为这二者的进一步发展不断提供新的推动力。……这种发展一方面获得了强有力的推动力，另一方面又获得了更加确定的方向”[③]。经过上述两个方面的发展，语言作为人们交流思想的工具，其作用愈益明显和突出起来。著名语言学家、北京市语言学会前会长张志公教授认为：“我们现在面临着一个新的技术革命潮流的挑战。在许多新技术中带头的、关键的是信息技术，而最根本的信息载体是语言。语言不仅是人和人的交际工具，而且也将成为人和‘机器’交际的工具，所以，现在国内外都承认，语言学不仅是各种科学的基础部分，而且又是先导科学。”[④] 当代社会实践和科学技术的迅猛发展，证明了列宁关于语言的社会作用的基本思想仍然十分正确。列宁指出：“语言是人类最重要的交际手段。”[⑤]

2. 语言是思维的载体

语言作为思维的载体，它也经历着辩证发展的过程。恩格斯指出：“在思维的历史中，一个概念或概念关系（肯定和否定，原因和结果，实体和偶体）的发展同它们在个别辩证论者头脑中的发展的关系，正像一个有机体在古生物学中的发展同它在胚胎学中（或者不如说在历史中和在个别胚胎中）的发展的关系一样。”[⑥] 列宁认为，语言作为思维的载体，它的发展过程也是辩证法的运动。即以概念的辩证运动为例。一方面，概念与客观世界对立统一，另一方面，概念自身在概念网络系统中也是对立统一的。他指出：“这些概念和规律等等（思维、科学 = ‘逻辑概念’）

① ［美］C. F. 霍凯特：《现代语言学教程》（下），索振羽、叶蜚声译，北京大学出版社1987年版，第312页。

② 《马克思恩格斯文集》第9卷，人民出版社2009年版，第554页。

③ 同上。

④ 《张志公作学术报告》，《北京社联通讯》1989年第3期。

⑤ 《列宁选集》第2卷，人民出版社2012年版，第370页。

⑥ 《马克思恩格斯文集》第9卷，人民出版社2009年版，第485页。

有条件地近似地把握永恒运动着和发展的自然界的普遍规律性。”① 他还认为：“概念的全面的、普遍的灵活性，达到了对立而统一的灵活性，——这就是实质所在。”② 斯大林认为，“语言是手段、工具，人们利用它来彼此交际，交流思想，达到互相了解。语言是同思维直接联系的，它把人的思维活动的结果，认识活动的成果用词和句中词的组合记载下来，巩固起来，这样就使人类社会中的思想交流成为可能了”③。

不仅如此，而且随着现代科学的发展，语言作为思维载体的功能越来越广泛、越来越深入到各个学科乃至交叉学科之中。例如，语言学与生理学、脑科学、心理学、逻辑学、人工智能、社会学、民族学、人类学、民俗学、历史学、系统科学、信息科学、控制论科学、复杂性科学等学科领域彼此融通而发挥着思维载体的功能。

可见，语言学与思维科学是多么紧密地、内在地联系在一起，它们在彼此融通、辩证互动中辩证地向前发展着。

（三）思维科学与自然科学的相互融通

思维科学与自然科学在辩证互动的过程中相互融通，特别是与脑科学、心理学的关系更加紧密。

1. 思维科学与脑科学的相互促进

人脑是思维的器官，是人类进化和实践过程的产物。因此，思维科学与脑科学具有内在的联系，它们在辩证互动的过程中相互促进。

首先，看人脑的结构。

人脑是一个以反映外部世界为本质使命的复杂的功能系统。人脑的基本粒子如电子、原子、分子以及细胞器、细胞、柱状体、大脑皮层、神经通路等都是意识功能得以实现的物质条件。人脑的结构，包括前脑（大脑、丘脑、下丘脑、基底核）、中脑（上丘、下丘、网状结构）和后脑（小脑、延脑等）等的不同的部分。这些不同部分的子系统，通过神经网络系统的上行传导系统、下行传导系统而互相连接。人们在实践与认识的矛盾运动过程中，脑系统的这些不同的功能部分的系统以及神经网络的上

① 《列宁全集》第55卷，人民出版社1990年版，第152—153页。

② 同上书，第91页。

③ 《斯大林选集》下卷，人民出版社1979年版，第515页。

行传导系统、下行传导系统，在大脑的统一指导与控制之下，彼此协调，多级整合，达到认识和思维优化的功能要求。

其次，人脑是思维的器官。

马克思指出："观念的东西不外是移入人的头脑并在人的头脑中改造过的物质的东西而已。"① 马克思、恩格斯还指出："意识在任何时候都只能是被意识到了的存在，而人们的存在就是他们的现实生活过程。"② 恩格斯认为："物质从自身中发展出了能思维的人脑。"③ 他还指出："究竟什么是思维和意识，它们是从哪里来的，那么就会发现，它们都是人脑的产物，而人本身是自然界的产物，是在自己所处的环境中并且和这个环境一起发展起来的。"④ 列宁认为："概念是人脑（物质的最高产物）的最高产物。"⑤ 他还指出："思想是头脑的机能；感觉即外部世界的映象是存在于我们之内的，是由物对我们的感觉器官的作用所引起的。"⑥"精神是第二性的，是头脑的机能，是外部世界的反映。"⑦ 毛泽东认为："任何英雄豪杰，他的思想、意见、计划、办法，只能是客观世界的反映，其原料或半成品只能来自人民群众的实践中，或者自己的科学试验中，他的头脑只能作为一个加工工厂而起到制成完成品的作用，否则是一点用处也没有的。人脑制成的完成品，究竟合用不合用，正确不正确，还得交由人民群众去考验。"⑧ 钱学森指出："人脑是由几万亿脑细胞组成的开放的复杂巨系统。"⑨ 他还认为："出现于认识各高级阶段的思维，是大脑活动的机能或表现。它也有自己的规律，研究这种规律的学科，我拟称之为思维学。"⑩

中国古代文化中关于人脑是思维器官的思想也相当丰富、深刻。孟子说："心之官则思。"在中国古代文献中，一般把心和脑不作区分，所谓

① 《马克思恩格斯文集》第5卷，人民出版社2009年版，第22页。
② 《马克思恩格斯文集》第1卷，人民出版社2009年版，第525页。
③ 《马克思恩格斯文集》第9卷，人民出版社2009年版，第473页。
④ 同上书，第38—39页。
⑤ 《列宁全集》第55卷，人民出版社1990年版，第139页。
⑥ 《列宁全集》第18卷，人民出版社1988年版，第87页。
⑦ 同上。
⑧ 《毛泽东文集》第7卷，人民出版社1999年版，第358页。
⑨ 涂元季主编：《钱学森书信》第5卷，国防工业出版社2007年版，第23页。
⑩ 涂元季主编：《钱学森书信》第1卷，国防工业出版社2007年版，第210—211页。

的心，在很多情况下其实指的就是脑。《礼记·中庸》中认为：“凡事预则立，不预则废。”韩愈在《进学解》中指出：“行成于思，毁于随。”这些思想一方面强调人脑是思维的器官，一方面又指出思维、思想、目的、计划等是行动的先导。

这些思想与马克思主义哲学和现代科学是内在贯通的。马克思主义哲学认为：最灵巧的蜜蜂与最蹩脚的建筑师相比，蜜蜂营造蜂房的活动是一种本能的活动，而建筑师在从事建筑活动之前，脑海里就已经有了关于建筑物的完整构想，即观念地存在着劳动过程结束时的结果。[①] 恩格斯指出：“人离开动物越远，他们对自然界的影响就越带有经过事先思考的、有计划的、以事先知道的一定目标为取向的行为的特征。”[②] 列宁认为：“人的意识不仅反映客观世界，并且创造客观世界。”[③] 毛泽东指出：“做就必须先有人根据客观事实，引出思想、道理、意见，提出计划、方针、政策、战略、战术，方能做得好。”[④]

现代科学的发展，提出了“预决性”（Finality）的问题。Finality，若按其字面意义直译，意为最后、终态、确定性、决定性等。王雨田教授和我们把它意译为“预决性”。所谓“预决性”，是指在一个复杂系统开始运行之前，人们就把该系统演化过程的优化结果在观念上先提取出来，作为该系统演化的目标来规范和制约该系统演化的过程。这种情形就叫作“预决性”。当然，在系统的实际的演化过程中，人们还应当根据系统内外的复杂变化和各种随机因素的正负干扰，作出必要的，实时的调控，以使系统逼近优化的目标。

可见，中国古代文化中关于人脑是思维器官的思想是相当正确而深刻的。不仅如此，而且现代脑科学的发展，更加深刻地证明了人脑是思维的器官。

美国科学家威廉·卡尔文（W. H. Calvin）在其科学专著《大脑如何思维——智力演化的今昔》一书中，在该书第五章《思维——瞬息间的达尔文过程》和第六章《大脑“达尔文机”的运作机制》等部分，结合大脑的结构和功能，对思维在大脑中的动态发展过程以及这种过程的内在

① 《马克思恩格斯文集》第5卷，人民出版社2009年版，第208页。

② 《马克思恩格斯文集》第9卷，人民出版社2009年版，第558页。

③ 《列宁全集》第55卷，人民出版社1990年版，第182页。

④ 《毛泽东选集》第2卷，人民出版社1991年版，第477页。

机制作了很有说服力的阐明。[①]

德国著名科学家、协同学的创始人赫尔曼·哈肯（H. Haken）在其专著《大脑工作原理——脑活动、行为和认知的协同学研究》一书中，指出，“作为复杂系统的大脑”，[②]“大脑作为动力学系统”，[③]“这将是本书的主线，我们将把大脑作为协同系统（Synergetic system）处理。这种观念的基础，是通过各个部分的合作，以自组织方式涌现新属性的概念”[④]。然后，他以协同学的理论和方法，依次考察了认知、视知觉、作为模式识别的决策、大脑网络等内容。最后，他以“大脑协同学：我们位于何处？我们走向何方？”[⑤]为题，对大脑工作原理作了回顾和总结，指出：“大脑是遵从协同学规律的复杂巨系统，即系统运转在趋于不稳定点处，由序参量决定宏观模式。役使原理架起了宏观层次和微观层次之间的桥梁。”[⑥]

美国学者托玛斯 T. R. 布莱克斯利（T. R. Blakslee）在其专著《右脑与创造》一书中，在强调开发右脑思维功能——正如傅世侠教授在《译序》中所说：“恰恰是右脑思维，也即右脑的‘无意识心理’在一个现实生活中起着超前反应的作用，因而它也是一个人真正能够发挥出创造的重要方面。”[⑦]“那就是要发展人的直觉能力，全方位思维能力等富于创造性的思维能力，也就是要开发人的右脑。”[⑧]同时，更加强调地指出：“左脑与右脑之间的这种协同作用，乃是创造力的真正基础。”[⑨]“左脑革命扩展了我们人类的范围，并不是依靠用左脑思维取代右脑思维，而是依靠左脑思维与右脑思维共同参与的协同作用。”[⑩]

美国学者 M. 闵斯基（M. Minsky）在《思想的社会》（《The Society

① ［美］威廉·卡尔文：《大脑如何思维——智力演化的今昔》，杨雄里、梁培基译，上海科学技术出版社 1996 年版，第 78—126 页。

② ［德］赫尔曼·哈肯：《大脑工作原理——脑活动行为和认和原协同学研究》，郭治安、吕翎译，上海科技教育出版社 2000 年版，第 6 页。

③ 同上书，第 33 页。

④ 同上书，第 34 页。

⑤ 同上书，第 333 页。

⑥ 同上。

⑦ ［美］托玛斯·R. 布莱克斯利著：《右脑与创造》，傅世侠、夏佩玉译，北京大学出版社 1992 年版，序言第 2 页。

⑧ 同上书，序言第 3 页。

⑨ 同上书，第 42 页。

⑩ 同上书，第 90 页。

of Mind》）一书中，指出：人脑整体工作的过程不仅受到物理学规律和化学规律的支配，而且更重要的是要受到思维自身规律的支配。这种思维自身的规律，不仅依赖于千万个脑细脑的性质，更重要的是决定于这些脑细胞是怎样相互联系的，类似于整个社会的整体行为。

我国著名科学家钱学森院士指出："神经元里没有思维现象，思维现象是整个大脑巨系统的。"[①] 他还认为："人脑工作的产物有思维，思维是我们从人脑活动中概括出来的，思维不是脑细胞！所以把神经网络的工作直接作为思维的模型是不对的。不同的层次嘛！研究思维还是要用思维学。"[②] 他还指出："看来知觉不同于感觉，是几万万脑细胞集体协同的结果，是开放的复杂巨系统的整体活动。"[③] "大脑是人类感觉、意识、情绪、思维等一切智慧行为的物质基础，是控制调节全身各种器官活动的总枢纽。这是完全正确的。"[④]

在北京香山科学会议研讨"意识与大脑"的会上，黄秉宪研究员认为："意识是许多脑区相互作用和协调的结果。"[⑤] 这里所说的意识与思维存在着彼此渗透、相互交叉的复杂情形。（此书的出版过程还有一段历史插曲。这次会议的主持人之一，也是本书主编之一的中国科学院生物物理研究所汪云九研究员在向作者们赠送本书时，附有一信，信的内容是：两年前承诸位大力支持，书稿寄来后，我当即与出版社联系，谁料国内出版界对本立题知之甚少。一家颇有名气的出版社竟问："意识"属于什么领域？提出要出版费，又声称书号难搞，总之，困难重重。幸好北大冯国瑞老师有位学生在人民出版社工作，即郇中建先生，他是学哲学出身的，对本书内容很是赞赏，看完书稿后就定下出版本书。知道本书作者都是国内著名学者，免去出版费。于是，才有本书的出版。…… 汪云九，2003.9.27）

上述思维科学与脑科学现代研究成果，不仅证实了恩格斯100多年前关于思维有着内在的、特殊的、深刻的、本质的思想是何等的正确，而且

---

① 涂元季主编：《钱学森书信》第4卷，国防工业出版社2007年版，第196页。

② 涂元季主编：《钱学森书信》第8卷，国防工业出版社2007年版，第180页。

③ 涂元季主编：《钱学森书信》第5卷，国防工业出版社2007年版，第473页。

④ 同上书，第76页。

⑤ 汪云九、杨玉芳等：《意识与大脑——多学科研究及其意义》，人民出版社2003年版，第138页。

丰富、深化、发展了恩格斯的这一思想。恩格斯当年指出："终有一天我们肯定可以用实验的方法把思维'归结'为脑中的分子运动和化学运动；但是这样一来难道就穷尽了思维的本质吗？"①

最后，思维活动的基础是实践。

思维是人们在实践过程中发生和发展起来的，它是人的大脑反映客观世界和实践的产物。思维与意识都是人们的精神现象，考察思维活动是以实践为基础这一问题，在意识与实践的关系中也得到了印证。

马克思、恩格斯指出："思想、观念、意识的生产最初是直接与人们的物质活动，与人们的物质交往，与现实生活的语言交织在一起的。"②"意识一开始就是社会的产物，而且只要人们存在着，它就仍然是这种产物。"③ 恩格斯也认为："人的思维的最本质的和最切近的基础，正是人所引起的自然界的变化，而不仅仅是自然界本身；人在怎样的程度上学会改变自然界，人的智力就在怎样的程度上发展起来。"④ 列宁指出："从生动的直观到抽象的思维，并从抽象的思维到实践，这就是认识真理、认识客观实在的辩证途径。"⑤ 毛泽东认为："无论何人要认识什么事物，除了同那个事物接触，即生活于（实践于）那个事物的环境中，是没有法子解决的。"⑥

现代脑科学和思维科学的研究成果表明，人的思维的确是在实践的基础上发生的，是在实践的发展过程中而发展、前进的。

2. 思维科学与心理学相互融通

在我国，心理学研究所设在中国科学院，而不是设在中国社会科学院，北京大学的心理学系是由哲学系的心理学专业独立出去而成立的，是理学部的下属单位。所以，我们把心理学放在自然科学范围内加以探讨。

首先，思维科学与心理学内在贯通。

思维科学与心理学存在着内在贯通的复杂情形。著名哲学家夏甄陶教授认为："思维是高度组织起来的物质即人脑的机能，人脑是思维的器

---

① 《马克思恩格斯文集》第9卷，人民出版社2009年版，第532—533页。

② 《马克思恩格斯文集》第1卷，人民出版社2009年版，第524页。

③ 同上书，第533页。

④ 《马克思恩格斯文集》第9卷，人民出版社2009年版，第483页。

⑤ 《列宁全集》第55卷，人民出版社1990年版，第142页。

⑥ 《毛泽东选集》第1卷，人民出版社1991年版，第286—287页。

官。……思维是社会的人所特有的反映形式，它的产生、存在和发展，都同社会实践和语言紧密地联系在一起。”① 著名心理学家赵璧如研究员指出：“心理（mind）高度有组织的物质脑的特性，主体对客体的反映。它通过感觉、知觉、表象、记忆、想象、思维、感情和意志等多种多样的形式表现出来的。”②“心理学是关于人和动物以感觉、知觉、表象、记忆、思维、感情、意志和其他心理活动形式积极反映客观现实的过程的科学。”③“正确解释了心理、意识和脑的相互关系的是辩证唯物主义的心理学家，他们认为心理、意识是脑的机能，脑的生理过程是心理过程的物质载体。现代神经生理学、脑科学、生理心理学等所积累的材料支持了这一论点。”④ 由此可见，思维与心理学都是人们在社会实践过程中的精神现象，都是脑的机能或表现，而且，它们之间存在着内在的相互融通之处。因此，思维科学与心理学本来就是内在贯通的。

其次，思维科学与心理学相互促进。

思维科学与心理学在辩证互动的发展过程中，彼此渗透，相互促进。钱学森院士指出：“我因此认为要研究灵感思维必须对心理学以及脑神经生理学下点功夫，还是要唯物论嘛。”⑤ 他于 1983 年 6 月 2 日给刘奎林的信中，还认为：“要弄清显意识和潜意识，要利用 S. Freud 和以后的现代心理学成果。所以我在前信中建议多看一些 Freud 的书，也许这是研究灵感学的途径，即从‘心理分析’走向灵感。”⑥ 一方面，心理学的发展，可以大大促进思维科学的深入、前进，特别是促进思维学的发展、进步。尤其是认知心理学的发展，更有助于思维科学的深入、前进。因为“认知心理学运用信息加工观点来研究认知活动，其研究范围主要包括感知觉、注意、表象、学习记忆、思维和言语等心理过程或认知过程，以及儿童的认知发展和人工智能（计算机模拟）”⑦。同时，“认知心理学主要研究心理活动本身的结构和过程，在高于生理机制的水平上来研究心理机制，这实际上是对心理和心理学采取了多水平、多层次的观点，即认为各

① 《中国大百科全书》（哲学卷 II），中国大百科全书出版社 1987 年版，第 828 页。

② 同上书，第 1010 页。

③ 同上书，第 1012 页。

④ 同上书，第 1013 页。

⑤ 涂元季主编：《钱学森书信》第 1 卷，国防工业出版社 2007 年版，第 176 页。

⑥ 同上书，第 235—236 页。

⑦ 王甦、汪安圣：《认知心理学》，北京大学出版社 1992 年版，第 1 页。

种心理现象和过程不是处于同一个水平或层次，而是处于不同水平或层次之上的”①。

另一方面，思维科学特别是思维学的发展，又可以有力地促进心理学研究的深入、前进。钱学森于1988年4月25日在航天医学工程研究所学术报告会上的讲话中，指出：“我认为心理学的真正出路，就在于什么叫科学心理学？就是人体科学的心理学，把人看做一个复杂巨系统，利用这个观点来处理问题，核心的问题是刚才讲的巨系统、复杂巨系统。”② 钱学森于1993年11月21日在给戴汝为的信中，指出：“我想我们的希望就在于攻思维学，特别是形象思维。这方面找出路子来了，那么人类最难的科学——心理学可能会有真正的出路。”③ 思维科学与心理的研究表明，它们都是在实践基础上发展的。钱学森认为：“现代心理学以及生理心理学的研究都证明，人的才能绝大部分是出生后逐渐学来的，即通过实践逐渐获得的。”④

思维科学促进心理学的发展，其内容非常丰富。逻辑思维的发展，可以促进心理学中许多方面的深入。形象思维和灵感思维的发展，可以促进心理学在多方面的深入、前进，特别是促进文艺心理学的发展、进步。社会思维的发展，能够促进社会心理学的深入、前进。思维科学中的技术科学和应用技术（工程应用）的发展，特别是计算机科学尤其是人工智能的发展，能够有力地推动心理学在多方面的深入，特别是推动认知心理学的前进。

（四）思维科学与技术科学的协同共进

技术科学是指各个学科的基础科学和应用技术（工程应用）之间层次的科学。技术科学的发展，可以推动思维科学的深入、前进。而且，思维科学的发展，又能够推动技术科学的发展、进步。由于这两个方面涉及的领域较多，论述起来篇幅较长，为压缩行文，姑且不作一一考察，只概要地简述这两方面的辩证互动的关系。

---

① 王甦、汪安全：《认知心理学》，北京大学出版社1992年版，第22页。

② 顾吉环、李明、涂元季编：《钱学森文集》卷五，国防工业出版社2012年版，第221页。

③ 涂元季主编：《钱学森书信》第7卷，国防工业出版社2007年版，第451页。

④ 顾吉环、李明、涂元季编：《钱学森文集》卷三，国防工业出版社2012年版，第84页。

先看技术科学的发展对思维科学的促进。钱学森院士在论述了心理学与形象思维的关系之后，接着指出："这同研究形象思维学要从模式识别和数理语言学开步一样，都是从思维科学的技术科学走向思维科学的基础科学。"① 他还认为："模式识别、科学语言学都会为形象（直感）思维学提供素材。"②

现在，仅就技术科学中的计算机科学特别是人工智能与思维科学的协同共进作一些简要的探讨。一方面，计算机科学特别是人工智能尤其是人·机结合、人·机融合复合智能系统的发展，可以推动思维科学更深入的进步。钱学森于 1984 年 12 月 4 日在给李泽厚的信中指出："为了扎扎实实地搞思维科学，宜从理论与实际两个方面去攻智能机。第一代智能机、第二代智能机、第三代智能机地干下去。不然，空谈何益!"③ 1984 年 12 月 13 日，在给上海工业大学计算机系张锡令教授的信中，钱学森认为："走脑科学去搞思维科学的路不如走人工智能搞思维科学的路。而怎么走人工智能的路呢？搞智能机！怎么搞智能机呢？理论与实际并重，即您说的 Samuel 的意见。"④ 1984 年 12 月 20 日，在给航空工业部成都 G11 研究所计算机中心刘惠章的信中，钱学森指出："思维科学的突破看来要靠人工智能和智能机的发展。"⑤ 1986 年 7 月 5 日，在给戴汝为的信中，钱学森认为："您说到思维科学的研究，我仍然以为其突破口在于形象思维学的建立，而这也是人工智能、智能机的核心问题。因此，这也是高技术或尖端科学技术的一个重点。我们一定要抓住它不放，以此带动整个思维科学的研究。"⑥ 1988 年 7 月 13 日，在给马希文的信中，钱学森指出："我想所谓智能机也只是人的助手而已，还是人·机体系；只不过机器干得好了，人更解放，更自由了。"⑦ 1991 年 10 月 28 日，在给戴汝为的信中，钱学森认为："我看由人搞形象思维及抽象思维，让计算机搞它能搞的事以节省人的脑力劳动，这是人·机结合的，辩证思维的智能体系。大

① 涂元季主编：《钱学森书信》第 1 卷，国防工业出版社 2007 年版，第 236 页。
② 同上书，第 323 页。
③ 涂元季主编：《钱学森书信》第 2 卷，国防工业出版社 2007 年版，第 100 页。
④ 同上书，第 112 页。
⑤ 同上。
⑥ 涂元季主编：《钱学森书信》第 3 卷，国防工业出版社 2007 年版，第 173 页。
⑦ 涂元季主编：《钱学森书信》第 4 卷，国防工业出版社 2007 年版，第 241 页。

有可为!”[①] 1992 年 11 月 4 日，在给汪成为的信中，钱学森指出：“计算机软件在以前是完全按抽象（逻辑）思维建立起来的，但人的思维还有形象思维。所以要人·机结合，我们一定要让计算机软件像人脑那样工作。”[②] 对于人·机融合的灵境技术，钱学森更是抱有非常乐观的期待，他说：“我对灵境技术及多媒体的兴趣，在于它能大大扩展人脑的知觉，因而使人进入前所未有的新天地，新的历史时代要开始了!”[③] 1993 年 8 月 8 日，在给戴汝为的信中，钱学森强调指出：人·机结合、以人为主的技术路线，开展思维科学的研究。他认为：“叫计算机信息网络存贮图象及关于每一图象的知识，然后在人的操作下，搜检库存，人定舍取，机器帮助。一时人认知了，找到了，问题也就解决了，背景知识也就定下来了。这是否是形象思维的人·机结合系统法？我已告汪成为同志，请他考虑并构筑系统软件。您也请考虑一下，提些建议。”[④] 1995 年 3 月 16 日，在给王寿云等 6 人的信中，钱学森指出：“要用人·机结合的网络集成；大有希望，可喜可贺！这一旦成功，大脑中形象库就大大扩展为计算机网络中的信息库，存量成百上千倍地增长，形象思维能力上升了，人·机结合创‘大成智慧’!”[⑤] 1995 年 10 月 23 日，在给戴汝为、钱学敏的信中，钱学森认为：“未来的人工智能工作是人·机结合的一项‘大成智慧’工程!”[⑥] 他还指出：“我们一旦进入这样的人工智能世界，人类也跟着改造了，将会出现一个‘新人类’，不只是人，是人·机结合的‘新人类’!”[⑦] 1996 年 3 月 3 日，在给汪成为的信中，钱学森再次乐观地指出：“从灵境系统开始的这种结合则是融合，是把人‘神化’了，成为‘超人’！‘超人’的感受可以大到宇宙，小到微观，成‘仙’了！这真是人类历史的一次大革命，就如人类有了语言、文字！这将是 21 世纪后半叶的事。”[⑧] 1994 年 10 月 10 日，在给戴汝为的信中，钱学森认为：“信息网络的建立，将使社会思维有个前所未有的发展，所以这也是现代中国第三

① 涂元季主编：《钱学森书信》第 6 卷，国防工业出版社 2007 年版，第 139 页。
② 涂元季主编：《钱学森书信》第 7 卷，国防工业出版社 2007 年版，第 4 页。
③ 同上书，第 254 页。
④ 同上书，第 311 页。
⑤ 涂元季主编：《钱学森书信》第 9 卷，国防工业出版社 2007 年版，第 178 页。
⑥ 同上书，第 360 页。
⑦ 同上书，第 360—361 页。
⑧ 同上书，第 499 页。

次社会革命的问题。"①

再来考察思维科学特别是思维科学的技术科学和应用技术（工程应用）的发展，又直接推动着计算机科学特别是人工智能和人·机结合、人·网结合系统的进步。1985年2月25日，在给汪培庄教授的信中，钱学森指出："如果把单调逻辑结成网，形成一个逻辑的巨系统，就会出现'协同作用'，就是人工智能。这也就是形象（直感）思维。……我看形象（直感）思维的数理化是大有希望的。"② 1985年4月29日，在给广州华南计算机公司总工办周波的信中，钱学森认为："如果逻辑网复杂到一定程度，即您的m、n大到一定值，逻辑会变成直觉，抽象思维变形象思维。也可以说计算机变成人脑。这才是人工智能！这是一种飞跃！我为什么这么猜想？因为有H. Haken的协同学（Synergetics），它说明从无序到有序的飞跃。"③

（五）思维科学与交叉科学的相互渗透

思维科学与交叉科学都兴起于20世纪中叶以后，它们彼此之间相互渗透、交互作用，促进了各自的发展以及在融通、融合过程中引起人们在更广、更高、更深层次上的思考和探索。

1. 交叉科学发展的现状

现代科学的发展，出现了边缘学科、横断学科、综合学科等交叉科学，更加突出地展现了科学发展的复杂化和整体化的辩证统一的发展趋势。

边缘学科的出现，是由于在两门不同学科的纵向的结合部位和交叉地带出现了学科的新的生长点，从而产生出一系列的边缘学科。例如，物理化学、化学物理、地球物理、天体物理、量子力学、量子化学、生物物理、生物力学、生物化学等学科。

横断学科的产生，是由于两门或两门以上不同学科在横向上具有某些内在的共同规律，在这些不同学科的交叉地带，把它们之间的某些共同规律揭示出来，就可以构成一系列不同层次的横断学科。例如，数理逻辑、

① 涂元季主编：《钱学森书信》第8卷，国防工业出版社2007年版，第397页。

② 涂元季主编：《钱学森书信》第2卷，国防工业出版社2007年版，第179页。

③ 同上书，第261—262页。

系统论、信息论、控制论等交叉学科。

综合学科的出现，是由于社会实践的发展和科学技术的进步，特别是由于边缘学科、横断学科的不断产生和科学发展的控制论化趋势的不断前进，人们为了处理那些规模庞大、因素众多、结构复杂、关系错综、动态性和随机性更为明显的若干复合系统、复杂系统、复杂巨系统的实践需要而产生的。例如，环境科学、生态科学、天地生科学、天地生人科学等综合学科。

2. 思维科学与交叉科学的辩证互动

这些交叉科学发展的复杂性和整体化趋势，急速地改变着世界的科学图景，改变着社会的物质生产和精神生产、社会生活的目标、机制和效果，并且深刻地改变着人们的认识方法和思维方式，对思维科学的发展起着巨大的促进作用。法国学者埃德加·莫兰（E. Morin）认为：应当在“复杂性的多样化”① 中寻求“复杂性的统一体”，② “进行复杂思维”。③ 这些见解相当深刻，应予重视。但是，我们更应当重视在科学发展以综合为主的整体化趋势的过程中，坚持马克思主义哲学指导下的辩证综合和理论思维。

同时，思维科学的发展，又可以大大促进交叉科学的进步。思维科学特别是思维学的发展，能够有力地推动边缘学科、横断学科和综合学科等交叉科学的进步。因为思维学对这些学科的不同层次的规律的思考和探索，可以有助于这些学科的拓展和进步。而思维科学的技术科学和技术应用（工程应用）的发展，又可以为这些交叉学科的进步提供日益丰富的思想、方法、手段。所以，思维科学与交叉科学在辩证互动的过程中可以协同发展。

（六）思维科学之成为综合交叉的复杂性科学的根据

以上，我们分别考察了思维科学与哲学、社会科学、自然科学、技术科学、交叉科学的交互作用的情况，以期说明思维科学与各门学科的综合交叉而形成复杂性科学的复杂情形和表层原因。现在，我们再综合地探讨

---

① ［法］埃德加·莫兰：《复杂思想：自觉的科学》，陈一壮译，北京大学出版社 2001 年版，第 247 页。

② 同上书，第 148 页。

③ 同上书，第 162 页。

一下思维科学之所以成为综合交叉的复杂性科学的更深层的根据。

要探讨这一问题，就应当考察思维科学的基本特点。这样就可以更深刻地揭示思维科学之所以成为综合交叉的复杂性科学的根据。

那么，思维科学有哪些重要的基本特点呢？下面，我们试着作一些简要的探讨。

1. 复杂性

复杂性的思想，在古今中外的学术文献中真如汗牛充栋。其基本思想是要揭示世界的统一性中的多样性（复杂性）。随着20世纪中叶以来复杂性科学研究的兴起，复杂性的科学思想才日益丰厚和突显出来。世界上形成了研究复杂性科学的三大学派：以I. 普利高津、H. 哈肯、E. 莫兰等为代表的欧洲学派，以M. 盖尔曼（M. Gell-mann、J. 霍兰J. Holland）等人为代表的圣菲研究所（Santa Fe Imstitute）的美国学派，以钱学森为代表的中国学派。钱学森指出："所谓'复杂性'实际是开放的复杂巨系统的动力学，或开放的复杂巨系统学，我们的这一定名，用词虽然长了点，但更准确。"① 他还认为："凡现在不能用还原论处理的，或不宜用还原论处理的问题，而要用或宜用新科学方法的都是复杂性问题。"② 1997年7月3日，在给王寿云等6人的信中，钱学森指出："复杂巨系统则不然，其每个成员既参与整个系统的行为，它又受整个系统环境的影响，形成复杂的相互作用，高度非线性，这就是'复杂性'。"③ 他还认为："复杂性的问题在这一点上就特别突出，任何人通过实践得到的认识都是不全面的；要尽量地把许多人的认识综合起来，把它形成一个整体的东西。"④ 法国学者埃德加·莫兰指出："不同的复杂性（错综性、无序、矛盾、逻辑学困难、组织问题等），它们一起编织出了复杂性，Complexus（拉丁文：复杂性——译者），就是交织在一起的东西。……所有这些方面交错和交织形成了复杂性的统一体。"⑤ 他还认为："伟大的发现、伟大的理

① 涂元季主编：《钱学森书信》第7卷，国防工业出版社2007年版，第200页。

② 涂元季主编：《钱学森书信》第5卷，国防工业出版社2007年版，第306页。

③ 涂元季主编：《钱学森书信》第10卷，国防工业出版社2007年版，第302—303页。

④ 钱学森：《创建系统学》（新世纪版），上海交通大学出版社2007年版，第133页。

⑤ ［法］埃德加·莫兰：《复杂思想：自觉的科学》，陈一壮译，北京大学出版社2001年版，第148页。

论，都是在人们只看到异质性的地方加入了统一性。”① 他还指出：“复杂性的方法要求我们在思维时永远不要使概念封闭起来，要粉碎封闭的疆界，在被分割的东西之间重建联系，努力掌握多方面性，考虑到特殊性、地点、时间，又永不忘记起整合作用的总体。”② 因此，应当“向一种多方面的思维前进”③。所以，钱学森院士在探讨了自然、社会、人的思维的种种复杂性之后，认为：“复杂性的问题，现在要特别地重视。”④

思维科学的复杂性，来源于思维作为大脑机能的复杂性。钱学森指出：“大脑的可塑性来自其复杂性。”⑤ 他还认为：“人体和人脑都是开放的复杂巨系统。这一认识我们认为是重要的。”⑥ “人脑是开放的复杂巨系统。”⑦ 他还指出：“人的思维是高度综合复杂的，因为人脑就是一个开放的复杂巨系统。”⑧ 我国学者于 2000 年 4 月召开了北京“香山科学会议”第 138 次会议，主题是“意识与大脑”，对意识、思维与脑的复杂性问题作了多方面的深入探讨，其成果结集在《意识与大脑——多学科研究及其意义》一书中。

2. 系统性

思维科学的系统性主要表现在两个方面：思维客体与思维主体及其相互关系的系统辩证性，特别是要强调思维主体应当反映思维客体的系统辩证性；思维过程和思维方式的系统辩证性。

钱学森于 1986 年 1 月 7 日在系统学讨论班第一次活动时所作的学术报告《我对系统学认识的历程》中，指出：“人的思维是脑的一个功能，但是人脑是非常复杂的，人脑是一个巨系统，要理解人脑的功能，人是怎么思维的。从客观去理解，那你必须要有系统学。”⑨ 1988 年 5 月 2 日，在致刘觐龙、韩湘文的信中，钱学森认为：“整体作用就是系统的观点，

① ［法］埃德加·莫兰：《复杂思想：自觉的科学》，陈一壮译，北京大学出版社 2001 年版，第 35 页。

② 同上书，第 151 页。

③ 同上书，第 148 页。

④ 钱学森：《创建系统学》（新世纪版），上海交通大学出版社 2007 年版，第 133 页。

⑤ 涂元季主编：《钱学森书信》第 1 卷，国防工业出版社 2007 年版，第 171 页。

⑥ 涂元季主编：《钱学森书信》第 5 卷，国防工业出版社 2007 年版，第 76—77 页。

⑦ 同上书，第 192 页。

⑧ 钱学森：《创建系统学》（新世纪版），上海交通大学出版社 2007 年版，第 100 页。

⑨ 同上书，第 11 页。

神经元里没有思维现象，思维现象是整个大脑巨系统的。”[①] 所以，思维科学一定要用系统的观点和“综合集成方法来解决”[②]。1990 年 2 月 12 日，在给戴汝为的信中，钱学森指出：“思维科学的思维学研究要用开放的复杂巨系统方法。”[③] 1991 年 10 月 25 日，在给戴汝为的信中，钱学森认为：“辩证思维是三种思维的综合，才是系统思维。”[④] 1991 年 4 月 30 日，在给河南大学哲学系马佩教授的信中，钱学森指出：辩证思维“这一过程是高度复杂的，是我们一批搞系统学的同道称为从定性到定量综合集成（以前称定性与定量综合集成）法处理开放的复杂巨系统时的思维过程”[⑤]。1988 年 1 月 1 日，在给戴汝为的信中，钱学森认为：“任何人们对具体问题的思维都是综合抽象思维和形象思维（有时也有灵感思维）以及社会思维的思维过程。……作为思维科学的应用的具体思维应该是综合性的，是一项系统工程，叫‘思维工程’吧。”[⑥] 他在同一封信中还认为：“指导思维工程的技术科学是思维科学中间层次的思维系统学。”

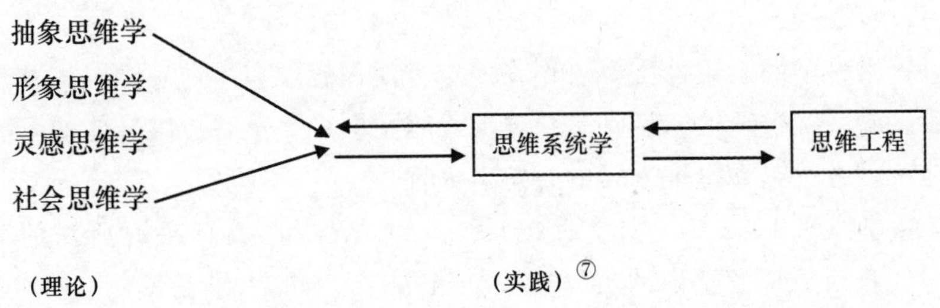

[⑦]

不仅如此，钱学森院士还特别强调，研究思维科学的系统性问题，应当特别重视人的作用，重视人的主观能动性。因为我们所说的思维，主要是人的思维。因此，研究思维科学就应当特别重视人在思维过程中的作用，重视人在思维过程中的主观能动性。这在思维科学的基础科学——思维学中表现得更为明显和突出。而且，在思维科学的技术科学和应用技术

① 钱学森：《创建系统学》（新世纪版），上海交通大学出版社 2007 年版，第 294 页。
② 同上书，第 100 页。
③ 涂元季主编：《钱学森书信》第 5 卷，国防工业出版社 2007 年版，第 196 页。
④ 涂元季主编：《钱学森书信》第 6 卷，国防工业出版社 2007 年版，第 135 页。
⑤ 涂元季主编：《钱学森书信》第 5 卷，国防工业出版社 2007 年版，第 520 页。
⑥ 涂元季主编：《钱学森书信》第 4 卷，国防工业出版社 2007 年版，第 111 页。
⑦ 同上。

（工程应用）中，也应当坚持以人为主的技术路线，这是贯彻马克思主义哲学的必然要求，也是思维科学的技术科学和应用技术（工程应用）的内在需要。钱学森于1993年4月10日在给戴汝为的信中，指出："在从定性到定量综合集成研讨厅体系中，核心的还是人，即专家们。整个体系的成效有赖于专家们，即人的精神状态，是处于高度激发状态呢，还是混时间状态。"① 1988年2月22日，在给王寿云、汪成为的信中，钱学森认为："信息系统只是思维系统的一个工具，或说是思维系统的一个组成部分，不讲思维系统中的'人'是不对的。

作战模拟系统也要把指挥员的智慧放进去，人一定要与机结合，也是思维系统。"②

3. 整体性

人的思维过程是大脑机能的整体功能状态，这种思维过程也具有整体性的特点。钱学森院士指出：思维科学隶属于整个现代科学技术体系，而整个现代"科学技术体系也是发展的，科学技术殿堂也要翻修改建，但整个科学技术（包括自然科学、社会科学、数学科学、系统科学、人体科学、思维科学、军事科学和文艺理论）是完整的，一体化的，这不能忘记"③。1989年8月24日，在给戴汝为的信中，钱学森认为："人脑是由几万亿脑细胞组成的开放的复杂巨系统。"④ 它的思维功能是整体性的。1991年2月12日，在给梅磊的信中，钱学森指出：作为思维科学的内容之一"知觉不同于感觉，是几万万脑细胞集体协同的结果，是开放的复杂巨系统的整体活动"⑤。1993年5月16日，在给戴汝为的信中，钱学森认为："系统的整体观，即把握全系统的'形象'，而不是一枝一节。……所以形象（直感）思维是系统整体思维。"⑥ 钱学森在《要从整体上考虑并解决问题》一文中，指出，"我们应该用开放的复杂巨系统的观点，用从定性到定量的综合集成方法来研究整体性的问题"⑦。在同一篇文章中，他还认为："毛泽东思想的核心部分就是从整体上来认识问

① 涂元季主编：《钱学森书信》第7卷，国防工业出版社2007年版，第185页。
② 涂元季主编：《钱学森书信》第4卷，国防工业出版社2007年版，第153页。
③ 涂元季主编：《钱学森书信》第2卷，国防工业出版社2009年版，第155页。
④ 涂元季主编：《钱学森书信》第5卷，国防工业出版社2007年版，第23页。
⑤ 同上书，第473页。
⑥ 涂元季主编：《钱学森书信》第7卷，国防工业出版社2007年版，第222页。
⑦ 钱学森：《创建系统学》（新世纪版），上海交通大学出版社2007年版，第133页。

题，把握住它的要害。……而这样一个哲学思想恰恰正是指导我们研究复杂问题所必须的。"① 1990 年 2 月 8 日，在给朱照宣教授的信中，钱学森指出："还原论与整体论结合起来，是系统论。"② 赵光武教授认为："系统论作为还原论与整体论的辩证统一，是以辩证唯物主义为直接理论依据的。"③ 魏宏森教授指出："系统思维与还原论、形而上学思维方式不同。它考察事物的侧重点不是部分而是整体。"④ 苗东升教授认为：掌握系统整体，关键是要运用系统整体思维，应当"把思维对象作为系统来识物想事"，⑤"把思维活动作为系统来规范和动作"。⑥

研究思维科学的整体性特点，这在国际学术界是有经验教训的。美国圣菲研究所聚集了一大批著名科学家，研究复杂性的问题。可是，在他们那里许多人并不理解该所学术代表人物 Gell - Mann 的学术思想。钱学森院士指出："我当时就认为他们的困惑在于他们总跳不出微观分析的老方法，其实他们也有如诺贝尔奖获得者 Gell - Mann 那样的聪明人，Gell - Mann 前几年就说过，研究复杂性问题要从宏观上考察其整体现象，掌握其规律。可惜在他们那里，人们不懂 Gell - Mann 的话，"⑦ 所以，坚持研究思维科学的整体性特点，是国内外研究思维科学中的前沿问题之一。

4. 涌现性

Emergence，可以译成突现、涌现。钱学森院士主张译成涌现。因为涌现揭示开放的复杂巨系统在演化过程中，由于系统内外因素复杂的交互作用所突然出现的具有整体新质的喷涌现象。

那么，什么叫涌现呢？所谓涌现，按照苗东升教授的说法，是指复杂系统在演化过程中，"整体具有而分解到部分就不存在的那类现象、特征、属性、行为等"⑧。

---

① 钱学森：《创建系统学》（新世纪版），上海交通大学出版社 2007 年版，第 133 页。

② 涂元季主编：《钱学森书信》第 5 卷，国防工业出版社 2007 年版，第 195 页。

③ 北京大学现代科学与哲学研究中心编：《复杂性新探》，人民出版社 2007 年版，第 52 页。

④ 同上书，第 193 页。

⑤ 同上书，第 203 页。

⑥ 同上书，第 206 页。

⑦ 涂元季主编：《钱学森书信》第 10 卷，国防工业出版社 2007 年版，第 60 页。

⑧ 苗东升：《论涌现》，《河池学院学报》2008 年第 1 期。

美国圣菲研究所的科学家约翰·霍兰对涌现作了非常深入的研究。他指出："少数规则或规律生成了复杂的系统，而且以不断变化的形式引起永恒的新奇和新的涌现现象。"[①]"涌现也会在那些至今几乎还没有什么规律可循的领域中发生。"[②]"涌现首先是一种具有耦合性的前后关联的相互作用。……这些相互作用以及这个作用产生的系统都是非线性的。"[③]"一旦考虑到一个更高层次的生成的过程的形成时，涌现现象几乎是必然会出现的。……这种将极不可能转化为可能实现，是具有涌现现象系统的重要特征。"[④]

钱学森院士在研究思维科学的涌现性特点的时候，将系统涌现性与系统整体性贯通起来考虑。1989 年 2 月 21 日，在给王义勇的信中，钱学森指出："'东方'的整体论和西方的还原论都有局限性；只有把整体论和还原论辩证地统一起来的系统论才是出路。"[⑤] 1989 年 5 月 8 日，在给朱照宣教授的信中，钱学森认为："我们要的是综合，即系统综合。"[⑥]系统综合才能实现涌现性的创新。1993 年 1 月 31 日，在给戴汝为的信中，钱学森指出："将来 ML 也要沉现出结构，把形象（直感）思维和灵感（顿悟）思维包括进去；最后综其大成的是社会思维了。这才是思维系统，是大成智慧学了。"[⑦]思维科学的研究应当依靠系统学，这样才能更深刻地揭示思维科学的运行机制和内在规律，包括涌现性。1984 年 7 月 31 日，在给北京师范大学方福康教授的信中，钱学森认为："脑科学、思维科学，以及心理学基本理论的突破在于找出人体巨系统的规律，这完全得靠系统学。"[⑧]"系统学是今后科学发展中的主流之一，是科学革命的主力军！"[⑨] 1985 年 7 月 6 日，在给北京科技大学涂序彦教授的信中，钱学森指出："1980 年底……树起系统学，系统学是系统科学的基础科学。现在

---

① ［美］约翰·霍兰：《涌现》，陈禹等译，方美琪校，上海科学技术出版社 2001 年版，第 5 页。

② 同上。

③ 同上书，第 133 页。

④ 同上书，第 251 页。

⑤ 涂元季主编：《钱学森书信》第 3 卷，国防工业出版社 2007 年版，第 409 页。

⑥ 涂元季主编：《钱学森书信》第 4 卷，国防工业出版社 2007 年版，第 479 页。

⑦ 涂元季主编：《钱学森书信》第 7 卷，国防工业出版社 2007 年版，第 105 页。

⑧ 涂元季主编：《钱学森书信》第 1 卷，国防工业出版社 2007 年版，第 495 页。

⑨ 同上书，第 496 页。

还是如此。”① 1985 年 10 月 21 日，在给西安交通大学黄麟雏教授的信中，钱学森认为：“在马克思主义哲学的指引下，系统思想与方法是认识客观世界、改造客观世界的一个锐利武器！”②

钱学森院士关于思维科学的涌现性的思想，是吸取了国际上著名科学家关于脑科学和思维科学的研究成果而作出的科学论断。“诺贝尔奖获得者 R. Sperry（斯佩里——引者注）（1969、1976）提出突现决定论（Emergent Determinism），认为意识是脑活动的突现特性（Emergent properties），它由神经机制构成，但不同于脑的神经活动，也不能还原为脑的神经机制。”③ 美国诺贝尔奖获得者 M. 盖尔曼认为：创造性思维是思维过程中涌现出来的一种高级的思维活动。创造性思维需在主客观条件和内外诸因素交互作用、协同优化的条件下才能获得。他生动地描述了创造性思维获得的过程。他说：“首先，我们已经工作了几天、几周或几个月，我们脑子装满了研究中所遇到的困难以及试图克服困难的想法。其次，有一段时间继续有意识地去思考，毫无用处，就是整天不停地思考也没用；最后，当我们骑自行车、刮胡子或做饭时（或者像我说的发生口误），关键性的思想突然冒出来了。我们撼动了我们熟悉的常规。”④

通过以上我们对思维科学与各门学科辩证互动关系的分别考察，以及对思维科学特征的综合揭示，可以看出，思维科学确实是一门综合交叉的复杂性科学。

---

① 涂元季主编：《钱学森书信》第 2 卷，国防工业出版社 2007 年版，第 356 页。

② 同上书，第 482 页。

③ 汪云九、杨玉芳等：《意识与大脑——多学科研究及其意义》，人民出版社 2003 年版，第 38 页。

④ ［美］M. 盖尔曼：《夸克与美洲豹——简单性和复杂性的奇遇》，杨建邺、李湘莲等译，湖南科学技术出版社 1998 年版，第 258 页。

第三章

思维科学是历史的科学

思维科学是一门辩证发展的综合交叉的复杂性科学。无论从人类思维史发展的角度来考察，还是从思维过程的动态性来研究，抑或是从思维科学与多学科综合交叉的角度来探讨，或者是从思维的物质基础——人的大脑的发展过程来揭示，都可以看出，思维科学是一门历史的科学，即辩证发展的科学。

一 思维科学的历史性

思维科学是关于人的思维辩证发展的科学，它是在思维主体与思维客体等诸多因素复杂的交互作用过程中动态发展的科学，因而它是历史的科学。恩格斯指出："关于思维的科学，也和其他各门科学一样，是一种历史的科学，是关于人的思维的历史发展的科学。"① 胡文耕研究员认为："思维科学本质上是一种历史科学，是关于人的思维发展的历史科学。"②

思维科学何以成为一门历史的科学呢？这应当从思维客观根源性、思维辩证性和网络层次性等方面来加以考察，由于本书第一章第三节"思维科学的功能"中已经涉及这些方面的内容，所以，这里只能就这些方面作一些简括的介绍。

（一）客观根源性

要探讨思维的客观根源性，至少应当从以下四个方面进行研究。

① 《马克思恩格斯文集》第9卷，人民出版社2009年版，第436页。

② 胡文耕：《信息、脑与意识》，中国社会科学出版社1992年版，第4页。

1. 主观辩证法反映客观辩证法

思维是主观辩证法中的重要内容。因为广义的思维，是包括思维科学并且与认识论交互贯通的。这种广义的思维是客观辩证法的反映。由于客观物质世界是辩证发展的，这种辩证发展的客观物质世界的运动过程反映在人们的思维中就构成了主观辩证法的重要内容。

关于主观辩证法反映客观辩证法的内容，我们在前面已经介绍了马克思、恩格斯和列宁的有关思想，这里，只补充介绍毛泽东的若干见解。毛泽东在读苏联社会主义政治经济学批注和谈话中，指出：辩证法的规律，是客观所固有的，是客观运动的规律，这种客观运动的规律，反映在人们的头脑中，就成为主观辩证法。

2. 自然科学与客观物质世界的关系

正如社会科学是社会存在和社会实践的反映一样，自然科学是客观物质的反映。这方面的内容，由于前面已有介绍，故这里不再重述，只点出观点即可。

3. 逻辑的东西与历史的东西的辩证统一

思维科学的辩证性或历史性，还表现在逻辑的东西与历史的东西的辩证统一上。由于前面对这方面的内容已有论述，因此这里不再赘叙。

4. 思维应当反映实践过程，并且随着实践过程的发展而发展

这也是思维科学作为历史的科学的重要内容。前面，我们已经介绍了恩格斯和列宁关于这方面的思想，这里，只介绍毛泽东关于这方面的若干观点。毛泽东在读苏联社会主义政治经济学教科书（下册）的谈话中，指出：要认识事物发展的客观规律，必须进行实践，在实践中必须采取马克思主义的态度来进行研究，而且必须经过胜利和失败的比较。反复实践，反复学习，经过多次胜利和失败，并且认真进行研究，才能逐步使自己的认识合乎规律。他在同一谈话中还认为：思维是一种特殊的物质运动形态，它能够反映客观性质，能够反映客观的运动，并且由此产生科学的预见，而这种预见经过实践又能够转化成为事物。在1958年1月的《工作方法60条（草案）》中，毛泽东指出："任何英雄豪杰，他的思想、意见、计划、办法，只能是客观世界的反映，其原料或者半成品只能来自人民群众的实践中，或者自己的科学实验中，他的头脑只能作为一个加工工厂而起制成完成品的作用，否则是一点用处也没有的。人脑制成的这种完成品，究竟合用不合用，正确不正确，还得

交由人民群众去考验。”①

可见，思维应当反映实践过程，并且随着实践过程的发展而发展。这样，思维不但具有坚实的基础和不竭的动力，而且思维承担着科学预见的认识功能，对改造客观世界起着巨大的指导作用。

（二）思维辩证性

正由于思维的客观根源性，作为客观辩证法的客观世界和实践过程之反映的主观辩证法的思维也应当是辩证发展的过程。就人类思维史来作宏观的考察，这种思维辩证性至少表现在如下几个方面。

1. 思维过程的辩证法受客观世界和实践过程辩证法的制约

由于本书第一章第三节中已对马克思、恩格斯、列宁的相关思想作了介绍，因此，这里只就毛泽东在这方面的观点作一些补充。毛泽东在读苏联社会主义政治经济学教科书的谈话中，指出：任何事物的发展都不是直线的，而是螺旋式地上升，也就是波浪式发展。他在同一谈话中还认为：世界上没有不能分析的事物，只是：一、情况不同；二、性质不同。许多基本范畴，特别是对立统一的法则，对各种事物都是适用的。这样来研究问题、看问题，就有了一贯的完整的世界观和方法论。我们研究思维过程的辩证性，同样也应当遵循并运用毛泽东所指出的世界论和方法论。

2. 人类思维走向辩证思维的历史必然性

由于本书第一章第三节已就这方面的内容作了论述，这里只是为了研究思维辩证性的需要而列出标题，具体内容恕不再叙述。

3. 思维的辩证过程是通过一系列辩证的思维方法来展开和实现的

思维科学的辩证性或历史性，还表现在思维的辩证过程是通过一系列的辩证思维方法来展开和实现的。这些辩证的思维方法，诸如个别与一般、分析与综合、归纳与演绎、抽象与具体、知性与理性、有限与无限等。这些认识方法和思维方法互相渗透，彼此交叉，形成了具有内在联系的辩证的认识方法和思维方法的网络系统，更深刻地揭示了思维过程的辩证性或历史性。

具体内容在本书第一章第三节中已有论述，这里姑且从略。

① 《毛泽东文集》第7卷，人民出版社1999年版，第358页。

（三）动态网络性

人类的认识方法和思维方法是一种具有复杂层次结构的动态网络系统。具体的论证在本书第一章第三节中已有阐述，故这里不另展开。通过那些论证，我们确实认识到，唯物辩证法的确是一种根本的、科学的认识方法和思维方法。这种根本的、科学的认识方法和思维方法为人们的社会实践、认识活动和思维过程提供了哲学方法论的正确指导，同时，它又在客观世界、实践过程、精神领域（包括认识方法和思维方法）的无限的交互作用的动态过程中，不断地丰富、深化、发展自己。可见，思维过程确实是一种辩证前进的动态过程，思维科学确实是一门辩证发展的历史科学。

二　思维过程的动态性

前面，我们主要从人类思维史，侧重从宏观层次上考察了思维科学的辩证性或历史性。这里，我们将从思维过程的动态性，侧重从微观层次上探讨思维过程的辩证性，从而更深入地揭示思维科学的辩证性或历史性。

（一）思维过程是辩证的

思维过程是客观与主观、实践与认识的矛盾运动过程，是一种辩证前进的过程。列宁指出："认识是思维对客体的永远的、无止境的接近。"[①]这种永远的、无止境的接近，"是处在运动的永恒过程中，处在矛盾的发生和解决的永恒过程中"[②]。他还认为："思维应当把握住运动着的全部'表象'，为此，思维就必须是辩证的。"[③] 他还指出："思维从具体的东西上升到抽象的东西时，不是离开……真理，而是接近真理。物质的抽象，自然规律的抽象，价值的抽象等等，一句话，一切科学的（正确的、郑重地、不是荒唐的）抽象，都更深刻、更正确、更完全地反映自然。"[④]毛泽东对思维的本质和思维的辩证性也作了深刻的揭示，他指出："认识

① 《列宁全集》第55卷，人民出版社1990年版，第165页。
② 同上。
③ 同上书，第197页。
④ 同上书，第142页。

的真正任务在于经过感觉而到达于思维，到达于逐步了解客观事物的内部矛盾，了解它的规律性，了解这一过程和那一过程间的内部联系，即到达于论理的认识。”① 具体科学所揭示的特殊的本质和规律，交叉科学所揭示的共同的本质和规律，科学哲学所揭示的一般的本质和规律，马克思主义哲学所揭示的最一般的本质和规律，这些本质和规律组成层次结构复杂的动态系统。上述的本质和规律在各自领域都有初级的、二级的乃至无穷的层次递进的关系。同时，上述的本质和规律在其各自所蕴含的客观事物的运行过程中，彼此渗透，交互作用。更由于改造世界过程中各种规律的复杂性，所以客观事物的本质和规律以及实践领域中的各种规律构成复杂的动态网络系统，是一种无限展开、不断深化的辩证过程。因此，人们的认识、思维也应当是一种无限展开、不断深化的辩证的前进过程。要把握客观事物的本质与规律的复杂的动态网络系统，只有运用思维的辩证方法才能达到。

（二）思维过程中理性因素与非理性因素交互作用的动态性

人们的思维过程是理性因素与非理性因素复杂的交互作用的动态过程。理性因素包括世界观、方法论、价值观、审美观等以及认识过程中的可以用理性方法来说明的复杂因素。非理性因素，王勤认为：“（1）非理性是指与自觉的理性意识相对的、应该受理性指导的、与理性相互补充、相互作用的因素，如潜意识、本能欲求、情绪、情感、习惯性心理、意志、信念、信仰、兴趣、好奇心等；（2）反理性的因素，即与社会发展和人的发展相违背的思想观念和价值观念。”② 这里，把“信念、信仰”简单地归人非理性因素似觉欠妥。因为“信念、信仰”主要是在理性认识的基础上自觉形成的。例如，人们的马克思主义信仰、关于社会主义、共产主义的信念，是在长期理性教育、学习、实践过程中，经过科学的认识过程而逐渐形成的。《光明日报》2013 年 7 月 22 日头版头条在“时代先锋”栏中以“苍生大爱——记中国工程院院士，南京军区总医院副院长黎介寿”为题，报道了黎介寿院士的大医业绩和高尚品德，并配发

① 《毛泽东选集》第 1 卷，人民出版社 1991 年版，第 286 页。

② 王勤：《非理性的价值及其引导——社会发展视野里的非理性问题研究》，中共中央党校出版社 2001 年版，第 62—63 页。

“短评”，指出：“他坚信共产主义真理，选择了共产党……在实现中国梦的道路上，让我们所有人坚定信仰，勇敢前行。”当然，人们对宗教的信仰，对鬼神的信念，则主要是由非理性因素造成的。即使宗教，也有某些理性因素参与其中。例如，宗教中对于语言学、逻辑学、医药学、天文学等方面也存在着理性的因素。所以，对“信念”“信仰”似应作具体的分析，而不宜将它们统统归入非理性的范畴。王著在非理性问题上的其他观点和论述基本上是对的。

何颖指出：“人的非理性是指人的精神所特有的、与理性相对的，在心理上表现为本能意识，在认识上表现为主体的非逻辑性认知形式和认知功能的要素的总称。它可以具体分为两类：一类是指人的非理性的心理现象，包括人的意志、欲望、情感、情绪等，另一类是指人的非理性的认识形式和认知能力，包括人的直觉、灵感、顿悟等。”①

对“直觉”“灵感”“顿悟”似应作具体分析，它们主要表现为非理性因素的作用过程，但是也有理性因素参与其中。本书第四章第四节将对这个问题作详细的探讨。事实上，人的思维过程是理性因素与非理性因素交互作用的复杂的动态过程。一方面，思维过程必须以理性因素作为指导；另一方面，又必须重视非理性因素参与思维过程的重要作用。至于在具体的思维过程中，在不同的思维方式的运作过程中，理性因素与非理性何者起着主导作用，则宜作实事求是的具体分析。只有把思维过程中理性因素与非理性因素辩证地统一起来，才能揭示思维过程的辩证性，从而才能获得优化的思维结果，对实践产生能动的、正确的指导作用。

（三）思维方式的交互性

具体的思维过程往往不是以单一的思维方式运行的，而常常是多种思维方式交互作用的复杂的动态过程。逻辑思维、形象思维、灵感思维、社会思维、创造性思维、辩证思维等之间不是互不相关的，在人们的具体思维过程中，它们往往是两种或多种思维方式交互作用的过程。这种交互作用的过程构成复杂的、动态的思维网络系统，也可以称作思维系统工程。在人们的具体思维过程中，必以一种思维方式为主，辅之以其他思维方式的交互作用。这种复杂的、动态的思维过程所体现出来的特点：

① 何颖：《非理性及其价值研究》，中国社会科学出版社2003年版，第163—164页。

1. 动态主导性

即思维过程中以一种思维方式为主导的因素，辅之以其他思维方式的协同作用。思维过程的6个阶段中，其主导的思维方式可以在动态过程中保持原来主导思维方式的主导地位，也可以是另一种思维方式变换为主导的思维方式。例如，在科学研究和文艺创作的思维过程中，主导的思维方式就呈现出复杂的变化。在科学研究中，先是以形象思维的方式把握事物的混沌的整体，然后才运用逻辑思维的方式作细致的定量分析等。在文艺创作的思维过程中，先是用逻辑思维的方式把握生活的本质，然后用形象思维的方式塑造恩格斯所要求的典型环境中的典型人物。这就是文艺创作源于生活、高于生活的美学要求，亦即马克思所说的按照美的规律创造世界。科学研究和文艺创作中这种思维方式的复杂变换，正如钱学森院士所说的那样："科学工作是源于形象思维，终于逻辑思维。形象思维是源于艺术，所以科学工作是先艺术，后才是科学。相反，艺术工作必须对事物有个科学的认识，然后才是艺术创作。"①

2. 动态协同性

思维过程中各种思维方式的交互作用，应该体现动态协同的要求。而不能是某种思维方式单独突出而不顾其他思维方式的协同作用，也不能是各种思维方式各行其是而不顾思维方式的整体协同。这就像交响音乐一样，各种乐器、各个声部都必须动态协同，才能演奏出和谐优美、令人神往的乐曲。

3. 整体优化性

思维过程中各种思维方式的交互作用，应当体现整体优化的要求，而且，思维过程的结果也应当符合整体优化的要求。

（四）思维方式的融通性

人们运用各种思维方式于思维过程时，这些思维方式并不是孤立地作用于思维过程，而是彼此渗透、相互融通地贯穿于思维过程之中的。思维过程中不仅有逻辑思维方式，特别是辩证思维的思维方式，还有形象思维、灵感思维、社会思维、创造性思维等多种思维方式在思维过程中相互融通地起着作用。这些思维方式在思维过程中不仅相互融通，而且它们在

① 涂元季主编：《钱学森书信》第9卷，国防工业出版社2007年版，第371—372页。

交互作用的过程中辩证地向前发展着。所以，各种思维方式在思维过程中的相互融通也是一种动态发展的前进过程。

三 思维科学与脑科学交互作用的动态性

思维科学与脑科学存在着交互作用的辩证关系。这不仅表现在思维与大脑交互作用的辩证关系之中，而且表现在思维科学与脑科学交互作用的辩证关系之中。

（一）思维的物质基础——人的大脑是发展的

人脑是思维的器官，是思维的物质基础。思维与大脑在交互作用的过程中是动态发展、辩证前进的。

1. 人脑是一种开放的复杂巨系统

脑系统本身就是一个结构复杂、功能齐全、动态优化的网络系统。它是处理与控制信息的最高中枢（大脑是脑系统中处理与控制信息的最复杂的也是最高的中枢）。

从脑系统的结构来看，它可以分成前脑（大脑、丘脑、下丘脑、基底核）、中脑（上丘、下丘、网状结构）和后脑（小脑、延脑等）等不同的部分。这些不同的部分的子系统通过神经网络与上行传导系统、下行传导系统相连接，而且，这些不同的部分之间在大脑的统一指挥与控制之下，彼此协调，多级整合，达到系统整体处理与控制信息高度优化的功能要求。

人脑就是这样在动态协同、整体优化的过程中进行思维的。这正如钱学森院士所指出的那样：

"人脑的思维能力是不断发展的：

（1）人类的历史含有此意；

（2）一个人的思维能力也如此。

那么，它又是怎样发展的呢？第一是人脑这个开放的复杂巨系统有很强的可塑性，是活的，不是死的、不变的；第二加实践的作用。"①

国内外学术界对思维与人脑辩证互动的复杂关系作了积极的探索，并

① 王寿云等：《开放的复杂巨系统》，浙江科学技术出版社 1996 年版，第 281—282 页

且取得了一系列颇富创见的理论成果。著名哲学家冯定教授早在《平凡的真理》中就指出，“脑子是神经系统的最高中枢”,[①]“思维是脑子的机能”,[②]“意识具有最高最强的主动性”。[③] 钱学森院士于1989年10月19日给中国科学院脑研究所张香桐教授的信中，认为“人体和人脑都是开放的复杂巨系统”,[④]“大脑是人类感觉、意识、情绪、思维等一切智慧行为的物质基础，是控制调节全身各种器官活动的总枢纽”[⑤]。他于1991年10月1日给孙凯飞的信中，指出：“人的思维是非理性与理性的辩证统一，人的思维是辩证思维。”[⑥] 他于1994年5月30日给戴汝为的信中，认为：“人脑工作的产物有思维，思维是我们从人脑活动中概括出来的，思维不是脑细胞!”[⑦] 1995年10月23日，在给戴汝为、钱学敏的信中，钱学森指出：“未来的人工智能工作是人·机结合的一项‘大成智慧’工程!”[⑧]“我们一旦进入这样的人工智能世界，人类也跟着改造了，将会出现一个‘新人类’，不只是人，是人·机结合的‘新人类’!”[⑨] 中国社会科学院胡文耕研究员在《信息、脑与意识》一书中，指出：“我们认为解决脑与意识的关系问题，需要两个观点：历史观点与全面观点。”[⑩] 他还认为：“人脑是物质世界中最复杂的系统，是长期进化的产物，是社会生活、社会实践的产物。”[⑪] 中国科学院黄秉宪研究员在《意识与大脑——多学科研究及其意义》一书中，指出：“意识是许多脑区相互作用和协调的结果。……意识的内容主要决定于脑内少数强烈兴奋的部位的神经兴奋模式（主要在大脑皮层后部联合区）。……意识的活动还受到一些无意识的脑活动的调制。”[⑫] 胡文耕、黄秉宪研究员所论述的意识与大脑的关系，

---

① 《冯定文集》第1卷，人民出版社1987年版，第187页。

② 同上书，第189页。

③ 同上书，第210页。

④ 涂元季主编：《钱学森书信》第5卷，国防工业出版社2007年版，第77页。

⑤ 同上书，第76页。

⑥ 涂元季主编：《钱学森书信》第6卷，国防工业出版社2007年版，第115页。

⑦ 涂元季主编：《钱学森书信》第8卷，国防工业出版社2007年版，第180页。

⑧ 涂元季主编：《钱学森书信》第9卷，国防工业出版社2007年版，第360页。

⑨ 同上书，第360—361页。

⑩ 胡文耕：《信息、脑与意识》，中国社会科学出版社1992年版，第121页。

⑪ 同上。

⑫ 汪云九、杨玉芳等：《意识与大脑——多学科研究及其意义》，人民出版社2003年版，第138—141页。

与思维与大脑的关系也具有相近和交叉的意义。因此，他们的论述，对研究思维与大脑的关系也是有启迪和借鉴的意义的。

至于国外学者关于人脑与思维的见解，本书第二章第三节已经作了简要的介绍，这里就恕不赘述。

2. 人脑是思维的物质基础

恩格斯指出："究竟什么是思维和意识，它们是哪里来的，那么就会发现，它们都是人脑的产物，而人本身是自然界的产物，是在自己的环境中并且和这个环境一起发展起来的；这里不言而喻，归根到底也是自然界产物的人脑的产物，并不同自然界的其他联系相矛盾，而是相适应的。"① 列宁认为："概念是人脑（物质的最高产物）的最高产物。"② 他还指出："从生动的直观到抽象的思维，并从抽象的思维到实践，这就是认识真理、认识客观实在的辩证途径。"③ 人的大脑运用多种思维方式，诸如逻辑思维、形象思维、灵感思维、社会思维、创造性思维、辩证思维等的思维方式反映客观世界和实践过程，进而把握它们的本质与规律的复杂的动态网络系统。这里揭示了人脑是思维的物质基础的复杂表现，也是人脑与思维的辩证关系的主要内容。

（二）思维科学与脑科学交互作用的辩证关系

思维科学与脑科学是在动态发展过程中交互作用的，这是一种辩证发展的过程。毛泽东指出："所谓认识客观真理，即是人在实践中，反映客观外界的现象和本质，经过渐变和突变，成为尚未经过考验的主观真理。要认识这一过程中所得到的主观真理是不是反映了客观真理（即规律性），还得回到实践中去，看是不是行得通。"④ 这里所说的内容涉及认识的整个辩证过程，也包含了思维与人脑辩证关系的内容，有助于人们探讨思维科学与脑科学交互作用的辩证过程。

1. 脑科学为思维科学提供了科学基础

人脑是思维的物质基础。脑科学为思维科学的创立和发展提供了重要的科学基础。钱学森院士指出："脑科学专研究人脑的结构和功能，它与

---

① 《马克思恩格斯文集》第9卷，人民出版社2009年版，第38—39页。

② 《列宁全集》第55卷，人民出版社1990年版，第139页。

③ 同上书，第142页。

④ 《毛泽东文集》第8卷，人民出版社1999年版，第324—325页。

心理学相结合，专门攻研人脑的精神活动——其目的是建立一门以脑科学为基础的‘精神学’ mencalics，但因为人脑极为复杂，有人说人脑相当于万亿（10^{12}）台每秒运算10亿（10^{9}）次的电子计算机并联后构成的体系。”①

2. 思维科学的发展可以推动脑科学的进步

思维科学与脑科学在交互作用的动态过程中，可以推动脑科学的进步。因为思维科学发展了，必然要求深入研究人脑的结构与功能，研究思维过程中人脑的动态机制。钱学森院士指出：思维科学的发展，可以推动对人脑可塑性的研究，1982年3月10日，在给杨春鼎的信中，钱学森指出："大脑的可塑性可能来自其复杂性。"② 钱学森于1982年4月14日在给刘奎林的信中，指出："我因此认为要研究灵感思维必须对心理学以及脑神经生理学下点功夫，还是要唯物论嘛。"③ 可见，思维科学的发展，可以推动脑科学研究的深入、前进。

3. 思维科学与脑科学交互作用过程的辩证性

思维科学与脑科学在交互作用的动态过程中，是辩证前进的上升过程。1985年6月12日，在给陈信的信中，钱学森院士指出："思维学可以走两条道路：一条是宏观的道路，从观察人的思维功能入手，也可以称做人工智能的道路；一条是微观的道路，从分析人脑到神经元、大脑皮层结构等入手，也可称是脑科学的道路。"④ 在同一封信中，钱学森还认为："现在卢侃同志等的工作是第三条道路，半宏观半微观的道路，即从微观的机制入手，中间加上神经网络结构，然后推导出大脑的功能，再比较理论结果与脑电分析，看看假设的结构是否站得住，不行再进行修改。我认为这条道路是可行的。"⑤ 这是在思维科学与脑科学交互作用的动态发展过程中，推动思维科学与脑科学辩证前进的一项具有创新意义的工作。

思维科学与脑科学都是开放的复杂巨系统，所以，研究思维科学与脑科学交互作用的辩证过程，应当运用系统科学的理论和方法。1984年7月31日，在给方福康教授的信中，钱学森院士认为："脑科学、思维科

① 涂元季主编：《钱学森书信》第6卷，国防工业出版社2007年版，第116页。
② 涂元季主编：《钱学森书信》第1卷，国防工业出版社2007年版，第171页。
③ 同上书，第176页。
④ 涂元季主编：《钱学森书信》第2卷，国防工业出版社2007年版，第325页。
⑤ 同上书，第325—326页。

学，以及心理学基本理论在于找出人体巨系统的规律，这完全得靠系统学。”①

研究思维科学与脑科学交互作用的辩证过程，更为重要的是应当以马克思主义哲学为指导，应当运用马克思主义哲学的世界观和方法论来研究思维科学与脑科学交互作用的辩证过程。1986 年 5 月 28 日，在给戴汝为的信中，钱学森院士指出：“思维科学是非常重要的，似应译为 Noetic Science，是处理意识与大脑、精神与物质、主观与客观的马克思主义科学，很不容易！千万不能庸俗化！搞好了，是马克思列宁主义的胜利。”②

四 思维科学与多学科综合交叉的辩证性

思维科学是与多学科综合交叉的复杂性科学。思维科学与多学科综合交叉的具体情况，本书第二章第三节已经作了介绍。这里，笔者将从思维科学与多学科综合交叉的辩证性的角度，概括地作些阐明。

（一）多学科的发展对思维科学的推动

人文科学中的哲学、逻辑学、文艺学、美学，社会科学中的语言学、人类学、社会学，自然科学中的脑科学和心理学，技术科学中的计算机科学特别是人工智能，交叉科学中的系统科学和复杂性科学等的发展，极大地推动着思维科学的前进。思维科学一方面吸收这些学科发展的前沿成果，丰富、深化、发展自己学科的内容。另外，思维科学又从这些学科的难点和疑点领域，可以作更为深入的探索，这不仅有助于思维科学的发展，也可以推动这些学科的进步。同时，上述多学科的发展，还可以在方法论上为思维科学的前进提供有益的借鉴，可以推动思维科学的发展。

特别值得强调指出的是，马克思主义哲学的发展，不仅在世界观、方法论的意义上武装思维科学工作者的头脑，从而推动思维科学的前进，而且它的立场、观点、方法渗透进思维科学的研究领域，可以促进更深入地探讨思维科学领域的深层问题，这更能推动思维科学的前进。

① 涂元季主编：《钱学森书信》第 1 卷，国防工业出版社 2007 年版，第 495 页。

② 涂元季主编：《钱学森书信》第 3 卷，国防工业出版社 2007 年版，第 141 页。

（二）思维科学的发展推动多学科的进步

思维科学的发展，可以推动上述多学科的进步。这首先表现在思维科学的发展，可以推动人文科学的进步上。例如，思维科学的发展，可以推动哲学认识论研究的深入，还可以推动逻辑学、文艺学、美学等学科的前进。其次，表现在思维科学的发展，可以有力地推动社会科学、自然科学、技术科学、交叉科学的进步。例如，思维科学的发展，可以推动语言学、脑科学、心理学、计算机科学特别是人工智能以及系统科学、复杂性科学的前进。

（三）思维科学与多学科在综合交叉过程中的辩证前进

思维科学与多学科的综合交叉是一种辩证前进的动态过程。从上述两个方面可以看到：一方面，多学科的发展，可以推动思维科学的进步；另一方面，思维科学的发展，又可以推动多学科的前进。这两个方面的交互作用生生不息，表明了这是一种动态发展的辩证过程。正所谓“问渠哪得清如许，为有源头活水来”，“山重水复疑无路，柳暗花明又一村”。这个过程表明，有了“源头活水”，才能“清如许”，研究过程中“疑无路”，研究结果却是“又一村”。这就生动、深刻地揭示了这个过程的辩证前进性。

五　钱学森思维科学思想在人类思维史上的地位

钱学森思维科学的思想，是人类思维史上一颗璀璨的思想明珠，它在人类思维史上占有光荣的一席之地。

（一）纵向上即历史性

钱学森思维科学思想在人类思维史上具有独特的意义。这主要表现在：

1. 坚持和发展了马克思主义哲学关于思维科学的思想，特别是坚持和发展了恩格斯、列宁关于思维科学的一系列思想和毛泽东的《实践论》《矛盾论》中关于思维科学的思想。

2. 综合汲取了现代科学的前沿成果和中华传统文化之精华部分，丰富、深化了思维科学的内涵、结构机制和规律。

3. 预示了人类思维的发展方向和社会进步的前进目标。钱学森在思维科学中强调指出：思维科学的发展方向是实现第二次文艺复兴，创造新人类，促进整个社会向共产主义迈进。

所以，从纵向过程来看，钱学森的思维科学思想不仅在人类思维史上占据光荣的历史地位，而且在促进人类发展、社会进步方面也体现了科学发展的社会功能。

（二）横向上即共时性

钱学森思维科学（Noetic Science）的思想不仅在国内独领风骚，而且在国际上横向比较中也屹立群伦。就钱学森思维科学的思想与国外的认知科学（Congitive Science）比较来看，他的思维科学的思想也是在坚持探索、勇于创新中独树一帜的。

1. 从高度上看

钱学森思维科学的思想自觉地坚持了以马克思主义哲学为指导，研究了思维科学的内涵、结构、机制、规律和功能。而国外的认知科学没有达到这样的思想高度，充其量在它的部分内容中自发地接近辩证唯物主义。

2. 从广度上看

钱学森思维科学的思想广泛地吸取了自然科学、人文科学、社会科学、技术科学、交叉科学的前沿成果和中华传统文化的精华。而认知科学则主要是心理学和计算机科学的交叉结合，当然，它也吸取了脑科学、神经生理学等学科的最新成果，对人脑、行为和心理的关系作了深入的研究，在人类思维史和科学发展史上，认知科学也作出了有益的贡献。但从整个学科的思想广度来看，从认知科学与思维科学的比较来看，它确实还稍逊一筹。

3. 从深度上看

钱学森思维科学的思想与国外的认知科学相比，也有其独特的深刻之处。主要表现在：

（1）构建了思维科学的理论体系。当然，这个体系是动态发展的、不断完善的。

（2）阐明了思维过程是一种复杂的动态网络系统，是一种思维系统工程。

（3）揭示了思维科学的若干内在机制，例如，对形象思维、灵感思维、社会思维、创造性思维若干内在机制的揭示，在内容上是深入、前进了一大步。

（4）探讨了思维科学的多种规律。规律是看不见、摸不着的东西，只有运用辩证思维等思维方式才能把握住。钱学森的思维科学思想从思维过程的现象、结构、机制，功能等方面入手，探讨了思维科学的许多内在规律。这比起国外的认知科学来，无疑是深入到思维科学的内核之中。当然，这方面的探讨还只是非常初步的，但这也开辟了思维科学深入探讨的前进之路。

综上可见，钱学森创建思维科学的科学实践和理论探讨，再一次雄辩地证明了科学研究中博采众长、综合创造的真理性。而且，也更生动、深刻地表明，中国人以马克思主义哲学为指导，综合汲取国内外优秀思想成果，在科学创新中是可以大有作为的，这就大长了中国人民的志气。学术研究中，闭关锁国、夜郎自大固然不对，而凡洋皆拜、一切照搬更是错误。我们应当弘扬中华民族的自信心，博采众长，融会贯通，消化吸收，独立创造，作出无愧于伟大时代的应有贡献。

第四章

思维方式

思维方式是思维科学的重要内容，特别是思维学的基本内容。人们在思维过程中，运用多种思维方式的复杂交互作用，使思维过程能够动态协同地运行，使思维的结果符合整体优化的要求。因此，研究思维方式，对揭示思维过程的机制和规律，对人们自觉地运用多种思维方式从事思维活动，进而指导社会实践，都具有重要的理论意义和实践价值。

一　思维方式概述

思维方式的内容非常丰富，古今中外人们积累的关于思维方式的文献浩如烟海。大致上可以把思维方式分为三类：一类是基本的思维方式，另一类是现代科学的思维方式，第三类是侧重于应用层次的思维方式。这三类思维方式互有交叉，而不是互不相关的机械式的划分的。

（一）基本的思维方式

从人类思维史发展至今来看，基本的思维方式主要有如下这些内容：逻辑思维、形象思维、灵感思维、社会思维、创造性思维、模糊思维、辩证思维，等等。这些基本的思维方式也往往交织在现代科学思维方式和侧重于应用层次的思维方式之中。例如，创造性思维、模糊思维等就渗透在现代科学的思维方式里面，创造性思维、辩证思维等贯穿于现代科学的思维方式和侧重于应用层次的思维方式之中。所以，探讨思维方式，应当具体问题具体分析，要看到各类思维方式复杂的交互作用，并加以辩证地处置。而不应该把这些思维方式的分类和作用凝固化、绝对化。

中外学术界对思维方式的研究作出了重要的贡献。中国学者的研究成果，我们已经在上面作了一些梳理，还将在下面作一些介绍。国外学者的研究成果也值得吸取。英国数学家、逻辑学家、过程哲学的创始人 A. N. 怀特海（A. N. Whitehead）根据他在美国哈佛大学、芝加哥大学等院校的讲演而于 1938 年写成的《思维方式》一书，对思维过程、思维方式等作了有益的探索。他认为：思维过程是宇宙过程的反映。“在宇宙中，过程是一个无可辩驳的事实。”① 思维过程“淹没于我们自己之外的过程之中”②。他还指出：思维是作为过程而展开的。“我们的思维能力、分析能力、记忆能力以及推测能力无疑是不断提高的。”③ 他还进一步探讨了思维过程的内容，诸如理解、表述、抽象思维、逻辑与美学以及哲学的任务等。但他对思维方式本身的内容未作深入的阐述。

（二）现代科学的思维方式

现代科学的思维方式主要包括：系统思维方式、交叉型思维方式、动态性思维方式、网络化思维方式、创造性思维方式、最优化思维方式、模糊性思维方式，等等。

（三）侧重于应用层次的思维方式

这一类思维方式与第一类、第二类思维方式互有交叉，主要有战略思维方式、创新思维方式、辩证思维方式等。

（四）本章探讨的内容

对第一类思维方式，由于本书第一章已对钱学森院士关于思维学的基本内容作了介绍，因此，本章只对逻辑思维、形象思维、灵感思维、社会思维等内容，从更广阔的文化视域做一些概略的考察。对现代科学的思维方式，由于拙著《走向智慧——现代科学与马克思主义哲学新探》（西安交通大学出版社，2010 年出版）第四章“现代科学与唯物辩证法（下）”已对这方面的内容作了一些探讨，故这里从略。对第三类思维方式，将着重介绍战略思维、创新思维、辩证思维等内容。党的十七届四中全会发布

① ［英］A. N. 怀特海：《思维方式》，刘放桐译，商务印书馆 2004 年版，第 48 页。

② 同上书，第 9 页。

③ 同上书，第 35—36 页。

的《中共中央关于加强新形势下党的建设若干重大问题的决定》指出："中央委员和省部级领导干部要认真研读马克思主义特别是中国特色社会主义理论体系的基本著作，切实提高战略思维、创新思维、辩证思维能力，带头探索回答重大理论问题和实践问题。"这是在新的时代条件和社会实践面前，党中央向全党领导干部发出的一项现实性、前瞻性、战略性的伟大号召，具有重大的理论意义和实践意义。因此，本章将对战略思维、创新思维、辩证思维作一番探讨。

二 逻辑思维

逻辑思维是思维科学的重要内容，特别是思维学的基本内容之一。逻辑思维的历史发展过程是怎样的，现代逻辑的状况如何，逻辑思维与相关学科的关系怎样，逻辑思维的发展前景如何。这些是本节将要讨论的内容。

本书第一章第二节"思维科学的结构"中已对钱学森院士关于逻辑思维的思想作了概括的介绍，现在根据《中国大百科全书（哲学I）》《中国大百科全书（哲学II）》和《马克思主义哲学全书》以及相关著作的研究成果，笔者拟对逻辑思维的若干重大问题作一番简要的论述，以期与第一章第二节的内容既各有侧重，又彼此协调。

（一）逻辑思维的历史发展

逻辑思维在从古代到近代的历史长河中，经历了一个漫长的发展过程，闪耀着人类智慧的光辉。

1. 古代的逻辑思维的思想

古代的逻辑思维思想，主要有三大逻辑传统：中国逻辑传统、印度逻辑传统和希腊逻辑传统。

（1）中国逻辑传统

中国逻辑传统成于先秦时期，主要有三大学派：名家、墨家和儒家对逻辑思维作出了重要贡献。

名家创始人是邓析。名家的另一代表人物是惠施。他们的著作已经失传，在《庄子·天下》篇中保存有惠施的一些逻辑思维的思想。惠施的"以反人为实""饰人之心，易人之意""以非为是，以是为非""轮不辗地”以及“孤驹”和“未尝”等包含了逻辑思维的一些思想。名家的另一代表人物是公孙龙。他的著名的逻辑思维的思想是“离坚白”和“白马非马”。

墨家的逻辑思维的思想主要体现在《墨经》之中。该书认为：①正确的知识来源有“闻”“说”“亲”三种，该书还认为：知识的内容有名、类、合、为四种。②该书认为：名与实之间存在着“举”的关系，它把名分为达、类、私三类。③该书认为：事物之间的同和异是语句（命题）的根据，它提出了重、体、合、类四种同。④该书还探讨了说、类推、辩的内容。“说”是论证，“类推”就是推理。该书认为：类推涉及演绎推理、类比推理和归纳推理。该书提出了“以类取”“以类予”等推理方式。“辩”就是辩论。⑤该书还提出了“说”与“辩”的一些特别方式，如群、侔、援、推等。

儒家的逻辑思维的思想主要体现在其创始人孔子的正名理论以及后继者荀子所强调的正名学说之中。

（2）印度逻辑传统

这主要表现在婆罗门的正理逻辑与佛教的因明学之中。

古正理逻辑《正理经》提出量论、论式和论述等内容。

因明学包括古因明学和新因明学两种。因明是研究推经弥勒、无著、世亲等佛教徒的发展，古因明遂成为古代印度的一种逻辑理论。古因明接受了正理逻辑的基本内容。新因明是世亲的再传弟子陈那总结和发展了古因明，把因明以至整个印度的逻辑理论提高到了一个新的阶段的学说。陈那的因明学说的主要内容有四个方面：真能量、似能量、真能破、似能破。新因明学自陈那以后，作出重要贡献的有5世纪的商羯罗和7世纪的法称。

新正理逻辑由14世纪婆罗门教的真伽自在摆脱了古正理逻辑的理论束缚，并且吸取了佛教因明学和耆那派逻辑而形成的一种新的逻辑理论。新正理逻辑着重于提出正确论式和详尽的严格的论述。新正理逻辑经过14世纪的耿益夏、15世纪的罗怙主以及17世纪的贾格提舍和安纳姆帕等人的发展，成为印度逻辑的高峰。

（3）希腊逻辑传统

在古代世界的三大逻辑传统中，希腊的逻辑思想达到了最高的成就，现代逻辑主要是从这一传统中发展而来的。

古希腊逻辑最具代表性的是亚里士多德的逻辑学说。亚里士多德的逻辑思想主要包括5个方面：①研究命题形式和三段论理论；②把三段论和归纳应用于辩论中的辩证推理理论；③把三段论和归纳应用于科学推理和科学方法；④语法和语义的理论；⑤本体论的理论。

在亚里士多德之后，代表古希腊逻辑思想的另一高峰是麦加拉——斯多阿学派逻辑。

2. 中世纪逻辑思维的思想

12—15世纪，欧洲经院逻辑继承并发展了古希腊和阿拉伯的逻辑思想，建立了完整的经院逻辑体系，对希腊逻辑传统作出了重要的贡献。主要表现在：①明确区分了范畴词和非范畴词；②明确区分了命题模态和事物模态；③认为逻辑是关于思想或意义的科学，特别是关于范畴词的意义的科学。

3. 近代西方逻辑思维的思想

随着16世纪实验科学的出现，逻辑科学面临着一系列新的要求。这个时期，科学家、哲学家们对逻辑思维进行了深入的探索，作出了重要的理论贡献。

F. 培根关于归纳方法提出了著名的三表法：①出现表；②不出现表；③程度表。他认为：作为科学的新工具的逻辑包括4个部分：①发现的方法；②思想的方法；③记忆的方法；④传递的方法。

J. S. 密尔继承并发展了培根的归纳法，提出了求因果五法：①契合法；②差异法；③契合、差异并用法；④剩余法；⑤共变法。

R. 笛卡儿强调数理方法作为研究科学的新方法。他认为：理智有直观和推理两种活动。在直观中应形成清楚明确的概念，然后应用推理特别是数理从这些清楚明确的概念中得出必然的结论。

I. 康德认为：除了形式逻辑之外，还有先验逻辑。先验逻辑包括先验分析和先验辩证法两个部分。

G. W. F. 黑格尔发展了康德的先验逻辑的理论。他全面、系统地论述了思想范畴的辩证发展，并且认为思想范畴就是存在范畴。这是一种唯心主义的哲学学说和逻辑理论。

（二）现代逻辑思维的思想

现代逻辑包括数理逻辑、非经典逻辑、现代归纳逻辑和自然语言逻辑等以及马克思主义哲学的逻辑思想。

1. 数理逻辑

数理逻辑包括5个方面的内容：①逻辑演算；②集合论；③证明论；④模型论；⑤递归论。

2. 非经典逻辑

非经典逻辑包括模态逻辑、多值逻辑、模糊逻辑、道义逻辑、认知逻辑、时态逻辑等。

3. 现代归纳逻辑

4. 自然语言逻辑

5. 马克思主义哲学的逻辑思想

本书第三章第一节“思维科学的历史性”已经对马克思主义哲学的逻辑思想作了简要的勾画，本章第九节“辩证思维”将讨论马克思主义哲学的逻辑思想的主要内容，故这里不作展开论述。

在此，只拟对马克思主义哲学的逻辑思想中的主要内容辩证逻辑作一些简略的介绍。

辩证逻辑的思想在马克思主义哲学产生之后，各国掀起了研究的热潮。恩格斯当年指出：“古希腊的哲学家都是天生的自发的辩证论者，他们中最博学的人物亚里士多德就已经研究了辩证思维的最主要的形式。”[①] 自此之后，研究辩证逻辑的著作如雨后春笋。苏联的罗森塔尔的《辩证逻辑原理》，高尔斯基等的《科学认识的辩证法：辩证逻辑概论》，伊连科夫的《辩证逻辑：历史和理论概述》，索洛波夫的《辩证逻辑导论》，吉特尔夫、奥鲁杰夫的《辩证逻辑·基本原则和问题》。东德的克劳斯、匈牙利的弗格拉希、保加利亚的巴甫洛夫、罗马尼亚的杜米特留在他们的论著中，都对辩证逻辑作了有益的探讨。此外，日本学者寺泽恒信的《辩证逻辑试论》，筱崎武的《辩证逻辑序说》，英国学者斯退士的《黑格尔哲学》、劳德莱的《黑格尔再考察》等著作都涉及了辩证逻辑的若干问题。美国的米勒、平卡德、西德的加达默尔也都对辩证逻辑作了一些探讨。西德的胡比希的《辩证法与科学逻辑》，荷兰的华尔德的《辩证逻辑导论》，比利时的埃波斯特的《辩证逻辑》，澳大利亚的普里斯特的《悖论逻辑》都涉及辩证逻辑的一些基本问题。

---

① 《马克思恩格斯文集》第9卷，人民出版社2009年版，第22页。

我国学术界对辩证逻辑的研究经历了一个曲折的过程。20 世纪五六十年代，有辩证逻辑的一些论文发表在各种报刊上。70 年代后期、80 年代初期，北京大学哲学系成立了辩证逻辑研究小组，黄枏森教授为召集人，成员有施德福、赵光武、宋一秀、陈志尚、许全兴、李世繁、晏成书、宋文坚等人，笔者有幸也位列其中。讨论的问题主要有 3 个：（1）有没有辩证逻辑；（2）辩证逻辑的内容、体系应是什么；（3）辩证逻辑与唯物辩证法、形式逻辑的关系是怎样的。20 世纪 80 年代，我国学术界迎来了辩证逻辑研究的高潮。1980 年，李世繁教授写出《辩证逻辑（初稿）》，北京大学出版社出版，先是内部征求意见。此后，各种辩证逻辑的著作相继问世，其中较有影响的是：张巨青等的《辩证逻辑》（吉林人民出版社，1981 年版），赵总宽、苏越、王聘兴编著的《辩证逻辑原理》（中国人民大学出版社，1986 年版），章沛、李志才、马佩、李廉主编的《辩证逻辑教程》（南京大学出版社，1989 年版）。

（三）逻辑思维与相关学科的交叉、融合

逻辑思维与多学科存在着相互交融、彼此渗透的辩证关系，特别是与语法学、数学、信息科学、计算机科学尤其是人工智能、哲学之间的交互作用特别明显。

逻辑思维研究应用自然语言和人工语言来表达的命题形式和推理形式的逻辑性质。生成语法学与逻辑思维的交互作用已经形成了一门边缘学科。

逻辑思维与科学之间的联系由来已久。古希腊时期亚里士多德把几何学的推理作为逻辑学研究的对象，而且把几何学中的公理作为他的逻辑学中的三段论的研究方法。G. W. 莱布尼兹开始研究了数理逻辑。此后，逻辑和数学的关系日益紧密，特别是集合论、证明论、递归论、模型论成为数学和逻辑共同研究的内容。

逻辑学与信息科学中的语法信息，尤其是作为逻辑思维之高级形态的辩证逻辑和辩证思维对信息科学中的语义信息、语用信息都有很强的内在联系。

逻辑思维与计算机科学尤其是人工智能的关系也很紧密。计算机科学特别是人工智能的发展，也促进了逻辑思维的深化和进步。

逻辑思维与哲学的关系十分复杂。长期以来，逻辑学属于哲学的一个

部分。逻辑学是研究思维形式的规律，它不研究客观世界和认识领域的规律。就这个意义来说，逻辑学又区别于狭义哲学的论域。逻辑学与马克思主义哲学的关系，本书第一章第二节、第三章第一节以及本章第九节的内容，包含了马克思主义哲学与逻辑学（逻辑思维）的关系，故这里不再论述。

（四）逻辑思维的发展趋势

逻辑学与各门学科的交叉、融合，正加速并深入地推动着逻辑学的发展。同时，逻辑学在各门学科中的应用也必将更广泛和深入。而且，随着当代社会实践的发展，科学技术的进步，人们认识的前进，逻辑学对人们的理论武装和推动社会实践的发展，必将起着越来越大的作用，凸显出重要的理论意义和实践意义。

首先，可以获得规律性的认识。

人们在实践与认识的矛盾运动过程中，运用逻辑思维，将丰富的感性材料经过去粗取精、去伪存真、由此及彼、由表及里的思维加工，可以获得规律性的认识，用以指导社会实践的发展过程。

其次，有助于改造世界。

人们依据逻辑思维所获得的规律性认识，有助于人们自觉地从事改造世界的实践活动。当然，这个过程非常复杂，涉及的内外因素及其交互作用极其繁多、复杂，需要超前地、实时地加以调控，以期达到动态协同、整体优化的要求。但在实践过程中，规律性的认识的指导作用是非常重要的。

再次，可以作为检验认识和真理的辅助手段。

实践是检验认识和真理的唯一标准。同时，逻辑思维特别是逻辑证明是检验认识和真理的重要的辅助手段。这是借助于人们在长期的实践和认识过程中所积累的生活经验和逻辑证明，用以获得正确认识的重要方法。

最后，使人们在论著和讲演中更具有逻辑性。

人们在论著和讲演中，应当遵循逻辑，讲求修辞，使概念明晰、判断准确、推理合乎逻辑性，达到准确、鲜明、生动，以逻辑的力量吸引读者和听众。例如，20 世纪 70 年代，时任中国外交部长赴联合国大会发表讲演前，将他的讲稿送给他的大学同班同学，时任全国逻辑学会副会长、北京市逻辑学会会长、北京大学哲学系逻辑学教研室主任的王宪钧教授，请他对讲演稿从逻辑学角度进行推敲。这次讲演获得了巨大的成功。

三 形象思维

形象思维是思维科学特别是思维学中的重要内容。形象思维历来是学术界争论的焦点问题之一，也是思维科学特别是思维学研究中的难点问题之一。

古今中外，关于形象思维的文献浩如烟海，关于思维科学和形象思维的思想更是灿若群星。

自从毛泽东1965年7月21日《给陈毅的信》，1978年1月号的《诗刊》发表了毛泽东的这封信以来，我国学术界对形象思维问题的讨论、研究掀起了高潮。毛泽东在信中关于形象思维的问题不仅给予肯定，而且从文学规律的高度加以阐明。他指出："诗要用形象思维，不能如散文那样直说，所以比、兴两法是不能不用的。赋也可以用，如杜甫之《北征》，可谓'敷陈其事而直言之也'，然其中亦有比、兴。'比者，以彼物比此物也'，'兴者，先言他物以引起所咏之词也'。韩愈以文为诗；有些人说他完全不知诗，则未免太过，如《山石》、《衡岳》、《八月十五酬张功曹》之类，还是可以的。据此可以知为诗之不易。宋人多数不懂诗是要用形象思维的，一反唐人规律，所以味同嚼蜡。以上随便谈来，都是一些古典。要作今诗，则要用形象思维方法，反映阶级斗争与生产斗争，古典绝不能要。"①

形象思维的本义是什么，形象思维的内容有哪些，形象思维的特征是什么，形象思维的基本规律有哪些，形象思维与逻辑思维的关系如何，形象思维研究的意义何在？这些是本节将要探讨的问题。

（一）何谓形象思维

关于形象思维的定义，古今中外是众说纷纭，现在仍然是学术界探讨的一个热点问题。

《马克思主义哲学全书》认为："形象思维是通过感性形象来反映和把握事物的思维活动，在这种思维活动中，主体把外界的色彩、线条、形

① 《毛泽东文集》第8卷，人民出版社1999年版，第421—422页。

状等形象信息摄入大脑，通过联想、想象、象征和典型化等手法，创造出某一独特完整的形象，并用它去揭示生活及周围事物的本质和存在状态。”①

卢明森教授在《思维奥秘探索——思维学导引》一书中，对何谓形象思维的问题也表明了他的看法。他指出：“所谓形象思维，就是把各种感官所获得并储存于大脑中的客观事物形象的信息，运用比较，分析、抽象等方法，加工成为反映事物的共性或本质的一系列意象，以这些意象为基本单元，通过联想、类比、想象等形式，形象地反映客观事物的内在本质或规律的思维活动。”②

董学文教授在与李树榕先生合作的《文艺创作与形象思维》一文中，认为：“‘形象思维’并非是一种完全独立的思维方式，而是艺术创作中包含有情感、想象、联想、直觉、感知、理解、判断等多种心理意识因素、心理意识功能的有机综合的思维方式。……‘形象思维’是人类总思维规律下一种既普遍又特殊的思维活动形式。说它普遍，因为它为人人所具有；说它特殊，因为它以具有生动外观和形象个性形式伴随着强烈主体感情来反映和体现思维的一般规律。”③

李泽厚研究员在《试论形象思维》一文中，指出：“形象思维是个性化与本质化的同时进行。这就是恩格斯称赞黑格尔所说的，‘这一个’：典型的创造。形象思维的过程就是典型化的过程。”④

杨安崙先生在《论李贺诗的形象思维方法》一文中，认为：“形象思维是客观矛盾反映人主观的思想，组成了意象的矛盾运动，又由于思维的具象力居于思维活动的主导地位，所以这种思维过程实质上乃是一种不断地造像取质的过程；其所要达到的思维具体，是通过美学范畴以感性观照所表达出来的既是一般意义的典型同时又是特殊的个体之艺术形象和画面。”⑤

国内外学术界关于形象思维的界定还有很多。笔者在学习了这些关于

① 李淮春主编：《马克思主义哲学全书》，中国人民大学出版社1996年版，第766页。

② 卢明森：《思维奥秘探索——思维学导引》，北京农业大学出版社1994年版，第257页。

③ 赵光武主编：《思维科学研究》，中国人民大学出版社1999年版，第305页。

④ 复旦大学中文系文艺理论教研组编：《形象思维问题参考资料》第1辑，上海文艺出版社1978年版，第158页。

⑤ 社会科学战线编辑部编：《形象思维问题论丛》，吉林人民出版社1979年版，第352页。

形象思维的定义的过程中，经过粗浅的思考，提出我对形象思维的看法。何谓形象思维？形象思维是客观现实反映到思维主体大脑中的一种思维活动。思维主体把感性形象通过想象、联想、意象、情感等的思维心理过程与逻辑思维等思维方式的复杂的交互作用，实现个性化与本质化的辩证统一种思维活动。

笔者对形象思维的这种见解，只是探索过程中的一种中间阶段的认识。尚祈各方面专家指教。

（二）形象思维的内容

形象思维的内容极其丰富。概括地说来，大致有如下这些方面。

1. 客观现实——主体感受——精神客体

形象思维首先要从客观现实中获得对象性信息，然后经过思维主体的感受、创造，最后形成具有典型性的精神客体——精神产品。这在中外古今文献中论述形象思维这一过程的实质时俯拾皆是。

王世德先生在《形象思维简论》一文中，指出："思维过程的主体始终伴随着形象，不离开形象，它运用形象进行想象和思考，思维者对形象充满审美感情。"①

栾昌大先生在《从文学的创作过程看形象思维》一文中，认为："文学创作过程中的思维活动……是在于它从感性认识阶段，就植根于丰富的具有鲜明个性特征的材料之中，并开始面对着这些感性材料，依据从这些感性材料中获得的认识，改造这些感性材料，结合着具体的形象对事物的本质进行思考。"②

林兴宅先生在《用形象思维论指导文艺创作》一文中，对形象思维由客观现实出发，经过主体感受、思考，创作出具有共性与个性统一的典型形象的精神产品的全过程作了颇为系统的论述。他指出：

"第一，思维对象：形象思维是从生活出发，从生活中个性化的形象素材作为思维对象。……

"第二，思维过程：形象思维的过程就是孕育、创造艺术形象的过程。……

---

① 社会科学战线编辑部编：《形象思维问题论丛》，吉林人民出版社1979年版，第73页。

② 同上书，第164页。

“第三，思维成果：形象思维的直接产物是共性与个性统一的典型或意境，像恩格斯所说的那样：‘每个人都是典型，但同时又是一定的单个人’。”①

形象思维是一种普遍性的思维方式，而且在文学艺术创作过程中是一种主导的、特殊的思维方式。这无论在作诗、为文方面，还是在绘画、音乐方面都是如此。

作诗正是循着这样的形象思维而发展的。唐朝诗人王昌龄就论述了作诗的形象思维过程。他说：“诗有三境。一曰物境；欲为山水诗，则张泉石云峰之境，极丽绝香者，神之于心，处身于境，视境于心，莹然掌中，然后用思，了然境象，故得形似。二曰情境：娱乐愁怨，皆张于意，而处于身，然后驰思，深得其情。三曰意境：亦张之于意而后之于心，则得其真矣。”②

明代谢榛论述作诗之形象思维要诀时，认为：“诗有四格：曰兴、曰趣、曰意、曰理。……凡作诗，须知道紧要下手处，便了当得快也。其法有三：曰事、曰情、曰景。”③

清朝诗人王士禛在谈到作诗之形象思维过程时，指出：“夫诗之道，有根柢焉，有兴会焉，二者率不可得兼。……根柢源于学问，兴会发于性情，于斯二者兼之，又斡以风骨，润以丹青，谐以金石，故能衔华佩实，大放欸词，自名一家。”④

为文之形象思维过程亦是遵循客观现实——主体感受——精神客体之发展道路进行的。西晋文学家陆机在《文赋》中论述为文之要时，认为：“遵四时以叹逝，瞻万物而思纷；悲落叶于劲秋，喜柔条于芳春；心懔懔以怀霜，志眇眇而临云；咏世德之骏烈，诵先人之清芬；游文章之林府，嘉丽藻之彬彬，慨投篇而援笔，聊宜之乎斯文。”⑤

梁朝文学家刘勰在《文心雕龙·神思》中指出：“古人云，形在江海之上，心存魏阙之下；神思之谓也。文之思也，其神远矣。故寂然凝虑，

① 社会科学战线编辑部编：《形象思维问题论丛》，吉林人民出版社 1979 年版，第 179 页。

② 复旦大学中文系文艺理论教研组编：《形象思维问题参考资料》第 2 辑，上海文艺出版社 1979 年版，第 14 页。

③ 同上书，第 26 页。

④ 同上书，第 38 页。

⑤ 同上书，第 5—6 页。

思接千载；悄焉动容，视通万里；吟咏之间，吐纳珠玉之声；眉睫之前，卷舒风云之色；其思理之致乎。”① 他还认为：“神用象通，情变所孕。物以貌求，心以理应。刻镂声律，萌芽比兴。结虑司契，垂帷形胜。”② 他还指出：“是以陶钧之思，贵在虚静，疏瀹五藏，澡雪精神，积学以储宝，酌理以富才，研阅以穷照，驯致以泽辞，然后使玄解之宰，寻声律而定墨，独照之匠，窥意象而运斤；此盖驭文之首术，谋篇之大端。”③

明代哲学家李贽认为：“且夫世之真能文者，比其初皆非有意于文也。其胸中有如许无状可怪之事，其喉间有如许欲吐而不敢吐之物，其口又时时有许多欲语而莫可所以告语之处，蓄极积久，势不能遏。一旦见情，触目兴叹；夺他人之酒杯，浇自己之块垒；诉心中之不平，感数奇于千载。既已喷玉吐珠、昭回云汉，为章于天矣，遂亦自负，发狂大叫，流涕恸哭，不能自止。”④

清代学者梁启超在谈小说创作之形象思维过程时，指出：“小说者，常导人游于他境界，而变换其常触常受之空气者也，此其一。……所谓‘夫子言之，于我心有戚戚焉’，感人之深，莫此为甚，此其二。此二者，实文章之真谛，笔舌之能事。苟能批此窾，导此窍，则无论为何等之文，皆足以移人；而诸文中能极其妙而神其技者，莫小说若。”⑤

绘画的创作过程也同样遵循着上述的形象思维的道路。宋朝苏轼在论述绘画时，认为：“故画竹必先成竹于胸中，执笔孰视，乃见其所欲画者，急起从之，振笔直遂，以追其所见，如兔起鹘落，稍纵则逝矣。”⑥

清代学者郑板桥在《题画竹》一文中，记述了作画的形象思维过程。他说：“江馆清秋，晨起看竹，烟光，日影，露气皆浮动于疏枝密叶之间。胸中勃勃，遂有画意。其实胸中之竹，并不是眼中之竹也。因此磨砚

① 复旦大学中文系文艺理论教研组编：《形象思维问题参考资料》第2辑，上海文艺出版社1979年版，第9页。

② 同上书，第10页。

③ 哈尔滨师范学院中文系形象思维资料编辑组编：《形象思维资料汇编》，人民文学出版社1980年版，第108页。

④ 复旦大学中文系文艺理论教研组编：《形象思维问题参考资料》第2辑，上海文艺出版社1979年版，第27页。

⑤ 同上书，第40页。

⑥ 同上书，第20—21页。

展纸，落笔倏作变相，手中之竹，又不是胸中之竹也。”[1]“眼中之竹”是客观现实，“胸中之竹”乃主体感受，“手中之竹”则是精神产品之客体。郑板桥的《题画竹》文中所述，刻画了画竹之形象思维之完整过程，体现了形象思维过程的典型特征。

音乐领域也步着形象的发展轨迹进行着创作。如《义勇军进行曲》就是如此。当时，日寇侵华，全民抗战，这一客观现实反映到音乐家聂耳、田汉的脑中，经过构思，他们投入革命激情，选准主题思想，创作出了这一雄壮激越的千古绝唱。《义勇军进行曲》当时成为动员人民，团结抗战，英勇奋斗，夺取胜利的战斗号角，成为现代中国的音诗、音史。几十年来，她成为我国人民在革命、建设、改革开放年代鼓舞斗志、赢得胜利的动员史诗。中华人民共和国成立时，把她作为代国歌传唱了几十年。后来，全国人民代表大会正式决定她为中华人民共和国国歌。

其他文艺部门如戏剧、舞蹈、雕塑等的创作过程，无不遵循着形象思维的发展道路进行创作，从客观现实到主体感受到精神客体。

2. 想象

形象思维是借助想象进行的，因此，想象是形象思维的重要内容。马克思在《摩尔根：〈古代社会〉一书摘要》中，阐明了想象在原始文艺创作中的巨大作用，他指出：“想象，这一作用于人类发展如此之大的功能，开始于此时产生的神话、传奇和传说等未记载的文学，而业已给予人类以强大有力的影响。”他在谈论希腊神话时，又指出了想象在神话中的重大作用，他说：“任何神话都是用想象和借助想象以征服自然力，支配自然力，把自然力加以形象化。”[2]

中外古今，学术界对想象在形象思维过程中的机制、作用的研究是新见迭出，异彩纷呈。

古希腊哲学家亚里士多德认为：“想象不同于感觉和判断。想象里蕴蓄着感觉，而判断里又蕴蓄着想象。”[3]

意大利学者莱欧巴迪指出：“创造力是想象力里一个通常的、主要

---

① 社会科学战线编辑部编：《形象思维问题论丛》，吉林人民出版社 1979 年版，第 355 页。

② 《马克思恩格斯文集》第 8 卷，人民出版社 2009 年版，第 35 页。

③ 复旦大学中文系文艺理论教研组编：《形象思维问题参考资料》第 2 辑，上海文艺出版社 1979 年版，第 47 页。

的、特具的属性和部分。大哲学家和重要真理的伟大发现者都全靠这个功能。”①

英国文学家莎士比亚认为：“疯子、情人和诗人都是满脑子结结实实的想象。……诗人……他的想象为从来没人知道的东西构成形体，他笔下又指出它们的状貌，使虚无杳渺的东西有了确切的寄寓和名目。”②

德国哲学家黑格尔在《美学》中指出：“艺术不仅可以利用自然界丰富多彩的形形色色，而且还可以用创造的想象自己去创造无穷无尽的形象。……最杰出的艺术本领就是想象。……想象是创造的。”③

俄国学者别林斯基认为：“必须天生富有创造性的想象，只有它才构成诗人之所以有别于非诗人的特长。”④ 他还指出：“在诗中，想象是主要的活动力量，创作过程只有通过想象才能够得到完成。……一切感情和一切思想都必须形象地表现出来，才能够是富有诗意的。……诗歌的本质就在这一点上：给予无实体的概念以生动的、感情的、美丽的形象。”⑤

苏联文学家高尔基在《我怎样学习写作》一文中，指出：“想象在其本质上也是对于世界的思维，但它主要是用形象的思维，是‘艺术的’思维。”⑥

我国学者王世德先生在《形象思维简论》一文中，对想象在形象思维过程中的机制、作用等作了颇为深刻的论述。他指出：“想象是一种思维，是在世界观指导下用形象进行的思维活动，包括对形象的观察、比较、研究、选择、综合、体验、预想、推测、集中、提炼、改造、加工、虚构等活动。”⑦

我国心理学家王极盛研究员在《从心理学观点看形象思维》一文中，从心理学角度对想象在形象思维过程中的机制、作用进行了很好的论述。他指出：“想象是一种复杂的心理过程，它是在过去感知过的材料的基础上，进行加工改造，由记忆表象创造成一种新的映像的心理过程。想象在

---

① 复旦大学中文系文艺理论教研组编：《形象思维问题参考资料》第2辑，上海文艺出版社1979年版，第56页。

② 同上书，第59页。

③ 同上书，第101—109页。

④ 同上书，第122页。

⑤ 同上书，第123页。

⑥ 社会科学战线编辑部编：《形象思维问题论丛》，吉林人民出版社1979年版，第342页。

⑦ 同上书，第79页。

文艺的形象思维中起着特别重要的作用。艺术家在创作之前必须把作品的结构和作品的角色在自己的‘心目’中想象出来。……想象是人脑反映现实的一种形式，不仅依赖过去的感知，靠记忆表象，同时还需要抽象思维。”①

哈尔滨师范学院中文系形象思维资料编辑组在《形象思维资料汇编》中，指出：“想象在原有感性形象的基础上形成新形象的心理过程。”②“再造想象……根据语言的描述或图样的示意，在脑中再造出相应的新形象的过程。”③“创造想象根据一定目的、任务，在脑中创造出新形象的过程。”④

3. 联想

联想是形象思维的重要内容。人们在形象思维过程中，运用联想进行精神生产，创造出感人心魄的典型的艺术形象，收到陶冶情操、启人心智、团结奋斗、改造现实的艺术效果。在形象思维过程中，联想与想象、幻想等往往相互渗透、彼此交叉。因此，在研究联想于形象思维过程中的机制、作用的问题时，也应当把联想与想象、幻想等联系起来考虑。

王极盛研究员在上列文章中，指出：“我认为文艺的形象思维，是人们在艺术创作过程中，塑造艺术形象时的完整而统一的心理活动，它包括联想、表象、想象、情感和抽象思维等，并且以艺术形象表达出来。”⑤他对联想的实质和类型作了颇为细致而深刻的阐明。他认为：“心理学依据所反映的事物间的关系的不同，把联想分为接近联想、类比联想、对比联想等几种。”⑥“接近联想，在空间或时间上相接近的事物，容易在人的经验中形成联想，因而易由一事物想到另一事物。”⑦“类比联想，即对一件事物的感知或回忆引起和它性质上相似的事物的回忆。”⑧“对比联想，

① 社会科学战线编辑部编：《形象思维问题论丛》，吉林人民出版社1979年版，第242—244页。

② 哈尔滨师范学院中文系形象思维资料编辑组编：《形象思维资料汇编》，人民文学出版社1980年版，第68页。

③ 同上书，第69页。

④ 同上。

⑤ 社会科学战线编辑部编：《形象思维问题论丛》，吉林人民出版社1979年版，第238页。

⑥ 同上书，第239页。

⑦ 同上。

⑧ 同上。

由某一事物的感知或回忆引起和它具有相反特点的事物的回忆。”①

陈美林先生在《试论杜诗的形象思维》一文中，指出：“现实生活中的某些现象引起了诗人的联想，激发了创作冲动，这就是‘兴’。”②

毛星先生在《论所谓有形象思维》一文中，认为：“在艺术思维中，想象——联想和幻想具有突出的意义。”③

4. 情感

情感在形象思维的过程中占据着特殊的重要地位。思维主体在形象思维过程中投入巨大的激情，创造出饱含情感的典型的艺术形象，从而使受众在欣赏文艺作品的过程中在情感上与创作者及其作品产生共鸣，达到以情化人、鼓舞斗志的艺术效果。

我国学者王世德先生在《形象思维简论》一文中，指出：“思维过程的主体始终伴随着形象，不离开形象，它运用形象进行想象和思考，思维者对形象充满审美感情。”④

栾昌大先生在《从文艺的创作过程看形象思维》一文中，认为：“艺术创作中的思维，是结合着形象进行的思维，是驰骋着想象的思维，也是饱含着激情的思维。”⑤

王极盛研究员在上列文章中，指出：“情感在文艺的形象思维中占有重要的地位。情感是形象思维不可分割的重要组成部分。在艺术创作中，艺术形象的情感色彩越强烈，就越能叩击读者的心弦。……在文艺的形象思维中，情感与表象、联想、想象、抽象思维是有机统一地融为一体。”⑥

李传龙研究员在《形象思维研究》这部专著中，对情感在形象思维过程中的机制和作用作了相当深入的研究，在该著第八章《论形象思维的感情因素》中，指出：“一、感情是形象思维的起因”，“二、感情伴随着形象思维”，“三、形象思维中的感情表现的特征”，“四、形象思维中的感情表现的复杂性”。接着，他对形象思维中的感情表现的复杂性作了十分细致而深入的阐明，认为：

---

① 社会科学战线编辑部编：《形象思维问题论丛》，吉林人民出版社 1979 年版，第 239 页。

② 同上书，第 297 页。

③ 复旦大学中文系文艺理论教研组编：《形象思维问题参考资料》第 1 辑，上海文艺出版社 1978 年版，第 207 页。

④ 社会科学战线编辑部编：《形象思维问题论丛》，吉林人民出版社 1979 年版，第 73 页。

⑤ 同上书，第 170 页。

⑥ 同上书，第 245—246 页。

“一是主体感情的复杂性”：“1. 写出作品主人公即主体的感情”；“2. 写出了作品中主体的局部形象，从而表达了主体的感情”；“3. 描写主体因对客体的感触而生出的感情”。

“二是以主体感情来描写客体”：“1. 作家用自己的感情来描写作品中他人的感情”；“2. 主体感情与所描写的客体感情是一致的”；“3. 主体感情与所描写的客体感情是对立的”；“4. 作家用主体感情来描写客观景象”；“5. 作家用主体感情来描写客体之事”①。

外国学者也很重视情感在形象思维过程中的作用。例如，涅陀希文在《艺术概论》中，认为：“艺术家自己应当有激情。这是艺术天才的一个重要方面。”②

总之，形象思维的内容非常丰富、深刻。杨春鼎教授的《形象思维学》在这方面作了有益的探索。他在《思维科学的突破口——形象思维》一文中，指出：“在钱老的指导下，笔者所著《形象思维学》初步提出了形象思维理论体系的框架，划分了形象思维的五个环节和四种过程，对形象、形象信息、形象的种类、意象、想象、显像、意象系统的分解与组合等术语概念进行了分析，对形象感受、形象储存、形象识别、形象创造和形象描述五个环节的形式、结构、分类和法则展开了论述，最后对形象思维的基本规律、形象思维研究与智能系统研究的关系也进行了探讨。”③

（三）形象思维的方法

在思维主体形象思维运行过程中，运用一系列相互渗透、彼此交叉的创作方法，使精神产品以典型的艺术形象出现，同时饱含着言有尽而意无穷的深层蕴藉，使受众在欣赏作品的艺术过程中，展开理性的、文艺的审美创造，从而获得愉悦的精神享受和深层的理性思考，并且转化为改造主观世界与客观世界的精神力量。

1. 典型化

文学艺术家在形象思维过程中，运用典型化的艺术方法，创造出生动

---

① 李传龙：《形象思维研究》，中国文联出版公司1986年版，第327—351页。

② 复旦大学中文系文艺理论教研组编：《形象思维问题参考资料》第1辑，上海文艺出版社1978年版，第364页。

③ 总装备部科技委、总装备部政治部编：《钱学森学术思想研究论文集》，国防工业出版社2011年版，第518—519页。

感人的典型的艺术形象来鼓舞人、引导人。因此，典型化是形象思维过程中所运用的一种基本的艺术方法。所谓典型，就是既体现事物一般本质又具有个性特点相结合的具体事物，是共性与个性辩证统一的具体事物。

恩格斯指出："据我看来，现实主义的意思是，除细节的真实外，还要真实地再现典型环境中的典型人物。"①

中外学者依据恩格斯关于"真实地再现典型环境中典型人物"的思想，总结文艺创作过程的基本经验，对典型化在形象思维过程中的必要性、可能性及其重大作用等问题，进行了颇具后发性的深层的探讨。

文学艺术家在形象思维过程中，创造典型的艺术形象的过程是综合创造的过程。鲁迅在《我怎么做起小说来》一文中，指出："人物的模特儿也一样，没有专用过一个人，往往嘴在浙江，脸在北京，衣服在山东，是拼凑起来的角色。"是"杂取种种人，合成一个"。

学者夏虹在《形象思维——艺术创作的理性认识》一文中，认为："对形象的典型性的开掘，就是艺术的典型化。"②

王世德先生在《形象思维简论》一文中，指出："正常的形象思维过程，应该是经过'抽象化'与'具体化'，创造典型形象，把生活形象典型化的过程。"③

李泽厚研究员在《试论形象思维》一文中，认为："形象思维是个性化与本质化的同时进行。这就是恩格斯称赞黑格尔所说的，'这一个'：典型的创造。形象思维的过程就是典型化的过程。"④

尼苏在《形象思维过程究竟是怎样的?》一文中，指出："形象思维的特点，正是始终不脱离具体形象，典型（题材）来思考主题的，明确的主题思想不是外加的，它就在形象、典型（题材）当中，它们同时出现，同时完成，没有谁先谁后，题材进行完整的、典型的过程是与主题思想明确的过程密切联系着，不可分离。"⑤

阿·布洛夫在《论艺术的内容和形式的特征》一文中，认为："构成

---

① 《马克思恩格斯文集》第10卷，人民出版社2009年版，第570页。

② 社会科学战线编辑部编：《形象思维问题论丛》，吉林人民出版社1979年版，第56页。

③ 同上书，第77页。

④ 复旦大学中文系文艺理论教研组编：《形象思维问题参考资料》第1辑，上海文艺出版社1978年版，第158页。

⑤ 同上书，第89页。

情节的技巧就是善于表明典型环境中的典型性格。”①

涅陀希文在《艺术概论》一书中，指出：“典型形象体现出所要概括的现象的一般特点，同时保持着一切不重复的独特的个性。”②

2. 比、兴

比、兴两法是形象思维过程中运用的重要方法，特别是在诗歌创作中，比、兴两法是常用的基本的艺术方法。比、兴方法的提出，是中国文化特别是中国文学艺术进行总结、提炼的结晶，是中国文化特别是中国文学艺术宝库中璀璨的思想明珠，它们在世界文化特别是在世界文学艺术方面具有中国特色的文化瑰宝。外国文化特别是外国文学艺术在实践过程中虽然也常常运用比、兴方法进行形象思维，但在理论层面上却未见有明确的、系统的提炼、总结。

中国文献中关于比、兴的论述非常丰富，而且也相当深刻。《周礼》中说：“诗六教：曰风，曰赋，曰比，曰兴，曰雅，曰颂。以六德为原本，以六律为之音。”③

梁朝文学家刘勰在《文心雕龙》中，指出：“故比者，附也；兴者，起也。附理者切类以指事，起情者依微以拟义。起情故兴体以立，附理故比例以生。比则畜愤以作言，兴则环譬以记（一作托）讽。”④

宋代哲学家朱熹认为：“兴者，先言他物以引起所咏之词也。……赋者，敷陈其事而直言之者也。比者，以彼物比此物也。”⑤

栾昌大先生在《从文学的创作过程看形象思维》一文中，指出：“文学作品反映以人为中心的社会生活的整体，要描绘具体生动的生活画面，就有使具体的形象更鲜明、生动，更富有创造性的问题；也有使要表达的抽象的思想、要抒发的感情，构成具体可感的艺术形象的问题。诗歌创作中的比、兴两法，正是解决这个创作课题的基本方法。”⑥

张锦池先生在《试论形象思维论的历史发展——兼说形象思维》一

① 复旦大学中文系文艺理论教研组编：《形象思维问题参考资料》第1辑，上海文艺出版社1978年版，第318页。

② 同上书，第355页。

③ 复旦大学中文系文艺理论教研组编：《形象思维问题参考资料》第2辑，上海文艺出版社1979年版，第2页。

④ 同上书，第10页。

⑤ 同上书，第24页。

⑥ 社会科学战线编辑部编：《形象思维问题论丛》，吉林人民出版社1979年版，第172页。

文中，认为：“历代诗话中所提出的景中有情、情中有景，情景交融的观点，实际上乃是本于‘比兴’说。”①

可见，比、兴说是中国文化特别是文学艺术尤其是诗歌创作中独具中国特色的形象思维的艺术方法。

3. 虚构

虚构是文学艺术创作过程中运用形象思维的重要方法之一。虚构应当在反映客观现实、创造典型形象的过程中合乎情理的思维方法。虚构的关键是掌握好度，应当在形象思维的过程中虚构出合乎情理的情节和形象，而不能任意虚构，作违背自然规律、社会规律、精神生产规律的虚构。

虚构是文学艺术创作过程中常用的形象思维的方法，特别是在浪漫主义风格的文学艺术作品创作过程中应当运用的一种形象思维方法，尤其在豪放派诗人的作品中，运用虚构方法创造艺术形象，蕴含艺术意境是常有之事。如李白的“飞流直下三千尺，疑是银河落九天”，苏轼的“不知天上宫阙，今夕是何年，我欲乘风归去，又恐琼楼玉宇，高处不胜寒”。毛泽东在很多诗词中也运用虚构的艺术方法，创造出许多大气磅礴、生动感人的艺术形象和艺术意境，如“吴刚捧出桂花酒”“帝子乘风下翠微”等。

中外学者对虚构在文学艺术中的作用给以很高的评价，鲁迅先生结合自身创作的实践经验，论述了虚构在文学创作中的作用。他说：“模特儿不用一个一定的人，看得多了，凑合起来。”

郭沫若在《浪漫主义和现实主义》一文中，对虚构方法在文学艺术特别是在浪漫主义的文学艺术作品的创作过程中的作用作了很好的阐述。他说：“文艺活动是形象思维，它是允许想象，并允许夸大的，真正的伟大作家，他必须根据现实材料加以综合创造，创造出在典型环境中的典型人物，这样的创造过程，你尽可以说它是虚构的，因而文艺活动的本质也应该就是浪漫主义。”②

栾昌大先生在《从文学的创作过程看形象思维》一文中，指出：“艺

① 社会科学战线编辑部编：《形象思维问题论丛》，吉林人民出版社 1979 年版，第 327 页。

② 复旦大学中文系文艺理论教研组编：《形象思维问题参考资料》第 1 辑，上海文艺出版社 1978 年版，第 128 页。

术的虚构是艺术创作中的最活跃，也是最细腻的思维活动。”①

意大利学者马佐尼在《神曲的辩护》中，指出：“想象是作梦和作诗逼真时共同需要的一种心理功能……诗人所追求的逼真具有这样的性质：诗人随心逞意的虚构。因此，它必然是一种依照意愿来构想的功能的产物。”② “诗依靠想象力，它就要由虚构的和想象的东西来组成。”③

高尔基认为：“虚构就是从客观现实的总体中抽出它的基本意义并用形象体现出来”。④

4. 夸张

夸张是文学艺术家运用形象思维在文学艺术创作过程中经常采用的一种艺术方法。夸张往往与比、兴、典型化、虚构等方法交互为用，并且蕴含着想象、联想、情感等形象思维的内容。

夸张在浪漫主义的文学艺术作品中特别是诗歌的创作过程中经常采用的一种形象思维方法。

古今中外文学艺术作品中，运用夸张手法创造典型的艺术形象汗牛充栋。如李白的“孤帆远影碧空尽，唯见长江天际流”，苏轼的“大江东去，浪淘尽，千古风流人物。……江山如画，一时多少豪杰”，毛泽东的“金猴奋起千钧棒，玉宇澄清万里埃”。

中外学者非常重视夸张在文学艺术创作过程中的作用。蒋孔阳教授在《形象思维与逻辑思维》一文中，认为：“关于夸张，这是在浪漫主义作品和讽刺作品中用得最多，而现实主义作家也常常喜欢使用的一种艺术手法。”⑤

格·尼古拉耶娃在《论艺术文学的特征》一文中，指出：“夸张，突出的刻画和感情的饱满是与艺术中的典型化分不开的。”

---

① 社会科学战线编辑部编：《形象思维问题论丛》，吉林人民出版社 1979 年版，第 170 页。

② 复旦大学中文系文艺理论教研组编：《形象思维问题参考资料》第 2 辑，上海文艺出版社 1979 年版，第 50 页。

③ 哈尔滨师范学院中文系形象思维资料编辑组编：《形象思维资料汇编》，人民文学出版社 1980 年版，第 138 页。

④ 高尔基：《论文学》，孟昌、曹葆华、戈宝权译，人民文学出版社 1978 年版，第 113 页。

⑤ 复旦大学中文系文艺理论教研组编：《形象思维问题参考资料》第 1 辑，上海文艺出版社 1978 年版，第 119 页。

(四) 形象思维的特征

形象思维具有丰富的内容，存在着复杂的机制和作用，内蕴着独有的特征，也包括它与其他思维方式在复杂的交互作用过程中所蕴含的比较特殊的因素。

因内外学者对形象思维的特征作了长时间的探索，百花齐放，异彩纷呈。冯能保先生在《论形象思维》一文中，指出：形象思维的主要特点是："第一，形象是完整的，是形与神的统一。""第二，形象是感人的，是情与理的统一"。"第三，形象是美的，是理与美的统一。"①

王纪人先生在《形象思维管见》一文中，认为"形象思维的特点，贯穿于形象思维的整个过程。即从作家、艺术家对生活进行直观开始，一直到构成艺术形象为止，自始至终都表现出形象思维的特殊性"②。

栾昌大先生在上列文章中，指出："在整个文学创作过程中，艺术想象、凭借想象进行的虚构和情感发挥着重要的作用。在形成主题，开始具体化地塑造艺术形象以后，又要运用艺术创作特有的表现手段，比兴手法，陪衬对比等。这一些也都是形象思维活动的特点和内容，是艺术创作的思维活动与理论研究的思维活动相区别的地方。"③

蔡仪先生在《艺术的认识的特质》一文中，认为："艺术认识的特质，就在于艺术的典型的创造。"④

蒋孔阳教授在《形象思维与逻辑思维》一文中，指出："形象思维是不同于逻辑思维的，它有自己的特点。它生动，它具体，它以活泼的生活本身的感性形式，来对生活进行本质的概括，进行典型化。"⑤

李泽厚研究员在《试论形象思维》一文中，认为："形象思维还有一个主要特点：这就是它永远伴随着美感感情态度。"⑥

李传龙研究员在他的专著《形象思维研究》的第七章"形象思维的

---

① 社会科学战线编辑部编：《形象思维问题论丛》，吉林人民出版社 1979 年版，第 26—28 页。

② 同上书，第 43 页。

③ 同上书，第 165 页。

④ 复旦大学中文系文艺理论教研组编：《形象思维问题参考资料》第 1 辑，上海文艺出版社 1978 年版，第 7 页。

⑤ 同上书，第 120—121 页。

⑥ 同上书，第 165 页。

独特性”中，指出：“一、独特性是形象思维的重要特征之一”，“二、独特性存在于形象思维之中”，“三、形象思维独特性离不开现实性”，“四、形象思维独特性的主体因素”，“五、形象思维独特性包含普遍性”①。

何邦泰先生在《形象思维学概论》的绪论“二、形象思维的特征”中，认为：“（一）形象性”，“（二）想象性”，“（三）情感性”，“（四）顿悟性”是形象思维的特征。②

卢明森教授在其专著《思维奥秘探索——思维学导引》中，指出：形象思维的特征，主要有如下这些：“第一，形象性，是形象思维的主要的‘基本的特征’”，“第二，想象性，是形象思维的关键性的特征，在形象思维中起着决定性作用”，“第三，非逻辑性是形象思维的一个重要特征，也是同抽象思维相区别的重要特征”。③

格·尼古拉耶娃在论形象思维的特征时，认为：“在形象思维中对事物和现象的本质的揭示、概括是与具体的、富有感染力的细节的选择和集中同时进行的。”④

乌克兰科学院通讯院士、文学研究所所长沙英达在《论艺术形象的若干特点和艺术性的概念》一文中，指出：“艺术思维的特点在于：逻辑思维通过一般而达到共体和个体的统一，而艺术形象则以个体形式来表现这种统一。”⑤

通过对国内外学者关于形象思维特征的思想的梳理，结合自己的初步思考，笔者认为，形象思维的特征可否概括为如下几点：

第一，整体性。

形象思维是从感性形象的整体出发，经过想象、联想、幻想、情感等融会运思，塑造出活生生的典型的艺术形象，反映出艺术形象的整体的内蕴意义。这个特点表明，形象思维不同于逻辑思维。逻辑思维一般是从部分到整体，最后达到部分与整体、个性与共性的统一。而形象思维则是从感性形象的整体出发，经过复杂的运思，最后实现典型形象部分与整体、

① 李传龙：《形象思维研究》，中国文联出版公司1986年版，第295—322页。

② 何邦泰：《形象思维学概论》，广西人民出版社1999年版，第6—12页。

③ 卢明森：《思维奥秘探索——思维学导引》，北京农业大学出版社1994年版，第262—265页。

④ 哈尔滨师范学院中文系形象思维资料编辑组编：《形象思维资料汇编》，人民文学出版社1980年版，第263页。

⑤ 同上书，第275页。

个性与共性的统一的。

黑格尔在《美学》第1卷中，指出："艺术的内容就是理念，艺术的形式就是诉诸感官的形象。艺术要把这两方面调和成为一种自由的统一的整体。"[①] 虽然他的"理念"说体现了他的唯心主义观点，但是他关于艺术内容与形式的统一构成艺术整体的思想，还是十分可贵的。

马克思在《〈政治经济学批判〉导言》中，在讲到方法问题时，认为："整体，当它在头脑中作为思想整体而出现时，是思维着的头脑的产物，这个头脑用它所专用的方式掌握世界，而这种方式是不同于对于世界的艺术精神的，宗教精神的，实践精神的掌握的。"[②]

钱学森1995年5月29日在给戴汝为的信中，指出："形象思维是宏观的，整体的。"[③]

狄其聪先生在《关于形象思维问题》一文中，认为"形象思维虽也上升到理性认识，但认识跃进的全部过程，不是脑中对象的具体感性和生活细节，而是自始至终把客观对象作为活的整体来综合地把握。……形象思维是思维性和形象性辩证统一的整体"[④]。

阿·布洛夫在《论艺术内容和形式的特征》一文中，指出："按照巴甫洛夫的说法，科学给予我们的是'生活的骨骼'，它反映现象的个别方面的本质，或整个现象的本质，而艺术给予我们的却是活的整体。"[⑤]

第二，形象性。

形象思维是从感性形象开始，经过意象、意境等复杂的运思过程，创造出生动感人的典型的艺术形象。可见，整个形象思维的过程是围绕着形象这一中心在反映、建构、创造艺术形象的过程中而展开的。王方名教授在《论思维的三组分类和形式逻辑内容的分析问题》一文中，认为："形象思维是用反映客观事物形象的形象观念作为基本思维形式的思维。"

第三，典型性。

---

① 哈尔滨师范学院中文系形象思维资料编辑组编：《形象思维资料汇编》，人民文学出版社1980年版，第162页。

② 《马克思恩格斯文集》第2卷，人民出版社2009年版，第19页。

③ 涂元季主编，李明、顾吉环副主编：《钱学森书信》第9卷，国防工业出版社2007年版，第227页。

④ 复旦大学中文系文艺理论教研组编：《形象思维问题参考资料》第1辑，上海文艺出版社1978年版，第138—143页。

⑤ 同上书，第293页。

形象思维要塑造典型环境中的典型人物，这种典型既是现实生活中一般与个别相结合的生动体现，更是形象思维过程中个性与共性、个体性与本质性相结合的典型的艺术形象的深刻意蕴。文学艺术作品通过典型的艺术形象，来表现蕴含生活的本质，而不是直白地诉说生活的本质。

夏虹在“形象思维——艺术创作的理性认识”一文中，指出：“对形象的典型性的开掘，就是艺术的典型化。”①

周来祥教授在《形象思维的科学根据》一文中，认为：“所谓形象思维，就是从感性形象出发，经过思考和想象，造成典型形象。”②

克列姆辽夫在《音乐美学的一般问题概论》一文中，指出：“只有当艺术中的外表作为多方面观察和概括的结果，作为典型的而非偶然的假象呈现出来的时候，它才会显示出本质。”③

第四，情理性。

形象思维过程中所塑造的典型的艺术形象，情中有景，景中有情，情景交融，情理并茂，“状难写之景”“含不尽之意”，使作品的典型的艺术形象合乎情理，给人以审美创造的广阔空间，从而达到鼓舞人，教育人，引导人，陶冶情操，提高理性，创造更加美好的现实和未来。

清代诗人叶燮在《原诗》中，认为：要之作诗者，实之写理、事、情。他说：“惟不可名言之理，不可施见之事，不可径达之情。则幽渺以为理，想象以为事，惝恍以为情，方为理至事至情至之语。”④

徐中玉教授在《中国文艺理论中的形象与形象思维问题》一文中，指出，“即物达情，理随物显”，“穷形尽相，拟容取心”，“凝神结想，从小见大”⑤ 他对文艺作品中情理并茂的构思过程和表达形式作了颇为深入的阐明。

高尔基在《论苏联的文学》一文中，认为：“这一切形象都是理性和

① 社会科学战线编辑部编：《形象思维问题论丛》，吉林人民出版社 1979 年版，第 56 页。

② 同上书，第 264 页。

③ 哈尔滨师范学院中文系形象思维资料编辑组编：《形象思维资料汇编》，人民文学出版社 1980 年版，第 286—287 页。

④ 复旦大学中文系文艺理论教研组编：《形象思维问题参考资料》第 2 辑，上海文艺出版社 1979 年版，第 37 页。

⑤ 社会科学战线编辑部编：《形象思维问题论丛》，吉林人民出版社 1979 年版，第 194—211 页。

直觉、思想和感情和谐地结合在一起而创造出来的。”①

（五）形象思维的规律

规律是事物内部及事物之间必然的、本质的联系。规律与本质是同等序列的概念。规律只有靠思维才能把握。

对形象思维的规律，国内外学术界进行了有益的探索，取得了一些重要的成果。

霍松林教授在《诗的形象及其他》专著中，指出：“形象思维是一个观察、研究、评价、选择、概括生活事实，创造表现某些社会力量本质的典型形象的复杂过程。”② 他在《试论形象思维》一文中，认为：“通过具体的、个别的东西揭示本质的、一般的东西，这是形象思维的特殊规律。”③

蒋孔阳教授在《论文学艺术的特征》这本专著中，指出：“对于形象思维来说，它始终是个别的和具体的，它虽然也深刻地反映着现实生活的本质规律，然而它却比纯粹的本质规律，更要丰富复杂得多。”

何邦泰先生在其专著《形象思维学概论》中，专列一章探讨“形象思维规律”。他认为：形象思维有“相似与不相似对立统一规律”，“真实与虚构对立统一规律”④。

刘奎林、杨春鼎两位先生在他们合著的《思维科学导论》中，专门探讨了形象思维的基本规律。他们指出：“这些基本规律有精神—脑相互作用规律、形神对立统一律、时空结合律、整体同一律。”⑤

卢明森教授在其专著《思维奥秘探索——思维学导引》中，认为：形象思维有三条基本规律：“（一）形象相似律”，“（二）形象典型律”，“（三）形象整合律”。⑥

---

① 哈尔滨师范学院中文系形象思维资料编辑组编：《形象思维资料汇编》，人民文学出版社1980年版，第241页。

② 同上书，第311—312页。

③ 复旦大学中文系文艺理论教研组编：《形象思维问题参考资料》第1辑，上海文艺出版社1978年版，第29页。

④ 何邦泰：《形象思维学概论》，广西人民出版社1989年版，第28—36页。

⑤ 刘奎林、杨春鼎：《思维科学导论》，工人出版社1989年版，第95页。

⑥ 卢明森：《思维奥秘探索——思维学导引》，北京农业大学出版社1994年版，第291—301页。

普列汉诺夫在《别林斯基的文学观》一文中，指出：形象思维有五条基本的规律：形象思维“是用形象来思考”的，“按照生活本来的面目来描绘生活”，“具体的观念，它所掌握的是整个的事物”，“艺术作品的形式应当是和它的观念符合的，而观念也应当是和形式符合的”，“形式的统一应该是和思想的统一符合的”①。

刘奎林研究员在《坚持、发展、完善钱学森院士倡导的思维科学》一文中，认为：“形象思维规律，是以显意识为主导，以潜意识为辅，并以形象为逻辑起点的思维。”②

苏联艺术科学院美术理论与美术史研究所在其编著的《马克思列宁主义美学概论》中，认为：“形象思维的实质就在于通过个别来揭示一般，在个别的、具体的理象中发现某些一般的规律性。”

笔者学习了国内外学者关于形象思维规律的见解，经过自己粗浅的思考，对形象思维的规律也提出一些不成熟的看法。笔者认为，形象思维的规律，可否概括为如下几条：

第一，个性化与本质化的辩证统一。

形象思维将感性形象的材料经过一系列复杂的大脑运思，创造出生动感人的典型的艺术形象。这种艺术形象既是“这一个”，又是具有本质特征的典型性。这种个性化与本质化的辩证统一，既能揭示生活与艺术内在统一的本质规律，又能启迪智慧，推动人们去改变现实，创造更美好的物质生活与精神生活。

第二，情与理的有机融合。

形象思维通过情中有景，景中有情，情景交融，情理并茂，深刻地蕴含着事物的道理和人生的哲理。它通过典型的艺术形象深刻地内蕴着情与理的有机融合，从而引导人们通过作品的情景去探寻蕴含的道理乃至哲理，提高人们的审美、智慧水平，团结奋斗，创造更加美好的未来。

第三，显意识与潜意识的交互作用。

形象思维的内在机制是显意识与潜意识的交互作用。在形象思维

---

① 复旦大学中文系文艺理论教研组编：《形象思维问题参考资料》第 2 辑，上海文艺出版社 1979 年版，第 146—147 页。

② 总装备部科技委、总装备部政治部编：《钱学森学术思想研究论文集》，国防工业出版社 2011 年版，第 532 页。

过程中，一般情况下是显意识起主导作用，潜意识起辅助作用。而当某种内外因素的复杂交互作用的激活，潜意识与显意识迅速接通，则形象思维的灵感迸发，创造出典型的艺术形象，实现思维过程的质的飞跃。

第四，美的创造与审美创造的内在贯通。

形象思维的过程是美的创造的过程，它通过情景交融，情理并茂，创造出典型的艺术形象。形象思维所创造出来的精神产品，应当坚持为人民服务、为社会主义服务的方向，使广大人民在享受精神产品的过程中，能够实现审美过程的再度创造，从而引导人、鼓舞人，去为实现更加美好的未来而奋斗。

（六）形象思维与逻辑思维的关系

形象思维与逻辑思维是人们反映客观世界和实践过程的统一过程中的两种思维方式。它们既相联系，又相区别。它们在思维过程中交互作用，绽出瑰丽的思维之花，结出丰硕的思维之果。形象思维与逻辑思维的相互关系，可以从如下几方面加以考察。

1. 从发生学角度看，形象思维早于逻辑思维

这无论从宏观的人类思维历史的发展过程来看如此，还是从微观的人的个体的思维发展过程来考察也是如此。就人类思维史发展过程来看，人们最先总是进行形象思维的，逻辑思维只是当人类进化到了较高阶段才能够产生。从个体思维发生史来看，婴幼儿时期主要是形象思维，随着年龄的增长，实践与认识的拓宽、加深，逻辑思维才逐步地发展起来。

2. 从思维过程来看，形象思维与逻辑思维交互作用，构成复杂的思维运动

具体说来，可以从如下几方面进行探讨。

（1）逻辑思维是形象思维的基础

李泽厚研究员在《试论形象思维》一文中，认为："逻辑思维是形象思维的基础。"理由是：形象思维"必须建筑在十分坚固结实的长期逻辑思考、判断、推理的基础之上；它的规律是被它的基础（逻辑思维）的规律所决定的，制约和支配着的"。"逻辑思维作为形象思维的基础的另

一含义，是指逻辑思维经常插入形象思维的整个过程来规范它、指引它。”①

蒋孔阳教授在《论文学艺术的特征》这本专著中，指出：“形象思维根本离不开逻辑思维，它是在逻辑思维的基础上，再来进行构思的。”②

笔者认为，形象思维应当以逻辑思维为基础，因为只有在理性地理解生活，把握角色的基础上，通过形象思维的运思，才能创造出生动感人的典型的艺术形象来。所以，高明的作家和导演总是在正确处理形象思维与逻辑思维的辩证关系的过程中，创作出广受欢迎的文学艺术作品的。

（2）形象思维与逻辑思维相互渗透

蒋孔阳教授在上列文章中，又指出：“形象思维与逻辑思维不仅是互相渗透的，互相辅助的，而且，形象思维是在不断地利用逻辑思维的成果上，再来构造艺术形象的。”

金开诚教授在《说形象思维》一文中，认为：“逻辑思维和形象思维虽然分析地看各有特点，但在实际的思维过程中是辩证统一在一起的。”③

李丕显先生在《形象思维相对独立性初探》一文中，指出：形象思维与逻辑思维是相互渗透、交互作用的。他说：“逻辑思维在一定条件下对形象思维起辅助作用。这是问题的一面，但是还有不可忽视的另一面，那就是形象思维作为独立的活动，它在一定条件下也可以反转来作用于逻辑思维。”④

格·尼古拉耶娃在《论艺术文学的特征》一文中，认为：“逻辑思维和形象思维是反映现实的统一过程的不同形式。”她还指出：“在逻辑思维中，抽象的过程是这样进行的，即从一切非本质的东西，从一切有感染力的具体感性的因素中理出事物的本质。在形象思维中……艺术概括的前提不但保留，而且选择具体事物中那些明显表现出某种现实现象的一般本质的、感性的、有感染力的因素，并把它们特别集中起来。”

可见，在人们实际的思维过程中，形象思维与逻辑思维总是相互渗透、交互作用的，它们是统一的思维过程中反映客观现实的既有联系又有

① 复旦大学中文系文艺理论教研组编：《形象思维问题参考资料》第1辑，上海文艺出版社1978年版，第165—174页。

② 蒋孔阳：《论文学艺术的特征》，新文艺出版社1957年版，第84页。

③ 社会科学战线编辑部编：《形象思维问题论丛》，吉林人民出版社1979年版，第123页。

④ 同上书，第100页。

区别的两种思维方式。

（3）形象思维与逻辑思维在一定条件下可以相互转化

形象思维与逻辑思维是统一的思维过程中两种基本的思维方式，它们既在一定条件下共居于思维过程的这个矛盾统一体中，又在一定的条件下相互发生转化。

陈涌研究员在《关于文学艺术特征的一些问题》一文中，指出："科学和艺术，逻辑思维和形象思维，是有密切关系的，真正的科学和逻辑思维大有助于一个艺术家的构思，对于一个艺术家来说，科学的思维和艺术的思维往往互相启发，互相渗透，互相转化，构成了一个艺术家的复杂的思考过程。"①

关于逻辑思维在一定条件下可以转化为形象思维的问题，钱学森院士对此作了有益的探索。他于 1984 年 9 月 8 日给隗寿彰的信中，认为："人的具体思维过程非常复杂，可以从抽象思维跳到形象思维。"② 他在 1985 年 2 月 25 日给北京师范大学数学系汪培庄教授的信中，指出："如把非单调逻辑结成网，形成一个逻辑的巨系统，就会出现'协同作用'，就是人工智能。这也就是形象（直感）思维。"③ 1985 年 4 月 29 日在给广州华南计算机公司总工办的周波的信中，他认为："如果逻辑复杂到一定程度，即您的 m，n 大到一定值，逻辑会变成直觉，抽象思维变形象思维。"④

至于形象思维在一定条件下可以转化为逻辑思维，国内外学术界很少有这方面的探讨。笔者不揣简陋，略陈探索性的粗浅看法。形象思维在一定条件下转化为逻辑思维，这可以从两种情形加以考察。一种情形是，在思维过程中，当思维主体在一个思维过程即将结束时，对其形象思维过程特别是对形象思维的精神产品进行反思时，形象思维就转化为逻辑思维。这时，思维主体应当与检视其形象思维的精神产品的内在价值如何，对社会发展的影响将会怎样。在这样的思维过程中，形象思维就转化成逻辑思维了。另一种情形是，当人们对形象思维的精神产品进行鉴赏和评论时，

① 复旦大学中文系文艺理论教研组编：《形象思维问题参考资料》第 1 辑，上海文艺出版社 1978 年版，第 67 页。

② 涂元季主编：《钱学森书信》第 2 卷，国防工业出版社 2007 年版，第 6 页。

③ 同上书，第 179 页。

④ 同上书，第 261—262 页。

要分析这种精神产品的内在价值和社会影响，这时形象思维就转化为逻辑思维了。张梦阳研究员在《深读鲁迅，学会思考》一文中，对文学作品的鉴赏和评论过程中，形象思维转化为逻辑思维的情形作了相当深刻的阐明。他指出："深读，就是不仅读鲁迅的文字，而且深入到文学后面的思想方法、思维方式中去，探究一下鲁迅在写作这些文章时，是怎样展开思维活动的？这种思维活动又是在什么样的时代背景、社会状态下，针对什么样的对象而展开的？有哪些特点和规律性的东西值得我们借鉴？这对于我们理解鲁迅以及其他历史人物，都是极其重要的。……总之，深读鲁迅，学会思考，自觉地像他那样进行'悬想'——天马行空，上天入地，前瞻后顾，左推右敲，深谋远虑，正想反思，才可能逐步改进我们的思维方法，提高我们的思想能力。"① 这正是由形象思维转化成逻辑思维了。

3. 从思维结果来看，形象思维与逻辑思维也可以相互促进

人们在形象思维与逻辑思维交互作用的过程中，形象思维可以上升到逻辑思维，理性地分析形象思维的精神产品的内在价值及其社会影响，从而既能够更深刻地理解形象思维的结果，又能够推动形象思维更深入地开展并取得精神上的巨大成功。

（七）形象思维的意义

形象思维是人们从事思维活动的重要的思维方式，它对于人们认识世界、改造世界具有非常重要的意义。

1. 形象思维是重要的思维方式

人们从事思维活动，无论是进行科学研究，还是从事文学艺术创作，抑或是一般人的日常生活中，总要运用形象思维。钱学森院士认为："科学工作是源于形象思维，终于逻辑思维。形象思维是源于艺术，所以科学工作是先艺术，后才是科学。相反，艺术工作必须对事物有个科学的认识，然后才是艺术创作。"②

不仅如此，而且形象思维是从客观事物的整体出发，经过复杂的思维过程，上升到思维中的具体——多种规定性的统一的。马克思曾经指出：人的思维行程是从混沌的表象出发，经过思维行程的抽象，再到思维中的

① 张梦阳：《深读鲁迅，学会思考》，《光明日报》2012 年 10 月 31 日。

② 涂元季主编：《钱学森书信》第 9 卷，国防工业出版社 2007 年版，第 371—372 页。

具体，这种思维中的具体，是从本质和规律的层次上再现客观事物，它是多样性的统一。[①] 列宁认为：这种思维中最具体的是“最丰富的”和“最具体的”“最主观的”。[②] 虽然，马克思和列宁的论述主要是就逻辑思维来说的，但在思维中的具体是多样性的统一这一点上，也适用于形象思维。

可见，形象思维是一种重要的思维方式，它对于人们从事思维活动是一种必不可少的思维方式。

2. 有助于增强人的综合素质

人的综合素质的内容极其丰富，包括世界观、人生观、价值观、审美观、科学文化知识、认识方法、思维方式、身体素质等。形象思维是思维方式中的一种重要的思维方式，而且，形象思维对人的其他方面素质的提高也有积极的影响。形象思维与逻辑思维等思维方式交叉互动，是提高人的综合素质，产生创造性的精神产品的重要途径。国画大师齐白石指出：学我者生，似我者死。意指在学习的基础上有所创造，才是提升人品、生产艺术精品的正途，而拘泥于他的绘画技巧和绘作风格，那是没有出路的。北京大学中文系著名教授魏建功先生 1960 年在讲书法课时，认为：学习书法要经过三个阶段：形似、神似、神化。形似，指临帖摹写，形态相似；神似，则是进入意境，把握神韵；神化，意指出神入化，自成一格。学习书法与学习其他文学艺术乃至精神生产一样，贵在博采众长，独立创造。中国传媒大学艺术研究院院长仲呈祥教授在《生命不息　思维不止——痛悼恩师朱寨先生》（《光明日报》2012 年 3 月 16 日，第 16 版）一文中追忆：著名文学评论家、中国社会科学院文学研究所研究员朱寨先生认为：“经历史和人民检验的传世的经典之作，都是有思想、有精神、有灵魂地将高级的抽象思维融入丰富精湛的形象思维并创造出美的意象的结果。所以，我要写一篇《文艺思维是意象思维》。意，即有抽象思维；象，即形象思维。”

可见，培养和树立形象思维，并运用于科学研究和文学艺术创作，是提高人的综合素质的一个重要因素。

3. 促进生产优秀的精神产品

形象思维能够帮助人们生产优秀的精神产品，特别是在文学艺术创作

① 《马克思恩格斯文集》第 8 卷，人民出版社 2009 年版，第 24 页。

② 《列宁全集》第 55 卷，人民出版社 1990 年版，第 200 页。

中，运用形象思维与其他思维方式的优化匹配，能够创造出生动感人的典型的艺术形象，尤其是那些精品佳作甚至是千古绝唱，从而引导人、鼓舞人，去为用美的规律创造世界而奋斗。

同时，形象思维是思维科学的突破口。加强对形象思维的研究，推动攻入这个突破口，可以带动整个思维科学的研究，从而促使思维科学的深入、前进，推动生产出更多、更好的精神产品。

而且，人们在鉴赏和评论精神产品特别是文学艺术作品时，可以提高审美水平。人们可以追溯作者的思维历程，考察其对形象思维是否运用以及运用程度之深浅。在这种考察过程中，就会发现：有些作品，意蕴无穷，引人入胜，历久弥香；而有些作品直白浅露，平淡无奇，清如白水，甚至味同嚼蜡。究其原因，在很大程度上取决于是否运用了形象思维。可见，人们在鉴赏和评论精神产品特别是文学艺术作品的过程中，运用形象思维可以提高自身的审美水平，对精神产品作出有深度的评价，从而促进生产出更多、更优秀的精神产品。

总之，形象思维的研究和运用具有深刻的理论意义和重大的实践价值。这正如杨春鼎教授在《思维科学的突破口——形象思维——钱学森对创建形象思维学的开拓性贡献》一文中所指出的：“形象思维研究的突破，是为了建构完善的思维科学理论。随着思维科学的不断完善、深化，也必然会在当代的科技革命、教育革命和社会革命中发挥更大的作用。”①

四　灵感思维

灵感思维是一种基本的思维方式，是思维学的重要内容。灵感思维在古今中外的学术界中具有丰富、深刻的文献、思想，在当代学术界中也引起了广泛的关注和深入的探究。研究灵感思维对推进思维科学的发展，提高人们的思维素质、促进社会实践特别是科学研究和文学艺术创作具有十分重要的意义。

（一）什么是灵感思维

对灵感思维究竟是什么的问题，国内外学术界是诸说蜂起，新见

① 总装备部科技委、总装备部政治部编：《钱学森学术思想研究论文集》，国防工业出版社2011年版，第519页。

迭出。

郭沫若指出：灵感“在我看来是有的，而且也很需要。不过这种现象并不是什么灵鬼附了体，或是所谓‘神来’，而是一种新鲜观念突然使意识强度集中了，或者是有强度的意识集中，因而在得了一种新观念而又累积地增强意识的集中度的那种现象”①。

陶伯华、朱亚燕在他们合著的《灵感学引论》中认为：“灵感（inspiration）则是人类创造性认识活动中一种最神妙的精神现象，一种最奇妙的精神之翅、一朵最美妙的创造之花。”②“灵感之谜是创造学、思维学、心理学皇冠上的一颗明珠。”③“从认识的发生看，灵感是一种突发性的创造活动。”④“从认识的过程看，灵感是一种突变性的创造活动。”⑤“从认识的成果看，灵感是一种突破性的创造活动。”⑥总之，在他们看来，“所谓灵感，是一种顿悟，在顿悟的一刹那间，能够将两个或两个以上以前从不相关的观念串联在一起，借以解决一个搜索枯肠仍未解的难题，或缔造一个科学上的新发现”⑦。

岳海、德新、晨光在他们合著的《灵感奥秘试探》一书中，指出：“灵感是一种心理现象，是人类在创造性思维活动中，普遍存在的一种思维形式，是人们在创造过程中，思维活动达到高潮阶段的一种最富于创新开拓性的心理状态，是整个大脑处于协调的有序化，劳动效率极高，常常需要某种启示物的触发而突然闪光的思维力量。”⑧

刘奎林研究员在其专著《灵感——创新的非逻辑思维艺术》中，指出：“灵感是以突破性、瞬息性、独创性为根本特征的一种非理性、非逻辑、非线性的思维形式，这本是灵感思维的本质。”⑨

张浩研究员认为：“灵感是在有意识的创造活动中，突然无意间产生认识成果的一种特殊的思维方法或认识形式，它是一种非逻辑的思维活

① 郭沫若：《郭沫若诗话》，四川人民出版社 1984 年版，第 15 页。
② 陶伯华、朱亚燕：《灵感学引论》，辽宁人民出版社 1987 年版，第 1 页。
③ 同上。
④ 同上书，第 3 页。
⑤ 同上书，第 4 页。
⑥ 同上书，第 5 页。
⑦ 陶伯华、朱亚燕：《灵感学引论》，辽宁人民出版社 1987 年版，第 293 页。
⑧ 岳海、德新、晨光：《灵感奥秘试探》，黑龙江人民出版社 1989 年版，第 14 页。
⑨ 刘奎林：《灵感——创新的非逻辑思维艺术》，黑龙江人民出版社 2003 年版，第 133 页。

动，其成果具有独创性和不可模仿性。”①

笔者通过对国内外学者关于灵感思维界说的思想的学习和梳理，提出对灵感思维的粗浅看法。笔者认为：所谓灵感思维，是指人们在思维活动中，综合运用多种思维方式和种种精神因素（包括理性因素和非理性因素）并在某种诱发因素的激活下而进行的一种特殊的、创造性的思维方式。

这里说明两点：

第一，灵感思维是否只是一种非理性思维。许多学者认为，灵感思维只是一种非理性的思维方式，而我却认为，灵感思维是理性因素和非理性因素交互作用的产物。其根据何在呢？原来，在考察人们实际的思维过程时，就会发现，灵感固然具有突然性、突发性、突破性，这其中体现了非理性因素往往起着非常重要的作用。但是，也必须看到，这种突然性、突发性、突破性是要有理性因素作准备的，而且，在人们的实际的思维过程中，理性因素与非理性因素是在交互作用的动态过程中而施于灵感思维的。所以，灵感思维如果没有理性因素的准备，没有理性因素与非理性因素的交互作用，那么，即使所谓的灵感出现、真理碰到鼻尖上的时候，也往往会失之交臂。所以，在考察灵感思维时，固然应当重视深入研究种种非理性因素的作用。但是，也不能忽视理性因素在其中的作用。因此，应当运用辩证思维的观点与方法，对灵感思维中理性因素与非理性因素交互作用的复杂情形作实事求是的学理探讨。

第二，灵感思维是否存在某种诱发因素的激活作用。国内外学者对这个问题大都持肯定的见解。在人们的实际思维过程中，思维主体与思维客体、理性因素与非理性因素交互作用，只有当某种诱发因素的激活作用发生时，灵感才会突然闪现、迸发出天才的思想火花，产生出智慧之果。

（二）灵感思维的机制

灵感思维机制的问题，历来是难度很大的问题，也是学术界争论较多的问题。国内外学术界对这个问题的探讨一直在进行着，并且取得了较为丰硕的成果。

---

① 张浩：《认识的另一半——非理性认识论研究》，中国社会科学出版社2010年版，第113页。

陶伯华、朱亚燕认为，探讨灵感思维的机制，应当从人的精神过程与客观外界的交互作用中来研究。他们指出："主观的'灵性'与客观的'灵机'相互作用，相互沟通，相互感应，就产生了艺术构思中奇特的'神悟'，即灵感现象。"① 具体地考察灵感思维的机制，他们认为有下列几种情形："第一，创造灵感要在长期积累的前提下偶然得之。"② "第二，创造灵感要在有意追求的过程中无意得之。"③ "第三，创造灵感要在循常思索的基础上反常得之。"④ 他们进一步深入考察了灵感思维的内在机制，指出："一、人脑中潜在世界的理性化"，⑤ "二、潜知的闪耀和潜能的激发"，⑥ "三、潜在的逻辑——生理结构"，⑦ "四、梦幻状态中的潜意识活动"。⑧

岳海、德新、晨光认为："灵感思维整体结构的表述方式是，'意象——联想——顿悟'。这三个环节是有机联系、互相贯通、逐步推移的动态模式。"⑨ "灵感思维能力就是在'意象——联想——顿悟'的心理结构上发挥奇思妙用的。"⑩ 他们还深入地研究了灵感思维的内在机制，指出："显意识和潜意识的相互作用产生灵感。"⑪ 这种相互作用体现为，显意识与潜意识的融通、升华和互相转化。

张浩研究员认为：灵感思维的机制是一种复杂的动态网络系统，其主要内容有"历时性形式"和"共时性形式"。前者包括准备、启迪、跃迁、验证几个阶段，后者包括久思而至、梦中惊成、自由遐想、急中生智、另辟异境、原形启示、触类旁通、豁然开朗、见微知著、巧遇新迹等机制。⑫

---

① 陶伯华、朱亚燕：《灵感学引论》，辽宁人民出版社1987年版，第56页。

② 同上书，第57页。

③ 同上书，第58页。

④ 同上书，第59页。

⑤ 同上书，第163页。

⑥ 同上书，第173页。

⑦ 同上书，第179页。

⑧ 同上书，第185页。

⑨ 岳海、德新、晨光：《灵感奥秘试探》，黑龙江人民出版社1989年版，第65页。

⑩ 同上书，第67页。

⑪ 同上书，第88—89页。

⑫ 张浩：《认识的另一半——非理性认识论研究》，中国社会科学出版社2010年版，第184—191页。

刘奎林研究员认为：对灵感思维机制的研究，“一般说来，西方的灵感说所强调的是‘神授’、‘天赋’，夸大潜意识的作用；中国的灵感说一贯地强调主观努力、学识积累，主张有意识地追求”[①]。灵感思维的机制多种多样，组成复杂的动态网络系统。他指出，“逻辑思维中断，灵感油然而生”，“梦境相似契合，激发灵感闪现”，“寻求捷径突破，凭借灵感解惑”，“有意思维松弛，诱因启迪灵感”，“善于抓住机遇，适时捕捉灵感”。[②] 他还认为：“灵感——显意识与潜意识交互作用而相互通融的结晶。”[③] 他还进一步探讨了灵感发生的实践基础、非线性基础、脑科学基础。[④] 在《坚持、发展、完善钱学森院士倡导的思维科学体系》一文中，他还进一步探讨了灵感思维的机制，指出：“灵感，是在显意识制导下酝酿于潜意识，当酝酿成熟，偶遇相关因素诱导，涌向显意识，成为灵感。”[⑤]

卢明森教授认为：灵感思维的机制是非常复杂的，但“可以把灵感分为两种：机遇诱发的灵感和潜意识诱发的灵感”[⑥]。前者如，他人的思想、观点的启发，其他事物的启示和诱发，情境激发；后者如，梦中诱发，散步，醒觉之后的清晨，似睡非睡的朦胧等状态产生灵感，做与研究课题无关的其他事情的时候也可以突然产生灵感。[⑦]

上列诸位学者关于灵感思维的见解各有千秋，颇富后发。笔者拟就灵感思维机制的问题提出一些不成熟的看法，以求教于学界师友。笔者认为：研究灵感思维的机制，应当运用辩证思维和系统科学的观点与方法，综合汲取古今中外关于本问题研究的精华和现代科学特别是脑科学、心理学、思维学等学科的前沿成果加以深入的探讨。灵感思维的机制是一项复杂的思维系统工程。灵感是在客观与主观、实践与认识交互作用的过程中，思维主体实时地优化匹配主客观条件、激活因素以及显意识与潜意识的复杂的交互作用的基础上和过程中产生的。应当从这样的视角深入探究

① 刘奎林：《灵感——创新的非逻辑思维艺术》，黑龙江人民出版社 2003 年版，第 133 页。

② 同上书，第 114—123 页。

③ 同上书，第 130 页。

④ 同上书，第 189—210 页。

⑤ 总装备部科技委、总装备部政治部：《钱学森学术思想研究论文集》，国防工业出版社 2011 年版，第 533 页。

⑥ 卢明森：《思维奥秘探索——思维学导引》，北京农业大学出版社 1994 年版，第 408 页。

⑦ 同上书，第 408—412 页。

灵感思维的机制。

（三）灵感思维的特征

特征或特点根源于一事物区别于他事物的矛盾特殊性。对灵感思维的特征，国内外学术界进行了长时间的广泛而又深入的探讨，取得了很多颇富创见的成果。

陶伯华、朱亚燕两位学者认为，灵感思维的主要特征是："（一）非预期的突发性"，"（二）不受意识控制的非自觉性"，"（三）多功能多因素的综合性"，"（四）心物感应的不可重复性"，"（五）认识过程的跳跃性"，"（六）信息处理的模糊性"，"（七）反常规的独创性"①。

岳海、德新、晨光三位先生指出，灵感思维的主要特征有如下这些："主要有独创性、突然性、偶然性、瞬时性、触发性和集亢性。"②

刘奎林研究员认为：灵感思维的主要特征是："灵感思维的突发性特征"，"灵感思维的瞬时性特征"，"灵感思维的独创性特征。"③

夏军教授在其专著《非理性世界》中，论述非理性包括灵感的特征时，指出："1. 非自觉性"，"2. 潜在性"，"3. 非逻辑性"，"4. 情绪性"。④

卢明森教授指出，灵感思维的特征主要有四点：灵感不具有直接性，灵感是潜意识的作用，灵感具有不可重复性，灵感伴随或引起一种特殊的心理状态。⑤

张浩研究员认为，灵感思维的特征是："1. 情绪性"，"2. 突发性"，"3. 瞬时性"，"4. 跳跃性"，"5. 偶然性"，"6. 模糊性"，"7. 不可重复性"，"8. 非自觉性"，"9. 综合性"，"10. 独创性"。⑥

笔者认为，上列诸位学者对灵感思维的特征的探讨都有各自的贡献，

---

① 陶伯华、朱亚燕：《灵感学引论》，辽宁人民出版社 1987 年版，第 76—80 页。

② 岳海、德新、晨光：《灵感奥秘试探》，黑龙江人民出版社 1989 年版，第 26 页。

③ 刘奎林：《灵感——创新的非逻辑思维艺术》，黑龙江人民出版社 2003 年版，第 162—179 页。

④ 夏军：《非理性世界》，上海三联书店 2002 年版，第 208—213 页。

⑤ 卢明森：《思维奥秘探索——思维学导引》，北京农业大学出版社 1994 年版，第 398—401 页。

⑥ 张浩：《认识的另一半——非理性认识论研究》，中国社会科学出版社 2010 年版，第 166—173 页。

其中，张浩研究员对灵感思维的特征的概括更为全面、深刻。笔者基本同意他的观点，恕不另述。

（四）灵感思维的规律

规律是事物之间和事物内部的本质联系。规律和本质是同等程度的概念。本质是事物的根本性质，是事物自身组成要素之间相对稳定的内在联系，是由事物本身矛盾特殊性所规定的。灵感思维的规律或本质问题是一个难度很大的问题。学术界对此进行了艰辛的探索，并且取得了颇具理论深度的研究成果。

陶伯华、朱亚燕两位学者指出，灵感思维与文艺创作的特殊规律是："一、文艺泉源与灵感来源的一致"，"二、文艺整体性与灵感迷狂性的一致"，"三、艺术才能与灵感直觉机制的一致"①。

岳海、德新、晨光三位先生认为："继承与创新、兴奋与抑制、偶然与必然、量变与质变（储备与飞跃）、迷狂与虚静、紧张与松弛、分析与综合、集中与散发、显意识与潜意识、正反馈与负反馈等等，可以说都是对立统一规律在灵感思维过程中从不同侧面对于辩证法核心的说明和发挥。"② 他们还指出："显意识和潜意识相互作用与转化是灵感产生的一条规律，这是对立统一法则中矛盾转化规律的具体体现。"③

卢明森教授在论述研究灵感思维的本质这一问题时，认为："只有用辩证思维，只有从多层次、多角度、多方面及其内在本质、广泛联系和动态发展上，才能比较全面、深刻地揭示出其内在的本质。"④ 他还指出："灵感是对客观事物的本质和规律认识、反映过程中的质变与飞跃，是抽象思维、形象思维、实践操作思维多种思维形态和各种心理因素的综合，是信息加工过程中的突变。这就是我们对灵感本质的概括。"⑤ 由于本质与规律是同一序列的概念，因此，他这里所说的灵感思维的本质，也可以理解为就是灵感思维的规律。

刘奎林研究员对灵感思维规律的问题也进行了积极的探索，他认为研

---

① 陶伯华、朱亚燕：《灵感学引论》，辽宁人民出版社1987年版，第193—208页。

② 岳海、德新、晨光：《灵感奥秘试探》，黑龙江人民出版社1989年版，第222页。

③ 同上书，第226页。

④ 卢明森：《思维奥秘探索——思维学导引》，北京农业大学出版社1994年版，第398页。

⑤ 同上书，第397页。

究灵感思维的规律，应当运用辩证思维和现代科学特别是脑科学相结合的方法论来进行。他指出："一、揭示灵感发生规律必须坚持以现代科学理论为指导的原则"，"二、揭示灵感发生规律必须重视人脑整体思维功能的原则"，"三、灵感系统的发生过程，自始至终表现为有序与无序、连续与间断、模糊与清晰、逻辑与非逻辑的辩证统一过程"①。他还进一步认为，灵感发生的基本规律是："一、显意识与潜意识融通律"，"二、渐变与突变互补律"，"三、精确与模糊隶属律"，"四、选择与建构重组律"。② 他在《坚持、发展、完善钱学森院士倡导的思维科学体系》一文中，重申"灵感（顿悟）思维规律，是一种以潜意识为主导的规律"。③

笔者认为，研究灵感思维的规律，应当坚持运用辩证思维和现代科学特别是脑科学、心理学、系统科学和复杂性科学相结合的方法论，从客观与主观、实践与认识的矛盾运动过程中去进行探讨和揭示。概要说来，灵感思维的规律至少有如下这些：

1. 客体与主体交互作用的规律

客体即进入思维领域的客观事物。在灵感产生过程中，客体的信息映射到思维主体的大脑，而思维主体在相关主客观信息的交互作用的过程中，对当下正在思考的问题经过艰辛探索，一旦与某种引发信息发生接触，经过思维主体自身的能动作用，这时就能产生灵感。

2. 引发条件激活作用的规律

当思维主体与思维客体在交互作用的过程中，出现某种引发条件，这种引发条件可以是客体自身形成的，也可以是主客体交互作用过程中所产生的对解决问题具有激活作用的新的引发条件，这时，思维主体往往能豁然贯通，产生灵感。当然，某些引发条件也可能促使思维主体突发奇想，产生与正在研究的课题基本无关或关系不大的奇思妙想，这时，可能出现非预期的新的灵感。

3. 显意识与潜意识的交互作用及其相互转化的规律

在思维过程中，思维主体将潜意识中豁然开朗的信息与显意识贯通起

① 刘奎林：《灵感——创新的非逻辑思维艺术》，黑龙江人民出版社 2003 年版，第 220—223 页。

② 同上书，第 223—228 页。

③ 总装备部科技委、总装备部政治部：《钱学森学术思想研究论文集》，国防工业出版社 2011 年版，第 533 页。

来，并且转化为显意识，这时，灵感就有可能出现。

4. 主体自身优化匹配各种条件产生灵感的规律

思维过程中，思维主体驾驭主客观条件和引发条件交互作用的复杂过程，当引发条件的激活作用出现时，思维主体实时地优化匹配各种条件，这时，灵感就会突然闪现，迸发出天才的思想火花，产生出科学研究和文艺创作中神妙的思维结果。这时，思维主体就会出现异常激奋、非常愉悦的精神状态。

以上的前三条规律只是灵感产生的必要条件，而第四条规律则是灵感产生的充分必要条件。因为只有这一条规律才将灵感思维的规律构成为复杂的动态网络系统，组成为灵感思维的系统工程。所以，研究灵感思维的规律，应当采用辩证思维、系统科学和复杂性科学的观点与方法。这样才能深入地探析灵感思维的发生过程及其内在的本质和规律。

（五）灵感与直觉、顿悟的关系

研究灵感思维，必然要涉及灵感、直觉、顿悟三者之间的相互关系。这是因为，一方面，灵感与直觉、顿悟的思维过程中有着更紧密的联系；另一方面，直觉、顿悟与灵感在思维过程中更为接近，关系错综。

学术界对灵感、直觉、顿悟相互关系的研究成果颇为丰硕，也能给人以许多有益的启示。

卢明森教授认为："直觉与灵感是创造性思维的关键环节，创造性思维的创新性、开拓性，主要就是通过直觉和灵感实现的，新观念主要是由直觉和灵感所迸发的思想火花而产生的。"① "直觉具有直接性、快速性、或然性三个特征。"② 直觉与灵感既有联系，也有区别，主要区别在于：一、"直觉具有直接性……灵感则可以不具有直接性，只具有间接性"，二、"直觉活动始终是显意识中进行……灵感则常常靠潜意识的作用"，三、"直觉的产生具有可重复性。……灵感则不同，它是不可重复的"，四、"两者产生时的心理状态不同：直觉的产生一般不会伴随或引起特殊的心理状态，顶多只是心情比较高兴、激动而已；而灵感的产生一般常常伴随或引起一种特殊的心理状态，如注意力高度集中，情绪高昂、兴奋，

① 卢明森：《思维奥秘探索——思维学导引》，北京农业大学出版社 1994 年版，第 369 页。

② 同上书，第 378 页。

感情激越、强烈，思绪清晰、敏捷，甚至心脏跳动也大大加快，四肢乃至全身微微发抖。”①

岳海、德新、晨光指出，灵感与直觉具有相同点：“第一，灵感与直觉是同质异构的思维方式……创造性是它们共同的本质属性。”“第二……它们的起点都是从感性出发，同来源于客观实践，且同具有认识过程中突然降临、瞬间飞跃的景象。”“第三，它们从筛选材料到新创意、新成果的出现，都没有‘逻辑的桥梁’（爱因斯坦语），不经过严密的推理论证的通道，在许多情况下都能以非逻辑形式的思维达到对客体的领悟。”“第四，在认识过程中，有些学者认为，直觉和灵感都是新旧信息在潜意识状态下经过整合、加工而突然沟通于显意识时的飞跃。”② 他们还认为，灵感与直觉也存在着显著的差异：“（1）灵感出现前后，始终与形象思维相伴随，在形象里体现主体内在的激情。而直觉产生前后，带有逻辑思维为前提或补充，在感情中有直接把握理性的知能。”“（2）灵感具有不重复性，而直觉具有可重复性。”“（3）在思维过程中，有无中介环节、经不经过启示物的触发，也是灵感与直觉的一个不同点。”③

何颖博士指出，非理性因素分为两类：“一类是指人的非理性的心理现象，包括人的意志、欲望、情感、情绪等，另一类是指人的非理性的认知形式和认知能力，包括人的直觉、灵感、顿悟等。”④ 她还认为：“高层次的非理性因素是指意志、信仰、直觉、灵感等与理性接近，影响理性并受理性制约和指导，随理性变化而变化的非理性因素。”⑤

夏军教授指出：“直觉是一种非理性的认识功能，主要是指一种能力；灵感则是指一种特殊的心理状态，它是在一瞬间出现的突破性的领悟和感知的状况；而顿悟则是灵感的结果，灵感和顿悟没有大的差异。在科学和艺术的创造活动中，时常会有灵感—顿悟的出现。”⑥

张浩研究员认为，直觉、灵感、顿悟三者之间存在着辩证互动的复杂

① 卢明森：《思维奥秘探索——思维学导引》，北京农业大学出版社 1994 年版，第 399—401 页。

② 岳海、德新、晨光：《灵感奥秘试探》，黑龙江人民出版社 1989 年版，第 18 页。

③ 同上书，第 19—22 页。

④ 何颖：《非理性及其价值研究》，中国社会科学出版社 2003 年版，第 163—164 页。

⑤ 同上书，第 226 页。

⑥ 夏军：《非理性世界》，上海三联书店 2002 年版，第 305 页。

关系。

在论述直觉与灵感的关系时，他指出：

首先，“直觉是人们不以逻辑为中介，直接地把握客观事物的一种精神能力；而灵感则是一种心理状态，是人们在创造活动中达到高潮时产生的特殊心理状态，也是主观反映客观的一种特殊形式。人脑神经细胞组成的神经回路，在偶然的机遇中突然接通有关信息，就有可能迸发灵感”①。

其次，“直觉表现为不通过逻辑的推论，就能达到对事物本质的直接认识，其具有可重复性；而灵感，则是突然顿悟而产生的创造力，故其具有非模仿性和不可重复性”。②

最后，关于灵感与顿悟的关系，他认为：“顿悟只是表现为这种渐进过程中断，飞跃的结果，而不表现为这种渐进过程中断、飞跃本身。灵感才是这种渐进过程中断飞跃本身。灵感与顿悟之间，有着内在的必然联系。”③

笔者认为，研究直觉、灵感、顿悟三者之间的相互关系，应当坚持运用辩证思维和系统科学、复杂性科学的理论和方法，综合汲取现代科学的前沿成果和当今学术界已经达到的认识结晶，从复杂的、动态的思维网络系统中撷取直觉、灵感、顿悟三者之间的交互作用过程加以探讨。据此，笔者的拙见是：

1. 直觉、灵感、顿悟是思维过程中复杂的交互作用的辩证关系。

2. 直觉是不通过逻辑推理而直接把握事物本质的思维方式。它包括经验直觉和理性直觉两类内容。经验直觉是凭长期的经验积累而能一下子把握事物本质的认识能力。如老工人、老农民依凭长期的实践经验就能瞬间认识事物并提出改造事物的方案。笔者的哥哥是一位具有近 50 年经验的铁匠，他的经验直觉的认识能力就非常强烈：根据原材料的形状、质量，适合打制成什么产品，他立刻就能作出断定；观察炉火的颜色、火势与将要锻造成的产品的关系，马上就能进行调整，按照产品的要求，对打制产品工序的频率、力度，瞬间就能作出决断。所以，他的徒弟们说：师傅的经验太宝贵了，虽然他没有学过材料学、数学，但他能一眼看出问

① 张浩：《认识的另一半——非理性认识论研究》，中国社会科学出版社 2010 年版，第 154 页。

② 同上。

③ 同上书，第 158 页。

题，马上采取措施，造出优质产品。

理性直觉则是在理性认识指导下洞察事物本质的认识能力。如老医学专家诊治疾病时的理性直觉。著名军事家在掌握敌我情况和主客观条件的基础上经过短暂运思，能够给出战略、战役、战术的指导方针。

当然，经验直觉与理性直觉是相互渗透，彼此内蕴的。在经验直觉中，包含有某些理性直觉的因素；而在理性直觉中，则包含有经验直觉的成分。

而灵感则是思维主体优化匹配主客观条件以及引发条件所突然产生的创造性思维活动；直觉具有可重复性，而灵感不具有可重复性。

3. 灵感与顿悟之间存在着内在的、复杂的交互作用，灵感是思维过程飞跃而获得创造性思维活动的本身，而顿悟则是灵感的结果，它表现为这种创造性思维活动所达到的结果。

（六）怎样获得灵感

古今中外，学术界在探讨怎样获得灵感这一课题的过程中，取得了丰硕的研究成果。其中，尤以我国学术界特别重视思维主体自身的条件，提出了许多独特的、深刻的见解，是这一课题研究的理论宝库中璀璨的思想明珠。

陶伯华、朱亚燕两位学者认为，要想获得灵感，重要的是主体自身必须具有必要的条件。在他们看来，这些条件是：“一、善于科学用脑”，这就是“注意‘养兴’积累，造成丰富的大脑信息网络系统”。“注意张弛结合，创造诱发‘感兴’的心理条件。”“注意连贯思路，及时抓住创造性思想闪光。”“二、提高机遇概率”，这就需要“选准机遇事件高概率发生领域”。“找准所需机遇事件的发生方向。”“扩大实践对客观事物的干预范围。”“三、超越常规思路，这就需要运用‘两面神思维’方法。”“相似思维方法”和“理想化思维方法”。①

岳海、德新、晨光三位先生指出，获得灵感的途径是多种多样的，这些途径也构成复杂的、动态的网络系统。他们所阐明的获得灵感的途径有：“1. 奇葩喷香在沃土”，“2. 长期储备迎飞跃”，“3. 开动机器寻诱因”，“4. 慧眼方能识真谛”，“5. 兴趣广泛多机遇”，“6. 漫步静观涌神

① 陶伯华、朱亚燕：《灵感学引论》，辽宁人民出版社1987年版，第241—264页。

思”，“7. 灵感伴随激情来”，“8. 思维中断顿悟生”，“9. 此时无声胜有声”，“10. 诱发右脑出潜能”，“11. 动荡时代诗兴多”，“12. 超觉静思妙悟来”，“13. 要善于多向思维”，“14. 向权威传统挑战”，“15. 关键在于早准备”。① 他们还认为，“辩证思维方法需要我们，在探索奥秘的前进道路上，既要从生理心理机制上去精心探求，还要从辩证逻辑角度去认真思辨；既要善于从对立中发现统一，还要从统一中去把握对立；既要对创造思维的全过程作系统的整体的科学研究，还要从实践中去捕捉灵感的具体途径”②。

卢明森教授认为，诱发灵感的必要条件是：“第一，要掌握丰富的信息，这是诱发灵感的首要条件。”“第二，要有很强的思维能力，以便运用储备和搜集来的相关知识对新输入信息进行理解、分析和加工……它是诱发灵感的另一主要必备条件。”“第三，要破除对已有理论、经验、技术的迷信，敢于怀疑，敢于突破，这是诱发灵感所必备的品质。”③

刘奎林研究员指出，诱发灵感的方法主要有如下这些：“追捕热线法”，“暗示右脑法”，“寻求诱因法”，“搁置问题法”，“西托梦境法”，（他指出：“西托，标志着脑电波的一种状态，在西托状态中做梦常常会出现灵感”），“养气虚静法”，“追踪记录法”。④

张浩研究员认为，要想获得灵感，应当研究下列几方面内容：

1. “灵感产生的条件”：“第一，有广泛的兴趣和充分的知识准备。”“第二，应当有必要的智力准备。”“第三，对需要解决的问题应进行长时间的集中思考。”“第四，需要一定的触发信息。”“第五，在研究、探索问题的过程中应张弛有度。”“第六，要善于摆脱习惯性思路的束缚。”

2. “诱发灵感的前提”：“第一，要勤于积累有关的资料。”“第二，对事业的高度热爱。”“第三，竭力追捕研究热线。”“第四，积极开展

① 岳海、德新、晨光：《灵感奥秘试探》，黑龙江人民出版社 1989 年版，第 155—214 页。

② 同上书，第 233 页。

③ 卢明森：《思维奥秘探索——思维学导引》，北京农业大学出版社 1994 年版，第 412—414 页。

④ 刘奎林：《灵感——创新的非逻辑思维艺术》，黑龙江人民出版社 2003 年版，第 251—262 页。

创造性活动。”“第五，要善于联想和想象。”“第六，要及时抓住机遇。”

3.“捕捉灵感的方法”：“第一，愉快情绪法。”“第二，智慧碰撞法。”“第三，触媒诱捕法。”“第四，养气虚静法。”“第五，音乐畅想法。”“第六，追踪记录法。”①

上列诸位学者对怎样获得灵感问题的探讨，各自作出了积极的理论贡献，也能给人们以智慧的启迪。其中，尤以张浩研究员的概括和阐述更为全面而深刻。

笔者认为，对怎样获得灵感的问题，应当从主体、客体及其复杂的、动态的交互作用的过程来加以考察。

1. 客体

（1）客体提供与主体研究问题相关的各种信息。

（2）引发条件，这里是指客体所提供的引发条件。若从灵感思维的实际过程来看，则还应当考虑到客体与主体在复杂的交互作用过程中所形成的新的引发条件。

2. 主体

（1）知：

①应有丰厚的生活积累和信息、知识和智慧的积淀。

②经过艰苦探索，经历百思不得其解的思维过程。

（2）情：

①保持探求问题的热情。

②持有研究问题的安定情绪或激奋情绪。前者重视养气虚静，后者则近于迷狂。

（3）意：

①意境：能够将客体的各种信息，经过主体的能动作用，在脑海中形成研究问题所需的意境。

②意会：主体融会客体的各种信息，体悟到解决问题的答案、思路、方向或思维过程中的艺术境界，达到“只能意会，不可言传”“其中有真意，欲辨已忘言”那种精神状态。

---

① 张浩：《认识的另一半——非理性认识论研究》，中国社会科学出版社2010年版，第135—148页。

3. 主客体条件的优化匹配

思维主体应能实时地优化匹配主客体在交互作用过程中的各种条件，尤其应当高度重视并及时抓住相关的引发条件，迅速接通获得灵感的大脑、神经系统的信息网络通路，则灵感就会顿然产生，天才的思想火花瞬间迸发，获得创造性思维的成果。

（七）灵感思维的意义

关于灵感思维的意义，学术界对这个问题的探讨是见仁见智，各有所长。

陶伯华、朱亚燕两位学者认为："第一，随着社会实践和人类文明的加速发展，必然促成现代社会信息化，从而从总体水平上提高引爆灵感的触发信息的发生概率"。"第二，随着社会实践和人类文明的加速发展，必然促成各个工作部门的高智能化，从而大大拓宽灵感认识方式的应用领域"。"第三，随着社会实践和人类文明的加速发展，还势必会大大加快灵感激发系统中诸如想象、直觉、理智感、美感、各种理性化的潜意识心理等特殊的智能要素形成和积聚的过程"。①

岳海、德新、晨光三位先生指出，灵感思维具有："（1）创新作用"。"（2）诱发作用"。"（3）催生作用"。"灵感只能在创作过程中起沟通新旧信息的桥梁作用"。在"再谈灵感在创造过程中的地位和作用"的问题时，他们认为："灵感是创造序列的一环"，"在灵感光照下的综合体"，"创造活动中的反馈机制"。②

刘奎林研究员指出："灵感思维形成的确立是人类思维研究的新突破"，"灵感思维在人们的系统思维过程中，不时地同抽象思维和形象思维相契合，起到一种突破、跃迁和升华作用"，"灵感是一种高级的认识方式"，"灵感是认识过程中不可缺少的飞跃方式"，"灵感在创造性思维过程中起灵魂作用"。③

笔者认为，灵感思维具有重要的理论意义和实践价值，至少表现在如下几个方面：

① 陶伯华、朱亚燕：《灵感学引论》，辽宁人民出版社1987年版，第293—300页。

② 岳海、德新、晨光：《灵感奥秘试探》，黑龙江人民出版社1989年版，第115—145页。

③ 刘奎林：《灵感——创新的非逻辑思维艺术》，黑龙江人民出版社2003年版，第94—265页。

1. 灵感思维是一种重要的思维方式

灵感思维作为一种重要的思维方式，虽然在古今中外的学术文献中有所涉及，但是作为一项重要的研究课题却是近几十年的事。灵感思维是一项综合的思维系统工程，它涉及主体与客体诸因素复杂的、动态的交互作用。因此，研究灵感思维，必然要求运用辩证思维和系统科学、复杂性科学的理论与方法，综合汲取古今中外文化的优秀成果和现代科学特别是人工智能、脑科学、心理学、思维科学的前沿成果，进行深入的、创造性的考察。灵感思维研究的深入发展必然促进思维科学和相关学科的综合交叉迅速前进。

2. 灵感思维的研究有助于提高人们的综合素质

人们的综合素质包括丰富的内容，而灵感思维的研究，能够促使人们更深入地进入到思维领域的广阔空间和更深层次，将灵感思维内化于人们的精神世界，从而能够大大地提高人们的思维品质和综合素质，进而推动对客观世界与主观世界的认识和改造。

3. 灵感思维能够推动精神生产

灵感思维的研究和运用，使人们在科学研究和文艺创作中更自觉地遵循灵感思维的特点和规律，更深入地应用思维系统工程的理论和方法，从而能够更有利于精神产品的生产，产生出科学研究中的创造性成果和文艺创作中的优秀作品，进而能够武装人民群众，去为改变现实，创造美好未来作出更大、更多的贡献。

五　社会思维

社会思维是一种重要的思维方式。它的内涵、机制、特点和规律的内容非常丰富、深刻，而且随着当代社会实践的发展和现代自然科学、技术科学、社会科学、人文科学、交叉科学的交叉、融会的进步，社会思维的内容也必将丰富、深化和发展，在社会实践和人们的思维过程中将发挥越来越重要的作用，具有深刻的理论意义和重大的实践价值。

（一）什么是社会思维

关于这个问题，国内外的有关文献多有论及。

恩格斯指出：“什么是人的思维。它是单个人的思维吗？不是。但是，它只是作为无数亿过去、现在和未来的个人思维而存在。”①

钱学森院士认为：“社会思维指的是人的集体思维，首先是思维，不是意识；第二是人的集体在讨论问题时相互交流思维结果，相互影响下的思维。”②

卢明森教授指出“社会思维就是人作为。社会整体进行的思维活动”。③ 他还认为：“社会思维就是有意识，有目的地将各种有关方面的专家、代表组织成为一个集体系统，通过整体效应形成一种远远超过任何个人的强大的思维能力，以解决人类在认识世界、改造世界过程中所提出的各种重大、复杂问题的思维形态；其思维主体是集体，包括各种科研组织、各个阶层、阶级、政党，各种国家政权机关、国际组织等等；其思维内容就是政治、经济、军事、科学技术等领域个人所无法解决的各种重大、复杂问题；其实质就是与个体思维相对应的集体思维。”④

张树相编审指出：“社会思维就是集体思维。”⑤ “社会思维之作为集体思维，是社会整体性的表现。”⑥ 他还认为：“社会思维的主体是群体而不是个体。”⑦ “社会思维的目标客体（内容）是带有群体目的性的课题。”⑧ “社会思维的活动是群体成员协调进行的。”⑨ “社会思维的成果是众人个体思维成果的集中综合，是集体智慧的结晶。”⑩

戴汝为院士指出：“社会思维是指人作为社会整体对客观现实的认识。”⑪

综合上述见解，笔者不揣简陋，提出什么是社会思维的看法。笔者认为，所谓社会思维，乃是指人作为社会整体进行的思维活动。思维主体是社会整体的人，而不是社会中单个的人。思维过程是以社会整体进行的思

---

① 《马克思恩格斯文集》第 9 卷，人民出版社 2009 年版，第 91 页。

② 涂元季主编：《钱学森书信》第 2 卷，国防工业出版社 2007 年版，第 301 页。

③ 赵光武主编：《思维科学研究》，中国人民大学出版社 1999 年版，第 432 页。

④ 卢明森：《思维奥秘探索——思维学导引》，北京农业大学出版社 1994 年版，第 423 页。

⑤ 赵光武主编：《思维科学研究》，中国人民大学出版社 1999 年版，第 437 页。

⑥ 同上书，第 438 页。

⑦ 同上书，第 440 页。

⑧ 同上。

⑨ 同上书，第 432 页。

⑩ 同上书，第 441 页。

⑪ 总装备部科技委、总装备部政治部：《钱学森学术思想研究论文集》，国防工业出版社 2011 年版，第 506 页。

维活动，它具有思维的整体效应，而不是由单个人思维的加和所形成的思维。思维结果则是远远胜过个体思维所凝聚成的思维结晶。

（二）社会思维的机制

社会思维的机制是一个难度很大的研究课题。国内外学术界对此进行了不断的理论探索，取得了许多可喜的研究成果。

钱学森院士认为：“社会思维是多个大脑在信息网的联通下，形成比单个大脑更复杂、更高层次的思维体系。如果说形象（直感）思维是并行多线交联的思维，那社会思维更是如此。”① 他还指出：“我原来提出的要搞社会思维学的一个主要原因是：怎样使一个集体在讨论问题中能互相启发，互相激励，从而使集体远胜过一个个人，不接触别人的简单总和。我自己在学术生活中，对这一点是深有体会的：一个好的集体，人人畅所欲言，思维活跃，其创造力是伟大的。……社会思维学的一个重点应是集体思维的激活。”② 他还认为：“学术讨论会的作用要比参加讨论会的每一个人的作用加起来大得多。这就是社会思维；研究为什么集体思维大于个体思维的简单加和，研究其规律的学问就是社会思维学。”③

戴汝为院士指出：社会思维“是在整个社会、社会关系的基础上，无数个人思维和各种群体交互作用、多元复合的观念体系”④。他还认为：“思维工程的目的就是实现社会思维，涌现集体智慧。”⑤

卢明森教授指出：“社会思维不是个人思维的简单相加，而由许多个人思维结合在一起时所形成的整体思维，这种整体思维与个人思维的叠加不同的是增加了整体效应，这种整体效应正是社会思维的精髓。”⑥ 他还认为：“只有将许多人组织起来形成一个集体、系统，集中许多人的智慧形成一个全面、强大的整体性思维能力才能解决的重要问题。因此，社会思维是应实际需要而产生的。这是理解社会思维的第二个重要环节，也是

---

① 涂元季主编：《钱学森书信》第 4 卷，国防工业出版社 2011 年版，第 506 页。

② 涂元季主编：《钱学森书信》第 7 卷，国防工业出版社 2007 年版，第 344 页。

③ 涂元季主编：《钱学森书信》第 2 卷，国防工业出版社 2007 年版，第 301—302 页。

④ 总装备部科技委、总装备部政治部：《钱学森学术思想研究论文集》，国防工业出版社 2011 年版，第 506 页。

⑤ 同上书，第 508 页。

⑥ 卢明森：《思维奥秘探索——思维学导引》，北京农业大学出版社 1994 年版，第 419 页。

理解社会思维的关键环节。”[①]

笔者以为，研究社会思维的机制，应当从深入揭示社会思维的深层的、复杂的、动态的交互作用的过程着手。考察社会思维的机制，应是社会整体思维过程中的整体效应。这种整体效应既不是单个人思维的简单加和，也不是静态的结果，而是社会集体在复杂的、动态的交互作用的思维过程中的整体显示。这是社会思维系统工程所涌现的整体智慧。

（三）社会思维的特征

关于这个问题，国内外学者进行了有益的探索，取得了显著成果。

卢明森教授认为，社会思维的基本特征主要有三个：“一、组织性”，“二、协调性”，“三、整体性”。[②]

张树相编审指出：“社会思维和一般个人思维一样，具有真理与价值二重性、时代性、开放性、民族性、阶级性等五个基本特征。”[③]

笔者以为，卢明森教授的看法比较符合实际，因为是从揭示社会思维的特殊性着手来表述社会思维的基本特征的。张树相编审的观点固然有可取之处，但是似未能从揭示社会思维的特殊性来表述社会思维的基本特征。

笔者认为，要揭示社会思维的基本特征，应从揭示社会思维的矛盾特殊性着手来加以探讨。据此，笔者认为，社会思维的基本特征，似可概括为：

1. 整体性

社会思维是思维主体的整体思维，思维过程是体现思维系统工程的整体效应的，思维结果是动态协同、整体优化的集体智慧的涌现。

2. 协同性

社会思维是群体性的思维。因此，在思维过程中，各个思维主体应当相互联系、动态协同，而不能互不相关，各行其是，这样才易于取得整体优化的思维结果。

---

① 卢明森：《思维奥秘探索——思维学导引》，北京农业大学出版社 1994 年版，第 419 页。

② 同上书，第 424—426 页。

③ 赵光武主编：《思维科学研究》，中国人民大学出版社 1999 年版，第 441 页。

3. 复杂性

社会思维是要研究客观现实中的重大的、复杂的、前沿性的问题。因此，研究的问题具有复杂性，应当运用辩证思维和系统科学、复杂性科学的理论与方法，如实地进行复杂性的研究。

4. 最优化

社会思维的过程和结果，应当符合过程最优（或次优）、结果最优（或次优）的要求，而不能将思维过程简单化、劣行化，也不能使思维结果简单化、劣质化。

（四）社会思维的规律

国内外学术界对社会思维规律进行了不断的探索，取得了一系列令人欣喜的理论成果。

马克思指出：思维反映客观物质世界，思维与存在又处于辩证法的同一规律的作用过程之中。因此，“思维和存在虽有区别，但同时彼此又处于统一中”。[①] 由于思维过程是在一定的时代条件下形成的，而且它本身也是一种辩证发展的过程，因而思维过程就表现为一种“自然过程”。[②]

恩格斯认为：“所谓的客观辩证法是在整个自然界中起支配作用的，而所谓的主观辩证法，即辩证的思维，不过是在自然界中到处发生作用的、对立中的运动的反映，这些对立通过自身的不断的斗争和最终的互相转化或向更高形式的转化，来制约自然界的生活。”[③] 他还指出，“人的全部认识是沿着一条错综复杂的曲线发展的”，[④] 因此，“我们只能在我们时代的条件下去认识，而且这些条件达到什么程度，我们就能认识到什么程度”。[⑤]

列宁认为：“事物的辩证法创造观念的辩证法，而不是相反。”[⑥] 他还指出：人的认识、思维“是无限地近似于一串圆圈，近似于螺旋的曲

① 《马克思恩格斯文集》第1卷，人民出版社2009年版，第189页。

② 《马克思恩格斯文集》第10卷，人民出版社2009年版，第290页。

③ 《马克思恩格斯文集》第9卷，人民出版社2009年版，第470页。

④ 同上书，第493页。

⑤ 同上书，第494页。

⑥ 《列宁全集》第55卷，人民出版社1990年版，第166页。

线”。[①] “科学是圆圈的圆圈”,[②] “哲学上的‘圆圈’”,[③] “每一种思想=整个人类思想发展的大圆圈（螺旋）上的一个圆圈”。[④]

毛泽东认为：“认识的真正任务在于经过感觉而到达于思维，到达于逐步了解客观事物的内部矛盾，了解它的规律性，了解这一过程和那一过程间的内部联系，即到达于论理的认识。”[⑤] 在《读苏联〈政治经济学教科书〉下册的谈话纪录稿》中，他指出：“思维是一种特殊物质运动形态，它能够反映客观的性质，能够反映客观的运动，并且由此产生科学的预见，而这种预见经过实践又能够转化成为事物。”

马克思主义经典作家对思维规律所作的原则的揭示，为我们研究社会思维规律提供了正确而深刻的理论指导。

钱学森院士于 1986 年 7 月 25 日，在给北京机械科学研究院王义勇的信中，认为：“社会思维学是研究人们在讨论问题时，集体之间相互作用的规律。相互启发在思维中是极为重要的，我们要充分利用这一现象。”[⑥] 他于 1994 年 2 月 28 日，在给山西省社会科学院张育铭的信中，还指出：“民主集中制是社会思维学、群体思维的规律。”[⑦] 1994 年 10 月 10 日，在给哈尔滨科技大学曾杰的信中，他认为：“社会思维的规律用一句话，就是我们党的民主集中制！在集中指导下的民主，在民主基础上的集中。……这一条非常重要，它关系到我国社会主义建设的大业！”[⑧]

戴汝为院士指出：“社会思维学正是一门研究人作为集体思维的规律及其与集体思维的相互关系、相互作用的科学。”[⑨]

卢明森教授在综合汲取了国内外学者特别是曾杰、高钟力、丁润生等人关于社会思维规律研究成果的基础上，提出他关于社会思维规律的见解。他认为，社会思维的基本规律主要有三条：“一、结构优化律”，

---

① 《列宁全集》第 55 卷，人民出版社 1990 年版，第 311 页。

② 同上书，第 201 页。

③ 同上书，第 308 页。

④ 同上书，第 207 页。

⑤ 《毛泽东选集》第 1 卷，人民出版社 1991 年版，第 286 页。

⑥ 涂元季主编：《钱学森书信》第 3 卷，国防工业出版社 2007 年版，第 204 页。

⑦ 涂元季主编：《钱学森书信》第 8 卷，国防工业出版社 2007 年版，第 90 页。

⑧ 同上书，第 401 页。

⑨ 总装备部科技委、总装备部政治部：《钱学森学术思想研究论文集》，国防工业出版社 2011 年版，第 507 页。

"二、争辩互补律","三、整体效应律"。①

张树相编审指出:"根据社会思维的本质特征,可以把社会思维的基本规律初步概括为6条,即交流互补规律、感应认同规律、民主集中规律、整体效应规律、接力承续规律和周期演进规律。这6条基本规律相互联系,并以民主集中规律为核心。"②

笔者认为,上列诸位学者关于社会思维规律的观点各有贡献,很有启发。笔者以为,社会思维的规律可否概括为如下几条:

1. 民主集中规律

社会思维过程中,参与讨论的思维主体,不论职位高低,年龄大小,见解深浅、对错,大家平等交流,自由讨论,畅所欲言,各抒己见。在充分讨论的基础上,集中那些接近真理的意见、看法,然后再次在集中指导下深入讨论。如此循环往复,一次比一次更正确、更深刻。这就是社会思维过程中民主集中的运行规律。

2. 优势互补规律

社会思维过程中,大家在交流、讨论、争辩的过程中,一方面,各展所长,一方面,优势互补。参加讨论的每个人都尽量吸取别人看法的长处,在贡献自己智慧的同时弥补自己的不足。这样,整个社会思维过程中,所获得的整体思维结果就是优势互补的思维结晶。这就是社会思维过程中优势互补的规律。

3. 动态协同规律

整个社会思维过程是动态发展的辩证过程。在这一过程中,大家各抒己见,但不是各自为政,而应动态协同。这就要求,在讨论过程中,按照民主集中规律、优势互补规律,协同整个社会思维过程,同时,应当按照整体优化的要求,动态协同整个社会思维过程,以逼近优化的思维结果的目标。这就是社会思维的动态协同规律。

4. 整体优化规律

社会思维的过程,应当事前设计好整体优化的目标。在思维过程中,经过民主集中、优势互补、动态协同,逼近思维过程原定的或修改了优化

① 卢明森:《思维奥秘探索——思维学导引》,北京农业大学出版社1994年版,第439—448页。

② 赵光武主编:《思维科学研究》,中国人民大学出版社1999年版,第445页。

目标。在整个社会思维过程中，整体优化的目标，既规范、制约着整个思维过程，又是整个思维过程所应逼近或实现的思维结果。这就是社会思维的整体优化规律。

（五）社会思维的意义

社会思维具有重要而深刻的理论意义和实践意义。概要说来，至少有如下几个方面：

1. 体现了集体智慧的结晶

我们的党中央、国务院、全国人大、全国政协，在作出理论创新、战略决策、路线、方针、政策和各种规划、纲要和计划的过程中，都需要运用社会思维，形成集体智慧的结晶。例如，确定科学发展观，构建社会主义和谐社会，全面建成小康社会，实现中华民族伟大复兴的中国梦，以及在区域发展战略方面实施东部率先发展，中部崛起，东北振兴，西部开发等重大战略决策的过程中，无一不是运用社会思维，经过反复论证，集中集体智慧而作出的战略选择。

地方各级党组织、政府、人大、政协以及各行各业的党组织和领导机构，在贯彻执行中央的理论、路线、方针、政策、规划、纲要、计划的过程中，结合各地方、部门和单位的实际，创造性地作出具有自身特点的实施部署。在这一过程中，也必须运用社会思维，集中各方面的智慧，从而作出既符合全国统一性的要求，又体现自身特殊性的实施方案，取得社会实践的优化成果。

在学术组织中，经过自由的讨论，形成了一定的共识，这也体现了运用社会思维，集中集体智慧的结晶。

2. 促成集体智慧的涌现

现代社会在大自然观、大科学观、大实践观的时代条件下，在科学技术既高度分化又高度综合而以综合为主的整体化趋势的过程中，自然科学、人文科学、社会科学、交叉科学、技术科学、工程应用等领域，固然不否认皓首穷经、单兵作战的研究方式，但作为时代特点体现的是科学共同体的集体攻关。在这种集体攻关的过程中，运用社会思维，实施思维系统工程，集中各方面的智慧，从而达到集体智慧的涌现，取得重大的科研成果，为社会主义现代化建设事业服务。这是体现时代特点和发展趋势的社会思维的重要的理论意义和实践价值之所在。

3. 贯穿于现代科学方法论的内在过程

现代科学方法论的一个突出方面，是从定性到定量综合集成法、从定性到定量综合集成研讨厅体系以及总体设计部方法。这些现代科学方法论的内在过程都要运用社会思维，实现思维系统工程，是辩证思维的体现。

什么是从定性到定量综合集成法？钱学森院士指出："这里讲的系统工程方法是从定性到定量的综合集成……方法，就是让专家们充分地发表不同的建议与意见，吸收过来，然后在众多专家建议和思路的基础上，综合起来，以专家的智慧建立上百个、几百个参数的模型，再进行运算。……采用这种系统工程的研究方法，对诸如社会主义建设中的大问题作为一个开放的复杂巨系统进行研究，得出来的结论才能令人信服。这种研究方法，就是从定性到定量的综合集成法。"①

关于从定性到定量综合集成研讨厅体系，钱学森院士认为："这个研讨厅体系的构思是把人集成于系统之中，采取人·机结合，以人为主的技术路线，充分发挥人的作用，使研讨的集体在讨论问题时互相启发，互相激活，使集体创见远远胜过一个人的智慧。通过研讨厅体系还可把今天世界上百千万人的聪明智慧和古人的智慧（通过书本的记载，以知识工程中的专家系统表现出来）统统综合集成起来，以得出完备的思想和结论。这个研讨厅体系不仅具有知识采集、存储、传递、共享、调用、分析和综合等功能，更重要的是具有产生新知识的功能，是知识的生产系统，也是人·机结合精神生产的一种形式。"② 这种从定性到定量综合集成研讨厅体系，是按分布交互网络和层次结构来建设的动态机制，是一种具有纵深层次、横向分布、交互作用的矩阵式的研讨厅体系。这种系统通过人—机交互，反复对比，逐次逼近，实现感性认识到理性认识、由定性到定量的转化，达到定量认识，再上升到更高层次的新的定性认识。这是动态思维过程中运用社会思维所达到的辩证的思维结论。

关于总体设计部，钱学森院士指出："总体设计部由多部门、多学科的专家组成，在以计算机、网络和通信为核心的高新技术支持下，对社会主义现代化建设的各种问题，进行总体分析、总体论证、总体设计、总体规划、总体协调，提出具有可行性和可操作性的配套的解决方案，为决策

① 钱学森：《创建系统学》（新世纪版），上海交通大学出版社2007年版，第87—88页。

② 同上书，第202—203页。

者和决策部门提供科学的决策支持。”[①]

这些现代科学方法论的实施过程，都内在地贯穿着社会思维机制作用。由此可见，社会思维贯穿于现代科学方法论的内在过程。

4. 内化于人们社会交往的思维过程

人们在社会交往过程中，一般地说，都处在社会思维的过程之中。一方面，个人与他人、集体的交往过程（交流、讨论、争辩）中，运用社会思维，博采众长，消化吸收，融会贯通，综合创造，作出精神方面的贡献。这种情况表明，这样的过程也是社会思维的体现。因为研究者要总结此前的和同时代人的思维成果，要与别人交流并吸取别人的看法，作出自己的思维见解。另一方面，也是最主要的，人们在集体交往（交流、讨论、争辩）过程中，进行社会思维，社会集体在社会思维规律的作用下，在辩证互动的过程中，集中大家的智慧，取得社会思维整体优化的思维成果。这种成果仍须在实践—认识—再实践—再认识的认识运动总规律的作用过程中，不断前进，辩证发展，以期取得对规律的复杂的、动态的网络系统的深层次认识，从而达到对理性认识的复杂的、动态的网络系统的深层次把握，以促进社会实践的发展和社会认识的进步。

六　模糊思维

模糊思维是思维学中一种重要的思维方式。模糊思维在社会高层决策中，在哲学、美学以及文学艺术领域中，尤其具有巨大的作用。过去，对模糊思维的理论研究重视不够，因而这方面的研究成果不是很多。当然，在人类思维史上，古今中外的历史文献中关于模糊思维的思想资料非常丰富、深刻，但缺乏系统、科学的研究。近几十年来，随着现代科学技术和人文科学、社会科学、系统科学、复杂性科学等的进步以及社会实践的发展，人们开始重视对模糊思维的研究，并且取得了令人欣喜的理论成果。

拙著《走向智慧——现代科学与马克思主义哲学新探》。第四章《现代科学与唯物辩证法（下）》中的第八节《模糊思维方法及其理论意义》，虽然对模糊思维作了初步探讨，但那里的论述比较简略，似有稍加展开的必要。所以，本章专列一节对模糊思维加以考察。

---

① 钱学森：《创建系统学》（新世纪版），上海交通大学出版社 2007 年版，第 202 页。

（一）模糊思维方式及其客观根据

国内外学者对模糊思维的探讨近几十年来一直在积极地进行，对模糊思维的客观根据也一直在深入的研究，并且取得了许多有价值的成果。

1. 什么叫模糊思维方式

古今中外，人们对模糊思维方式作过不同领域、不同水平的积极探讨，积累了许多关于模糊性、模糊思维方式的有价值的文献记载。但是，真正在现代科学意义上探讨模糊思维方式的，直到20世纪中叶以后才开始。

（1）国外学者的见解。1965年，美国著名学者L. A. 查德（L. A. Zadeh）在创立“模糊集合”（Fuzzy Sets）以前，就提出过“模糊思维”（fuzzy thinking）的概念。

日本学者寺寿野郎发表《模糊工程学——新世纪思维方法》（此书中译本1991年由辽宁大学出版社出版），对模糊思维作了很多有益的探索。

1993年，B. 考斯科（B. Kosko）发表《模糊思维：模糊逻辑的新科学》，从哲学上考察了模糊思维的种种问题。它是现今世界上研究模糊思维的第一本学术专著，因而具有很高的文献价值。

（2）国内学者的看法。国内学者自从20世纪70年代中期将模糊数学、模糊思维介绍进来，逐渐形成了研究模糊思维的热潮。大致上从三个方面来研究模糊思维。

第一个方面是从数学和语言学角度研究模糊思维。如北京师范大学著名模糊数学家汪培庄教授于1985年发表专著《模糊集与随机集落影》，对模糊思维的研究提供了丰富的内容和有益的探索。另一位模糊数学家陈世权先生发表论文《论模糊性及其数学问题》，对模糊思维的研究也提供了很有价值的可供借鉴的看法。我国第一位从语言学角度来研究模糊思维的学者，是北京师范大学的伍铁平教授。他于1993年发表论文《论人脑同电脑的“思维”，自然语言同电脑“语言”的区别》，提出了一些对研究模糊思维很有参考价值的独到见解。此后不久，他发表了《模糊语言学》专著，对研究模糊思维作出了许多有益的探索并提供了成功的范例。

第二个方面是从哲学角度来研究模糊思维。如武汉大学的李晓明先生发表专著《模糊性——人类认识之谜》，从认识论角度探讨了模糊思维的许多问题。程文超先生的长文《模糊思维：东方智慧之光》，提出了许多对研究模糊思维有启示性的见解。

第三个方面是从思维科学特别是从思维学的角度来研究模糊思维。如：中国人民大学苗东升教授的《模糊学导引》《模糊思维》，荣开明等人的《现代思维方式探略》，孙连仲等人的《模糊思维》。这些著作都探讨了模糊思维的问题，对研究模糊思维提供了有益的启示。

下面，着重就苗东升教授的论著，介绍国内学者对模糊思维的看法，重点了解关于什么是模糊思维的观点。

什么叫模糊思维？苗东升教授认为："模糊思维是通过对有关对象的模糊信息用模糊的方式进行加工来揭露事物的本质。越是复杂多变的事物，模糊思维发挥作用的可能性越大。""模糊思维是建立在模糊逻辑的基础上，使用模糊概念、模糊判断和模糊推理进行思维。""模糊思维使用具有强烈模糊性的自然语言，利用语词的模糊性、歧义性和不严格符合语法结构的句子，把握和表达事物的模糊性。""模糊思维不追求条分缕析地刻画事物，而着眼于事物的整体特征和主要方面，用近似的方式勾勒事物的轮廓，估测事件的进程，作出近似的、有灵活性的结论。"[①] 在《思维科学研究》中，苗东升教授指出："模糊思维主要研究模糊性这种不确定性，阐明模糊性在人类思维中的作用、意义以及人脑处理模糊性的原理和规则。""所谓模糊思维，是在保留反映对象本质特征之模糊性的前提下运作的思维方式，或者说是以把握事物的模糊性为目标而运作的思维方式。""模糊思维力求通过模糊现象把握模糊事物的本质，使思维达到清晰化，但不追求精确化。""教师的全部思维活动……以把握模糊性、使之清晰化为目标。这就是模糊思维。"[②]

（3）笔者的观点。笔者认为，所谓模糊思维方式，是指思维主体在思维过程中，以反映思维客体的模糊性为特征，并使思维过程运用非精确性的认识方法而达到思维结果的清晰性的一种思维方式。

2. 模糊思维方式提出的根据

模糊思维方式的提出，既有客观世界和实践过程的根据，又有精神领域的根据。

---

① 苗东升：《模糊学引导》，中国人民大学出版社 1987 年版，第 183 页。

② 赵光武主编：《思维科学研究》，中国人民大学出版社 1999 年版，第 467—469 页。

（1）客观世界和实践过程存在着模糊性。客观世界存在着模糊性，表现为连续变化的过渡性，变化过程中的亦此亦彼性，而不是截然分开的非此即彼。

实践过程是复杂的动态网络系统，其间一个重要特点是连续变化的过渡性，变化过程中的亦此亦彼性。例如，当实践过程处于量变过程而未达到根本质变的临界状态时，往往就存在着这种过渡性和亦此亦彼性。

而且，客观世界和实践过程中都存在着复杂的信息网络系统。这种复杂的信息网络系统不仅存在着信息背后的信息，而且存在着信息变化过程的过渡性，变化过程中的亦此亦彼性。这也是构成模糊思维方式得以提出的一个重要的客观根据。

（2）现代科学揭示出客观对象和科学认识的模糊性。1965 年，美国著名应用数学家 L. A. 查德提出了"模糊集合"的概念。在模糊集合中，一个元素不再是要么属于这个集合要么不属于这个集合，即取 0 或 1 的简单的非此即彼的情况，而是有一个表示属于这个集合或不属于这个集合的数量指标，即取 0 和 1 之间的所有实数值，这种数量指标叫作"隶属度"。这种"隶属度"通常是一个比较广泛的模糊变量。人们在模糊集合上逐步建立运算、变换规律，开展有关的理论研究，就有可能构造出研究客观世界中的大量模糊现象的数学模型，发展出对看来是复杂的模糊系统进行清晰性的描述和处理的数学方法。

在模糊数学的基础上，现代科学相继发展出了模糊信息、模糊算法、模糊逻辑、模糊决策、模糊控制等理论和方法。这些理论和方法目前仍处于发展过程之中，同时，它们又获得了广泛、有效的应用。其中，尤以模糊逻辑、模糊决策和模糊控制等理论和方法的研究与应用更为突出。而模糊决策、模糊控制是奠立在模糊逻辑的基础之上的。那么，什么叫模糊逻辑呢?《中国大百科全书》指出："模糊逻辑（fuzzy logic）非经典逻辑的一个领域，也是多值逻辑的继续。亦译弗晰逻辑。……弗晰逻辑或模糊逻辑研究弗晰命题之间的推演关系。这里所说的推演关系，不仅是经典的推演关系，而且也可以是弗晰的非经典的推演关系。""弗晰逻辑的基本内容包括逻辑基础、弗晰算法、弗晰模型和弗晰集合公理等理论研究及其应用。"①

① 《中国大百科全书》（哲学卷 I），中国大百科全书出版社 1987 年版，第 629 页。

现代科学的发展进程，不仅揭示出客观对象的模糊性，而且也揭示了科学认识的模糊性。这就为模糊思维方式的提出提供了现代科学基础。

（3）文化领域早就有关于模糊性的探索。举其要者，大致有下列三个方面。

首先，文学特别是诗学创作和研究中体现并揭示出模糊性。中国国学大师季羡林教授阐述了模糊的思维方式在文学创作中的表现。① 我国晋代陶渊明在其《饮酒》诗中就杰出地运用了模糊思维方式来揭示“心远地自偏”，“此中有真意，欲辨已忘言”的模糊意境。中国美学大师宗白华教授对此评点说：“‘心远地自偏’的陶渊明才能悠然见南山，并且体会到‘此中有真意，欲辨已忘言’。可见艺术境界的空并不是真正的空，乃是由此获得‘充实’，由‘心远’接近到‘真意’。”② 我国宋代诗人梅尧臣曾对欧阳修说：优秀的诗篇应当“意新语工”，“必能状难写之景如在目前；含不尽之意见于言外”。诗词创作贵在有“象外之旨”“韵外之主”“情景交融”“词近旨远”，总之，要深涵内蕴，而不能直白浅露。我国著名学者袁行霈教授指出：“得其意，忘其言，沉浸于一个想象的世界之中，才能充分享受那鉴赏的乐趣。”③ 这是对运用模糊思维方式塑造出高雅、深蕴的艺术境界之鉴赏意义的深切体悟。

其次，禅家和禅学主张“参禅”“禅悟”，这也体现了高层次模糊思维的活动。“参禅”“禅悟”“妙悟”“彻悟”，这种“悟”是“一种思维活动”。④ 禅家主张通过“参禅”“禅悟”“妙悟”“彻悟”，达到物我两忘、空灵虚净的境界。这种思维活动和思维方式就其根本性质而言，是否定了人们在实践基础上的认识活动，而主张主观内省的方法，因而是一种主观唯心主义的认识论。但是，就思维方式来说，这种通过“悟”而把握“道”、把握对象的方法仍然具有重要的借鉴意义，特别是对于研究模糊思维活动、模糊思维方式当更具有深层的启迪意义。

不仅如此，而且作诗与参禅、诗与禅更有内在贯通之处，这对于我们研究模糊思维方式更具有深层次的意义。苏轼在《夜直玉堂携李之仪端叔诗百余首读至夜半书其后》中有诗句：“暂借好诗消永夜，每逢佳处辄

① 季羡林：《东方文化与东方文学》，《文艺争鸣》1992年第4期。

② 宗白华：《美学散步》，上海人民出版社2000年版，第27页。

③ 袁行霈：《中国诗歌艺术研究》，北京大学出版社1987年版，第81页。

④ 季羡林：《禅与东方文化》，商务印书馆国际有限公司1996年版，第9页。

参禅。”李之仪字端叔，他的《姑溪集》中有一首《赠祥瑛上人》，其中诗句为“得句如得仙，悟笔如悟禅”。范温在《潜溪诗眼》中认为：“识文章者，当如禅家有悟门。夫法门百千差别，要须自一转语悟人。如古人文章直须先悟得一处，乃可通其他妙处。”严羽指出：“大抵禅道惟在妙悟，诗道亦在妙悟。”钱锺书先生认为：“了悟以后，禅可不着言说，诗必托诸文字。”① 苗东升教授指出：“作诗与参禅的共同点不但在于都使用模糊语言，还在于都运用模糊思维，而且两者都是高层次的模糊思维，现在的模糊数学完全无法描述它们。”② 袁行霈教授对诗与禅在思维方式上的内在贯通之处及其对现代思维的借鉴意义，说了一段很好的话：“诗歌的创作和欣赏是一种奇妙的思维方式，我们生在科学昌明的今天，尚且不能完全揭示其中的奥秘，不能运用心理实验和理论推导以建立创作论和欣赏论的科学体系，何况古人呢？借用禅家唯心主义来喻诗，并不是科学的方法，也远没有解决创作和欣赏过程中的心理分析问题，但在古代仍不失为聪明人想出来的聪明办法。如以宽容的态度视之，其中的经验和教训，对我们都会有启发的。”③

最后，古代哲学文化中蕴含着模糊性的思想。例如，老子的《道德经》中关于“道”的论述，就蕴含着深刻的模糊性的思想。老子认为：“道”是一种惚兮恍兮、恍兮惚兮、惟恍惟惚、不可名状的东西，这种东西混沌、朦胧、模糊，但可演化出天地万物来，“道生一，一生二，二生三，三生万物”。《周易·系辞上》：“子曰：‘书不尽言，言不尽意。’然则圣人之意其不可见乎？”“子曰：‘圣人立象以尽意，设卦以尽情伪，系辞焉以尽其言。’”庄子在他的多篇文章中谈到了言与意的关系，其中蕴含着深刻的模糊性的思想。例如，庄子在《天道》篇中说：“语有贵也，语之所贵者意也。意有所随，意之所随者，不可以言传也。”他在《秋水》篇中指出：“可以言论者，物之粗也；可以意致者，物之精也。言之所不能论，意之所不能察致者，不期精粗焉。”在《外物》篇中，庄子认为：“言者所以在意，得意而忘言。吾安得夫忘言之人而与之言哉！”

从以上三个方面的考察，即客观世界和实践过程存在着模糊性，现代

① 钱锺书：《谈艺录》（补订本），中华书局1984年版，第101页。

② 赵光武主编：《思维科学研究》，中国人民大学出版社1999年版，第470页。

③ 袁行霈：《中国诗歌艺术研究》，北京大学出版社1987年版，第114页。

科学揭示出客观对象和科学认识的模糊性，文化领域中早就有关于模糊性的探讨，可以看出，模糊思维方式的提出是有充分的客观根据的。

（二）模糊思维方式的主要内容

模糊思维方式的内容非常丰富，也极为深刻。国内外学者对此正处于有益的探索之中。根据笔者思考所及，模糊思维的内容，目前至少可以概括为如下四个方面。

1. 反映和建构思维客体的模糊性

思维主体在思维过程中既要反映思维客体的模糊性，也要建构思维客体的模糊性，并且应当把反映和建构统一起来。

就人类思维主体来说，客观世界和实践过程的模糊性是构成思维客体模糊性的客观根源。因为客观世界和实践过程一旦成为思维客体的时候，它们的模糊性就成为思维主体在思维过程中应当对之反映的思维客体的模糊性。就群体思维主体和个体思维主体来说，不仅应当反映作为思维客体的客观世界和实践过程的模糊性，而且也应当反映作为思维客体的精神领域（包括精神活动过程、精神活动成果等）的模糊性。

思维主体不仅应当反映思维客体的模糊性，而且也应当发挥思维主体的能动性（当然，思维主体反映思维客体的模糊性，也应当发挥其自身的能动性），建构思维客体的模糊性。这种建构过程，既可以是将某些精确元素与模糊元素加以整合、匹配，使之更为模糊，从而产生气象万千、意蕴无穷的思维效果，也可以把各种模糊元素加以整合、匹配，提高模糊度，从而产生出模糊混沌、蕴含无穷的思维效果。前者例如，温庭筠的诗句“鸡声茅店月，人迹板桥霜”。诗中所说的这6种事物既有精确元素，也有模糊元素。然而，诗人把它们整合、匹配在一起构成诗句，就创造出音韵铿锵、意象具足、模糊恍惚、气韵无穷的美学意境来。季羡林教授认为：“这两句诗10个字列举了6件东西，全是名词，没有一个动词。用西方的语法来衡量，连个句子都成不了。这6件各不相干的东西平铺直叙地排列在那里。它们之间的关系一点也不清楚，换句话说就是模模糊糊。”[①]后者，仍以陶渊明的《饮酒》诗为例。其诗曰：

① 季羡林：《东方文化与东方文学》，《文艺争鸣》1992年第4期。

结庐在人境，而无车马喧。
问君何能尔，心远地自偏。
采菊东篱下，悠然见南山。
山气日夕佳，飞鸟相与还。
此中有真意，欲辨已忘言。

陶渊明把各种相关的模糊元素整合、匹配在一起，提高全诗意境的模糊度，令人猜度不尽，遐思无穷。苏轼在《东坡题跋》卷中评论陶渊明的诗是“境与意会”。恐怕这首诗可以算作这种“境与意会”的一个典型范例。

2. 思维过程和思维方式的模糊性

思维主体在运用模糊思维方式于思维过程时，其思维过程本身也具有模糊性。思维过程不仅应当反映思维客体的模糊性，即思维客体的连续变化的过渡性、变化过程中的亦此亦彼性和复杂的信息网络系统的连接、交织的模糊性，而且应当建构思维客体的模糊性。这种建构不仅可以把各种相关的精确元素与模糊元素加以整合、匹配，提高其模糊程度，并且产生出整体把握模糊性而达到全局清晰性的思维效果，而且可以把各种相关的模糊元素加以整合、匹配，使组合后的思维客体的模糊程度深化、升华，从而产生出整体更加模糊而全局却更为清晰的思维效果。这样看来，思维过程的模糊性将更能获得整体上的高层与深层清晰的思维效果。

思维主体在思维过程中所运用的思维方式多种多样，而且变化万千。怎么样把这些思维方式优化地组合起来，使之在反映和建构思维客体的模糊性的过程中，思维方式也达到模糊化的要求，这是思维方式研究中的一项深层次的前沿问题。随着系统科学、复杂性科学和思维科学等现代科学的迅猛发展和深入前进，思维方式的模糊性的研究，其迫切性和可能性也日益显示出来。思维主体在思维过程中，应当自觉地贯彻思维辩证法的要求，在反映和建构思维客体的模糊性的过程中，把各种相关的思维方式按模糊性的要求，将它们优化地组合起来，并且使之动态协同，即使思维方式在更复杂、更深入的层次上模糊起来，又使模糊思维过程在反映和建构思维客体的模糊性的过程中，更能高层的、深入地达到整体模糊性而全局清晰性的思维要求。

3. 模糊思维的网络性与相对性

模糊思维的网络性，植根于客观世界和实践过程的模糊性的网络性、科学认识中的模糊性的网络性以及整个文化领域中的模糊性的网络性。

客观世界和实践过程中的模糊性，是呈现为网络分布和动态过程的。从横向来看，其模糊性不仅有层次之分，而且有深浅之别；从纵向来看，其模糊性在客观世界和社会实践的动态发展过程中，也有一个逐渐显露、深化的发展过程。同时，客观世界和实践过程中的复杂的信息网络系统的模糊性，也存在着类似于上述纵横交错的网络性。这样看来，模糊思维的网络性，首先根源于客观世界和实践过程中的模糊性的网络性。

科学认识中的模糊性也不是一个层次、一个平面的东西，而是呈现为纵横交错的网络式的分布和辩证发展的动态过程。模糊数学所揭示的模糊性，用“隶属度”来表征和刻画的这种模糊性，相对说来是最初意义上的模糊性，也是较低层次上的模糊性。模糊逻辑、模糊决策、模糊控制，其模糊性要比模糊数学用“隶属度”来表征和刻画的模糊性更为复杂、更加深刻。因此，反映科学认识中的这种模糊性的网络性，这也是模糊思维的一个重要的根源。

整个文化中的模糊性，更是呈现为网络分布和动态过程的。前已述及，诗学与禅学中的模糊性是高层次的模糊性，是无法用认知心理学的实验方法和模糊数学的“隶属度”来加以把握的。而且，诗学和禅学中的模糊性本身也是复杂的，有不同层次之分和深浅之别。更何况，哲学领域的模糊性更是最高层次的模糊性，如前引老子《道德经》中关于“道”的模糊性的论述。这种哲学领域中的模糊性的网络性，更是模糊思维的网络性的深层根源。

这样看来，模糊思维的网络性，不仅有其充分的客观根源，而且也构成模糊思维的深层的重要内容。

模糊思维不仅具有网络性，而且模糊思维也有其相对性。这种相对性表现为广度、深度、复杂度上的条件性。

一种情况是精确性与模糊性的相对性。例如，一位年轻人去拜见一位老教授，老教授见了这位年轻人很高兴，说：“你就 20 多岁吧！”这是一种模糊性的认识。年轻人回答说：“我 27 岁了，是博士生二年级。”这是一种精确性的认识。老教授说：“不像，不像，也就 20 出头的样子。”这也是一种模糊性的认识。可见，对同一对象的认识，其精确性与模糊性存在着相对性，在一定条件下，两者可以相互转化。

另一种情况是，同一对象既包含精确元素，又包含模糊元素，复合成整体后其模糊性更提高了。例如，杜甫《绝句四首》中有诗句：

两个黄鹂鸣翠柳，一行白鹭上青天。
窗含西岭千秋雪，门泊东吴万里船。

其中，两个黄鹂是精确元素，一行白鹭既可算作精确元素，因为是“一行”，也可算作模糊元素，因为究竟是多少只白鹭，不清楚。其他都是模糊元素。诗人把这些相关的精确元素与模糊元素组合到一首诗里，就创造出声色并茂、情景交融的美学意境，取得了令人追索不尽、体味无穷的思维效果。

再一种情况是，思维主体把思维客体的模糊元素整合、匹配到一个思维系统（如一件作品）里，提高其模糊度，获得意想不到的思维效果。例如，唐朝诗人张说《和尹从事懋泛洞庭》诗：

平湖一望上连天，林景千寻下洞泉。
忽惊水上光华满，疑是乘舟到日边。

诗人把各种相关的模糊元素组合到一首诗里，提高其整体的模糊度，创造出恍惚、清晰的艺术意境，蕴含着情景交融、思索无限的美学意趣，取得了令人惊羡的思维效果。

4. 思维主体把握模糊性的能动性

思维主体在思维过程中，运用各种思维方式以反映和建构思维客体，都要发挥主观能动性。但是，由于运用模糊思维方式于思维过程时，思维主体的主观能动性显得更加突出、更为重要，所以，我们把这个问题单列出来加以探讨。

马克思在《1844年经济学—哲学手稿》中认为：劳动者在制造劳动产品，以静的形式（制成品——包括物质产品和精神产品）反映着劳动的过程（劳动者在制造产品时智力和体力支出的劳动过程），劳动产品凝结着劳动者的主观状态；劳动者可以从劳动产品中反观主体自身。这是说，劳动者所制造的劳动产品与劳动者自身的主观状况密切相关。毛泽东指出："认识的能动作用，不但表现于从感性的认识到理性的认识之能动的飞跃，更重要的还须表现于从理性的认识到革命的实践这一个飞跃。"①毛泽东这里强调能动性在认识世界和改造世界过程中的作用。就认识世界来说，思维主体的思维过程与认识过程是内在贯通的，因此，能动性在思维过程中也具有特别重要的作用，尤其是因为模糊思维方式不仅要反映思维客体的模糊性，而且要建构思维客体的模糊性，把各种相关的精确元素与模糊元素、模糊元素与模糊元素分别地整合、匹配起来，提高其模糊度，构成具有更高模糊程度的模糊思维客体。这样，思维主体在模糊思维过程中，主观能动性就具有更加特殊的重要意义了。宗白华教授在《美学散步》中指出："从直观感想的模写，活跃生命的传达，到最高灵境的启示，可以有三层次。蔡小石在《拜石山房词》序里形容词里面的这三境界极为精妙：夫意以曲而善托，调以杳而弥深。始读之则万萼春深，百色妖露，积雪缟地，余霞绮天，一境也（这是直观感相的渲染）。再读之则烟涛，澒洞，霜飙飞摇，骏马下坡，泳鳞出水，又一境也（这是活跃生命的传达）。卒读之而皎皎明月，仙仙白云，鸿雁高翔，坠叶如雨，不知其何以冲然而澹，翛然而远也（这是最高灵境的启示）。江顺贻评之曰：'始境，情胜也。又境，气胜也。终境，格胜也。''情'是心灵对于印象的直接反映，'气'是'生气远出'的生命，'格'是映射着人格的高尚格调。"②

宗白华老先生在这里强调"情"和"格"的重要，亦即强调认识主体的主观能动性的重要。素以"盛唐气象，少年精神"自勉的著名文学大师、北京大学林庚教授在给袁行霈教授的《中国诗歌艺术研究》所作的《序》中指出："人之会心，或囊括宇宙，或隐人针锋，灵犀脉脉，若相问答。行霈为学多方，长于分析，每触类而旁通，遂游刃于群艺，尝倡边缘之学；举凡音乐、绘画、宗教、哲学，思维所至，莫不成其论诗之注脚。"③林庚先生这里也强调"人之会心""灵犀脉脉""触类而旁通""游刃于群艺"之模糊思维及其中之能动性的重要性。

所以，只要思维主体具有正确的世界观、人生观、价值观、科学观、

① 《毛泽东选集》第1卷，人民出版社1991年版，第292页。

② 宗白华：《美学散步》，上海人民出版社2000年版，第74—75页。

③ 袁行霈：《中国诗歌艺术研究》，北京大学出版社1987年版，序I。

审美观和科学合理的知识结构、思维方式、心理素质等高度优化的综合素质，在思维过程中才能得心应手地运用模糊思维方式，反映着和创造出模糊思维客体的模糊性，以收到总体清晰的思维效果。

（三）模糊思维方式的重要意义

模糊思维方式具有多方面的重要意义，概括地说来，至少有如下这些。

1. 有助于揭示客观世界的模糊性

客观世界具有模糊性，当人们还未提出模糊思维方式以前，或者在思维过程中自发地应用模糊思维方式以前，只拘守于运用非此即彼的二值思维方式，那时对具有模糊性的客观世界茫然无知，不得要领。当人们应用了模糊思维方式，特别是当人们提出了模糊思维方式以后，思维主体在思维过程中自觉地应用了模糊思维方式，就可以对客观世界的模糊性加以认识，而且可以揭示出客观世界模糊性的网络性与相对性。这样，人们对客观世界的了解，从认识史上来说，就大大地拓宽、深入、前进了。

2. 促进对实践过程的模糊性的把握

人们应用模糊思维方式于思维过程，不仅能够反映和建构客观世界和实践过程的模糊性，而且可以通过模糊决策、模糊控制等方法来加深对实践过程的把握。

模糊决策是整个决策系统中一种高级的决策类型和决策过程。一般地说，所谓决策，是指根据已经获得的信息，寻求解决问题的办法，提出方案，作出决断，采取对策。决策过程既是对信息进行处理、作出决断的过程，也是智能控制、决定对策的过程。决策过程具有层次性、网络性和动态性的特点。从决策类型来看，固然有多种多样，但是，常用的而且非常重要的决策往往有相互联系的三种情况：程序化决策、非程序化决策和模糊性决策。程序化决策和非程序化决策是领导人员和领导机构通常采用的决策方法。所谓模糊性决策，则是指介于上述两者之间的一种决策。这种决策，既不是典型的程序化决策，也不是典型的非程序化决策，而是两者兼而有之，或者以前者为主，或者以后者为主。在通常情况下，领导人员和领导机构所要完成的正是这种决策。而且，越是高层的决策，所处理的对象系统越复杂，一般说来，这些系统规模庞大，因素众多，关系复杂，情况多变，随机性很强，模糊程度又高，因此，对这类信息控制系统的处理，单纯地运用程序化决策的方法就往往难以奏效。所以，高级领导人员和高级领导机构的决策，大多注意运用领导艺术和模糊思维方式，来实施决策过程并调整和控制领导机构网络系统的优化运转，同时，使下级部门、地区、单位的决策人员和决策机构，能够根据上级的模糊性决策，并结合本部门、本地区、本单位的实际情况，创造性地作出自己的决策并付诸实施，从而推动社会实践的发展。

模糊控制是根据模糊决策所作出的对实践过程的控制。这种控制能够优化地处理那些由多参数、多变量、多系统、多层次所构成的复杂的动态网络系统的运行过程，使之在模糊控制的过程中向着优化的控制目标逼近。

3. 深化思维过程和思维方式的模糊性

模糊思维方式揭示思维客体的模糊性，使思维过程也具有模糊性，这就大大地深化了思维客体和思维过程的模糊性。恩格斯曾经指出："辩证的思维方法同样不承认什么僵硬和固定的界线，不承认什么普遍绝对有效的'非此即彼!'，它使固定的形而上学的差异互相转移，除了'非此即彼!'，又在恰当的地方承认'亦此亦彼!'，并使对立的各方相互联系起来。"① 模糊思维方式的提出，对恩格斯上述思想是一种继承、丰富和深化。

不仅如此，而且模糊思维方式的提出和应用，还使思维方式增加了新的内容，加深了思维方式网络性的内涵，从而使模糊思维方式大大丰富、深化了思维辩证法的内容。

4. 有助于促进学科融合和弘扬人文精神

自然科学、技术科学在运用从定性到定量综合集成方法等的过程中，更着重于运用数学方法，追求精确性的思维效果。而社会科学、交叉科学（含边缘学科、横断学科和综合学科）和人文科学则在运用从定性到定量综合集成方法等的过程中，比较注意应用模糊思维方式，不追求精确性，而只着重追求思维效果的整体清晰性。

而且，科学的发展愈益呈现出一体化的趋势，这就不仅应当注意运用数学方法、追求精确的思维效果，而且应当注意运用模糊思维等方式方法。诚然，马克思曾经指出：一种科学只有在成功地运用数学时，才算达

① 《马克思恩格斯文集》第9卷，人民出版社2009年版，第471页。

到了真正完善的地步。① 然而，对科学发展的一体化和社会科学、人文科学的突出作用也必须高度重视，并且把它们内在地、辩证地统一起来。马克思早在1844年就曾指出：自然科学与社会科学、人文科学必将交叉、综合，因为“历史本身是自然史的一个现实部分，即自然界生成为人这一过程的一个现实部分。自然科学往后将包括关于人的科学，正像关于人的科学包括自然科学一样：这将是一门科学”。② 列宁于1904年就预言20世纪将会出现更为壮观的“自然科学奔向社会科学的强大潮流”③。20世纪30年代，德国著名科学家M. 普朗克（M. K. E，L. Planck）也认为，科学是内在的整体，它被分解为单独的部门不是取决于事物的本身，而是取决于人类认识能力的局限性。实际上存在着由物理学到化学，通过生物学和人类学到社会科学的连续的链条，这是任何一处都不能被打断的链条。20世纪80年代以来，比利时著名科学家、耗散结构理论创始人、诺贝尔奖获得者I. 普里高津（I. Prigogine）教授联合一批著名科学家，发起组织了重建欧洲社会科学委员会，旨在用社会科学、人文科学教育青年，引导社会，而不能只局限于自然科学。当今世界各国的一些著名大学纷纷改革课程，精简自然科学内容，注意学科间的渗透、融通，加强社会科学、人文科学的教育。这种发展趋势一方面是科学发展的一体化所使然。另一方面，更深层的原因则是人才培养的综合素质的内在要求，其中重要内容之一就是要培养具有包含模糊思维方式的综合思维能力乃至辩证思维水平的新的人才。由此可见，在新的历史条件下，自觉地运用模糊思维方式，将能够促进学科发展的一体化和弘扬人文精神。

5. 融通古今中外文化的复杂性

模糊思维方式的提出和应用，使人们在考察古今中外文化的关系时，能够从复杂性的高度加以融会贯通。古代文化与现代文化不是截然分开，非此即彼，而是存在着深刻的内在联系的。现代文化对古代文化既不应全盘否定，也不应一概吸收，而应当取其精华，去其糟粕，批判地加以继承。对中外文化关系的考察，也应当采取辩证的思维方式，既不应当对外国文化全盘吸收，也不应当对外国文化统统排斥，而应当有分析地借鉴、

① ［法］保尔·拉法格等：《回忆马克思恩格斯》，人民出版社1973年版，第7页。

② 《马克思恩格斯文集》第1卷，人民出版社2009年版，第194页。

③ 《列宁全集》第25卷，人民出版社1988年版，第43页。

吸收。对中国文化，既不应当夜郎自大，闭关锁国，也不应当自我鄙弃，数典忘祖，而应当辩证地加以分析，弘扬精华，不断进步。这种对文化问题考察的方法，就是把文化放在历史发展的过程中，既注意发展过程的过渡性，又注意文化发展时空领域的亦此亦彼性，这正是模糊思维方式的基本特征和重要内容。

同时，在运用模糊思维方式考察和处置古今中外文化的关系时，既应破除欧洲文明中心论，否定凡洋皆香、一切照搬的文化模式，也应摒弃东方文化、中国文化决定论，应当承认世界文化的多元性、复杂性。我们应当博采众长，融会贯通，消化吸收，独立创造，创建出具有中国特色的社会主义新文化。

七　战略思维

战略思维既是思维学的基本内容之一，也是应用思维的核心所在。战略思维在思维过程和实践过程中放射出辩证的智慧的光辉。

党的十七届四中全会作出的《中共中央关于加强和改进新形势下党的建设若干重大问题的决定》指出："中央委员和省部级领导干部要认真研读马克思主义特别是中国特色社会主义建设理论体系的基本著作，切实提高战略思维、创新思维、辩证思维能力，带头探索回答重大理论问题和实践问题。"这是在新的时代条件和社会实践面前，党中央向全党领导干部发出的一项现实性、前瞻性、战略性的号召，具有重大的理论意义和实践意义。

（一）什么是战略思维

要研究战略思维，首先应当了解什么是战略。《方法论辞典》认为："战略，政党和国家在一定历史阶段内根据形势要求规定的全局性的总方针、总任务。"[①] 战略思维是研究战略诸问题的思维过程、思维方法和思维结果之规律性的观念运动。军事科学院原副院长李际钧中将指出："战略思维则是决定战略的主体头脑中的观念运动。"[②]

① 刘蔚华主编：《方法论辞典》，广西人民出版社 1988 年版，第 208 页。
② 李际均：《军事战略思维》，军事科学出版社 1988 年版，第 1 页。

战略思维既包括认识世界的过程，也包括改造世界过程中的深化的思考、谋划的过程。毛泽东在论述中国革命战争的战略问题时，指出："指挥员使用一切可能的和必要的侦察手段，将侦察得来的敌方情况的各种材料加以去粗取精、去伪存真、由此及彼、由表及里的思索，然后将自己方面的情况加上去，研究双方的对比和相互的关系，因而构成判断，定下决心，作出计划，——这是军事家在作出每一个战略、战役或战斗的计划之前的一个整个的认识情况的过程。"[①] 他还认为："中国古代大军事家孙武子书上'知彼知己，百战不殆'这句话，是包括学习和使用两个阶段而说的，包括从认识客观实际中的发展规律，并按照这些规律去决定自己行动克服当前敌人而说的；我们不要看轻这句话。"[②]

所以，战略思维是整个思维过程中研究战略诸问题的思考、谋划过程，既包括认识世界的思维过程，又包括改造世界过程中进一步深入思考、谋划的思维过程。

（二）战略思维的主要内容

战略思维的内容非常丰富。李际钧将军指出："战略思维是多元构成的，是多种思维的综合。"[③] 概要地说，战略思维至少有如下 5 个方面的内容。

1. 整体思维

整体思维是中华民族的优良传统，随着当代社会实践的发展，科学技术的进步，人们思维方式的丰富和深化，整体思维这一作为战略思维重要内容的研究也日益丰富起来。

整体思维是站在战略全局的高度，从整体上思考并解决问题的思维过程和思维方式。毛泽东从马克思列宁主义的普遍原理与中国国情相结合，从战略全局的高度，思考、谋划中国新民主主义革命整体历史阶段全局性的战略问题，开创了独具中国特色的新民主主义革命道路，赢得了中国新民主主义革命的伟大胜利，建立了中华人民共和国。新中国成立后不久，毛泽东又从国际、国内战略全局出发，对中国社会主义现代

① 《毛泽东选集》第 1 卷，人民出版社 1991 年版，第 179—180 页。

② 同上书，第 182 页。

③ 李际均：《军事战略思维》，军事科学出版社 1988 年版，第 3 页。

化建设道路进行了艰辛的探索，作出了许多具有重大的实践意义和深远的历史意义的战略思考和谋划。邓小平在新的历史条件下，从战略高度提出了建设中国特色社会主义的理论，指引着中国人民取得了举世瞩目的伟大成就。江泽民继承、发展了毛泽东思想和邓小平理论，提出了“三个代表”重要思想，引导全党和全国人民建设中国特色社会主义。以胡锦涛为总书记的中央领导集体，根据中国实际的时代特征，从战略全局的高度提出了科学发展观，构建社会主义和谐社会的伟大战略。习近平总书记在党的十八大上提出全面建成小康社会，实现中华民族伟大复兴的中国梦，正指引着中国人民团结奋斗以实现中华民族的伟大复兴。

党中央的战略思维是集体智慧的结晶。这种战略思维不仅综合了中央领导成员的智慧，而且广泛地吸取了全党同志和全国人民的智慧。著名科学家钱学森院士就在战略思维特别是整体思维方面贡献了自己的智慧。他在总结领导国防尖端科技实践经验的基础上，提出了总体设计部方法。他指出：“总体设计部设计的是系统的‘总体’，是系统的‘总体方案’，是实现整个系统的‘技术途径’。”① 他还认为：“总体计设部的实践体现了一种科学方法就是—系统工程！……我国国防尖端技术的实践，已经证明这一方法的科学性。”② 后来，钱学森把这一方法推广开来，应用到整个国家社会主义现代化建设上来。他指出：“要研究大战略，整体的战略……研究整个国家这么错综复杂的关系。”③ “现在提出的整个国家的问题，那就更需要这样一个‘总体设计部’，需要各方面的专家参加。”④ “总体设计部由多部门、多学科的专家组成，在以计算机、网络和通信为核心的高新技术支持下，对社会主义现代化建设的各种问题，进行总体分析、总体论证、总体设计、总体规划、总体协调，提出具有可行性和可操作性的配套的解决方案，为决策者和决策部门提供科学决策支持。⑤ 他还

① 钱学森、王寿云、许国志：《组织管理的技术——系统工程》，《文汇报》1978 年 9 月 27 日。

② 同上。

③ 中共中央组织部等：《迎接新的技术革命》（上），湖南科学技术出版社 1984 年版，第 22 页。

④ 同上书，第 23 页。

⑤ 钱学森：《创建系统学》（新世纪版），上海交通大学出版社 2007 年版，第 202 页。

揩出，毛泽东思想的核心部分就是从整体上来认识问题，把握住它的要害。[①] 面对如此错综复杂的社会主义现代化建设的战略问题，“要从整体上考虑并解决问题。”[②]

江泽民、胡锦涛、温家宝、李瑞环等中央领导同志看望钱学森院士时，征询他对社会主义现代化建设战略目标的意见和建议。这充分体现了党中央在战略问题上，集中集体智慧的民主作风和领导艺术。

2. 阶段思维

这里说的阶段，是指一定的历史阶段。因为战略是党和国家在一定历史阶段内根据形势要求而规定的全局性的总方针、总任务。

在一定的历史阶段内，由社会的基本矛盾、主要矛盾决定的主要任务，是战略思维所要思考、谋划的中心问题。例如，在中国新民主主义革命的历史阶段内，“帝国主义和中华民族的矛盾，封建主义和人民大众的矛盾，这些就是近代中国社会的主要的矛盾。……而帝国主义和中华民族的矛盾，乃是各种矛盾中最主要的矛盾”[③]。当然，在一定历史阶段的若干小的阶段内，由于敌我形势和内外情况的变化，规定该历史阶段的基本矛盾会表现为既相互联系又相互区别的主要矛盾。在中国新民主主义革命的历史阶段内，“无产阶级领导的，人民大众的，反对帝国主义、封建主义和官僚资本主义的革命，这就是中国的新民主主义的革命，这就是中国共产党在当前历史阶段的总路线和总政策”[④]。新中国成立后，进入社会主义时期，1956 年召开的党的“八大”指出：“我们国内的主要矛盾，已经是人民对于建立先进的工业国的要求同落后的农业国的现实之间的矛盾，已经是人民对于经济文化迅速发展的需要同当前经济文化不能满足人民需要的状况之间的矛盾。”[⑤] 因此，“党和全国人民的当前的主要任务，就是要集中力量来解决这个矛盾，把我国尽快地从落后的农业国变为先进的工业国”[⑥]。后来，党和国家把在这个历史阶段内的总战略、总任务规定为实现工业、农业、国防和科学技术的

---

① 钱学森：《创建系统学》（新世纪版），上海交通大学出版社 2007 年版，第 133 页。

② 同上书，第 130 页。

③ 《毛泽东选集》第 2 卷，人民出版社 1991 年版，第 631 页。

④ 《毛泽东选集》第 4 卷，人民出版社 1991 年版，第 1316—1317 页。

⑤ 《建国以来重要文献选编》第 9 册，中央文献出版社 1991 年版，第 341 页。

⑥ 同上书，第 341—342 页。

现代化。

进入改革开放以来的新的历史阶段，邓小平思考、谋划中国发展的总战略是建设中国特色社会主义。江泽民强调以“三个代表”重要思想推进中国特色社会主义总战略的实现。胡锦涛在思考、谋划中国这一历史阶段的总战略、总任务的过程中，根据国内外情况的变化和我国的发展战略的需要与可能，提出了科学发展观、构建社会主义和谐社会的总战略、总任务。习近平同志主持中央工作以来，提出了全面建成小康社会，实现中华民族伟大复兴的中国梦这一总战略、总任务。

3. 动态思维

战略思维是一个动态发展的辩证过程。中国古人就认为：“不谋万世者，不足以谋一时。”社会发展的一定历史阶段的基本矛盾（或主要矛盾）发展到另一历史阶段，社会的基本矛盾（或主要矛盾）变化了，则思考、谋划历史阶段的战略问题的战略思维也应作相应的动态变化。一定历史阶段内的若干小的历史阶段，由于主要矛盾之间既有联系又有区别；因而在思考、谋划各个历史小阶段的战略问题时，战略思维应当根据客观实际情况的变化而作出相应的动态调整。

其实，战略思维的动态性，是植根于马克思主义哲学这片肥沃的土壤之中的。马克思指出：“思维过程本身是在一定的条件中生成的，它本身是一个自然过程，所以真正理解的思维永远只能是同一个的东西，只是随着发展的成熟程度（其中也包括思维器官发展的成熟程度）逐渐地表现出区别。”[①] 恩格斯认为：“辩证法在考察事物及其在观念上的反映时，本质上是从它们的联系、它们的联结、它们的运动、它们的产生和消逝方面去考察的。”[②]“要精确地描绘宇宙，宇宙的发展和人类的发展，以及这种发展在人的头脑中的反映，就只有用辩证的方法，只有不断地注意生成和消逝之间、前进的变化和后退的变化之间的普遍的相互作用才能做到。”[③] 列宁指出：“认识是思维对客体的永远的、无止境的接近。”[④] 这种无止境的接近“是处在运动的永恒过程中，处在矛盾的发生和解决的永恒过程

① 《马克思恩格斯文集》第10卷，人民出版社2009年版，第290页。

② 《马克思恩格斯文集》第9卷，人民出版社2009年版，第25页。

③ 同上书，第26页。

④ 《列宁全集》第55卷，人民出版社1990年版，第165页。

中"[①]，人们的认识、思维应当是一种不断深化、无限前进的辩证过程。列宁认为："人对事物、现象、过程等等的认识深化的无限过程，从现象到本质、从不甚深刻的本质到更深刻的本质。"[②] "人的思想由现象到本质，由所谓初级本质到二级本质，不断深化，以至无穷。"[③]

所以，战略思维是一个动态发展的过程，它应随着客观世界和社会实践中的矛盾的动态网络系统、本质与规律的动态网络系统的不断展开、无限深化而作出相应的动态变化。

4. 系统思维

战略思维中蕴含着系统思维。战略思维应当从战略全局的高度，把矛盾、过程和系统辩证地统一起来进行思考和谋划。所谓系统思维，是指思维主体把思维客体、思维过程和思维方式当做系统来加以思考和处置的一种思维方式。系统思维的重要内容主要包括两个方面：1. 思维主体反映和建构思维客体的系统辩证性；2. 思维过程和思维方式的系统辩证性。由于系统思维具有新颖的内容和明显的特点：交叉协调性、动态主导性、整体优化性，因此，战略思维应当把系统思维当作思考、谋划战略问题时的一种重要的思维方式。

矛盾、过程、系统具有内在一致性，这在马克思主义哲学中有着丰富、深刻的思想。恩格斯指出，"一个伟大的基本思想，即认为世界不是既成事物的集合体，而是过程的集合体"[④]，他还认为："我们所接触到的整个自然界构成一个体系，即各种物体相联系的总体。"[⑤] 他还认为，应当"意识到自然过程的辩证性质"。[⑥] 因为"自然科学现在越来越有必要系统化，这种系统化只能在现象本身的联系中发现"。[⑦] 为此，就必须进行辩证综合和理论思维。只有这样，才能对自然科学"加以系统化"。[⑧] "从而才能"迫使理论自然科学发生革命"[⑨]。不仅如此，而且恩格斯还明

① 《列宁全集》第55卷，人民出版社1990年版，第165页。

② 同上书，第191页。

③ 同上书，第213页。

④ 《马克思恩格斯文集》第4卷，人民出版社2009年版，第298页。

⑤ 《马克思恩格斯文集》第9卷，人民出版社2009年版，第514页。

⑥ 同上书，第15页。

⑦ 同上书，第505—506页。

⑧ 同上书，第15页。

⑨ 同上。

确指出："我们就能够依靠经验自然科学本身所提供的事实，以近乎系统的形式描绘出一幅自然界联系的清晰图画。"[①] 毛泽东认为：矛盾即是过程，即是系统。他指出，"要研究每一个大系统的物质运动形式的特殊的矛盾性及其所规定的本质"，[②] 又说，从感性认识到理性认识，应当"造成概念和理论的系统"。[③] "矛盾即是运动，即是事物，即是过程。"[④] 毛泽东在延安主持讨论"矛盾论"的问题时，曾打算写《过程论》[⑤]，作为《矛盾论》的一章或单独成本，后因领导抗日战争等紧急而重大的军国要务而未能如愿。

所以，战略思维应当运用系统思维，把矛盾、过程和系统辩证地统一起来加以思考、谋划。这样，才能综观全局，把握整体，驾驭趋势，稳操胜券。

5. 综合思维

战略思维应当运用综合思维。综合思维是指运用唯物辩证法，将相关的、不同的事物、现象和过程综合为一种具有新质的客观事物和精神结论的一种思维方式。正因为如此，所以，综合思维的实质是辩证综合和理论思维；恩格斯指出："自然科学现在已经发展得再也不能回避辩证综合了。"[⑥] "自然科学便进入理论领域，而在这里经验的方法不中用了，在这里只有理论思维才管用。"[⑦] 正因为要探索自然、社会、人类思维的发展规律，所以，恩格斯认为："一个民族要想站在科学的最高峰，就一刻也不能没有理论思维。"[⑧] 我国国学泰斗、著名哲学家张岱年教授在20世纪提出的"综合创新论"，既继承、发展了马克思主义哲学的相关思想，也为我们进行战略思维提供了正确的思维方法的指导。20世纪中叶以来，现代科学的迅猛发展日益揭示出自然界更广、更深、更高层次的复杂性与统一性、本质与规律的复杂的动态网络系统，社会实践的复杂的动态网络系统，人类思维也是一种复杂的动态网络系统。因此，战略思维就更应当

① 《马克思恩格斯文集》第4卷，人民出版社2009年版，第300页。
② 《毛泽东选集》第1卷，人民出版社1991年版，第310页。
③ 《毛泽东选集》第1卷，人民出版社1991年版，第291页。
④ 同上书，第319页。
⑤ 参见《全国毛泽东哲学思想讨论会论文集》，广西人民出版社1982年版，第69页。
⑥ 《马克思恩格斯文集》第9卷，人民出版社2009年版，第16页。
⑦ 同上书，第435页。
⑧ 同上书，第437页。

运用综合思维，进行辩证综合和理论思维了。

（三）怎样运用战略思维

运用战略思维，是一种思维网络系统，也是一种思维系统工程。其核心是运用唯物辩证法的思维方法来思考、谋划认识世界和改造世界的过程。

1. 把握全局

战略思维应当站在战略全局的高度，综合协调事物、现象、过程及其内蕴的本质与规律的各方面的关系，从而作出战略上的思考和谋划。中国古人说："不谋全局者，不足以谋一域。"毛泽东在领导中国革命战争的过程中，特别重视研究战争全局的战略问题他指出："战略问题是研究战争全局的规律的东西。"[①]"学习战争全局的指导规律，是要用心去想一想才行的。[②]"战略问题……都是眼睛看不见的东西，但若用心去想一想，也就都可以了解，都可以捉住，都可以精通。"[③] 其实，把毛泽东这里所说的研究战争全局的战略问题的思想，从战略思维的角度考虑，综合不同领域的实际情况，可以融会贯通地、创造性地把这些思想应用到研究经济、政治、文化等领域的战略问题上来。所以，运用战略思维，必须把握全局。就认识世界的全局来说，毛泽东在论述如何认识革命战争的全局问题时指出：应当研究一般战争的规律、革命战争的规律、中国革命战争的规律。[④] 而就改造世界的全局来说，毛泽东指出："一切战争指导规律，依照历史的发展而发展，依照战争的发展而发展。"[⑤] 从战略思维来说，研究改造世界的全局战略问题，在当今历史阶段中国贯彻落实科学发展观、构建社会主义和谐社会、全面建设小康社会、实现中华民族伟大复兴的中国梦的过程中，应当正确认识和优化处置矛盾的复杂的动态网络系统和规律的复杂的动态网络系统，使改造世界的进程从全局的战略高度推动社会主义事业的发展，实现中华民族的伟大复兴。

---

① 《毛泽东选集》第1卷，人民出版社1991年版，第175页。

② 同上书，第177页。

③ 同上书，第177—178页。

④ 同上书，第171页。

⑤ 同上书，第173页。

2. 抓住重点

战略思维应当在把握全局的基础上和过程中抓住全局中的关键，作为战略思考和谋划的重点。毛泽东指出："任何一级的首长，应当把自己注意的重心，放在那些对于他所指挥的全局说来最重要最有决定意义的问题或动作上，而不应当放在其他的问题或动作上。"① 抓住重点，这是唯物辩证法中的两点论与重点论相统一的内在要求，是战略思维思考和谋划如何把握全局、夺取全局胜利的关键所在。当今全党同志和全国人民正在把握全局的基础上和进程中抓住重点的战略思维所要思考和谋划的重点。

3. 增强预见

战略思维应当在把握事物、现象、过程及其本质与规律的基础上，驾驭发展趋势，增强战略预见。马克思、恩格斯当年研究了人类社会特别是资本主义社会的发展规律，指出资本主义的灭亡和社会主义的胜利同样是不可避免的客观规律，共产主义是社会主义发展的必然趋势。全世界的共产党人和劳动人民坚持社会主义、共产主义的正确方向，总结历史经验，必将重振马克思主义的雄风，再造社会主义事业的辉煌。"沉舟侧畔千帆过，病树前头万木春"，这正是社会主义、共产主义事业的光明前景。近年来导源于美国的世界金融危机，使全世界人民上了生动、深刻的一课，他们从危机以及应对危机的过程中，体认到资本主义制度的固有弊端，社会主义制度的巨大优越性，认识到马克思主义依然是科学真理，具有无比强大的生命力。

运用战略思维，增强科学预见，这在中国的革命、建设和改革的过程中也得到了充分的体现。早在土地革命战争时期，当时革命处于低潮，有人提出"红旗能打多久"，毛泽东运用战略思维，分析了当时国内外诸种矛盾，指出"星星之火，可以燎原"②，认为革命高潮很快就会到来，"它是站在海岸遥望海中已经看得见桅杆尖头了的一只航船，它是立于高山之巅远看东方已经光芒四射喷薄欲出的一轮朝阳，它是躁动于母腹中的快要成熟了的一个婴儿"③。抗日战争时期，毛泽东分析了中、日双方各自的特点及其在战争进程中交互作用的规律，指出，抗日战争是"持久战"，

① 《毛泽东选集》第1卷，人民出版社1991年版，第176页。
② 同上书，第97页。
③ 同上书，第106页。

“最后胜利是中国的”。[①] 战争的实践证明了毛泽东的战略思维的科学预见是完全正确的。在解放战争胜利大局已定，新中国成立前夕，毛泽东分析了新中国成立后的内外矛盾和斗争形势，从而“产生了我党一系列的战略上、策略上和政策上的问题”[②]，规划了我党在各方面的战略和策略，指导了新中国在各方面取得了伟大的胜利。邓小平分析了中国社会的主要矛盾，提出了建设中国特色社会主义的理论。江泽民继承、发展了毛泽东思想、邓小平理论，从战略全局的高度提出了“三个代表”的重要思想。以胡锦涛为总书记的新的中央领导集体，提出了科学发展观、构建社会主义和谐社会这一战略全局的总任务。十八大以来，习近平同志提出了全面建成小康社会，实现中华民族伟大复兴的中国梦的战略全局的总任务。这些都是运用战险思维，增强科学预见的光辉典范。

4. 思维方式的辩证化

战略思维是综合思维，是运用多种思维方式于思维过程的一种思维活动。因此，坚持思维方式的辩证化，就成为运用战略思维的核心和灵魂。就战略思维方式运用于思维过程的辩证化来说，它至少需要处理这样几个辩证关系：1. 战略全局的相对性。世界可以是一种战略全局，中国是一种战略全局，部门、地方也可以成为一种战略全局。2. 全局与重点的辩证关系。对于战略家而言，应当抓住全局中之重点，作为解决全局问题的关键。3. 战略与策略的辩证关系。战略是对应于由一定历史阶段的基本矛盾或主要矛盾所规定的基本任务和总的路线，而策略则是在一定历史阶段内，随着内外关系、主客观因素的变化而作出相应调整的方针、政策等内容。4. 战略思维的动态性。战略思维应当随着情况的变化而作相应的变化，尤其是在历史阶段转移的变化过程中，战略家更应当头脑清醒。自觉地适应新的历史阶段而提出新的战略。

所有这些战略思维中的问题，都表明应当坚持思维方式的辩证化。恩格斯指出：“辩证思维方法是唯一在最高程度上适合于自然观的这一发展阶段的思维方法。”[③] 列宁认为：“思维应当把握住运动着的全部‘表象’，为此，思维就必须是辩证的。”[④] 列宁指出：“马克思主义的精髓，马克思

① 《毛泽东选集》第2卷，人民出版社1991年版，第515页。
② 《毛泽东选集》第4卷，人民出版社1991年版，第1430页。
③ 《马克思恩格斯文集》第9卷，人民出版社2009年版，第471页。
④ 《列宁全集》第55卷，人民出版社1990年版，第197页。

主义的活的灵魂：对具体情况作具体分析。”① 这些正是我们运用战略思维时应当遵循的方法论原则。

5. 运用思维系统工程的方法

怎样实现战略思维？应当运用思维系统工程的方法。因为战略思维是一种复杂的动态网络系统，它不仅包括逻辑思维、形象思维、社会思维，还包括直觉、灵感、顿悟、想象、联想、创造性思维、模糊思维等以及种种相关的精神因素（包括种种理性因素和非理性因素）。这是一种思维系统工程。因此，要实现战略思维，就应当运用思维系统工程的方法，来具体地认识和处置思维网络系统中各个要素与整体的关系，思维整体、构成要素与周围环境的关系以及思维网络系统的结构与功能、运行与调控的关系等等，从而在思维过程中达到动态协同、整体优化的效果，在更广、更深、更高的层次上体现战略思维的要求。

（四）战略思维对领导工作的重要意义

战略思维对于领导工作具有十分重要的意义。

1. 推动当代中国总任务、总路线的实现

当代中国的总任务、总路线是贯彻落实科学发展观，构建社会主义和谐社会，全面建成小康社会，实现中华民族伟大复兴的中国梦。领导工作人员运用战略思维来思考和处置这样的社会实践，就应当正确认识和优化处置这样的社会实践过程中的矛盾的复杂的动态网络系统及其内蕴的本质与规律的复杂的动态网络系统。领导工作人员运用战略思维方法，正确认识和优化处置上述的复杂的动态网络系统就能够推动当代中国总任务、总路线的实现，达到社会主义事业伟大胜利并为向共产主义过渡奠定基础的历史要求。

2. 促进各方面领导工作创造性的发展

各部门、各地区、各单位的领导工作人员，运用战略思维方法，把党和国家的总任务、总路线，结合自己所在的部门、地区和单位的实际情况创造性地开展工作，既使自己所在的部门、地区和单位的各项工作服从于和服务于党和国家的总任务、总路线，又具有结合实际的创造性，从而使

① 《列宁全集》第39卷，人民出版社1986年版，第128页。

自己的领导工作具有“原则性、系统性、预见性和创造性”。[①] 领导工作人员运用战略思维方法，在实践过程中不断提高决策水平、思想水平和管理水平，做到“人无我有，人有我优，人优我超”，就可以既促进自己所在的部门、地区和单位各项工作的发展，又对党和国家的总任务、总路线的实现作出创造性的贡献。

3. 规范领导工作人员的思想和行为

领导工作人员要能正确地把握和运用战略思维方法，关键是要使自己的综合素质符合战略思维的要求。因此，领导工作人员应当按照战略思维的内在要求，规范自己的思想和行为。毛泽东当年在延安作“矛盾论”演讲时，就曾引用苏东坡的话——“物必先腐也，而后虫生之。人必先疑也，而后谗入之”，告诫全党同志特别是领导干部要重视内因是变化的根据，自觉地提高自己的综合素质。新中国成立后，在多次领导干部的会议上，他又引用苏东坡的这段话，教育全党同志特别是领导干部应当加强自身修养，提高综合素质。榜样的力量是无穷的。“其身正，不令而行。其身不正，虽令不从。”唐朝诗人李商隐在《咏史》诗中说得好：“历览前贤国与家，成由勤俭败由奢。”领导干部在共产党长期执政、改革开放、社会主义市场经济的条件下，更应当自觉地提高自己的综合素质，勤政为民，廉洁从政，以身作则，率先垂范，居安思危，拒腐防变，以新时期党和国家的总任务、总路线和战略思维的内在要求，来规范自己的思想和行为，作出无愧于伟大时代的历史贡献。

4. 提升整体思维水平

战略思维不仅要把握全局、注重整体，而且是动态发展、与时俱进的。因此，领导工作人员把握和运用战略思维的过程，实际上是提高战略思维、创新思维、辩证思维水平的过程。领导工作人员在把握和运用战略思维的过程中，应当团结和带领人民群众为实现党和国家的总任务、总路线而奋斗。在这一过程中，一方面勇于实践，一方面又努力学习，才能不断提升整体思维水平，以不负人民和历史的重托，为人民和历史交出满意的答卷。

① 《邓小平文选》第3卷，人民出版社1993年版，第147页。

八　创新思维

创新思维是一种基本的思维方式，是思维学的重要内容之一。创新思维不仅具有深远的理论意义，而且是解决当下中国诸多现实问题的一把钥匙，也是我们实践理论创新、机制创新、管理创新、科技创新、文化创新、教育创新、产业创新等一系列创新工程的源头活水。只有大力普遍培养人们的创新思维能力，才能把我国建设成为创新型国家，从而不断增强我国的综合国力，实现我国经济社会的可持续发展。

（一）从创新说起

要研究创新思维，先得从什么叫创新说起。简单地说，创新（Innovation）就是从旧到新；创新总是在旧有的东西的基础上，产生出新的东西来。如理论创新、制度创新、科技创新、文化创新以及其他各方面的创新。江泽民曾深刻地阐明了创新的重要意义，他指出："创新是一个民族的灵魂，是一个国家兴旺发达的不竭动力。"[①] 创新包括原始创新、原发性创新和综合集成创新以及消化吸收后的再创新等方面。创新的特点是在已有的基础上，不断前进，产生新的东西。

创新与创造是相互交叉、紧密相连的。那么，什么叫创造呢？创造（Creation），是指从无到有。《说文解字》认为：创造就是"造法创业也"。《辞源》对创造二字的解释是"始也，造也"。《孟子》说："君子创业垂统，为可继也。"唐朝哲学家和文学家李翱认为，六经之间，是"创意造言，皆不相师……此创意之在归也。"可见，创新与创造具有内在的贯通性。那么，创新与创造是怎样辩证贯通的呢？原来，从哲学上看，它们具有深刻的内在一致性。创新，是在旧的东西的基础上的量变或部分质变，而创造则是在事物发展过程中的质变或飞跃。当然，原始性创新、原发性创新也是事物发展过程中的质变或飞跃。正是在这个意义上，创新与创造可以等价、互通。因此，在上述三类创新中，人们更应当重视并着力于原始性创新、原发性创新。而且，应当看到，创新与创造之间存在着辩证互动的关系。一方面，创新，通过量变和部分质变，达到了一定

① 江泽民：《论科学技术》，中央文献出版社 2001 年版，第 115 页。

阶段，符合一定条件，就可以转化为质变或飞跃，达到创造的层次。可见，创新为创造提供了基础条件和必要准备。例如，全面建设小康社会，要通过理论创新、制度创新、科技创新、文化创新以及其他各方面的创新的量变和部分质变的积累，达到一定阶段，符合一定条件，才能实现小康社会的伟大创造，即实现了质变或飞跃。另一方面，创造也为创新提供了重要方向和必要前提。例如，建设有中国特色的社会主义，这是理论上的一个伟大创造。但是，这一伟大创造的实现，要通过在建设中国特色社会主义的实践过程中的理论创新、制度创新、科技创新、文化创新以及其他各方面的创新的量变和部分质变，达到一定阶段，符合一定条件，才能够使建设有中国特色社会主义这个伟大的理论创造转化为实践上的伟大创造。

这里，需要说明一个问题：对创造是指从无到有，怎么理解？所谓创造是指从无到有，是就创造的具体对象、内容而言的，而不是指在人类社会发展的历史过程中人们能够从完全空无中创造出新的东西来。人们的创造活动总是需要有一定的历史前提的。马克思指出："人们自己创造自己的历史，但是他们并不是随心所欲地创造，并不是在他们选定的条件下创造，而是在直接碰到的、既定的、从过去承继下来的条件下创造。"① 人们创造历史，不论是物质生产中的创造，还是精神生产中的创造，总是在"直接碰到的、既定的、从过去承继下来的条件下创造"，但是，创造的具体对象、内容则是从无到有的。

（二）什么叫创新思维

所谓创新思维，是指创立前所未有的理论、知识、文化、制度、技术、方法、模型等的思维过程和思维结果这样一种思维。

创新思维具有一些重要的特点：第一，前所未有。这种前所未有，包括独创、新颖、突破、开拓等内容。第二，横向涉及广阔的领域。创新思维所涉及的内容非常丰富，包括理论、知识、文化、制度、技术、方法、模型等方面，并不是单指理论领域或其他某一个方面。第三，纵向贯穿于整个思维过程，体现于思维结果之中。这种创新思维，既可以表现为物质性的成果，也可以表现为精神性的成果。

---

① 《马克思恩格斯文集》第2卷，人民出版社2009年版，第470—471页。

创新思维是一种重要的思维方式。那么，什么叫思维方式呢？《马克思主义哲学全书》认为：思维方式是“思维的诸要素、诸层次的相互联系、相互作用而构成的思维样式，思维主体反映、认识和把握思维客体的定型化、稳定化的理性认识方式”①。要准确理解和正确应用思维方式，需要注意两个问题：一个问题是思维方式与思维形式的关系，另一个问题是思维方式与思维方法的关系。

先谈前一个问题。一般说来，思维方式与思维形式是两个不同的概念。思维形式主要是指概念、判断、推理等理性思维的形式，而思维方式是内化于思维主体的反映、认识和把握思维客体的定型化、稳定化的理性认识方式。但是，在某些情况下，这两者也可以在互通的意义上运用。例如，恩格斯既讲“辩证的思维方式”②，又讲“辩证法恰好是最重要的思维形式”③。所以，对思维方式与思维形式的区别和联系，应当注意一般意义与特殊意义的联系和区别，应当在具体语境中加以具体的分析和辩证的处置。

再谈后一个问题。一般说来，思维方式与思维方法在互通甚至等价的意义上运用。例如，恩格斯一方面讲辩证的思维方式，一方面又讲辩证的思维方法，而且，把两者放在互通甚至等价的意义上运用。比如，恩格斯在揭示形而上学的思维方法过渡到辩证法的思维方法的必然性以及两者之间的本质区别时，就明确指出：“所有这些过程和思维方法都是形而上学思维的框子所容纳不下的。相反，对辩证法来说，上述过程正好证明它的方法是正确的。”④　“辩证的思维方法同样不承认什么僵硬和固定的界线……辩证思维方法是唯一在最高程度上适合于自然观的这一发展阶段的思维方法。”⑤ 可见，在一般情况下，思维方式与思维方法可以互通，甚至可以在等价意义上运用。当然，在某些特殊情况下，这两者之间又有些区别，应当在具体语境中加以细致的辨析。

---

① 李淮春主编：《马克思主义哲学全书》，中国人民大学出版社 1996 年版，第 650 页。

② 《马克思恩格斯文集》第 9 卷，人民出版社 2009 年版，第 26 页。

③ 同上书，第 436 页。

④ 同上书，第 25 页。

⑤ 同上书，第 471 页。

（三）创新思维的动态机制

创新思维的动态机制是怎样的？或者说怎样进行创新思维？对此，国内外学者的见解是诸说迭出，异彩纷呈。这方面的成果不计其数，而且还在与日俱增。

笔者认为，创新思维是综合运用多种思维方式，并且有种种相关的精神因素（包括种种理性因素和非理性因素）参与思维过程而获得全新见解的一种思维活动，因而它是一种复杂的动态网络系统，也是一种复杂的思维系统工程。就思维方式来说，参与创新思维活动的，不仅有逻辑思维，而且有形象思维、社会思维，同时，类比、想象、直觉、灵感、联想、模糊思维等思维方式也参与创新思维的活动。创新思维的机制、条件、实现方式与思维结果等因素之间存在着复杂的交互作用的辩证关系，其中蕴含着复杂的信息变换的运动过程。就创新思维活动中经常起作用的思维方式甚至是主要的思维方式来说，情形就非常复杂。

一般说来，以逻辑思维为主的创新思维需要有丰厚的生活积累和知识积淀。同时，思维主体要选取重大课题（或重要问题），经过长期思考，深入探索，并且有某种引发条件的激发、匹配，才能获得创新思维的结果。例如，马克思写作《资本论》，花了几十年时间，研究了资本主义社会的矛盾运动，揭示了资本主义的必然灭亡和社会主义的必然胜利同样是不可避免的客观规律，指明了无产阶级是资本主义的掘墓人和社会主义的建设者，这在整个人类历史上是一个伟大的创新性的理论贡献。正因为主要由于这一伟大的创新性的理论贡献，马克思才被英国的BBC在2000年举行的网络评选中，被评定为理论创新和科学贡献的千年第一人。列宁深刻地阐明了《资本论》的理论创新机制，他指出："《资本论》不是别的，正是'把堆积如山的实际材料总结为几点概括性的、彼此紧相联系的思想'."[①]《资本论》不仅被社会主义国家的广大学者认真研究和继承、发展，而且也获得了资本主义国家许多正直学者的充分肯定和广泛赞扬。笔者近十多年来参加了在北京举办的许多国际学术会议，在这些研讨会上，美国、英国、法国、德国、日本、韩国、奥地利等国的学者结合他们在资本主义国家生活和工作的亲身体验，认为马克思的《资本论》非常正确、

① 《列宁选集》第1卷，人民出版社2012年版，第9—10页。

深刻，没有过时。以《资本论》为代表的马克思主义的正确和深刻，是马克思长期而又艰苦的探索、以创新思维活动贯穿始终的结果。正因为如此，马克思才指出："在科学上没有平坦的大道，只有不畏劳苦沿着陡峭山路攀登的人，才有希望达到光辉的顶点。"①

而以形象思维为主的创新思维活动，也是在思维主体有了长期的生活积累、知识积淀的基础上，根据研究问题的需要，不断地进行构思、探索，一旦有某种引发条件出现并参与思维活动，而思维主体又能够实时地优化匹配各种主客观条件，灵感顿然出现，天才的思想火花突然迸发，才产生出创新思维的结果，真可谓"山重水复疑无路，柳暗花明又一村"。例如，《苏小妹三难新郎》中的"闭门推出窗前月""投石冲开水底天"那种创新的、喜人的思维成果的出现即是如此，古今中外流芳千古的文学、艺术作品的创新过程都是这样。

需要强调的是，以形象思维为主的创新思维活动，也必须以逻辑思维作为基础，并且在逻辑思维所达到的理论高度上去把握形象思维的内涵和实质，才能获得创新思维的结果。正因为如此，所以，高明的作家和导演总是从真、善、美相统一的理论高度，要求自己和演员在理性地把握生活、理解角色的基础上，着重运用形象思维的理论和方法，创造出真实感人的、典型的艺术形象。

创新思维是一种复杂的动态网络系统，这从现代科学综合交叉发展的前沿成果中可以获得更深刻、更有力的证明。现代科学综合交叉发展的前沿成果应用于创新思维的研究，表明创新思维与大脑的信息处理过程存在着辩证的、复杂的关系。现代神经生理学、脑科学、生理心理学、认知心理学、思维科学等学科，为揭示这种复杂关系特别是创新思维的机制与其实际结果的辩证关系，提供了相当有力的理论说明和颇为有效的研究方法。综合这些研究过程来看，无论是以逻辑思维为主的创新思维活动，还是以形象思维为主的创新思维活动，总是要以各种信息、知识、智慧和多种思维方式去接通创新思维的神经网络系统和大脑网络系统信息网络通路。这样看来，无论是以哪种思维方式为主的创新思维活动，都至少必须具备 4 个条件的优化匹配，才能够获得创新思维的结果。这 4 个条件是：

1. 必须有丰厚的生活积累和知识存储，即必须有大量的信息、知识、

① 《马克思恩格斯文集》第 5 卷，人民出版社 2009 年版，第 24 页。

智慧的积淀。

2. 善于发现问题、提出问题，并在此基础上及时确定研究课题，然后进入艰苦的探索和思考阶段。这一过程中，要把各种信息、知识、智慧都调动起来，以求触发灵感，获得创新思维的结果。

3. 要有某种引发条件出现，激活某些信息，并使这种激活状态参与创新思维的活动。这里所说的某种引发条件，既包括思维客体的复杂条件，也包括思维主体的多种条件，同时，还包括思维主体与思维客体在复杂的交互作用过程中所形成的若干新条件以及思维中介系统的某些条件。

4. 思维主体自身能够实时地、优化地把上述各种主客观条件匹配起来，迅速接通一直寻求获得创新思维结果的信息网络系统通路，以求灵感顿然产生，迸发出天才的思维火花，促使创新思维的结果迅速出现。当然，由于某种条件的激活作用，思维主体有时会突发奇想，获得与原定课题（或研究的问题）基本无关或者关系不大的创新思维的成果，这是产生创新思维结果的一种复杂的情况。这同样也是上述 4 个主客观条件复杂的交互作用的思维信息活动过程的一种表现。

创新思维结果产生之后，它是正确的还是错误的，对错的程度如何，实际效果究竟怎样，还必须从真、善、美相统一的高度着眼，让这种思维结果经过社会实践的检验。当然，这种实践检验也是一种复杂的动态网络系统的辩证发展过程，而不能以一时一地的实践来证实或驳倒这种思维的结果。

还应当看到，在实际的思维过程中，只有将形象思维与逻辑思维等多种思维方式以及其他种种相关的精神因素（包括种种理性因素和非理性因素）彼此渗透，相互交叉，动态协同，整体优化，才能获得创新思维的成果，并在实践中作出创新性的贡献。在创新思维的研究过程中，我国国学泰斗、著名哲学家张岱年教授在 20 世纪提出的“综合创新论”，为我们进行创新思维的活动提供了正确的思维方法的指导。

（四）创新思维的重大意义

创新思维的养成和运用，具有重大的实践意义和理论意义。概要地说来，至少有下列 5 个方面的内容。

1. 推动社会实践的创新性发展。创新思维反作用于创新性的社会实践，有助于人们不断地进行创新性的探索，从而推动社会实践以崭新的面貌不断地前进。中国共产党的奋斗历程就充分说明了这一点。中国共产党以毛泽东为代表，把马克思列宁主义的普遍真理同中国革命的具体实践相结合，创新性地提出中国新民主主义革命的道路，胜利地解决了中国新民主主义革命的问题，并且创新性地对中国社会主义建设道路进行了艰辛的探索。以邓小平为代表的中国共产党第二代中央领导集体，创新性地提出了建设有中国特色的社会主义，并且取得了举世瞩目的伟大成就。以江泽民为代表的中国共产党第三代领导集体，高举马克思列宁主义、毛泽东思想、邓小平理论的伟大旗帜，创新性地推进了中国特色社会主义伟大事业，并且创新性地提出了“三个代表”重要思想，成为新的历史时期全党和全国人民的理论灵魂和实践精神。党的十六大选出了以胡锦涛为总书记的新的中央领导集体，创新性地总结了建设中国特色社会主义的伟大成就和基本经验，提出了科学发展观的战略思想、构建社会主义和谐社会等一系列伟大历史任务，着力解决经济建设、政治建设、文化建设、社会建设、生态文明建设和党的建设的协调发展问题，推动着社会主义事业更科学、更健康地向前发展和党的建设的全面、深入发展。党的十八大以来，以习近平同志为总书记的党中央提出了全面建设小康社会，实现中华民族伟大复兴的中国梦这一总战略、总任务。事实证明，只有以创新思维指导自己的实践，本着博采众长、融会贯通、消化吸收、独立创新的基本思路，采取历史和逻辑相统一、理论与实践相结合的方针，我们才能在实践中做到人无我有、人有我优、人优我超，从而不断推进社会主义事业的创新性发展。

2. 提升思维者的思维素质。正常的人都有思维，但不同的思维者有不同的思维素质。创新思维是一种高素质的思维，它要求思维者在思维过程和思维方式的交互作用的复杂的动态网络系统中，紧扣创新性这个思维重点，在一定时期内，把思维重点集中于一个目标、一项课题，努力自觉地把握创新思维的过程、应用创新思维的方式，力求取得创新性思维的成果，而不致漫无中心，如堕烟海，或者平均用力，分散目标。实现创新思维，既要有勇于创新、敢为人先的勇气，又要有坚持不懈、努力奋斗的韧劲，咬定青山不放松，不达目的不罢休。国际上诺贝尔奖获得者都是实现创新思维的典范。我国的国家科学技术最高奖得主，他们也是实现创新思维的代表。这两类科学家都是运用创新思维对世界和中国科学技术作出杰出贡献的优秀典型，从他们身上我们可以获得许多运用创新思维的有益启示。

3. 培养思维主体创新心理。创新思维方式可以培养人们的创新心理，激发创新热情，逐渐养成人们的创新性思维习惯，从而不断促进人们设定新的目标，推动创新性的思维活动，并使思维主体自身在创新思维的不断探索过程中日益变得聪明起来，在事业上获得创新性的成就。例如，20世纪20年代初，美学大师宗白华在上海担任《学灯》杂志的副刊主编，他以伯乐的睿智，决定发表当时屡投不中的郭沫若的处女诗作。从此，郭沫若的创作激情如火山迸发，创作情思如瀑布飞流，学术上也成为泰斗级人物。

4. 以创新思维推动科学发展。科学的本质是探索未知领域，是不断创新的过程。当代的科学研究，一方面，要深入学科发展的纵向前沿，另一方面，更要重视不同学科之间的横向交叉。研究人员应当在不同学科的交叉地带和结合部位发现学科的新的生长点，开发出前沿课题，运用创新思维方式经过艰苦探索，作出创新性的贡献。这在现代科学技术和哲学社会科学日益综合化、整体化的大背景下，尤为重要。因为思维主体经常自觉地运用创新思维方式，就更能在思维过程和思维方式方面彼此交叉、动态协同、整体优化，从而更有利于从事创新性的思维活动。

5. 促进思维主体全面提高自身的综合素质。思维主体要能够自觉地并且熟练地运用创新思维方式，就内在地要求全面提高自身的综合素质。这些综合素质包括政治素质、思想素质、道德素质、科学素质、文化素质、思维素质、身体素质等方面。就当代中国来说，应当在贯彻落实科学发展观、构建社会主义和谐社会全面建成小康社会、实现中华民族伟大复兴的中国梦的实践中，把全面提高整个中华民族的综合素质作为根本大计，以创新精神和创新思维推动中国特色社会主义伟大事业的顺利发展。在全面提高中华民族综合素质的历史进程中，更应当着力提高广大干部特别是领导干部的综合素质。因为广大干部特别是领导干部是团结带领人民群众实现新时期伟大历史任务的决定性力量。广大干部特别是领导干部，要能够以创新思维方式，在贯彻落实科学发展观、构建社会主义和谐社会、全面建成小康社会、实现中华民族伟大复兴的中国梦的伟大事业中，正确认识和优化处置各种新的社会问题，以创新思维推动社会主义事业的创新性发展。因此，全面提高广大干部特别是领导干部的综合素质，是提高整个中华民族综合素质、推进社会主义事业的关键。总之，只有全面提高思维主体的综合素质，才能够引导我们的社会以创新精神和创新思维去实现崇高而又光荣的历史任务。

九　辩证思维

辩证思维是思维方式的最高形态，是思维学的核心内容。辩证思维不仅是广大干部特别是领导干部认识世界和改造世界的锐利的思想武器，也是整个社会全体成员特别是广大青少年综合素质中的最重要的“软件”系统。

（一）何谓辩证思维

所谓辩证思维，是指将辩证法特别是唯物辩证法应用于思维过程和思维方式的一种总体性的思维方式。这种关于辩证思维的界定，首先，强调了是将唯物辩证法应用于思维过程和思维方式的一种总体性的思维方式。其次，它指明了辩证思维与辩证逻辑的辩证互动关系，即辩证思维既包含了辩证逻辑，但又不限于辩证逻辑。也就是说，辩证逻辑只是辩证思维的重要体现和组成部分，但两者不能在等价的意义上运用。最后，它还阐明了辩证思维不仅应用逻辑思维、形象思维、社会思维，还涵括了灵感、想象、联想、直觉、创造性思维、模糊思维等思维方式和现代科学的基本思维方式以及种种精神因素（包括种种理性因素和非理性因素）在思维过程中的复杂交互作用。

纵观人类认识史，学者们对辩证思维的探讨，各自作出了重要的理论贡献，但也有可以商榷的地方。例如，《中国大百科全书》（哲学卷Ⅰ）对辩证思维所下的定义是：“辩证思维（dialectical thinking）：辩证逻辑的研究对象。指人们通过概念、判断、推理等思维形式对客观事物辩证发展的反映，即对客观辩证法的反映。”[①] 这个对辩证思维的定义，指明了辩证思维是对客观辩证法的反映，这是对的。但把辩证思维归结为辩证逻辑，则值得商榷。《马克思主义哲学全书》对辩证思维的界定是：“辩证思维指同形而上学思维方式相对立，又不同于知性思维方式的一种反映和运用客观辩证法的思维方式。辩证思维……是通过概念、判断、推理等思

---

① 《中国大百科全书》（哲学卷Ⅰ），中国大百科全书出版社1987年版，第54页。

维形式对客观事物辩证发展过程的正确反映和主观运用。”[①] 这个定义的优点是，指明了辩证思维是同形而上学思维方式相对立，又不同于知性思维的一种反映和运用客观辩证法的思维方式，但把辩证思维等同于辩证逻辑，则有点狭隘了。因为辩证思维具有比辩证逻辑更加丰富的内容，虽然辩证逻辑是辩证思维的重要体现和组成部分，但不能把两者放在等量齐观、平分秋色的位置上。

所以，研究辩证思维，应当在更为宏阔的视野、更加深入的层次上进行辩证的考察，应当将唯物辩证法贯穿于思维过程和思维方式发展的全部过程之中，而不能将其中的某些重要内容等同于辩证思维。

（二）辩证思维的主要内容

辩证思维是最高层次的哲学思维方式，也是一种根本的、科学的思维方式。辩证思维具有非常丰富的内容，概要说来，至少有以下主要的5个方面。

1. 辩证思维是对客观辩证法的反映

恩格斯指出：“所谓的客观辩证法是在整个自然界中起支配作用的，而所谓的主观辩证法，即辩证的思维，不过是在自然界中到处发生作用的、对立中的运动的反映”。[②] 同时，他还认为：“对于现今的自然科学来说，辩证法恰好是最重要的思维形式，因为只有辩证法才为自然界中出现的发展过程，为各种普遍的联系，为从一个研究领域向另一个研究领域的过渡提供类比，从而提供说明方法。”[③] 辩证思维不仅在考察自然界时是最高层次的、科学的思维方法或思维方式，而且在考察社会、人类思维时也是最高层次的、科学的思维方法和思维方式。恩格斯指出：“辩证法在考察事物及其在观念上的反映时，本质上是从它们的联系、它们的联结、它们的运动、它们的产生和消逝方面考察的。[④] “要精确地描绘宇宙、宇宙的发展和人类的发展，以及这种发展在人们头脑中的反映，就只有用辩证的方法，只有不断地注视生成和消逝之间、前进的变化和后退的变化之

① 李淮春主编：《马克思主义哲学全书》，中国人民大学出版社1996年版，第37页。

② 《马克思恩格斯文集》第9卷，人民出版社2009年版，第470页。

③ 同上书，第436页。

④ 同上书，第25页。

间的普遍相互作用才能做到。"[①]

为了准确地把握辩证思维，这里有两个问题需要特别地加以说明。

一个问题是思维方式与思维形式的相互关系。一般来说，思维方式与思维形式是两个不同的概念。《马克思主义哲学全书》认为："思维方式：思维的诸要素、诸层次的相互联系、相互作用而构成的思维样式，思维主体反映、认识和把握思维客体的定型化、稳定化的理性认识方式。"[②] 思维方式具有系统性、网络性、定型化、稳定化的理性认识方式等基本特点。而思维形式则主要是指概念、判断、推理等理性思维的形式。但是，在某些情况下，这两者也可以在互通的意义上运用。例如，恩格斯既讲"辩证的思维方式"，[③] 又讲"辩证法恰好是最重要的思维形式"，[④] 所以，对思维方式与思维形式的区别与联系，应当在具体的语境中加以辩证的分析。

另一个问题是思维方式与思维方法的关系。一般说来，这两者可以在互通甚至等价的意义上运用。例如，恩格斯一方面讲辩证的思维方式，一方面又讲辩证的思维方法，而且把两者放在互通甚至等价的意义上加以运用。在揭示形而上学的思维方法过渡到辩证法的思维方法的历史必然性以及两者之间的本质区别时，恩格斯指出："所有这些过程和思维方法都是形而上学思维的框子所容纳不下的。相反，对辩证法来说，上述过程正好证明它的方法是正确的。"[⑤] "辩证的思维方法同样不承认什么僵硬和固定的界线，不承认什么普遍绝对有效的'非此即彼！'，它使固定的形而上学的差异互相转移，除了'非此即彼！'，又在恰当的地方承认'亦此亦彼！'，并使对立的各方相互联系起来。"[⑥] 当然，思维方式与思维方法之间仍然存在一些区别，需要在具体的语境中加以具体的分析和辩证的处置。

2. 辩证思维是辩证法的思维过程和思维方式

马克思指出："思维过程本身是在一定的条件中生成的，它本身是一

---

① 《马克思恩格斯文集》第9卷，人民出版社2009年版，第26页。

② 李淮春主编：《马克思主义哲学全书》，中国人民大学出版社1996年版，第650页。

③ 《马克思恩格斯文集》第9卷，人民出版社2009年版，第26页。

④ 同上书，第436页。

⑤ 同上书，第25页。

⑥ 同上书，第471页。

个自然过程，所以真正理解的思维永远只能是同一个的东西，只是随着发展的成熟程度（其中也包括思维器官发展的成熟程度）逐渐地表现出区别。”[①] 恩格斯认为：“思维的至上性是在一系列非常不至上地思维着的人中实现的；拥有无条件的真理权的认识是在一系列相对的谬误中实现的；二者都只有通过人类生活的无限延续才能完全实现。”[②] 他还指出，“人的全部认识是沿着一条错综复杂的曲线发展的”，[③] 因此，“我们只能在我们时代的条件下去认识，而且这些条件达到什么程度，我们才能认识到什么程度”[④]。列宁认为：“人的认识不是直线（也就是说，不是沿着直线进行的），而是无限地近似于一串圆圈、近似于螺旋的曲线。”[⑤] “每一种思想 = 整个人类思想的大圆圈（螺旋）上的一个圆圈。”[⑥] 这些思想都深刻地揭示了，辩证的认识过程或思维过程是对客观辩证法之辩证反映的过程，同时体现为辩证的思维过程和辩证的思维方式。

3. 辩证思维是人类思维发展的历史必然和最高形态

在客观与主观、实践与认识的矛盾运动的过程中，人类思维的发展过程由古代素朴的整体思维方法过渡到近代的以分析为主的思维方法。这些以分析为主的还原论的思维方法经过哲学家们的概括，形成了形而上学的思维方法。后来，由于社会实践的发展，科学技术的进步，人们认识的前进，出现了黑格尔的唯心主义辩证思维的理论和方法。马克思主义哲学的创立，把实践观点引进认识论，把辩证法应用于反映论，应用于认识的过程和发展，才真正形成唯物辩证法的思维的理论和方法，从而实现了人类认识史上的一场伟大的革命变革。恩格斯指出：人类思维的发展，“既然没有别的出路，既然无法找到明晰思路，也就只好以这种或那种形式从形而上学思维向辩证思维复归”[⑦]。这种“从形而上学的思维到辩证思维的反转”，是人类思维发展进程的历史必然。

不仅如此，而且辩证思维也是人类思维发展进程中的最高形态。当然，我们这里所说的辩证思维，是专指唯物辩证法的辩证思维，而不是指

---

① 《马克思恩格斯文集》第10卷，人民出版社2009年版，第290页。

② 《马克思恩格斯文集》第9卷，人民出版社2009年版，第91页。

③ 同上书，第493页。

④ 同上书，第494页。

⑤ 《列宁全集》第55卷，人民出版社1990年版，第311页。

⑥ 同上书，第207页。

⑦ 《马克思恩格斯文集》第9卷，人民出版社2009年版，第438页。

黑格尔的唯心辩证法的辩证思维。正是在唯物辩证法的意义上，恩格斯认为："辩证思维方法是唯一在最高程度上适合于自然观的这一发展阶段的思维方法。"①

4. 辩证思维是一种科学的网络系统

马克思主义哲学在总结社会实践新鲜经验和人类思维发展的最新成就与历史经验的基础上，继承、丰富、发展、创造了一整套辩证思维的认识方法。诸如：个别与一般、分析与综合、归纳与演绎、抽象与具体、知性与理性、有限与无限，等等。这些辩证的思维方法相互渗透，彼此交叉，形成了具有内在联系的思维方法的网络系统，对人们认识世界提供了方法论上的指南。

5. 辩证思维的网络系统获得了新的进展

马克思主义哲学在形成了辩证思维的网络系统之后，随着社会实践的加速前进，科学技术的迅猛进步，人们认识的空前发展，辩证思维网络系统在两个相互联系的方面获得了新的进展。

一方面，由于现代科学的突飞猛进，出现了整体化、综合化、智能化等特点，它提供了一系列崭新的科学方法论意义上的认识方法和思维方式。前者诸如系统方法、信息方法、反馈方法、功能模拟方法、从定性到定量综合集成方法等，后者诸如系统性思维、交叉型思维、动态性思维、网络化思维、创造性思维、最优化思维、模糊思维等思维方式。这些思维方式彼此渗透，相互交叉，构成了辩证思维总结现代科学最新成果的重要思想素材，可以大大丰富、深化辩证思维方式的内容。钱学森院士在论述从定性到定量综合集成研讨厅体系的认识意义时，明确指出：这"是辩证思维的体现！"②

另一方面，人们对传统的思维方式及其在新的时代条件下的最新进展，从辩证思维的理论高度加以思考和总结，可以丰富、深化辩证思维方式的内容。例如，对逻辑思维、形象思维、社会思维、灵感、直觉、类比、联想、想象等以及种种相关的精神因素（包括种种理性因素和非理性因素），从辩证思维的理论高度加以重新思考和深入探究，可以丰富、深化辩证思维的内容。

---

① 《马克思恩格斯文集》第9卷，人民出版社2009年版，第471页。

② 钱学森：《创建系统学》（新世纪版），上海交通大学出版社2007年版，第320页。

这两方面的新进展综合起来，就可以使辩证思维的内容与日俱增，并且这还是一个动态发展的辩证思维的过程。

（三）如何把握和运用辩证思维

对辩证思维的把握和运用，应当从辩证思维是一种复杂的动态网络系统，辩证思维同时是一项复杂的思维系统工程的角度加以考察。

1. 要有良好的精神状态

要进行辩证思维并且取得优化的成果，至关重要的是要有良好的精神状态。首先，要保持愉快的心情。面对纷纭复杂的客观世界、社会实践过程和精神领域的种种现象，在研究相关课题或问题时，一定要保持愉快的心情。只有心情愉快，才能在上述复杂的网络系统中，抓住中心，深入思考，并且取得优化的成果。其次，要专心致志。在一段时间内，思维过程围绕一个中心，要集中心力，心无旁骛，务求思维过程不受干扰，取得预期的成果。再次，要有战略家的气魄。要以治大国如烹小鲜的胸怀、气魄、胆识和艺术，高屋建瓴，运筹帷幄，驾驭全局，稳操胜券。最后，要放松心情。这里的放松，不是“放羊”，无所事事，更不是放荡、放弃，而是要让思维过程集中于一个中心，求得突破，特别是处于灵感激发状态的创造性思维，更要放松心情，以期集中心力于主要的研究问题，并且取得创新性的思维成果。

2. 运用辩证综合和理论思维

19 世纪中叶以来，自然科学由经验自然科学发展到理论自然科学的新阶段，同时，由于探索历史发展规律和思维发展规律的迫切需要，在应用辩证的思维方法或辩证的思维方式去考察自然、社会、人类思维时，就应当进行辩证综合和理论思维。恩格斯指出：“自然科学现在已经发展得再也不能回避辩证综合了。”① 这时，“自然科学便进入理论领域，而在这里经验的方法不中用了，在这里只有理论思维才管用”②。20 世纪中叶以来，现代科学尤其是交叉科学（特别是系统科学和复杂性科学）蓬勃发展，日益揭示出自然界更广、更深、更高层次的复杂性与统一性，本质与规律是复杂的动态网络系统，社会实践过程是在大自然观、大科学观、大

---

① 《马克思恩格斯文集》第 9 卷，人民出版社 2009 年版，第 16 页。

② 同上书，第 435 页。

实践观指导下的复杂的动态网络系统。因此，在这样的实践条件和科学条件下，考察自然、社会、人类思维的情形、特点、关系、本质、规律和功能，就应当运用辩证的思维方法，特别是运用辩证综合和理论思维了。

3. 坚持运用辩证的思维方法

思维的任务在于把握自然、社会、人类思维的矛盾复杂的动态网络系统，本质与规律的复杂的动态网络系统。因此，应当自觉地坚持运用辩证的思维方法去认识面对的事物、现象和过程。列宁指出："认识是思维对客体的永远的、无止境的接近。"[①] 这种无止境的接近，"是处在运动的永恒过程中，处在矛盾的发生和解决的永恒过程中"[②]。要能把握客观世界和精神领域的本质与规律的复杂的动态网络系统，只有运用辩证的思维方法才能达到。"思维应当把握住运动着的全部'表象'，为此，思维就必须是辩证的。"[③] 更由于本质与规律的复杂的网络系统是一种无限展开、不断深化的辩证过程，因此，人们的认识、思维也应当是一种不断深化、无限前进的辩证过程。列宁认为："人对事物、现象、过程等等的认识深化的无限过程，从现象到本质、从不甚深刻的本质到更深刻的本质。"[④] 他还指出："人的思想由现象到本质，由所谓初级本质到二级本质，不断深化，以至无穷。"[⑤] 所以，要认识本质与规律的复杂的动态网络系统，只有运用辩证的思维方法才能实现。

4. 运用范畴和思维中的具体的辩证法

范畴作为人们反映事物本质属性和普遍联系的基本概念，它是人类理性思维的逻辑形式。列宁指出："范畴是区分过程中的梯级，即认识世界的过程中的梯级，是帮助我们认识和掌握自然现象之网的网上纽结。"[⑥] 范畴作为基本概念，它在人们的思维过程中也表现为复杂的动态网络系统。而且，哲学中的范畴常常是成对出现的，它们揭示事物、现象、过程之间的某种必然联系和对立统一的关系。例如，现象与本质、内容与形式、原因与结果、必然与偶然、可能与现实、绝对与相对，等等。由这些

① 《列宁全集》第55卷，人民出版社1990年版，第165页。
② 同上。
③ 同上书，第197页。
④ 同上书，第191页。
⑤ 同上书，第213页。
⑥ 同上书，第78页。

范畴所构成的范畴之网就更能深入地反映事物的本质与规律的复杂的动态网络系统。

思维中的具体是对事物本质与规律的复杂的动态网络系统反映的梯级，是比任何感性实在中的具体更“具体”得多的东西，它也是一种复杂的动态网络系统。列宁指出：“最丰富的是最具体的和最主观的。”[①] 正因为思维中的具体是对事物的本质与规律的反映，所以思维中的具体，其抽象的层次越高，包含的内容就越丰富。

5. 运用概念的辩证运动

概念作为人们对事物的本质的反映，它是理性认识的重要内容。它与判断、推理交互作用，可以形成不同层次的理性认识。概念在反映事物本质的过程中，它自身也实现着辩证法的运动。列宁认为：“这些概念和规律等等（思维、科学 = ‘逻辑概念’）有条件地近似地把握永恒运动着和发展的自然界的普遍规律性。”[②] 这就告诉人们，在主观辩证法反映客观辩证法的辩证运动的过程中，一定要坚持“一般概念、规律等等的无限总和才提供完全的具体事物”[③]。而且，还应当考虑到，概念在辩证运动的过程中，它同时具有全面性与灵活性的特点。列宁指出：“这些概念还必须是经过琢磨的、整理过的、灵活的、能动的、相对的、相互联系的、在对立中统一的，这样才能把握世界。”[④] 正是在概念的这种全面性、灵活性的辩证运动的过程中，才能把握世界的本质与规律的复杂的动态网络系统。列宁认为：“概念的全面的、普遍的灵活性，达到了对立面统一的灵活性，——这就是实质所在。”[⑤] 他还指出：“客观地运用的灵活性，即反映物质过程的全面性及其统一性的灵活性，就是辩证法，就是世界的永恒发展的正确反映。”[⑥] 当然，对这种概念的全面性、灵活性的把握，不可能一蹴而就，更不是一劳永逸，而是一种无限递进的认识（思维）辩证法的发展过程。列宁认为：“我们永远也不会完全做到这一点，但是，全面性这一要求可以使我们防止犯错误和防止僵化。”[⑦]

---

① 《列宁全集》第 55 卷，人民出版社 1990 年版，第 200 页。

② 同上书，第 152—153 页。

③ 同上书，第 239 页。

④ 同上书，第 122 页。

⑤ 同上书，第 91 页

⑥ 同上。

⑦ 《列宁选集》第 4 卷，人民出版社 2012 年版，第 419 页。

6. 把握真理的辩证法

所谓真理，是指人们对客观世界及其本质与规律的正确反映。人们运用辩证思维，反映客观世界的本质与规律的复杂的动态网络系统，就需要把握真理的辩证法。

（1）真理内容的客观性与真理形式的主观性的辩证运动。列宁指出："有没有客观真理？就是说，在人的表象中能否有不依赖于主体、不依赖于人、不依赖于人类的内容？"[①] "自然界反映在人脑中。人在自己的实践中、在技术中检验这些反映的正确性并运用它们，从而也就达到客观真理。"[②] 他还指出："人的概念就其抽象性、分隔性来说是主观的，可是就整体、过程、总和、趋势、来源来说，却是客观的。"[③] 列宁这里讲概念的形式是主观的，概念的内容是客观的，而真理和概念都是对事物的本质与规律的反映，而且真理又是通过概念来表述的，因此，列宁这里讲的概念的辩证法同时是对真理的辩证法的一种论述。

（2）绝对真理与相对真理的辩证运动。列宁认为："绝对真理是由发展中的相对真理的总和构成的；相对真理是不依赖于人类而存在的客体的相对正确的反映；这些反映愈来愈正确；每一个科学真理尽管有相对性，其中都含有绝对真理的成分。"[④] 他还指出："人类思维按其本性是能够给我们提供并且正在提供由相对真理的总和所构成的绝对真理的。科学发展的每一个阶段，都在给这个绝对真理这一总和增添新的一粟，可是每一科学原理的真理的界限都是相对的，它随着知识的增加时而扩张，时而缩小。"[⑤] 列宁还认为："在辩证唯物主义看来，相对真理和绝对真理之间没有不可逾越的鸿沟。……我们的知识向客观的、绝对的真理接近的界限是受历史条件制约的，但是这个真理的存在是无条件的，我们向这个真理的接近也是无条件的。"[⑥] 把握相对真理与绝对真理的辩证运动，才能够反映事物的本质与规律的复杂的动态网络系统，从而在辩证思维的运动过程中达到理性认识的复杂的动态网络系统。

---

① 《列宁选集》第 2 卷，人民出版社 2012 年版，第 81—82 页。

② 《列宁全集》第 55 卷，人民出版社 1990 年版，第 170 页。

③ 同上书，第 178 页。

④ 《列宁选集》第 2 卷，人民出版社 2012 年版，第 212 页。

⑤ 同上书，第 95 页。

⑥ 同上书，第 95—96 页。

（3）真理的全面性与真理的具体性的辩证运动。列宁指出：“真理是全面的。”[①] 因为“真理就是由现象、现实的一切方面的总和以及它们的（相互）关系构成的”[②]。同时，“真理还需要现实的其他方面，这些方面也只是表现为独立的和单个的（独立自在的）。真理只是在它们的总和（zusammen）中以及在它们的关系（Beziehung）中才会实现”[③]。事物的本质与规律的复杂的动态网络系统有一个日益暴露的过程，而真理的全面性的实现，就包括了把握事物的本质与规律的复杂动态网络系统这样一种辩证发展的认识过程或思维过程。因此，“现实的诸环节的全部总和的展开（注意）＝辩证认识的本质”[④]。

关于真理的具体性，列宁指出：“辩证法的基本原理是：没有抽象的真理，真理总是具体的。”[⑤] 他还认为：“辩证逻辑教导说，‘没有抽象的真理，真理总是具体的，’——已故的普列汉诺夫也常常喜欢按照黑格尔的说法这样说。”[⑥]

真理的全面性与真理的具体性在辩证运动的过程中，主要表现为两个方面的关系。

一方面，真理的全面性包括真理的具体性。因为真理的具体性，就是要揭示具体的时间、地点、条件下的事物、现象、过程的相互关系及其本质与规律。列宁指出：“马克思主义的精髓，马克思主义的活的灵魂：对具体情况作具体分析。”[⑦] 他还认为：“马克思主义的全部精神，它的整个体系，要求人们对每一个原理只是（α）历史地，（β）只是同其他原理联系起来，（γ）只是同具体的历史经验联系起来加以考察。”[⑧] 这样看来，真理的全面性的无限展开的过程，就包含了真理的具体性和实现过程。

另一方面，真理的全面性就是真理的具体性。因为“要真正地认识

① 《列宁全集》第 55 卷，人民出版社 1990 年版，第 168 页。
② 同上书，第 166 页。
③ 同上书，第 165—166 页。
④ 《列宁全集》第 55 卷，人民出版社 1990 年版，第 132 页。
⑤ 《列宁全集》第 8 卷，人民出版社 1986 年版，第 412 页。
⑥ 《列宁全集》第 40 卷，人民出版社 1986 年版，第 292 页。
⑦ 《列宁全集》第 39 卷，人民出版社 1986 年版，第 128 页。
⑧ 《列宁全集》第 47 卷，人民出版社 1990 年版，第 464 页。

事物，就必须把握住、研究清楚它的一切方面、一切联系和‘中介’”[①]。这是真理的全面性的要求。而在主观辩证法反映客观辩证法运动过程中，“一般概念、规律等等的无限总和才提供完全的具体事物”[②]。由此可见，反映真理的全面性的概念都处在与事物、概念的无限联系之中。因此，应当运用真理的全面性与真理的具体性辩证统一的认识方法与思维方法，来把握事物的本质与规律的复杂的动态网络系统。

7. 应用思维系统工程的方法

实现辩证思维必须应用思维系统工程的方法。因为思维是一种复杂的动态网络系统，它不仅包括逻辑思维、形象思维、社会思维，还包括直觉、灵感、顿悟、想象、联想、创造性思维、模糊思维等以及种种相关的精神因素（包括种种理性因素和非理性因素）。要实现辩证思维，就应当运用思维系统工程的方法，来具体地认识和处置思维网络系统中各种要素与整体的关系，思维整体、构成要素与周围环境的关系以及思维网络系统的结构与功能、运行与调控的关系等，从而达到动态协同、整体优化的效果。

（四）辩证思维的当代意义

运用辩证思维方法，对于社会全体成员特别是各级干部尤其是领导干部具有非常重要的意义。大致说来，可以从下列几个方面加以考察：

1. 推动当代社会实践的发展

当代中国的社会实践是贯彻落实科学发展观、构建社会主义和谐社会、全面建成小康社会、实现中华民族伟大复兴的中国梦。运用辩证思维方法来观察和处置这样的当代社会实践，就应当正确认识和优化处置这样的社会实践过程中的矛盾网络系统和规律网络系统。当代社会实践过程中既包含由诸种矛盾所组成的复杂的动态网络系统，又内蕴着规律的复杂的动态网络系统，这种规律网络系统包含自然规律、社会规律（又包括经济、政治、文化等复杂的交互作用所形成的复杂规律）、社会主义建设规律、共产党执政规律、社会调控规律（它又包括预决性规律、动态协同规律、整体优化规律等）等的复杂的交互作用。运用辩证思维方法，正

① 《列宁选集》第4卷，人民出版社2012年版，第419页。

② 《列宁全集》第55卷，人民出版社1990年版，第239页。

确认识和优化处置上述社会实践过程中的矛盾网络系统和规律网络系统，就能够推动当代社会实践的发展，实现中华民族的伟大复兴。

2. 促进辩证思维的大众化

不仅各级领导干部应当运用辩证思维方法来认识世界和改造世界，而且广大社会成员也应当广泛地运用辩证思维方法去识物想事。奋斗在经济、政治、文化（广义的文化，即包括人类物质生产和精神生产的能力、物质的和精神的全部产品）、军事等领域的各类人员在工作、学习、生活的过程中，都应当逐步地学会运用辩证思维方法，把辩证思维方法普遍运用于全社会、贯彻于思维的全过程。特别是对从事理论研究、科技工作的人员来说，运用辩证思维方法尤其重要。因为辩证思维是人才综合素质中的“软件”系统，是思维网络系统和思维系统工程中的灵魂，所以，宣传和运用辩证思维，就能够在社会规模和深刻的层次上提高人们的思维素质，从而加速社会主义现代化建设的伟大历史进程。

3. 提升思维主体的综合素质

运用辩证思维方法，内在地要求全面提高思维主体自身的综合素质。这些综合素质包括政治素质、思想素质、道德素质、科学素质、文化素质、思维素质、身体素质等方面。

提高广大干部特别是各级领导干部的综合素质，是提高整个中华民族综合素质的关键，因为广大干部特别是各级领导干部是团结和带领人民群众实现新时期伟大历史任务的决定性力量。广大干部特别是各级领导干部自觉地运用辩证思维方法，在贯彻落实科学发展观、构建社会主义和谐社会、全面建成小康社会、实现中华民族伟大复兴的中国梦的伟大实践的进程中，正确认识和优化处置矛盾网络系统、规律网络系统的各种实践问题，就能够加速推动社会主义伟大事业的胜利前进。

提高广大青少年的综合素质，是提高整个中华民族综合素质的希望所在。因为广大青少年是祖国的未来，民族的希望。让广大青少年学会运用辩证思维方法，就能够使我们伟大的祖国日益繁荣昌盛，使我国的广大青少年中出现“江山代有才人出，各领风骚数百年”的喜人景象。

4. 深化思维科学的理论研究

在社会规模和深刻层次上运用辩证思维方法，对于深化思维科学特别是它的基础科学——思维学的研究具有重要意义。一方面辩证思维方法可以统摄和指导思维科学特别是思维学的研究。另一方面，运用辩证思维方法研究思维科学特别是思维学，可以丰富、深化发展辩证思维方法。在当今社会实践和科学技术的综合化、整体化、智能化的历史条件下，这一点显得更为迫切。

第五章

中国人的思维

中国人的思维，中国人关于思维科学的思想，在人类思维史上不仅内容丰富、深刻，而且广泛渗透于文化、科学技术、中医药理论、文学艺术、军事学等领域中，对人类思维史作出了杰出的贡献，占据了光荣的一席之地。现代中国人的思维，在马克思主义哲学的指导下，在许多方面进行了创造性的探索，为人类思维的发展作出新的贡献。

要坚持和发展马克思主义哲学，其中一个重要的方面就是要吸取中国文化（广义）中之精华，而中国人的思维，中国人在思维科学方面的思想，则是中国文化中的瑰宝。因此，研究中国人的思维、中国人关于思维科学的思想，乃是坚持和发展马克思主义哲学的题中应有之义。

一　中国文化中思维的特点

文化有广义、狭义之分。广义的文化，是包含物质财富和精神财富之总和的文化。狭义的文化，既指精神财富的结晶，又指区别于哲学、科学等的文化。后一种文化包括音乐、舞蹈、绘画、雕塑、戏剧等内容，近似于现今中国文化部所管辖的文化领域。

党的十七届四中全会号召领导干部要切实提高思维水平，努力掌握战略思维、创新思维、辩证思维的思想武器，以推进中国特色社会主义的伟大事业，而这些思维在中国文化中古已有之。党的十七届六中全会和党的十八大提出了文化强国的伟大战略。因此，研究中国文化中思维的特点，对于贯彻执行党的号召和伟大战略，具有重大的现实意义和深远的理论意义。

概要说来，中国文化中的思维具有 5 个方面的特点。

（一）崇尚哲理性

中国文化崇尚哲理性，包蕴着深刻的哲学思维。《易经》很早就把阴、阳两极作为两种基本的“对立”势力，由此演化成八卦，又由八卦演化为六十四卦。这种宇宙演化思想，蕴含着深刻的哲学思维。中国社会科学院哲学研究所刘长林研究员指出：《周易》经传中的整体观点、关系与结构学说，全息系统理论与现代科学和哲学存在着一定的内在联系，对研究现代科学和哲学郡具有重要意义。[①] 国外学者对《易经》中的哲学思维也有很高的评价，黑格尔就曾指出：“中国人也曾注意到抽象的思想和纯粹的范畴，古代的《易经》（论原则的书）是这类思想的基础。《易经》包含着中国人的智慧（是有绝对权威的）。”[②]

老子的《道德经》以“道”为核心，描述了有与无、一与二、阴与阳等的对立统一关系，以此来刻画世界的统一性和整体内部事物相互联系、相互制约、相互作用、相互转化的辩证关系。这种哲学思维有其惊人的高妙之处。美国圣菲研究所（Santa Fe institute）认为中国的老子把世界看做是无限的、永远变化的、永远新颖的思想，对他们研究复杂适应系统实在是太重要了[③]。1988 年 4 月 6 日，笔者与 E. 拉兹洛于北京大学临湖轩举行学术座谈，他听了笔者介绍中国哲学的思想以后，认为《易经》和老子的哲学思想，对他研究系统论具有重要的启示作用。

荀况在《天论》中提出了“明于天人之分”“制天命而用之”的思想。他认为宇宙是一个动态演化的系统整体，自然界及其变化的规律叫作“神”或者“天”，人们只要按照这些规律去行动，就可以管理天地，支配万物。

张载提出了“气”一元论的唯物主义自然观。他以“气”为核心的宇宙演化模式是：气——阴、阳——万物，而且在这个由“气”构成的世界里，阴、阳二气相互联系，相互制约，彼此转化，生生不息。

邵雍在《皇极经世》中认为，由太极演化为宇宙万物，就好像树根之有树干、枝、叶一样。他说：“犹树之有干，干之有枝，枝之有叶。”

---

① 刘长林：《从系统和信息观点看〈周易〉经传》，《哲学研究》1988 年第 3 期。

② ［德］黑格尔：《哲学史讲演录》第 1 卷，三联书店 1956 年版，第 120 页。

③ ［美］米歇尔·沃尔德罗普：《复杂——诞生于秩序和混沌边缘的科学》，陈玲译，三联书店 1997 年版，第 464 页。

这种分层结构的宇宙演化的动态总体，就其内部关系来说，“愈大则愈少，愈细则愈繁。合之斯为一，衍之斯为万”。

综上可见，中国文化中的思维崇尚哲理性，而不是就事论事，也不是仅对自然界发表一些实证性的看法，而是提高到哲学层次去思考和认识问题的。

中国文化崇尚哲理性的思维特点，受到国际上科学界、哲学界的广泛肯定和高度赞扬。当代耗散结构理论的创始人、诺贝尔奖获得者，比利时著名科学家普里高津对中国文化中崇尚哲理性的思维特点的评价就很高，他说：中国传统的学术思想着重研究整体性的自发性，研究协调和协同。现代科学的发展……更符合中国的哲学思想。他预言：西方科学与中国文化对整体性协同性理解的很好结合，“将导致新的自然哲学和哲学自然观”① 的产生。

（二）注重整体性

中国文化和中国哲学注重整体性的研究，认为宇宙是一个整体，人体也是一个整体，而且认为“天人合一”即自然界和人是处在整体和谐的动态过程之中的。《淮南子·诠言》中说：“一也者，万物之本也。”马得清先生在《有一说“一”》这篇文章中，列述了上列思想之后，接着指出：“这是对整体思维的概括。整体看世界是我国古人最为宝贵的哲学智慧之一。有了整体思维，简简单单的一个‘一’字就具有了哲学含义。”②这种整体性的特点和思维方式更符合现代科学和哲学发展的内在趋势，受到国外和国内科学家的普遍赞誉。

I. 普里高津与 G. 尼科里斯在他们合著的《探索复杂性》一书的《中文版序言》中指出：“只要对于中国文化稍有了解，就足以使访问者感受到它具有一种远非消极的整体和谐。这种整体和谐是由各种对抗过程间的复杂平衡造成的。在本书中，一种类似的情景将以非平衡条件下物理定律的当然结果而到处呈现出来。”③

I. 普里高津与 I. 斯唐热在为《从混沌到有序》一书所作的中译本序

① ［比］I. 普里高津：《从存在到演化》，《自然杂志》1980 年第 1 期。

② 马得清：《有一说“一”》，《光明日报》2012 年 5 月 16 日第 12 版。

③ ［比］G. 尼科里斯、I. 普里高津：《探索复杂性》，罗久里、陈奎宁等译，四川教育出版社 1986 年版，第Ⅰ—Ⅱ页。

中，更加明确地指出："中国文化具有了不起的技术实践，中国文明对人类社会与自然之间的关系有着深刻的理解。"[①] 在谈到莱布尼兹、玻尔和李约瑟等著名科学家和哲学家接受中国文明启迪的同时，I. 普里高津立即指出："中国思想对于那些想扩大西方科学的范围和意义的哲学家和科学家来说，始终是个倡迪的源泉。"[②] "也许我们最终能够把西方的传统（带着它对实验和定量表述的强调）与中国的传统（带着它那自发的、自组织的世界观）结合起来。"[③]

协同学的创始人、德国著名科学家 H. 哈肯教授也认为，中国文化中的整体（holistic）观点具有非常重要的意义。他指出：综合的观点是中国人思想中一个源远流长的观点，这个观点对研究协同学非常重要。[④] 他在《协同学——自然成功的奥秘》一书的中文版序中指出："对自然的整体理解是中国哲学的一个核心部分。在我看来，这一点西方文化中从未获得足够的考虑。直到如今，当科学在研究不断变得更为复杂的过程和系统时，我们才认识到纯粹分析方法的局限性。"[⑤] 整体观点与系统科学、整体思维与系统思维是内在贯通的。他还认为："中国是充分认识到了系统科学巨大重要性的国家之一。"[⑥] 美国圣菲研究所的学者们认为，包括中国哲学在内的："东方哲学一向把世界看做是一个复杂的整体。这个世界观无论是在科学界，在文化界，还是在西方，都变得越来越重要了。"[⑦] 他们认为，还原论方法已经走进了历史的死胡同，研究复杂性科学必须用整体的眼光去看问题。

著名物理学家、诺贝尔奖获得者李政道教授通过对东西方文化长时期比较研究的亲身体会，认为应当扬弃西方科学文化中的以分析为主的还原

---

① ［比］I. 普里高津、［法］I. 斯唐热：《从混沌到有序》，曾庆宏、沈小峰译，上海译文出版社 1987 年版，第 1 页。

② 同上书，第 57 页。

③ 同上。

④ ［德］H. 哈肯：《协同学讲座》，宁存政、李应刚译，陕西科学技术出版社 1984 年版，序言第 2 页。

⑤ ［德］H. 哈肯：《协同学——自然成功的奥秘》，戴鸣钟译，上海科学技术出版社 1988 年版，序言。

⑥ ［德］H. 哈肯：《协同学和认知科学》，杨家本译，清华大学出版社、广西科学技术出版社 1994 年版，序言。

⑦ ［美］米歇尔·沃尔德罗普：《复杂——诞生于秩序和混浊边缘的科学》，陈玲译，三联书店 1997 年版，第 468 页。

论的观点与方法，因为用西方还原论的方法对现代物理学、现代天文学的前沿领域如暗物质、类星体、对称破缺、夸克等不同领域、不同层次、不同过程的研究做统一的处理就不行，必须从中国古代文化特别是中国古代哲学中寻找关于整体性、和谐性的理论观点和思维方式作为思想武器。

中国著名科学家钱学森院士指出："要从整体上考虑并解决问题。"[①] 他不仅从整体观点构建了以马克思主义哲学为指导的整个现代科学技术体系，而且主张应当从整体上考虑并处置中国社会主义现代化建设的大业，同时从整体上给出了认识和处置上述领域的科学方法论，这就是从定性到定量综合集成法，从定性到定量综合集成研讨厅体系和总体设计部方法。

（三）强调主体性

中国古代文化特别是中国古代哲学在研究自然与社会的关系时，强调天人合一，在考察社会系统的运行过程中，重视人伦，强调教化，主张德治等以人为主体的思想。而且，中国古代文化中对主体自身复杂的结构诸如知、情、意、德及其层次功能和整体功能都有独到的见解。这些思想中固然有为封建统治阶级服务的一面，但从思想史发展的角度看，这些思想对现代科学技术的发展和社会的进步仍然具有重要的影响。

现代科学正处在从研究客观世界为主转向以研究主体与客体的连接和主体自身为主的科学转型时期。先是研究物理学、天文学、化学、地学等学科，接着是研究生态科学、环境科学、天地生科学等学科，现在则侧重研究系统科学、复杂性科学、计算机科学、生命科学、神经生理学、脑科学、心理学、社会科学、人文科学等学科。在这种科学发展的总趋势中，一些科学家也从自身的研究经历中体悟到研究主体的重要性。

美国科学家 A. D. 霍尔在提出系统工程的三维（逻辑维、时间维和知识维）结构图之后，随着科学技术的发展、社会实践的进步和自身认识的前进，他开始重视对主体自身的研究，认识到主体自身，不限于知识，而是具有复杂内容的系统综合体。

在人·机结合、人·网结合的复合智能系统中，科学家们逐渐体悟到以人为主的重要性。20 世纪 80 年代末 90 年代初，美国著名人工智能专家西蒙（H. A. Simon，中文名司马贺）、纽厄尔（A. Newell）；费根鲍姆

① 钱学森：《创建系统学》（新世纪版），上海交通大学出版社 2007 年版，第 130 页。

（E. Feigenbaum）、闵斯基（M. Minsky）等人在科学探索和科学实践过程中，把研究的战略方向和战略重点逐步由对人工智能的研究转向对人的思维过程和思维机制的研究，由对技术的探求转向更高层次的对哲学的研讨。为了实现这种调整和转变，他们正在从中国文化、中国哲学和印度文化、印度哲学中寻求思想启示。

我国著名科学家钱学森院士等人在马克思主义哲学的指导下，继承了中国文化和中国哲学中的有关思想，在现代科学技术体系和整个社会网络系统中，提出了三个方面的重要思想：在现代科学技术体系中以人为主；人是信息社会的主体；在整个社会网络系统中，人是主要的因素。在晚年卧病在床时，钱学森院士还从国家发展战略和世界发展趋势的高度出发，多次向党和国家领导人建议，要培养一批又一批有创造性的杰出人才。

现代哲学的发展，也突出了人的主体性的研究。古代哲学以研究客观世界为主，近代哲学虽然仍坚持主客二分的基本思路，但已开始重视从客体与主体的统一来研究哲学问题。马克思主义哲学在重视客体与主体统一的同时，也开始重视对主体自身的研究。现代哲学则在马克思主义哲学的指导下，把认识主体也当做认识对象来研究，使哲学研究发展到一个新的阶段。同时，美学研究着重于从人与美的创造，人是审美主体等方面突出人的主体地位。人学研究从总体上研究人与自然、社会、思维中的地位和作用等方面，突出人的主体地位。总之，从哲学发展的总体趋势来看，对主体的研究愈益呈现出突出和重要的地位。

十八大以来习近平总书记提出了全面建成小康社会，实现中华民族伟大复兴的中国梦这一总战略，总任务，都是坚持以人为本，充分尊重人民群众是创造世界历史的主人翁地位，社会主义现代化建设要依靠广大人民群众的创造智慧和不懈奋斗，社会主义现代化建设的成果应当惠及广大人民群众，在社会主义现代化建设，迈向共产主义的伟大进程中实现人的全面发展。这些思想既是马克思主义与中国具体实践相结合的伟大创造，也是对中国文化，中国哲学中人的主体性思想的继承和发展。

（四）贯彻生成论

中国文化特别是中国哲学认为，宇宙是一种动态发展的演化系统。

《易经》认为："一阴一阳之谓道。"《易经》主张"生生之谓易""易穷则变，变则通，通则久""刚柔相推而生变化"。老子认为："道，可道，非常道；名，可名，非常名。无名，天地之始；有名，万物之母。"[①]"道生一，一生二，二生三，三生万物。万物负阴而抱阳，冲气以为和。"[②]"人法地，地法天，天法道，道法自然。"[③]中国文化特别是中国哲学中这种动态演化的生成论思想，同马克思主义哲学和现代科学关于过程论与演化论的思想是内在贯通的。

马克思主义哲学认为，宇宙是一种动态演化的过程。恩格斯在评述W. F. 黑格尔的哲学思想的伟大贡献时，明确指出："一个伟大的基本思想，即认为世界不是既成事物的集合体，而是过程的集合体。"[④]列宁认为：人的认识、思维不是直线，"是无限地近似于一串圆圈，近似于螺旋的曲线"。[⑤]毛泽东指出："要完全地反映整个的事物，反映事物的本质，反映事物的内部规律性，就必须经过思考作用，将丰富的感觉材料加以去粗取精、去伪存真、由此及彼、由表及里的改造制作工夫，造成概念和理论的系统，就必须从感性认识跃进到理性认识。"[⑥]

现代科学特别是系统科学和复杂性科学的发展，揭示了自然、社会、人类思维都是开放的复杂系统，是一种动态演化的系统网络。在这种演化过程中，非线性、涌现等是它精彩的新颖之处。现代科学的发展，证明了中国文化、中国哲学中关于宇宙是动态演化的思想是非常深刻的。而I. 牛顿和P. J. 拉普拉斯的静态既成、线性决定论的思想则是形而上学的，是走进了历史的死胡同。这种思想背离了古希腊、罗马时期的辩证法的动态演化的思想。"在恩格斯写作《自然辩证法》一书的那个时代，物理科学看来已经摈弃了机械论的世界观，而更接近于自然界的历史发展的思想。……恩格斯得出结论：机械论的世界观已经死亡。"[⑦]

---

① 中国科学院哲学研究所中国哲学史组、北京大学哲学系中国哲学史教研室：《中国历代哲学文选·先秦编》（上），中华书局1962年版，第245页。

② 同上。

③ 同上书，第246页。

④ 《马克思恩格斯文集》第4卷，人民出版社2009年版，第298页。

⑤ 《列宁全集》第55卷，人民出版社1990年版，第311页。

⑥ 《毛泽东选集》第1卷，人民出版社1991年版，第291页。

⑦ ［比］I. 普里高津、［法］I. 斯唐热：《从混沌到有序》，曾庆宏、沈小峰译，上海译文出版社1987年版，第2—3页。

不仅如此，而且中国文化、中国哲学中的生成论思想，与马克思主义哲学和现代科学关于矛盾、过程、系统之统一的思想也是彼此一致的。毛泽东认为："矛盾即是运动，即是事物，即是过程，也即是思想。"[①] 他还指出："不但要研究每一个大系统的物质运动形式的特殊的矛盾性及其所规定的本质，而且要研究每一个物质运动形式在其发展长途中的每一个过程的特殊的矛盾及其本质。"[②] 马克思主义哲学与现代科学特别是系统科学和复杂性科学的发展，揭示了矛盾、过程与系统的内在统一性，这同中国文化、中国哲学中生成论的思想具有内在的契合之处。

（五）体现创造性

创造与创新既有联系，又有区别，原始创新、原发性创新可以等义于创造。中国文化、中国哲学中体现着丰富深刻的创造性的思想。《尚书·咸有一德》记载："始终唯一，时乃日新。"《周易·系辞上》认为："日新之为盛德。"《周易·乾卦·文言》指出："终日乾乾，与时偕行。"《周易·革卦·象传》认为："天地革而四时成，汤武革命，顺乎天而应乎人，革之时，大矣哉。"《大学》"经"之"传"中引商汤之《盘铭》说"苟日新，日日新，又日新"，引《康诰》说"做新民"，引《诗》则说："周虽旧邦，其命惟新。"中国文献中还有"革故鼎新"之说。孙中山先生对创造性或创新也有独特的见解。他认为，创造或创新如世界潮流奔腾向前，什么力量也阻止不了。"内审中国之情势，外察世界之潮流，兼收众长，益以创新。"[③] 可见，中国文化、中国哲学非常重视创新，体现着深刻的创造性的思想。

在中国社会的历史进程中，直到明朝末期以前，中国人民都较好地发挥了创造性，在经济、科技、文化等领域的发展成就，在当时的世界上一直处于领先的地位。但是，由于长期封建统治的束缚，特别是1840年鸦片战争以后，帝国主义的入侵，使中国逐步沦为半殖民地、半封建的社会，中国人民的创造性受到了极大的压制，中国处于落后挨打的状态。中国共产党成立以后，以毛泽东为代表的中国共产党人创造性地开辟以农村

① 《毛泽东选集》第1卷，人民出版社1991年版，第319页。

② 同上书，第310页。

③ 《孙中山全集》第7卷，中华书局1985年版，第14页。

包围城市，武装夺取全国政权的新民主主义革命道路。在中国共产党所领导的革命根据地里，广大军民团结一致，艰苦奋斗，打败了国内外敌人，创造了经济、社会、文化较好的发展局面。新中国成立以后，中国人民成了社会和国家的主人，在全体规模和更高层次上发挥了主动性、积极性、创造性，取得了举世瞩目的伟大成就。在马克思列宁主义、毛泽东思想、中国特色社会主义理论的指导下，中国人民正发挥着巨大的创造性，创造着中国历史上辉煌的局面。特别是贯彻落实科学发展观，大力推进构建社会主义和谐社会的建设，正在为全面建成小康社会，实现中华民族伟大复兴的中国梦而奋斗，中国社会的面貌正日新月异地向前发展着。当前，针对贫富悬殊，生态失衡的弊端，党和人民正在继续贯彻落实科学发展观，构建社会主义和谐社会，全面建成小康社会，实现中华民族伟大复兴的中国梦，在经济建设、政治建设、文化建设、社会建设、生态文明建设和党的建设的协同推进的历史进程中，改变目前两头大、中间小的哑铃式社会，向着两头小、中间大的橄榄型社会过渡，以至逐步全面建成小康社会、和谐社会，为完成社会主义大业，向共产主义迈进打下坚实的基础。

综观中国文化中的思维，我们更加深刻地认识到马克思在《1844 年经济学—哲学手稿》中思想的正确性。马克思所说的劳动者，既包括体力劳动者，又包括脑力劳动者，他所说的劳动产品，既包括物质产品，又包括精神产品。按照马克思的这一思想，研究中国文化中的思维这些精神产品时，反观创造这些精神产品的中国人民，更值得珍视和尊重。

当然，我们应当以辩证唯物主义和历史唯物主义的观点和方法，来对待中国文化中的思维。一方面，应当充分肯定中国文化思维中的积极的方面、精华的部分；另一方面，对中国文化思维中的那些消极、落后的成分，应当以糟粕处之，但是也应当吸取由此而引发的历史教训。我们的目的是建设中国社会主义的新文化，吸取中国文化中的思维的积极成果，以推进中国人民的思维科学化、辩证化。

二　中国科学技术中的思维

中国长时期内在天文学、物理学、地学、数学、医学、农学等领域在世界上享有崇高的地位。古代的《易经》“易道广大、无所不包、旁及天文、地理、乐律、兵法、韵学、算术、以逮方外之炉火”。中国科学技术领域蕴含着丰富、深刻的思维科学的思想。

（一）中国科学的主要成就

中国古代科学在天文学、物理学、数学、地学、农学、医学（将单列一节另行论及）等领域成就卓著，对世界科学做出了独特贡献，在世界科学发展史上占有光荣的一席之地。

1. 天文学

在天文学领域，我国的天象观测记录早于其他国家。在殷商甲骨文中，记载着公元前13世纪的日食。这比巴比伦最早的日食记录早了大约600年。《左传》记载公元前687年“鲁庄公七年四月辛卯夜，恒星不见，夜中星陨如雨”。这是世界上天琴座流星雨最早的记录。《春秋》记录了世界上第一次哈雷彗星：公元前613年“鲁文公十四年秋七月，有星孛入于北斗”。这比西方的记录早了600多年。

中古时期，中国的天文观测主要在恒星、行星和异常天象方面取得了丰硕的成果。

恒星观测依赖于星表或星图。中国在公元前4世纪就有了石氏星表，记载了120颗恒星的位置。这比希帕克星表记载的恒星数多了1/32。星图是恒星观测的形象记录。我国在汉朝时期可能就有星图。三国时期吴国太史令陈卓总结了前人的资料，绘制了一幅星图，图中有1464颗恒星。14世纪以前的星图，在世界上只有中国的保存下来了，其中最著名的是1193年绘制的苏州石刻星图。这幅图于1247年刻在石碑上，一直保存至今。

行星观测在我国也有大量的记录。长沙马王堆汉墓中就有帛书《五星占》和《五星行度表》，记录了公元前246年到177年秦汉之际70年间木星、土星和金星在天空中运行的位置，并且推算出它们的会合周期和公转周期。西汉末年，约在公元前20年，刘向在《五经通义》中认为：“月食者，月往藏之。”张衡在《灵宪》中指出：月光是太阳所照，大地遮住了太阳光，就产生了月食。

我国对异常天象的观测也早有成就。公元前134年，我国就记载了一颗新星。这在世界上公认为是第一次新星记载。105年出现的金牛座超新星，只有中国和日本有记载。到17世纪末，我国已记载了大约70颗新星和超新星。

对太阳黑子的观测，我国在《汉书》中就记载了公元前28年的一次太阳黑子现象："日出黄，有黑气，大如钱，居日中央。"这在世界上公认为是最早的对太阳黑子的记录。我国从汉朝到明朝1600多年里，对太阳黑子的记录超过100次，有日期、有位置、有变化。这比欧洲于1610年观测到太阳黑子的活动早了1000多年。

我国著名天文学家张衡于115年任太史令，主持天文观测工作。他在《灵宪》中提出了浑天说的天文理论。该理论认为：天是圆的，像个鸡蛋壳。地是圆球形，好像鸡蛋黄。天大地小，天靠气支撑，地浮在水上，半边天在地上，半边天在地下。日月星辰附在天壳上，随天周日旋转。

2. 物理学

成书于公元前4世纪的《墨经》就已经记载了物理学的卓越成就。《墨经》讨论了重量与距离对杠杆平衡的影响。这比希腊人阿基米德发现杠杆原理早了100多年。《墨经》还记录了小孔成像以及平面镜、凹面镜、凸面镜成像的研究成果，并且提出了光是直线前进的观点。此外，《墨经》还记载了固体传声和共鸣的现象。

对光学现象的研究，除《墨经》外，元代的赵友钦在《革象新书》中记载了他所做的一个大型光学实验。该实验不仅再次证明了光的直线前进性，而且证明了光源的大小、强度、光源与不同孔径的小孔的距离以及像的大小和亮度这三者之间的复杂关系。

我国可能在公元前1000年左右，就已经知道了磁石有吸引力。战国末年，《吕代春秋》就有了磁石吸铁的记录。《韩非子·有度》中记载，"先王立司南以端朝夕"，意指磁石指南的作用。王充在《论衡》中记载了"司南勺"这一磁性指示方向的器具。司南勺底部圆滑，把它放在铜制的平盘上，勺柄即可指示出南北方向。

我国古代在声学研究方面也较为独特。商代就已有成套的铜铙等乐器，那时已有乐理知识。20世纪70年代在湖北随县出土的战国初年的编钟64件，能够演奏复杂的乐曲。《管子·地员》记载有计算音程以定五音的"三分损益法"。这在古代乐律史上作出了重大的贡献。明代朱载堉于1584年出版了《律吕精义》，以公比为$\sqrt[12]{2}$的等比数列来确定音律，这与现今世界上通用的12等程律相同，在世界乐律史上作出了重要贡献。东汉王充在《论衡》中就研究了声音由振动而生，声音的传播与水波相似。

3. 数学

我国古代在数学方面的成就也非常突出。春秋战国时期，我国就有了分数的概念，有了乘法九九表。成书于公元前 1 世纪的《周髀算经》已有了勾股定理和比较复杂的分数运算。

《光明日报》记者邓晖于 2014 年 1 月 8 日在该报第 11 版右上方显著位置以“清华简最新研究成果——我国迄今最古老“计算表”露真容”为题作了报道。报道说，“57.5 乘以 63.5 等于多少？2300 多年前我们的祖先就能给出精准答案。7 日，清华大学藏战国竹简清华简第 4 辑整理报告在京发布《算表》《筮法》《别卦》3 篇传世文献露出真容。令人惊叹的是，《算表》可利用乘法交换律原理，快速计算 100 以内两个任意整数的乘积及包含特殊分数‘半’的两位数乘法，被众多数学史专家认为是目前我国发现最早的实用算具，填补了先秦数学文献的空白。”该报道还说：‘它实际上是一个放大的九九算法表，’发布会上，著名历史学家、清华大学出土文献研究与保护中心主任李学勤介绍。全国数学史学会理事长郭书春如此评价《算表》的意义：《算表》的计算功能超过以往我国发现的‘里耶秦篇九九表’和‘张家界汉简九九表’等古代算法表，为春秋战国时期是中国传统数学第一个高潮提供了佐证，使国内外否定中国古代数学成就的虚元主义态度不攻自破。”

成书于东汉初期（1 世纪）的《九章算术》记载有 246 个应用题目的解法，包括算术、初等代数、初等几何，开平方、开立方、一元二次方程的数值解法、联立一次方程的解法等内容。三国时期刘徽为《九章算术》作了详注，他不仅证明了《九章算术》中的所有定理，而且算得了周转率圆周率 $\pi = \frac{3427}{1250} = 3.1416$。南朝的祖冲之算出圆周率 $3.1415926 < \pi < 3.1415927$。北宋时期贾宪在《黄帝九章算法细草》中，提出了求任意高次幂正根的增乘开方法，指数为正整数的二项式定理系数表。南宋秦九韶在《数书九章》中，推广了增乘开方法，讲述了高次方程的数值解法。他还得出了以三角形三边求三角形面积的公式 $S = \sqrt{\frac{1}{4}\left[a^2b^2 - \left(\frac{a^2+b^2-c^2}{2}\right)^2\right]}$（a、b、c 为三角形三边之长）。宋元间的李治在《测圆海镜》中系统地论述了“天元术”，这就是解一元高次方程

的方法。元代的朱世杰在《四元玉鉴》中提出了“四元术”，即列四元高次方程的方法，他还提出了消元解法。元代王恂和郭守敬进一步解决了三次内插的问题。朱世杰更得出了高次差的内插公式，这项成果比欧洲人早了300多年。

4. 地学

地学也是我国古代成就较大的学科的一个重要领域。春秋战国时期的《山海经·五藏山经》是我国最早的地理地质方面的著作。它记载了我国许多山脉和河流、矿物产地309处，矿产品种七八十种。稍晚的《禹贡》记述了我国中部地区的土壤、矿产和动植物资源。《管子·地员》以土壤的颜色、质地、肥力等把它分为3等18类，并且分别记述了它们所适宜生长的植物。这是世界上最早的植物地理学著作。西汉司马迁的《史记·货殖列传》是我国最早的经济地理学著作。东汉班固的《汉书·地理志》则是我国最早的疆域地理学著作。北魏郦道元的《水经注》以我国境内1252条河流为纲，综述各地的水文、地貌、土壤、植被、物产和城镇建制沿革等。这是一部内容丰富的综合性地理巨著。东晋僧人法显曾游历印度各地，回国后写成《佛国记》（416）一书。唐代僧人玄奘于627—645年曾到中亚各地和印度广大地区，回国后由他口授，写成著名的《大唐西域记》（646年）。这两部书记述了沿途各地的地理和社会情况，是历史地理的重要著作。北宋沈括在《梦溪笔谈》中根据山西太行山石壁层中的螺蚌壳堆积，推断该地为“昔之海滨”。他还观察了陕北延川地区一种类似竹（实为新芦木）的化石，认为该地区过去气候温湿。他还从实地考察中提出了水流对地形侵蚀的见解。他的这些成果比欧洲人同类工作分别早了400—700年。明代的徐霞客（名宏祖）用了30多年时间，对我国广大地区特别是西南、中南地区进行了考察。他去世后由他人整理出版的《徐霞客游记》已成了地理学中的名著。

我国古代在地质学方面也积累了许多经验知识。《管子·地数》中就有这样的记载：“上有丹沙者，下有黄金；上有磁石者，下有铜金；上有陵石者，下有铅锡；上有赫石者，下有铁。”唐代段成式在《酉阳杂俎》中亦记载了找矿的经验：“山上有葱下有银，山上有薤下有金，山上有姜下有铜锡。”清代李榕在《自流井记》中记录了黄姜岩、绿豆岩寻找地下油、气、水的标准层。

我国是多地震国家，对地震的研究也开展得很早。东汉时期张衡于132年制成了世界上第一台检测地震的仪器——地动仪。该仪器对地震前兆理象如地声、地光、前震、地下水异常、气象异常、动物异常等都作了很多记录。

5. 农学、生物学

我国是农业大国，古代农学著作很多，堪称古代世界之冠。战国时期的《神农》和《野老》，今已不存。战国末期秦相吕不韦的门客所编《吕代春秋》（前239年）中的《上农》《任地》《辨土》和《审时》是重要的农学著作，在理论上和实践上都具有重要意义。两汉时期的《汜胜之书》总结了当时黄河中下游地区特别是关中地区农业生产的实践经验，具有指导农业生产的科学意义。北魏贾思勰的《齐民要术》系统地总结了农、林、牧、副、渔各方面的生产经验，具有很高的学术价值，其中所载的一些农学和生物学知识领先于世界达1000多年。南宋陈旉的《农书》、元代王祯的《农书》以及明代徐光启的《农政全书》总结了各个时期农业生产的实践经验，具有很重要的理论意义。

我国古代积累了许多生物学知识。西汉时期的《尔雅》中就有1000多种动物、植物名称。还对动物作了大致的分类。明代李时珍的《本草纲目》中载有药用植物1195种，动物340类。李时珍对植物采取“析族区类”的分类方法，与现代生物学的分类大致相同。他对动物分类基本上采取由简单到复杂、由低级到高级等的顺序排列，隐含有进化论的思想。

（二）工程、技术的独特贡献

我国古代在工程、技术方面也对世界作出了独特贡献。在水利工程、冶炼技术、瓷器制造、造纸和印刷术、指南针、建筑工程等方面都作出了杰出成就。下面，择要地介绍一些工程、技术方面的成就。

1. 水利工程

都江堰是李冰父子领导的我国水利建设工程中的一颗灿烂明珠。都江堰是由“鱼嘴”分水工程、“飞沙堰”分洪排沙工程和“宝瓶口”引水工程巧妙结合而成的一项复杂的工程。这三个主体工程与120个附属渠堰形成相互联结的有机整体。这些工程特别是以上三个主体工程互相依赖、彼此调节、相互制约，构成了一座设计周密、布局合理的引水枢纽工程，具有灌溉、防洪和航运等多种效益。都江堰的整个工程从规划、设计、施工、运行到维护，都体现着很高的科学水平和综合创见，是系统思想指导下的一项举世瞩目的不朽杰作。

在水利建设工程方面，另一项突出的成就是南北大运河的开凿。早在春秋战国时期，我国就在江淮地区开凿了邗沟、鸿沟等著名运河。秦代开凿的灵渠则沟通了长江和珠江两大水系。这里所说的大运河，是指隋朝开凿的大运河。这条运河北起北京，南达杭州，全长5000多里。整个工程仅用了6年多时间便告完成。这在水利建设工程史上确是惊人之举。现在该运河经过整治、疏浚，大部分河段正发挥着显著的综合效益。

2. 造纸和印刷技术

我国在公元前2世纪至1世纪，就已经用植物纤维造纸了，这在西安等地的出土文物中得到了有力的证明。东汉时期，蔡伦以树皮、破布、废麻等类物质为原料，于105年制成了质量较好的纸。从此，我国的造纸技术领先于世界，直到18世纪以前。

随着造纸技术的发展，我国的印刷技术也相应地发展起来，隋唐之际就已发明了雕版印刷。北宋时期，毕升发明了活字印刷，这早于德国人谷登堡（J. G. Zum Gutenberg）好几百年。

20世纪70—80年代，我国著名科学家、中国科学院院士、中国工程院院士、北京大学王选教授发明了汉字激光照排系统，告别铅与火，迎来电与光，实现了印刷业的一场大技术革命，正在发挥着造福人类的社会效益。

3. 建筑工程

我国古代在建筑工程方面的一项伟大成就是万里长城。今天保存得较为完整的万里长城是明朝修建的。长城上每隔一段都筑有方形的烽火台，这是在古代作为通信用的。一旦有外敌来犯，烽火台就一个接一个地点起大火，以报告戍区战事紧急，企求增兵作战。

雄伟壮观的万里长城，是古代中国一个完整的防卫系统，它包含着中国人极其深刻的系统思想。烽火台的设置则体现了古代中国人的通信、控制思想。万里长城已成为世界著名的遗迹之一，正吸引着中外人士纷纷前来观瞻。

我国古代建筑以木构架结构为主要特点。斗拱结构开始于西周，至唐代已发展得相当复杂而且华丽。西安唐大明宫麟德殿遗址的发掘表明，这座建筑物的建筑面积达到8000多平方米，是目前已知的我国古代最大的木构架单栋建筑。

山西应县佛宫寺释迦塔是一座木塔，高67.3米，9层，建于辽代(1056年)，是现存世界上最高的木构建筑，经多次地震而无损伤。这对现代建筑如何防震很有参考价值。

我国古代在建筑工程方面的另一项奇迹是赵州桥的兴建。赵州桥位于河北省赵县境内，是一座著名的大石桥。这座桥为单孔敞肩结构，圆孔净跨37米，于隋朝大业年间（605—618年）建成，至今已有1400百年，仍屹立在洨河之上。该桥桥拱跨度之大在当时世界上实为罕见，其敞肩结构更具有独特的创造性。①

关于我国古代的建筑工程，我国著名建筑学家、规划学家吴良镛院士指出："历史上，中国建筑文化光辉灿烂。"② 他还认为："中国历史上约在6000年前就已经出现了木结构建筑构造，从形制到规范，有着独特的创作方式。"③ 钱学森院士指出："中国古代的建筑文化不能丢啊。"④ 他还满怀信心地期待着："在继承我国悠久的文化传统的基础上，又开拓前进，创造出21世纪的中国建筑文化。"⑤

4. 指南车和记里鼓车

在科学技术制造方面，指南车和记里鼓车是我国2000年前的辉煌成就。这些车的复原模型现在陈列在国家博物馆内供人们观赏。

指南车为什么能够指南？记里鼓车为什么每行1里或者10里的时候，木人就按时擂鼓击镯一次呢？从宋史记载中我们可以知道，我国古代劳动人民以高度的智慧和创造能力，巧妙地设计出一些大小不一、齿数不同的齿轮，安装在车轮下面，利用车轮的转动带动这些齿轮的转动。指南车拐弯转向的时候，其中两个主要齿轮或者连接或者断开，这样就使木人的手

---

① 本节以上内容，主要取材于潘永祥主编：《自然科学发展简史》，北京大学出版社1984年版；申漳著：《简明科学史话》，中国青年出版社1981年版；曾近义主编：《中西科学技术思想比较》，广东高等教育出版社1993年版；汪应洛主编：《系统工程导论》，机械工业出版社1982年版；本社主编：《祖国》，中国青年出版社1981年版。对以上著者、编者谨致谢忱。

② 吴良镛著：《中国建筑与城市文化》，昆仑出版社2009年版，第10页。

③ 吴良镛著：《学术文化随笔》，中国青年出版社2002年版，第88页。

④ 钱学森：《论宏观建筑与微观建筑》，杭州出版社2001年版，第308页。

⑤ 同上书，第320页。

臂始终指向南方。而记里鼓车则有一套减速齿轮系统，每当车行一里或者10里的时候，齿轮系统中的两个大齿轮才各回转一次，分别拨动木人擂鼓或者击镯一次。

指南车和记里鼓车的发明，标志着我国古代对齿轮系统的应用在当时世界上属于领先的地位。可以说它们是现代车辆上离合器和记程仪的先驱。它们是按扰动原理制成的开环自动调节系统，体现着系统、控制的思想。

5. 水运仪象台

宋代苏颂（曾任州县推官以至当朝宰相）组织韩公廉等人，于1088—1090年在宋朝首都开封建造了水运仪象台。这座水运仪象台高约12米，宽7米，分做三层。上层放浑仪用来观测日月星辰的位置。为了观测方便，上面覆盖了九块活动屋板，它的作用和现代天文台可以开合的球形台顶相同。中央放浑象，它是一个球体，在球面布列天体的星宿位置，有机械能使浑象由东向西转动，和天体的视运动一致，使得球面的星座位置与天体相合。下层设木阁，木阁又分为五层。每层有门，至一定时刻，内中有木人出来报时。木阁后面装置漏壶和机械系统，漏壶引水升降，转动机轮，使整个仪器按部就班地运转起来。

这座用水力转动的仪象台，它的动力装置相当于现代望远镜上的时钟机械，它可以使在天空中移动的恒星保持在视野里。这座水运仪象台是对东汉时期张衡创制的铜壶滴漏的改进，是一种按被调量偏差进行调节的闭环非线性自动调节系统，它利用偏差反馈来实现自动控制，而且是非线性的自动调节系统。它所蕴含的系统、信息、控制的思想具有重要的科学意义和认识价值。

苏颂在科学技术史上的光辉成就，处于当时世界上科学技术的领先地位。这些成就，目前不仅在国内开始引起了重视，而且赢得了世界上科学技术界的广泛重视和高度评价。

（三）科学技术中的思维

科学是认识世界的学问，工程、技术是改造世界的学问。中国科学技术史上的这些光辉成就，蕴含着丰富、深刻的辩证思维和创造性思维的思想。正如时任中国科学院长路甬祥院士为《院士思维》所作的《序言》中所说：现代中国的院士们，“他们的思维方式反映了中华民族优势传统文化的精髓和氛围"[①]。"正确的科学思维方式确实堪称近现代科技工作者的灵魂，犹如科学宏观研究的望远镜和微观研究的显微镜一样重要。"[②]

中国科学技术中的思维，概要地说来，主要体现在以下几个方面。

1. 客观性思维

中国科学技术成果，是从客观世界的实际情况和社会实践的实际情况出发总结出来的。无论是科学中的天文学、物理学、数学、地学、农学、生物学等领域，还是工程、技术中的水利工程、造纸和印刷术、建筑工程、指南车和记里鼓车以及水运仪象台等，都是从客观实际和社会实践中抽引出来的。这体现了古代中国人民在科学技术中思维的客观性。这种思维客观性同马克思主义哲学的基本原理是内在贯通的。恩格斯和列宁认为，思维是人们对客观世界和社会实践无限逼近的辩证过程。列宁还指出："考察的客观性（不是实例，不是枝节之论，而是自在之物本身）。"[③]"究竟什么是思维和意识，它们是从哪里来的，那么就会发现，它们都是人脑的产物，而人本身是自然界的产物，是在自己所处的环境中并且和这个环境一起发展起来的。"[④]

2. 系统性思维

中国科学技术中体现着系统性思维。无论是科学中的天文学、物理学、数学、地学、农学、生物学，还是工程、技术中的水利工程、造纸和印刷术、建筑工程、指南车和记里鼓车、水运仪象台，都在不同程度上体现为系统工程，蕴含着系统性思维的思想。尤其是都江堰水利工程，这种系统性思维体现得十分杰出。这种系统性思维与马克思主义哲学和现代科学技术中的系统性思维具有深刻的内在一致性。

3. 整体性思维

中国科学技术中体现着整体性思维。特别是都江堰和水运仪象台，都蕴含着动态协同、整体优化的思维，表现了中国人民很高的智慧水平。这种整体性思维既同中国传统文化中重视整体的思想内在贯通，又与马克思主义哲学和现代科学尤其是系统科学、复杂性科学所要求的系统的整体优化性的思维相一致。

---

① 卢嘉锡等主编：《院士思维》（卷一），安徽教育出版社 1998 年版，第 5 页。

② 同上书，第 3 页。

③ 《列宁全集》第 55 卷，人民出版社 1990 年版，第 190 页。

④ 《列宁选集》第 2 卷，人民出版社 2012 年版，第 419 页。

4. 创造性思维

中国科学技术的辉煌成就，表现了中国人民勇于创造的智慧水平，体现着中国人民的创造性思维。在古代中国，那些创造科学技术奇迹的中国人民，在他们各自所处的时代，从客观实际和社会实践出发，创造出科学技术在当时世界上处于领先地位的辉煌成就，并不表明他们就有自觉的创造性思维的理论指导，而是深刻地表明他们从客观实际和社会实践出发，创造性地解决科学技术中所遇到的各种难题。这种创造性是极其宝贵的精神财富。当代中国人民在马克思主义哲学和现代科学的指导之下，更应该发扬光大这种创造性思维，为建设我国成为创新型国家作出无愧于时代的更大贡献。

三 中医学中的思维

中医药学是中国独特的医学，是中华文化中的瑰宝。

时任国家副主席的习近平同志2010年6月20日在澳大利亚皇家墨尔本理工大学中医孔子学院揭牌仪式上的讲话中指出："中医药学凝聚着深邃的哲学智慧和中华民族几千年的健康养生理念及其实践经验，是中国古代科学的瑰宝，也是打开中华文明宝库的钥匙。"张其成先生在《中医里面的国学》一文中，对中医学在中国传统文化中的地位和作用作了深刻的揭示。他指出的要点有四：

首先，中医在中国传统文化中的地位。他认为："医家是与儒释道三家并立的中华传统文化四大支柱之一。"

其次，中医学的内核。他指出："我把中医学的核心价值观念概括为'仁和精诚'四个字。"

再次，中医的思维方法。"中医注重整体、功能直觉的思维方法。……从整体、宏观、动态、联系上认知生命，是中医的强项，也无疑是生命科学的大方向。"

最后，中医学如何发展。他认为：中医学应在保持自身特色的基础上，对现代科学和西医理论以及民间医学，博采众长，综合创新，使中医学走上新的发展阶段。①

① 张其成：《中医里面的国学》，《光明日报》2013年7月1日第15版。

这些思想不仅深刻地揭示了中医学的地位、内核和意义，而且对我们研究中医学的诸多问题提供了宝贵的历史借鉴和文化参照。

在漫长的中国历史发展过程中，中医学为保护中国人民的健康作出了杰出的贡献。在新的历史条件下，中医学一方面在与世界医学模式的演进过程内在一致，另一方面，中医学与马克思主义哲学和现代科学特别是系统科学、复杂性科学相互贯通。中医学中所体现的思维方式，在当代条件下愈益显示出其重要的理论意义和实践价值。

（一）中医学研究对象的复杂性

中医学的研究对象是人，是人的健康之道。

1. 中医学所研究的人是具有复杂结构和功能的人

中医学所研究的人，并不是生物学意义上的人，而是具有复杂结构和功能的人，是一种开放的复杂巨系统。因为中医学认为，“君子务本，本立而道生，”强调“上医，治未病之病”，“上医医国”，“医，乃仁术”。国医大师、著名中医学专家陆广莘研究员指出：“中医学之道，根本在学人!”[①]“医学，根本上是人学!”[②]可见，中医学所研究的人，是社会中的人。这种人不仅有复杂的结构——神、气、形的复杂的交互作用，而且在与自然、社会交互作用过程中保持和发展自身的动态平衡。这与复杂性科学所研究的人具有内在的贯通之处。因为复杂性科学所研究的人，是由生理因素、心理因素、精神因素（精神因素包括比心理因素更复杂的内容，它既包括各种复杂的理性因素，也包括各种复杂的非理性因素）、社会因素复杂的交互作用所形成的复杂动态网络系统。而且，中医学所研究的人，是具有主观能动性的人，是具有社会责任的人。这同复杂性科学所研究的人也有深刻的内在联系。因为复杂性科学所研究的人，是在尊重客观规律的基础上和过程中，充分发挥主观能动性的人。这种人具有确定目的、服务社会、泽被后世的社会功能。

2. 中医学所研究的人是四种和谐中的人

中医学所研究的人，是在社会实践过程中的人，是与自然环境、他人、社会交互作用过程中的人，是自己的身与心保持和发展动态平衡中的

---

① 陆广莘：《中医学之道——陆广莘论医集》，人民卫生出版社2001年版，第7页。

② 同上。

人。中医学认为，“正气存内，邪不可干”，“形者，生之舍也”，“气者，生之充也”，“神者，生之制也”，“精神内守，病安从来”，“阴平阳秘，精神乃治”，“阴阳自和，病必自愈”。中医学的这些医学思想，内蕴着人与自然的和谐、人与人的和谐、人与社会的和谐、人的身与心的和谐。这与复杂性科学的前沿问题之一——主体的复杂性思想有着深刻的内在联系。因为复杂性科学所研究的主体，是处在一定的社会关系和思想关系中的人，是社会实践过程中的人。这种人只有实现人与自然的和谐、人与人的和谐、人与社会的和谐、人的身与心的和谐，才能更好地服务社会，造福人民，也才能在认识世界和改造世界的过程中，不断地提高自身的综合素质。

3. 中医学与世界医学的发展趋势的内在一致性

中医学以人为本，以人的健康为本，这与世界医学的发展趋势内在地不谋而合。世界医学的发展历经物理医学、化学医学、生物医学等的发展阶段，虽然这种医学对治疗疾病，增进人的健康也发挥了一定的作用，但是，它们忽视了人的整体性、社会性、能动性和人的健康是医学的本质使命这一最深刻的主题。国际医学界从世界医学发展过程的基本的经验教训出发，日益深刻地认识到医学应当以研究人为主要对象，以增进人和人类健康为主要目的。所以，1993 年《医学的目的国际研究计划》指出：“近代世界性的医疗危机，根本上由于近代医学模式的只是针对疾病的技术统治医学的长期结果。”1997 年，世界卫生组织等在讨论对传统医学研究和评价的方法论问题时，认为：“脱离传统医学的实践标准和无视对传统医学的理论文献，可能会在研究中犯各种错误。”1996 年，世界卫生组织在《迎接 21 世纪的挑战》的报告中，指出：“21 世纪的医学，不应该继续以疾病为主要研究领域，应当以人类的健康作为医学的主要研究方向。”

综上可见，中医学的研究对象是人，是人的健康之道。这不仅与复杂性科学所揭示的人的复杂性具有深刻的内在一致性，而且与世界医学的发展趋势内在地吻合。这表明中医学是人类健康智慧学，是以人为本的生态智慧学。中医学不仅是中华民族传统文化中的瑰宝，而且是世界医学文化中的璀璨明珠。

（二）中医学基础理论的复杂性

中医学基础理论是复杂的，它不仅与中国哲学内在贯通，而且它的内部也构成了复杂的体系。

1. 中医学与中国哲学相互贯通

中医学把天人相应作为其立论的基础。它认为：天是大宇宙，人是小宇宙，天人之间存在着相应的关系和规律。中医学还认为，阴阳、五行学说是其理论的核心。因为它用阴阳、五行的生克制化来揭示人体系统的运行过程、疾病机制和治疗原则。这导源于中国哲学的阴阳、五行学说。中国哲学的奠基之作《易经》认为："一阴一阳之谓道。"它把阴阳当作两种最基本的"对立"势力，在复杂的演化过程中，演化出八卦，乃至六十四卦。老子的《道德经》以"道"为核心，以阴与阳复杂的交互作用，构成了复杂的动态平衡的演化系统。

五行学说也是从社会实践特别是生活实践中抽象出来的哲学理论。先秦时期的《史伯论五材》中说："和实生物，同则不继。以他平他谓之和，故能丰长而物生之。若以同裨同，尽乃弃矣。放先王以土与金、木、水、火杂以成百物。"①《洪范》篇也指出："五行，一曰水，二曰火，三曰木，四曰金，五曰土。水曰润下，火曰炎上，木曰曲直，金曰从革，土爰稼穑。"②

中医学正是以中国哲学中的这些阴阳、五行学说为其理论基础的。而阴阳、五行学说从其来源来看，基本上是唯物主义的学说。中医学奠基于阴阳、五行学说，并结合对医疗实践经验的总结，而形成了它的基本理论体系。这一理论体系闪耀着中国古代文化特别是中国哲学智慧的光辉，正需要今天的人们深入开掘并给以正确的评价，从而使其在现代条件下得以发展，发挥其贡献于人类的伟大作用。

2. 中医学基础理论最初集中体现在《黄帝内经》之中

中医学的基础理论，最初集中体现在其奠基性著作《黄帝内经》之中。这是中医学的一部经典之作，它集周秦西汉初年我国医学实践和理论之大成。该书把人的身体结构看作是自然界的一个组成部分，强调人体是一种整体的动态系统；运用阴阳、五行的素朴唯物主义和辩证法的思想，形成了一套脏腑学说和经络学说，并运用这种理论来说明脏腑之间的相互

① 中国科学院哲学研究所中国哲学史组、北京大学哲学系中国哲学史教研室编：《中国哲学历代文选·先秦编》（上），中华书局1962年版，第30页。

② 同上书，第33页。

依存和交互作用的关系，以解释人体及其平、病、安、危等征象；认为人的生活规律与自然界的运行规律密切相关，提出了“天人相应”的理论和顺应自然的整体养生观，主张把自然现象、生理理象和精神活动这三者有机地结合起来，考察人体运行过程中的动态平衡以及疾病发生的根本原因，实行综合优化，制订个体化的、具体情况具体分析的辩证施治的治疗原则。可见，中医学是以《黄帝内经》为基础而发展起来的医学理论，它在古代正是以唯物论和辩证法为精神武器认识人体系统的科学理论。

这种科学理论蕴含着丰富、深刻的复杂性思想。它是在继承古代哲学特别是道家的自然观，总结疾病特别是疫病流行和防治实践的丰富经验的基础上，比拟天文、地理和生态物候，经过抽象思维，而逐渐形成了以阴阳、五行生克制化的独特的理论体系和治则治法。这些理论和法则注意研究人体系统与周围环境之间的复杂的交互作用和辩证统一，着眼于人的生理、心理、精神、社会等多因素、多层次的复杂系统的动态平衡和辩证统一，注意研究人体系统的整体功能和整体反应能力，并从大量的观察及对观察资料的探究，来揭示人的生理、心理、精神的变化过程和发展趋势，强调人的心理、精神状态对防病、治病的主观能动作用。正因为《黄帝内经》对中医学的奠基作用，所以，它受到历史医家的推崇和赞赏。早在唐朝宝应年间，王冰在校《素问》时就评论道：《内经》文简义博，理奥趣深。天地之象，阴阳之候，变化之由，生死之兆，一一彰明。稽其言有徵，验之事不忒。论述有根有据，指导临床，屡建奇功。扁鹊仓公，华佗张机，都受到《黄帝内经》的教化与启迪。

所以，探讨中医学与复杂性科学在思想上的深刻的内在一致性，应当从深入研究《黄帝内经》所蕴含的复杂性思想入手。

3. 养生学说的复杂性

中医学主张“养生莫若知本”，“故凡养生，莫若知本，知本则疾无由至矣”。认为“正气存内，邪不可干”，“四时之化，万物之变，莫不为利，莫不为害”。因此，应当“察四时之宜，辨万物之利，故精神安乎形而年寿得长”。中医学认为，养生是人生的第一要务。而养生莫若知本。这就是说，养生要靠人的自身主观能动性的发挥，在人体系统与周围环境复杂的交互作用的过程中，保持和发展人体自身的动态平衡。为此，需要做到以下三点：

首先，精神内守，邪不可干。人体要保持天人相应、物我两忘、清静超脱、宁静致远的精神状态，则能保持人体系统的健康运行。

其次，趋利避害。人体系统在与周围环境（包括自然环境和社会环境）复杂的交互作用的过程中，正确地分辨有利与有害的因素，充分而合理地利用周围环境中的有利因素，努力克服和减少周围环境中不利因素对自身的影响，并且尽可能地化有害因素为有利因素，进而加以合理地利用，以增进人体的健康。

最后，未雨绸缪。人体系统与周围环境复杂的交互作用是一种不断变化的动态过程。因此，人体系统应当根据这种动态变化的过程，适时地或超前地采取正确的应对措施，从而使人体系统在这种动态变化的过程中不断地增进自身的健康。

中医学的养生学说与系统科学、复杂性科学所研究的开放的复杂巨系统的理论存在着内在的深刻联系。系统科学和复杂性科学告诉人们，人体作为开放的复杂巨系统，在系统的演化过程中，系统自身与周围环境不断地进行着物质、能量、信息的交换。系统在与环境的这种交互作用的过程中，系统对环境给予自身的影响，经过自身的非线性的调整、协同，才能使系统与环境的交互作用的过程成为减熵的过程即实现负熵的过程，从而才能使系统自身从无序到有序，从低序到高序地向前发展。

中医学的养生学说与系统科学、复杂性科学的这种开放的复杂巨系统理论之间存在着深刻的内在一致性表明，研究中医学，应当从当今的系统科学和复杂性科学等前沿学科的理论高度来深入地进行，而不能套用简单科学的理论来否定中医学所蕴含的深刻且复杂的人类智慧的成果。

4. 中医学辨证论治的复杂性

这方面的内容，后文将专门论及，这里不作展开。但是，因为辨证论治是中医学的基础理论的重要组成部分，因此，这里也列出标题，以体现中医学理论体系的严谨性。

（三）辨证论治的复杂性

中医学的辨证论治具有非常丰富而复杂的内容。姑且择其要者，作如下的一些论述。

1. 什么是“证”

中医学所谓的“证”，并不是单指疾病的临床表现，而是指人体系统与周围环境交互作用过程中健康与疾病互相转化过程的输入、输出信息。

这种“证”是医学对象的“出入之异”，是医生从辨证到求本的输入、输出信息。这种“证”也是医生进行思维判断的“证”。钱学森院士认为：“我说中医的‘证’，从系统论的观点看是完全科学的，是人体的功能态嘛。”[①] 中医学把人体系统疾病与健康相互转化的过程作为研究的对象，诊断的任务是要找出实现由疾病向健康转化的根本途径，强调“治病必求本”，要求实现“阴平阳秘，精神乃治”，“正气存内，邪不可干”，“精神内守，病安从来”，“正为本，邪为标”。在诊断过程中，强调“谨守病机，各司其属”。所谓“属也者，其枢要之所存乎”。因此，“求其属者，求其本也”。这就是辨证求本的“求属之道”。[②]

2. 病人与医生的定位

中医学主张，在天人关系中，以人为本；在医生与病人的关系中，以病人为本，医生为标，为“工”。所以，中医学强调，“上工治未病”，以养生保健为先，认为“上医，医未病之病；中医，医人；下医，医病”；“方技者，皆生生之具”。中医学主张，医生是为人的健康服务的，是为病人服务的。所以，章太炎先生强调指出：“道不远人，以病人者之自身为宗师。”

3. 怎样“辨”

怎样“辨”的前提是“辨”什么。“辨”什么呢？中医学认为：“辨”的对象是：

（1）人体系统在与周围环境复杂的交互作用的过程中，人体的健康与疾病之变，阴阳、五行生克制化是否达到协调、平和？气血与三焦在动态过程中是否通顺？

（2）动态平衡可以归结为一句话：人的神、气、形是否动态协同、整体优化？“辨”的对象和内容明确了，接着才是怎样“辨”的问题。

中医学主张怎样“辨”呢？陆广莘研究员指出：

①从状态变量中识别健病之变。

②由此及彼地“因发而知受”，从状态变量中的健病之变，去识别相应环境变量的利害药毒。

① 顾吉环、李明、涂元季编：《钱学森文集》卷四，国防工业出版社2012年版，第245页。

② 陆广莘：《中医学之道——陆广莘论医集》，人民卫生出版社2001年版，第343—345页。

③去粗取精地“知丑，知善”，从致病作用中去发现其可被利用的治疗作用，以备化毒为药。

④去伪存真地“知病，知不病”，从“病形”反应中去发现其背后隐藏的生理功能。

⑤由表及里地“视其外应，以知其内藏”，即从出入信息去发现其中介主体。①

4. 怎么“治”

辨证论治的“治”要使人体系统在与周围环境复杂的交互作用的过程中，既要达到人体系统与周围环境的协调和谐，更要实现人体系统自身在动态发展过程中的“和”“通”“顺”。

中医学认为，病人的正虚、邪实转变过程中，是“邪之所凑，其气必虚”，“邪气盛则实”，“精气夺则虚”。那么，怎么治呢?

首先，运用人体自身的能力（包括显能、潜能）使其得以充分而合理的发挥，达到正虚、邪实、转变动态变化过程中优化的对立统一。

其次，怎么实现这一总的要求呢?这就要达到“和”“通”“顺”。

“和”是指阴阳、五行在生克制化过程中神、气、形要达到平和、协调。中医学主张：“疏其血气，令其调达而致和平。”

“通”是指气血津液等在运化过程中要达到畅通、通达。中医学认为：不通则痛，通则顺。

“顺”是指人体系统在动态变化过程中，其整体和局部都很平顺、顺达。中医学认为：“治病之道，顺而已矣。”

总之，辨证论治，要达到“端本澄源，中含至理，执其枢要，众妙俱全”，使病人在扶正祛邪的过程中，实现自身系统的“和”“通”“顺”，从而达到祛除疾病并向健康状态的良性转化。

在怎么治的问题上，还有一点要特别着重地提及，这就是如何用药。中医学认为：“医师，聚毒药以供医事”，“四时之化，万物之变，莫不为利，莫不为害”。中医学主张，医生在治病的过程中，要全面地、深刻地、动态地分析人体系统与药物之间复杂的辩证关系。应当充分利用对人体系统有利的药物，并且动态地、合理地使用；应当有分析地化害为利，使病人在使用药物的过程中，能够实现从疾病向健康状态的良性转化。至

① 陆广莘：《中医学之道——陆广莘论医集》，人民卫生出版社2001年版，第9页。

于非药物的治疗，如针灸、推拿等，也应当根据上述要求，辩证地加以处置。

钱学森院士对中医学给予了高度的评价，他指出："这些现代科学成果促使我们去考虑祖国传统医学、中医理论的正确性。中医理论中的阴阳说和五行说，中医理论的脏腑化和经络学说，中医理论的六淫、七情、中医讲辨证论治，这些都强调人体的整体观以及人和环境、人和工作的整体观。应该说，这是符合马克思主义哲学、辩证唯物主义的。"①

综上可见，中医学是一门以辩证处置健病之变的实践智慧学。

（四）中医学辩证思维的复杂性

中医学认为，在观察和处置健病之变的过程中，应当始终坚持运用朴素的辩证思维的思维方式。因而，中医学对中华民族的繁衍昌盛作出了不可磨灭的重要贡献。它本身也在这一过程中成为人类文化宝库中的一大瑰宝。

中医学认为："医者，意也，在人思虑。"这与中国古代文化中的"运用之妙，存乎一心"② 是内在贯通的。

中医学辩证思维方式的内容非常丰富，而且各种思维方式之间的相互关系也相当复杂。就主要的方面说来，至少有如下这些内容。

1. 矛盾性思维

列宁指出："认识是思维对客体的永远的、无止境的接近，自然界在人的思想中的反映，要理解为不是'僵死的'，不是'抽象的'，不是没有运动的，不是没有矛盾的，而是处在运动的永恒过程中，处在矛盾的发生和解决的永恒过程中。"③ 他还认为："思维应当把握住运动着的全部'表象'，为此，思维就必须是辩证的。"④

中医学认为："阴阳者，天地之道也，万物之纲纪，变化之父母，生杀之本始，神明之府也。治病必求于本。"中医学主张，要观察和处置天与人、阴与阳、五行的生克制化关系、健与病、正与邪、虚与实、证与治

① 顾吉环、李明、涂元季主编：《钱学森文集》卷三，国防工业出版社2012年版，第37—38页。

② 见《宋史·岳飞传》。

③ 《列宁全集》第55卷，人民出版社1990年版，第165页。

④ 同上书，第197页。

等关系的矛盾运动，只有运用矛盾的辩证思维方式，才能作出客观、全面、深刻、动态的观察与正确的处置。

2. 整体性思维

马克思主义哲学认为，自然界和精神领域是一种存在着内外关系的复杂的交互作用的系统整体，社会系统更是一种特殊复杂的、动态的系统整体。因此，应当辩证地观察与处置整体与局部、必然性与偶然性，确定性与随机性等的复杂的辩证关系。

中医学认为，人体系统是一种复杂的整体。这种整体不是由人体的各个局部机械地拼凑而成的，而是由阴阳、五行的生克制化、交互作用所形成的复杂的、动态的系统整体。中医学还认为，人的疾病的发生、发展过程也是一种复杂演化的动态整体。因此，中医学主张，在治疗疾病的过程中，应当以人体系统的整体性为前提和基础，立足于病人自身的愈病能力，实施动态协同，整体优化的治疗。

国家科技部“中医原创思维与健康状态辩证方法体系研究”项目的首席科学家、北京中医药大学王琦教授认为，“中医思维，是东方特色的原创思维”,① “中医原创思维是以‘取象运数，形神一体，气为一元’的整体思维模式”。②

中医学这种整体性思维方式贯穿于认识世界与改造世界的全部过程之中。这种思维方式既与中国古代文化特别是中国古代哲学中的整体性思想内在贯通，又与现代科学尤其是系统科学和复杂性科学的发展趋势相互一致。这正表明中医学的医学价值和文化价值的深刻内蕴，中医学的确是中国文化宝库中一颗璀璨的思想明珠。王琦教授认为：中医学这一整体性原创思维方式的提出，“体现了中国哲学及思维科学的贡献。……蕴涵了丰富的复杂性科学的思维方法，可以为当代思维科学的发展和人类的原始创新提供借鉴”③。

钱学森院士对中医理论的整体性思维方式也有深刻的见解，他指出：“我认为中医对人体是用宏观整体的方法，主要靠临床经验的总结。所以

① 胡其峰：《原创思维：国家进步的灵魂——王琦教授谈中医原创思维研究》，《光明日报》2012 年 6 月 11 日第 13 版。

② 同上。

③ 同上。

不是分析法，是唯象理论。”① 他还认为：“讲中、西医结合就是要强调中医学术中的整体观念，辨证论治思想，治病要人、病、证三结合以人为主统筹考虑。这就是把人和环境作为一个复杂的体系来考虑。”②

3. 过程性思维

马克思主义哲学关于过程性思维的思想非常丰富，也极其深刻。恩格斯指出：“一个伟大的基本思想，即认为世界不是事物的集合体，而是过程的集合体。”③ 列宁认为：“认识是思维对客体的永远的、无止境的接近。……处在运动的永恒过程中，处在矛盾的发生和解决的永恒过程中。”④ 毛泽东指出：“矛盾即是运动，即是事物，即是过程，也即是思想。”⑤ 他还认为：“不但要研究每一个大系统的物质运动形式的特殊的矛盾性及其所规定的本质，而且要研究每一个物质运动形式在其发展长途中的每一个过程的特殊的矛盾及其本质。”⑥ 他还进一步指出：“要完全地反映整个的事物，反映事物的本质，反映事物内部的规律性，就必须经过思考作用，将丰富的感觉材料加以去粗取精、去伪存真、由此及彼、由表及里的改造制作工夫，造成概念和理论的系统，就必须从感性认识跃进到理性认识。”⑦ 显然，在马克思主义哲学那里，是把“矛盾”“过程”和“系统”统一起来看的。

中医学认为，人体系统与周围环境交互作用是一种过程，疾病的发生、发展也是一种过程，辨证论治更是一种过程。而这些过程是作为系统在矛盾运动中展开的。中医学的这种过程性思维的特点，不仅与马克思主义哲学关于“矛盾”“过程”和“系统”辩证统一的思想内在一致，而且与现代科学特别是系统科学和复杂性科学关于开放的复杂巨系统的演化过程的思想相互贯通。

---

① 李明、顾吉环、涂元季编：《钱学森书信补编》第5卷，国防工业出版社2012年版，第25页。

② 顾吉环、李明、涂元季编：《钱学森文集》卷二，国防工业出版社2012年版，第211页。

③ 《马克思恩格斯文集》第4卷，人民出版社2009年版，第298页。

④ 《列宁全集》第55卷，人民出版社1990年版，第165页。

⑤ 《毛泽东选集》第1卷，人民出版社1991年版，第319页。

⑥ 同上书，第310页。

⑦ 同上书，第291页。

4. 功能性思维

马克思主义哲学和现代科学特别是系统科学、复杂性科学认为，研究事物、现象和过程，应当研究它们的情形、特点、关系、本质、规律和功能。功能是系统与环境在交互作用的过程中所表现出来的“过程的秩序”。这种“秩序”不同于局部与整体关系中的“部分的秩序”。它是一种看不见、摸不着的，然而是客观存在的更深层次的“秩序”。

中医学的阴阳、五行和脏腑、经络等，都主要不是实体解剖意义上的结构，而是实际存在的运化意义上的功能。这就比实体解剖意义上的结构更深刻地反映了人体系统与周围环境复杂的交互作用过程中的内在本质，更深刻地揭示人体系统疾病发生、发展的内在机制，更深刻地阐明了辨证论治的内在根据。这种功能性思维的特点，不仅能更深刻地揭示人体系统、疾病过程、辨证论治的深层的本质与规律，也与现代科学特别是系统科学、复杂性科学的发展趋势内在吻合。这方面的思想内蕴相当深厚，有待于人们更深入地加以发掘。

5. 主体性思维

马克思主义哲学认为，思维是人的思维。思维的任务在于揭示事物、理象和过程的本质与规律，在认识世界的过程中改造世界，并且在改造世界的过程中更深刻地认识世界，以造福于人类。

马克思指出：“思维过程本身是在一定的条件中生成的，它本身是一个自然过程，所以真正理解着的思维永远只能是同一个东西，只是随着发展的成熟程度（其中也包括思维器官发展的成熟程度）逐渐表现出区别。”① 恩格斯认为：“辩证思维方法是唯一在最高程度上适合于自然观的这一发展阶段的思维方法。”② 他还指出：辩证思维的任务，“只是在于发现这些规律”③。列宁认为：“人的认识不是直线（也就是说，不是沿着直线进行的），而是无限地近似于一串圆圈、近似于螺旋的曲线。”④ “每一种思想 = 整个人类思想发展的大圆圈（螺旋）上的一个圆圈。”⑤ 他还指

① 《马克思恩格斯文集》第 10 卷，人民出版社 2009 年版，第 290 页。
② 《马克思恩格斯文集》第 9 卷，人民出版社 2009 年版，第 471 页。
③ 《马克思恩格斯文集》第 4 卷，人民出版社 2009 年版，第 302 页。
④ 《列宁全集》第 55 卷，人民出版社 1990 年版，第 311 页。
⑤ 同上书，第 207 页。

出，“科学是圆圈的圆圈”，[①]“哲学上的‘圆圈’”。[②]毛泽东认为，“认识的真正任务在于经过感觉而到达于思维，到达于逐步了解客观事物的内部矛盾，了解它的规律性，了解这一过程和那一过程间的内部联系，即到达于论理的认识。”[③]

现代科学特别是系统科学和复杂性科学的发展，日益揭示出思维过程是辩证发展的过程，思维主体自身的发展过程也是辩证发展的过程。钱学森院士指出：“思维科学也是动态的科学，不是静态的科学；我们要创立思维动力学，而以前说的只是思维静力学。”[④]他还认为，“人脑的思维能力是不断发展的：

1. 人类的历史含有此意；

2. 一个人的思维能力也是如此。

那么，它又是怎样发展的呢？第一是人脑这个开放的复杂巨系统有很强的可塑性，是活的，不是死的、不变的；第二是实践的作用”[⑤]。

中医学秉持“天地之大德曰生”，“乃物并育而不相害”，“与万物沉浮于生长之门”，遵循“遍知万物而不知人道，不可谓智；遍爱万物群生而不爱人类，不可谓仁”，运用主体性思维方式，在医学理论和医疗实践中坚持以人为本，以造福于人类的健康为本。这更符合于人体系统和社会人群的内在要求，因而往往能够获得更好的医疗效果，达到更大的社会效益。

中医学的这种以人为本的主体性思维方式，同马克思主义哲学与现代科学特别是系统科学和复杂性科学的发展趋势内在一致，因而展现了蓬勃发展的光明前景。

（五）中医学发展前景展望

中医学的发展前景是光明的。为了实现这个光明前景，一方面，要靠中医学自身的发掘、提高；另一方面，应当走综合创新的道路。

中医学的发掘、提高，既是时代和实践的需要，也是中医学自身发展

---

① 《列宁全集》第 55 卷，人民出版社 1990 年版，第 201 页。

② 同上书，第 308 页。

③ 《毛泽东选集》第 1 卷，人民出版社 1991 年版，第 286 页。

④ 王寿云等：《开放的复杂巨系统》，浙江科学技术出版社 1996 年版，第 282 页。

⑤ 同上书，第 281—282 页。

的必然趋势。毛泽东在1958年就指出："中国医药学是一个伟大的宝库，应当努力发掘，加以提高。"① 2008年，时任国务院副总理的吴仪在全国中医药会议上强调指出：应当在新的历史起点上推进中医药事业加速发展。为此，一、应当坚持以人为本；二、坚持中西医并重；三、坚持继承与创新的辩证统一；四、坚持统筹兼顾。②

中医学应当在当代社会实践的条件下，深入发掘自身的精华部分，深刻揭示它与中国古代文化特别是与中国古代哲学的内在联系，综合吸收现代科学技术（包括西医学的现代科学知识和技术）的最新成果，不断提高自身的理论和方法，以适应发展着的社会实践和广大人民群众日益提高的需要。

在这一过程中，中医学与西医学可以优势互补，相得益彰，不能用西医学来取代中医学。应当贯彻执行百家争鸣、百花齐放的方针，而不能罢黜中医，独尊西医。

中医学的发展前景应当走综合创新的道路。这是一个科学文化发展的根本道路问题。毛泽东1956年在同音乐工作者的谈话中，明确指出：要"重视民族的东西，不要全盘西化。应该学习外国的长处，来整理中国的，创造出中国自己的、有独特的民族风格的东西"③。国学泰斗、著名哲学家张岱年教授在20世纪30年代也曾指出："兼综中西两方之长，发扬中国固有的卓越的文化遗产，同时采纳西洋的有价值的精良的贡献，融合为一，而创成一种新文化，但不要平庸地调和，而要作一种创造的综合。"④ 周恩来总理从人民的根本利益出发，从发展科学文化的战略高度，对中西医结合走综合创新道路作出了一系列的指示和论述。1959年1月，周恩来对卫生工作作出指示："普遍号召中西医团结，西医学习中医是继承发扬祖国医学、统一中国医学的捷径。"⑤ 1959年4月，在第二届全国人民代表大会第一次会议上作的《政府工作报告》中，周恩来又明确提出："应当团结中西医，组织他们共同为人民卫生事业服务，共同发扬祖

① 《毛泽东文集》第7卷，人民出版社1999年版，第423页。

② 参见《光明日报》2008年1月25日。

③ 《毛泽东文集》第7卷，人民出版社1999年版，第83页。

④ 《张岱年文集》第1卷，清华大学出版社1989年版，第256页。

⑤ 《周恩来年谱（1949—1976）》中卷，中央文献出版社2007年版，第200页。

国医学遗产和发展医药科学。”[①] 1970 年前后，周恩来又多次谈到中西医结合和新医学问题，要求中西医要融会贯通，闯出一条中国新医学的道路来。[②] 钱学森院士认为：现代医学应是“大医学”“综合医学”。他指出：“人体科学的实践是改变人体的功能状态，是医学，这包括治病康复的第一医学，防病保健的第二医学，修补残疾的第三医学和将来大有希望的超越常人功能的第四医学。这就要求我们把西医药、传统医药都用上，综合成‘大医学’。”[③] 他还指出：新医学应当是“综合集成医学。这个医学包括治病的第一医学、防病的第二医学、补残缺的第三医学以及提高人体功能的第四医学”[④]。

上述关于中医学应走综合创新道路的观点同中医学界有识之士的见解非常一致。中医医圣张仲景曾经指出：中医学应当“勤求古训，博采众方”。20 世纪 40 年代，著名中医学家陆渊雷强调指出：中医学在发展过程中，应当“发皇古义，融会新知”。50 年代，时任卫生部中医顾问的著名中医学家章次公认为：“欲求融合，必先求我之卓然自立。”

因此，中医学应当走综合创新的道路，朝着建立新形态的医学体系的方向前进。这是一个非常艰辛的创造过程。中医学应当在马克思主义哲学的指导之下，博采众长，融会贯通，综合吸收中医学、西医学、民族医学、民间医学、印度医学、阿拉伯医学的长处，创造出一种新形态的医学。为此，各种医学形态的人才，应当在这个大目标之下团结起来，优势互补，各展所长，相互学习，共同进步，为中国医学的创新和中国社会主义新文化的建设作出无愧于伟大时代的应有贡献。

四　文学艺术中的思维

文学艺术中的思维，内容极其丰富而且相当深刻。探讨文学艺术中的思维，透过文学艺术的创作、鉴赏、评价等过程中内在的思维过程、机

---

① 《周恩来文化文选》，中央文献出版社 1998 年版，第 74 页。

② 《周恩来年谱（1949—1976）》下卷，中央文献出版社 2007 年版，第 377 页。

③ 李明、顾吉环、涂元季编：《钱学森书信补编》第 3 卷，国防工业出版社 2012 年版，第 355 页。

④ 顾吉环、李明、涂元季编：《钱学森文集》卷六，国防工业出版社 2012 年版，第 347 页。

制、特点和规律，对繁荣、发展文学艺术事业，提高人们的综合素质，促进认识世界和改造世界的社会实践都具有重要的意义。

由于第四章第三节“形象思维”、第四节“灵感思维”已涉及文学艺术的诸多内容，所以，本节只就文学艺术中隐含的思维过程、机制、特点和规律等作一些综合的、概要的考察。

（一）从实际出发

文学艺术的思维过程的前提和基础必须从实际出发，即从客观世界的实际和社会生活的实际出发，进行文学艺术的创造活动。作诗首先要有“物境”（王昌龄）。为文则应“遵四时以叹逝，瞻万物而思纷；悲落叶于劲秋，喜柔条于芳春”（陆机）。绘画得先有“眼中之竹”，然后才能有“胸中之竹”，“手中之竹”（郑板桥）。音乐创作的思维过程是从客观现实到主体感受再到精神生产。如《黄河颂》《黄水谣》等作品的创作过程就是如此。总之，文学艺术的思维过程必须首先从实际出发，经过主体的感受、运思，才能创作出精神产品来。所以，毛泽东在《在延安文艺座谈会上的讲话》中指出：“我们讨论问题，应当从实际出发，不是从定义出发。……我们是马克思主义者，马克思主义叫我们看问题不要从抽象的定义出发，而要从客观存在的事实出发，从分析这些事实中找出方针、政策、办法来。我们现在讨论文艺工作，也应该这样做。”① 他还认为：“一切种类的文学艺术的源泉究竟是从何而来的呢？作为观念形态的文艺作品，都是一定的社会生活在人类头脑中反映的产物。”② 可见，一切文学艺术的思维，其前提和基础都是从实际出发。

（二）主体运思

文学艺术的思维过程的继续，是把从实际出发所得到的各种材料、信息，经过思维主体自身的感受、运思，进而把握主题，谋篇布局，塑造典型，创制作品。作诗应有“情境”“意境”（王昌龄），“兴”“趣”“意”“理”（谢榛）。为文则应“心懔懔以怀霜，志眇眇而临云；咏世德之骏烈，诵先人之清芬；游文章之林府，嘉丽藻之彬彬；慨投篇而援笔，聊宜

① 《毛泽东选集》第3卷，人民出版社1991年版，第853页。

② 同上书，第860页。

之乎斯文”（陆机）。“神之思也，其神远矣。故寂然凝虑，思接千载；悄焉动容，视通万里；吟咏之间，吐纳之间，吐纳珠玉之声；眉睫之前，舒卷风云之色；其思理之致乎。”（刘勰）绘画先有“眼中之竹”，此时“胸中勃勃，遂有画意”。（郑板桥）“画竹必先成竹于胸中，执笔孰视，乃见其所欲画者，急起从之，振笔直遂，以追其所见。”（苏轼）音乐、舞蹈、雕塑、戏剧等艺术门类，无不在从实际出发的基础上，经过思维主体自身的感受、运思，创作出蕴含深邃生动感人的典型的艺术形象的作品来。

（三）塑造典型

文学艺术的思维从实际出发，在思维主体的运思过程中，应当“真实地再现典型环境中的典型人物”。（恩格斯）这种文学艺术中的典型，应当是“个性化”与“本质化”辩证统一的体现。（李泽厚）塑造典型形象的过程，应该是“抽象化”与“具体化”相结合的综合创造的过程。（王世德）

文学艺术塑造典型的思维过程，是深入分析客观实际和社会生活中各种生动的素材、人物，经过思维主体的深层运思，把与主题相关的素材、人物进行综合创造。“杂取种种人，合成一个”。（鲁迅）所以，文学艺术中的思维，在塑造典型的过程中，更应当充分发挥思维主体自身的主观能动性，经过综合创造，塑造出生动感人的典型的艺术形象来。

（四）深涵内蕴

文学艺术作品应当意境深奥、词近昔远，“意新语工”，“含不尽之意见于言外”，（梅尧臣）隐而不露，深涵内蕴。文学艺术作品应当为读者、观众、听众在鉴赏、审美过程中，既能享受到审美过程的精神愉悦，又能提供无限广阔的再度创造的精神空间，达到“其中有真意，欲辨已忘言”（陶渊明）的艺术效果。为此，文学艺术中的思维，在创制作品、塑造典型的过程中，思维主体应该通盘筹划，深层运思，为社会和受众着想，创造出意境深远、含蓄内蕴的文学艺术作品，鼓舞、引导人们通过审美过程的精神陶冶，去为实现更加美好的人生和社会而奋斗。

（五）创生新意

文学艺术中的思维主体，应当遵循创新、创造的要求，生产出具有新意的文学艺术作品。这种新，应当具体体现在主题新、人物新、意境新、语言新、手法新等方面。文学艺术作品贵在有新意，而不能重复或模仿前人和同时代人已有的精神产品。在文学艺术创生新意的思维过程中，当然要正确处理批判继承与综合创造、吸收外来文化与自主创新等的辩证统一的关系。在这一过程中，重要的是在吸收古人、今人和外国人的文化优秀成果的基础上，独立自主地进行综合创造。只有具有新意的文学艺术作品，才能教育人、鼓舞人、引导人。

（六）虚空宁静

文学艺术中的思维主体，要能创造出生动感人的典型的艺术形象，乃至是千古绝唱的文学艺术作品，应当在与火热的社会生活、群众实践深入接触的过程中，保持自身的虚空宁静的精神状态。“虚”是指虚怀若谷，虚能海纳百川。“空”不是空无，而是空灵，即能空灵以待，囊括万物，吸收精华。“宁静”即能淡泊明志，宁静致远（诸葛亮），保持沉思与激情辩证统一的心理状态，而不是浮躁轻动、思虑肤浅的那种精神状态。要能达到虚空宁静，重要的是应当沉下心来，聚精会神，坚持创造，以遂大志。要保持虚空宁静的精神状态，则应与物欲，名利保持距离，以恬淡的心态、沉潜的心志、昂扬的精神风貌从事文学艺术的构思、创作、鉴赏和评价的活动，从而对文学艺术和社会发展作出无愧于时代的应有贡献。

（七）服务人民

文学艺术中的思维主体，必须首先考虑文学艺术作品为谁服务的问题。毛泽东指出：“为什么人的问题，是一个根本的问题，原则的问题。”[①] 在新民主主义革命时期，我国的革命的文学艺术工作者，遵循“民族的科学的大众的文化”[②] 这一根本方针，坚持文学艺术“第一是为工人的……第二是为农民的……第三是为武装起来了的工人农民即八路

① 《毛泽东选集》第3卷，人民出版社1991年版，第857页。
② 《毛泽东选集》第2卷，人民出版社1991年版，第706页。

军、新四军和其他人民武装队伍的……第四是为城市小资产阶级劳动群众和知识分子的……我们的文艺，应该为着上面说的四种人”[①]。在这一时期，文学艺术工作者创作出无数优秀的文学艺术作品，推动了新民主主义革命和文化事业的发展。到了社会主义时期，革命的文学艺术工作者根据“民族的科学的大众的社会主义文化”[②] 的总的要求，坚持文学艺术为社会主义服务、为人民服务的根本方向，使社会主义文学艺术得到大繁荣、大发展。实践证明，文学艺术中的思维主体，应该坚持正确地贯彻执行为人民服务的根本方针，才能使文学艺术工作者具有永不枯竭的前进动力，才能创作出无愧于各个时代的优秀的文学艺术作品，从而推动革命、建设和改革开放事业的发展，为祖国和人民作出应有的贡献。

五 军事学中的思维

军事学中的思维，是中国文化研究中的重要内容。国学泰斗、著名哲学家张岱年教授在为张文儒教授的《中外名战与名帅——兼论东西方兵学文化意识》一书所做的《序》中指出：“军事学是一门非常重要的学问，是研究战争的性质、规律和取胜之道的学问，是关系国家兴亡、民族安危的学问。中国古代军事学颇为发达，称为‘兵法’”。[③]

中国古代军事学的历史文献浩如烟海。今人研究军事学的论著不计其数。这些文献对推动军事学中的思维的研究提供了丰富的思想素材。我们探讨军事学中的思维，拟以古代的孙武、现代的毛泽东作为典型个案，分析他们的军事学的思想，在此基础上，分别地论述军事学中的思维的一些重要问题。

（一）孙武的军事学思想

孙武，字长卿，生于春秋末年，齐国人。孙武的军事学著作是《孙子兵法》。这是一部总结战争经验和春秋之前的军事理论的经典名著。

---

① 《毛泽东选集》第3卷，人民出版社1991年版，第855—856页。

② 胡锦涛：《在庆祝中国共产党成立90周年大会上的讲话》，人民出版社2011年版，第23页。

③ 张文儒：《中外名战与名帅——兼论东西方兵学文化意识》，当代中国出版社1996年版，第1页。

1.《孙子兵法》的军事学思想

《孙子兵法》计 13 篇，它考察了军事与政治、指导战争的理论与方法以及战争过程中诸因素复杂的交互作用和发展过程。《孙子兵法》是一部重要的军事系统论，同时蕴含了丰富而深刻的社会系统论的思想。就军事学方面来看，这部著作："将战争中的计与战、力与智、利与害、全与破、迂与直、败与胜的相互冲突又相互联结的辩证关系，分析得鞭辟入里，所提出的一些重要战略方针，如'知彼知己，百战不殆'，'先为不可胜'，'道、天、地、将、法'，'不战而屈人之兵'等，直到今天，仍具有重大的意义。"[①]

2.《孙子兵法》的重要影响

《孙子兵法》历来在国内受到很高的评价。孙中山认为，《孙子兵法》是一部中国古代的"军事哲学"著作。毛泽东指出：《孙子兵法》是"中国古代大军事学家孙武子"[②] 的经典名著。台湾著名学者钮先钟先生在其代表性著作《中国战略思想史》中，认为：《孙子兵法》是世界上第一本战略思想的著作。"《孙子兵法》对后世影响的巨大几乎是难以形容的。以本国而论，后世谈兵者莫不以其思想为圭臬。"[③] 他还征引了另一位学者李德哈特的观点：《孙子兵法》具有"永恒的新意"，"它不仅是不朽，而且永远能够适应现代化的环境"。[④]

《孙子兵法》已译为各种外文，在国外的影响日益扩大。苏联科学院院士拉津认为，在古代中国的军事理论思想中，《孙子兵法》的影响之大，相当于古代西方世界亚里士多德在许多领域中所发挥的作用。英国著名军事家蒙哥马利元帅指出：世界上所有的军事学院都应把《孙子兵法》作为必修课程。美国总统（老）布什、国防部长切尼、参谋长联席会议主席鲍威尔等人都反复研读《孙子兵法》。[⑤] 美国西点军校规定《孙子兵法》作为"国家战略"的课程，入学的将校级学员必须认真研读《孙子兵法》。

---

① 张文儒：《中华兵学的魅力——中国兵学文化引论》，北京大学出版社 2008 年版，第 40 页。

② 《毛泽东选集》第 1 卷，人民出版社 1991 年版，第 182 页。

③ 钮先钟：《中国战略思想史》，台湾黎明文化事业公司 1992 年版，第 112 页。

④ 同上书，第 113 页。

⑤ 张文儒：《中外名战与名帅——兼论东西兵学文化意识》，当代中国出版社 2008 年版，第 73 页。

此外，《孙子兵法》在国内外的经济管理、行政管理和科学技术管理等方面也发挥了重要的影响。

（二）毛泽东的军事学思想

毛泽东是现代中国最杰出的马克思主义的军事学家和军事统帅，他的军事学思想对中外军事学作出了光辉的贡献。

1. 战略战术

中国革命战争实行的是灵活机动的战略战术。这种战略战术是根据敌我双方的总体形势和战争态势而决定的。土地革命战争时期，敌强我弱，我军只能采取战略防御的战略。先后实施“敌进我退，敌驻我扰，敌疲我打，敌退我追”和“你打你的，我打我的，打得赢就打，打不赢就走”的战略战术，取得了革命战争的胜利。抗日战争初期，游击战具有战略地位，革命军队实行“主动地灵活地有计划地执行防御战中的进攻战，持久战中的速决战，内线作战中的外线作战”的战略战术，以后又把“运动战，游击战，阵地战”和“消耗战，歼灭战”有机地结合起来，取得了抗日战争的伟大胜利。解放战争时期，根据敌我情况的变化和战争形势的发展，毛泽东先后采取了适合情况发展变化的战略战术，并且科学地总结出了十大军事原则。他指出：“以上这些，就是人民解放军打败蒋介石的主要的方法。这些方法，是人民解放军在和国内外敌人长期作战的锻炼中产生出来，并完全适合我们目前的情况的。”[①] 到了辽沈战役、淮海战役、平津战役这些决定中国命运的战略决战的三大战役时期，毛泽东根据敌我情况的变化和战争形势的发展，果断地采取了天津方式、北平方式、绥远方式的战略战术。天津方式是用“战斗去解决敌人”。[②] 北平方式是“迫使敌军用和平方法，迅速地彻底地按照人民解放军的制度改编为人民解放军”[③]。“绥远方式，是有意地保存一部分国民党军队，让它原封不动，或者大体上不动……在一个相当的时间之后……再去按照人民解放军制度将这部分军队改编为人民解放军。”[④] 新中国成立后，根据军事斗争形势的变化，毛泽东仍然采取积极防御的战略方针。在美帝国主义武装侵

① 《毛泽东选集》第4卷，人民出版社1991年版，第1248页。

② 同上书，第1424页。

③ 同上书，第1425页。

④ 同上。

略朝鲜、威胁我国的严重时刻，他当机立断，出兵朝鲜，抗美援朝，保家卫国。经过中朝军民的艰苦奋战，终于打败了穷凶极恶的美帝国主义，迫使它签订了停战协定。抗美援朝战争的胜利，极大地鼓舞了中朝人民和全世界爱好和平的人民，有力地打击了美帝国主义的嚣张气焰。一位美国将军曾说，朝鲜战争是美国在错误的时间、错误的地点发动的一场错误的战争。

2. 研究规律

军事学中的研究规律，最重要的是研究战争规律和战争指导规律。毛泽东在这两个方面都作出了杰出的贡献。

在研究战争规律方面，毛泽东指出，“军事的规律，和其他事物的规律一样，是客观实际在我们头脑中的反映”①。他还认为：“我们应该研究一般战争的规律；也应该研究革命战争的规律；最后，我们还应该研究中国革命战争的规律。”②

在研究战争规律的同时，更重要的是研究战争的指导规律。毛泽东指出：“战争和战争指导规律都是发展的，各个历史阶段有各个历史阶段的特点，因而战争规律也各有其特点，不能呆板地移用于不同的阶段。”③他还认为：“研究带全局性的战争指导规律，是战略学的任务。研究带局部性的战争指导规律，是战役学和战术学的任务。”④“我们研究在各个不同历史阶段、各个不同性质、不同地域和民族的战争的指导规律，应该着眼其特点和着眼其发展，反对战争问题上的机械论。”⑤他还指出：“一切战争指导规律，依照历史发展而发展，依照战争发展而发展。”⑥“指挥员在战争的大海中游泳，他们不使自己沉没，而要使自己决定地有步骤地达到彼岸。指导战争的规律，就是战争的游泳术。”⑦

规律是看不见、摸不着，但是客观存在的东西，必须靠思维来把握它。毛泽东指出：“学习战争全局的指导规律，是要用心去想一想才行

---

① 《毛泽东选集》第1卷，人民出版社1991年版，第181—182页。
② 同上书，第171页。
③ 同上书，第173页。
④ 同上书，第175页。
⑤ 同上。
⑥ 同上。
⑦ 同上书，第183页。

的。"[①] 为此，必须"熟识敌我双方各方面的情况，找出其行动的规律，并且应用这些规律于自己的行动"[②]。在《读苏联〈政治经济学教科书〉下册谈话纪录稿》中，毛泽东又指出："思维是一种特殊物质的运动形态，它能够反映客观的性质，能够反映客观的运动，并且由此产生科学的预见，而这种预见经过实践又能够转化成为事物。"

3. 自觉能动性

毛泽东军事学思想中的一个重要内容是自觉能动性。他在《论持久战》中指出："做就必须先有人根据客观事实，引出思想、道理、意见，提出计划、方针、政策、战略、战术，方能做得好。思想等等是主观的东西，做或行动是主观见之于客观的东西，都是人类特殊的能动性。这种能动性，我们名之曰'自觉的能动性'，是人之所以区别于物的特点。"[③] 在军事学中，在尊重客观规律的基础上，充分发挥自觉的能动性，是各级指挥员和战斗员取得战争胜利的重要保证。毛泽东总结了中国革命战争的基本经验，深刻地指出："军事家活动的舞台建筑在客观物质条件的上面，然而军事家凭着这个舞台，却可以导演出许多有声有色威武雄壮的活剧来。"[④] 他还认为："战争的胜负，固然决定于双方军事、政治、经济、地理、战争性质、国际援助诸条件……要分胜负，还须加上主观的努力，这就是指导战争和实行战争，这就是战争中的自觉能动性。"[⑤] 毛泽东还特别强调地指出："战争是力量的竞赛，但力量在战争过程中变化其原来的形态。在这里，主观的努力，多打胜仗，少犯错误，是决定的因素。客观因素具备着这种变化的可能性，但实现这种可能性，就需要正确的方针和主观的努力。这时候，主观作用是决定的了。"[⑥] 可见，自觉的能动性在军事学中占有非常重要的地位。

4. 兵民是胜利之本

这是历史唯物主义基本原理在军事学中的贯彻和应用。历史唯物主义认为："人民，只有人民，才是创造世界历史的动力。"[⑦] 军队是武装起来

---

① 《毛泽东选集》第 1 卷，人民出版社 1991 年版，第 177 页。
② 同上书，第 178 页。
③ 《毛泽东选集》第 2 卷，人民出版社 1991 年版，第 477 页。
④ 《毛泽东选集》第 1 卷，人民出版社 1991 年版，第 182 页。
⑤ 《毛泽东选集》第 2 卷，人民出版社 1991 年版，第 478 页。
⑥ 同上书，第 487 页。
⑦ 《毛泽东选集》第 3 卷，人民出版社 1991 年版，第 1031 页。

了的人民群众。所以，兵民是胜利之本，乃是人民群众创造世界历史这一历史唯物主义基本原理的深刻体现。毛泽东把历史唯物主义基本原理贯彻于军事学中，作了创造性的杰出贡献。在土地革命战争时期，他指出："真正的铜墙铁壁是什么？是千百万真心实意地拥护革命的群众。这是真正的铜墙铁壁，什么力量也打不破的，完全打不破的。反革命打不破我们，我们却要打破反革命。"① 抗日战争时期，毛泽东认为："战争的伟力之最深厚的根源，存在于民众之中。……军队须和民众打成一片，使军队在民众眼睛中看成自己的军队，这个军队便无敌于天下，个把日本帝国主义是不够打的。"② 解放战争时期，毛泽东在总结了十大军事原则之后，接着指出："我们的战略战术是建立在人民战争这个基础上的，任何反人民的军队都不能利用我们的战略战术。在人民战争的基础上，在军队和人民团结一致、指挥员和战斗员团结一致以及瓦解敌军等项原则的基础上，人民解放军建立了自己的强有力的政治工作，这是我们战胜敌人的重大因素。"③ 新中国成立后，毛泽东总结了几十年革命战争的基本经验，提出了"军民团结如一人，试看天下谁能敌"的著名论断。这是在新的历史条件下，再一次明确肯定了兵民是胜利之本这一军事学的基本原则。

5. 开创新局面

毛泽东在革命战争进程中不断地开创新的局面。在新民主主义革命时期，他开创了农村包围城市，武装夺取全国政权的新民主主义革命道路，推翻了压在中国人民头上的三座大山，开创了建立新中国的伟大历史新局面。

在各个革命战争时期、各个战略阶段乃至各个战役的实施过程中，他都致力于开创新局面。在土地革命战争时期，由于第五次反围剿的失败，革命军队实行战略大退却，进行了史无前例的二万五千里长征，把战略退却与战略根据地建设紧密地结合起来，并建立了中国革命前进的战略基地，开创了中国革命战争以至整个中国革命的新局面。在抗日战争时期，他又指挥军民，进行持久抗日。最后取得了抗日战争的伟大胜利，开创了

① 《毛泽东选集》第 1 卷，人民出版社 1991 年版，第 139 页。

② 《毛泽东选集》第 2 卷，人民出版社 1991 年版，第 511—512 页。

③ 《毛泽东选集》第 3 卷，人民出版社 1991 年版，第 1248 页。

中国革命的新局面。在解放战争时期，毛泽东率领解放区军民，继粉碎蒋介石的全面进攻、重点进攻之后，进行了三大战役的战略决战，取得了革命战争的全面胜利，开创了打倒蒋介石、建立新中国的胜利局面。新中国成立后，针对美帝国主义侵略朝鲜、威胁中国的严重形势，果断地决定抗美援朝，打败了不可一世的美帝国主义，迫使它不得不在停战协定上签字。这一战争，开创了新中国战胜世界上头号敌人的新局面。粉碎了美帝国主义不可战胜的神话，增强了中朝人民和全世界爱好和平人民的信心和志气。

（三）军事学中的思维

军事学中的思维，这是一个值得深入探讨的课题。根据上述内容，我们对这一课题试作一些粗浅的探究。

1. 孙武的军事学中的思维

张文儒教授认为，《孙子兵法》中有大量丰富、深刻的军事学中的思维方面的思想。他指出："中国古代思想家的抽象思维、朴素的整体思维和辩证思维，在这部军事专著中得到了集中的体现。"[①] 不仅如此，《孙子兵法》中还蕴含着现代科学思维的一些思想。《孙子兵法》中的"谋略学和心理分析"[②] 就很明显。

《孙子兵法》中的谋略学思想非常精辟，诸如"兵者诡道""多算胜""上兵伐谋""攻其不备，出其不意""知彼知己者，百战不殆""兵无常势，水无常形""齐勇若一""吴越同舟""不战而屈人之兵"。[③]

关于心理分析，《孙子兵法》主要蕴含社会心理学的思想。"三军可夺气""将军可夺心"，"是故朝气锐、昼气惰、暮气归，故善用兵者，避其锐气，击其惰归"，应当对士兵"爱子"，而不"骄子"[④] 等。

2. 毛泽东的军事学中的思维

毛泽东的军事学中的思维的内容极其丰富，极为深刻。概括地说来，可以从如下几个方面进行考察。

---

① 张文儒：《中华兵学的魅力——中国兵学文化引论》，北京大学出版社 2008 年版，第 55—56 页。

② 同上书，第 63 页。

③ 同上书，第 65 页。

④ 同上书，第 66—67 页。

（1）从实际出发

毛泽东指出："不论做什么事，不懂得那件事的情形，它的性质，它和它以外的事情的关联，就不知道那件事的规律，就不知道如何去做，就不能做好那件事。"[①] 研究军事学中的思维，应当从实际出发，即从客观实际的情形、特点、关系、本质、规律、功能出发。在土地革命战争时期，毛泽东指出：中国革命战争有 4 个主要的特点："第一个特点，中国是一个政治经济发展不平衡的半殖民地的大国，而又经过了 1924 年至 1927 年的革命。""第二个特点是敌人的强大。""第三个特点是红军的弱小。""第四个特点是共产党的领导和土地革命。"[②] 在抗日战争时期，毛泽东认为："日本的军力、经济力和政治组织力是强的，但其战争是退步的、野蛮的，人力、物力又不充足，国际形势又处于不利。中国反是，军力、经济力和政治组织力是比较地弱的，然而正处于进步的时代，其战争是进步的和正义的，又有大国这个条件足以支持持久战，世界的多数国家是会要援助中国的。——这些，就是中日战争互相矛盾着的基本特点，规定了和规定着双方一切政治上的政策和军事上的战略战术，规定了和规定着战争的持久性和最后胜利属于中国而不属于日本。"[③] 在解放战争时期，毛泽东又分析了敌我双方互相矛盾着的特点。中国革命战争，正是从这些特点出发，制定了正确的战略战术，经过艰苦卓绝的战争，才逐步取得了革命的胜利的。

（2）思维加工

毛泽东军事学中的思维，在从实际出发的基础上和过程中，特别强调思维加工的重要性。他指出："指挥员使用一切可能的和必要的侦察手段，将侦察得来的敌方情况的各种材料加以去粗取精、去伪存真、由此及彼、由表及里的思索，然后将自己方面的情况加上去，研究双方的对比和相互的关系，因而构成判断，定下决心，作出计划，——这是军事家在作出每一个战略、战役或战斗的计划之前的一个整个的认识情况的过程。"[④] 经过思维加工，才可能认识客观世界——敌我双方的各种情况、动态过程及发展趋势，进而才能改造世界——制定战略战术，实行战争并取得胜

① 《毛泽东选集》第 1 卷，人民出版社 1991 年版，第 171 页。
② 同上书，第 181—190 页。
③ 《毛泽东选集》第 2 卷，人民出版社 1991 年版，第 449—450 页。
④ 《毛泽东选集》第 1 卷，人民出版社 1991 年版，第 179—180 页。

利。所以，军事学中的思维加工这一环节极其重要，它是实现客观主观化、主观客观化的枢纽和关键。

（3）制定战略战术

从实际出发，经过思维加工，制定战略战术，这是军事家智慧的体现和高超的指挥艺术的展现。制定战略战术，其基础和核心是从实际出发。毛泽东在论述了土地革命战争时期的4个特点之后，接着指出："这些特点，规定了中国革命战争的指导路线及其许多战略战术原则。第一个特点和第四个特点，规定了中国红军的可能发展和可能战胜其敌人。第二个特点和第三个特点，规定了中国红军的不可能很快发展和不可能很快战胜其敌人，即是规定了战争的持久，而且如果弄得不好的话，还可能失败。"①抗日战争时期，毛泽东根据敌我双方的情况和动态发展的趋势，制定了整个抗日战争的基本战略和各个阶段灵活机动的各种战术。他指出："在抗日战争的过程中……在前期（包括战略防御和战略相持两个阶段），主要的是游击战争；在后期（战略反攻阶段），主要的将是正规战争。"② 整个抗日战争经过战略防御、战略相持和战略反攻三个阶段，"抗日战争是持久战，最后胜利是中国的——这就是我们的结论"。③《论持久战》的形成，是两方面复杂因素交互作用的理论成果。一方面，毛泽东根据对抗日战争的性质、矛盾、过程、指导规律、发展趋势的分析，是他的军事学思想的逻辑必然。早在1936年7月，毛泽东在同斯诺的谈话中，就指出，"日本必败，中国必胜"，抗日战争的"最后胜利要在持久战中去解决"。另一方面，也是毛泽东在汲取党内持久战集体智慧的思想结晶。党内提出持久战思想的主要人物有：1937年7月15日，朱德在《解放》周刊上发表《实行对日抗战》的文章，认为抗日战争将是一场持久而艰苦的战争。1937年10月，刘少奇在《抗日游击战争的若干基本问题》的文章中，明确提出应当坚持长期的游击战争。1938年1月7日，周恩来在《怎样进行持久抗战》一文中，比较系统地回答了怎样进行持久抗战的诸多问题。国内提出持久战思想的是石家庄陆军学校校长蒋百里中将。早在1936年，蒋百里将军就认为："最后失败的却将是惹是生非的日本人自己。""中国

---

① 《毛泽东选集》第1卷，人民出版社1991年版，第191页。

② 《毛泽东选集》第2卷，人民出版社1991年版，第549页。

③ 同上书，第515页。

是有办法的!”抗战爆发后，他提出了持久战的战略主张。蒋百里的这些观点和主张，为毛泽东在《论持久战》中所阐发的抗日战争的战略理论和战略方针提供了重要的思想素材。解放战争时期，经过战略防御阶段，粉碎了蒋介石的全面进攻、重点进攻，转入战略反攻阶段，最后实行三大战役的战略决战，终于打败了国民党军队，推翻了蒋家王朝，建立了新中国。

(4) 克敌制胜

毛泽东军事学中的思维，不仅要认识世界——认识敌我双方的情形、特点和规律，而且要改造世界——制定战略战术，实行战争，克敌制胜，把军事学中的思维通过实践转化为战争的胜利。汉高祖刘邦曾赞赏他的贤臣张良：“夫运筹帷幄之中，决胜千里之外，吾不如子房。”列宁指出：“人从主观的观念，经过‘实践’(和技术)，走向客观真理。”[①] 毛泽东军事学中克敌制胜的思维与“运筹帷幄之中，决胜千里之外”和列宁的上述思想是内在贯通的，都是强调了从实际出发的主观思维经过实践转化为客观的现实——革命战争的胜利。

六　现代中国人的思维

以上5节内容，主要探讨的是古代中国人的思维，当然，其中也涉及一些现代中国人的思维，尤其是毛泽东作为现代中国人最杰出的优秀代表在哲学、军事学等方面的一些思维。在本节中，我们将着重讨论现代中国人的思维。现代中国人对逻辑思维、形象思维、灵感思维、社会思维、模糊思维、战略思维、创新思维、辩证思维都进行了很多的探索，并且取得了相当可观的理论成果。我们在第四章和相关章节中已经作出简要的介绍。这里将重点考察现代中国人的系统思维。

(一) 何谓系统思维

所谓系统思维，就是指思维主体把思维客体、思维过程和思维方式当作系统来加以思考和处置的一种思维方式。系统思维在现代科学的思维方式这一复杂的动态网络系统中，是一种基本的思维方式，它更趋近于马克

① 《列宁全集》第55卷，人民出版社1990年版，第170页。

思主义哲学的辩证思维方式。

（二）思维主体反映和建构思维客体的系统辩证性

思维主体要能够反映和建构思维客体的系统辩证性，首先就要使思维主体发挥在思维过程中的核心作用，而其基础则应是思维主体符合系统辩证性的要求。当然，思维主体的这种核心作用和符合系统辩证性的要求，是思维主体在社会实践过程中，在处理客观与主观、实践与认识的矛盾运动过程中辩证发展的一种过程，而不是脱离上述过程和矛盾运动的一种主观内省。

在由思维客体、思维主体和思维中介组成的思维系统中，思维主体居于核心的地位，起着决定性的作用。因此，思维主体自身符合系统辩证性的要求，对于反映和建构思维客体，调控和优化思维系统、思维过程和思维方式，从而实现优化的思维结果，推动社会实践的发展和思维主体自身素质的综合提高，都具有关键的意义。

那么，思维主体怎样做才符合系统辩证性的要求呢？这就应当从思维主体的结构和功能辩证互动的两个方面来加以探讨。

从结构上来看，思维主体是一种复杂的动态网络系统。从宏观上看，有人类思维主体、社会思维主体、群体思维主体和个体思维主体。从微观上看，即从个体思维主体来看，思维主体是由生理因素、心理因素、精神因素（精神因素虽然包含了心理因素，但比心理因素更广、更深、更高）和社会因素复杂的交互作用所构成的复杂的动态网络系统。

从功能上来看，思维主体在思维过程中，不但在宏观上各种层次的思维主体存在着复杂的交互作用，尤其是群体思维主体功能上的双向沟通的作用，而且在微观上各种因素也存在着复杂的交互作用，特别是精神因素和社会因素对思维主体的思维功能具有重大的作用。

不仅如此，还应当考虑到，思维主体自身必须具有优化的综合素质，应当符合系统辩证性的整体优化的要求。这就要求思维主体在思维的动态发展的过程中，具有正确而优化的世界观、人生观、价值观、科学观、审美观、心理素质、知识结构，而且应当使认识方法和思维方式达到辩证化、科学化、网络化的要求。

（三）思维过程的系统辩证性

这个问题可以从两个方面来加以考察。

1. 思维过程是辩证发展的过程

人的思维过程是复杂的动态网络系统，也是对客观世界的反映和建构的过程，是一种辩证发展的过程。恩格斯指出："所谓的主观辩证法，即辩证的思维，不过是在自然界中到处发生作用的、对立中的运动的反映，这些对立通过自身的不断斗争和最终的互相转化或向更高形式的转化，来制约自然界的生活。"[①] 不仅如此，而且恩格斯还认为，人的思维是受社会实践的直接制约的。他深刻地指出："人的思维的最本质的和最切近的基础，正是人所引起的自然界的变化，而不仅仅是自然界本身；人在怎样的程度上学会改变自然界，人的智力就在怎样的程度上发展起来。"[②] "因此，关于思维的科学，也和其他各门科学一样，是一种历史的科学，是关于人的思维的历史发展的科学。"[③] 可见，人的思维在反映和建构客观世界的基础上和过程中，是一种辩证发展的过程。

2. 思维过程的辩证发展也具有系统性

关于思维过程的辩证性，列宁有非常深刻的思想。他指出："认识是思维对客体的永远的、无止境的接近。自然界在人的思想中的反映，要理解为不是'僵死的'，不是'抽象的'，不是没有运动的，不是没有矛盾的，而是处在运动的永恒过程中，处在矛盾的发生和解决的永恒过程中。"[④] 这里，列宁把思维过程的辩证性讲得精彩极了。因为他不但讲了思维对客体的无限接近，而且讲了这是一种矛盾运动的辩证发展过程。

现代科学的发展，对思维过程的系统辩证性提供了新的证实和新的深化。我国著名科学家钱学森院士根据马克思主义哲学关于思维科学和思维过程的基本思想，结合现代科学的最新成就，对思维科学（特别是对思维科学的基础学科——思维学）和思维过程作了很好的论述。他明确指出："思维科学也是动态的科学，不是静态的科学，我们要创立思维动力

① 《马克思恩格斯文集》第9卷，人民出版社2009年版，第470页。

② 同上书，第483页。

③ 同上书，第436页。

④ 《列宁全集》第55卷，人民出版社1990年版，第165页。

学，而以前我们说的只是思维静力学。”①

要研究思维科学的动力学机制，首先必须研究思维过程的动力学机制。钱学森院士及其合作者们认为，人的思维过程不仅是多种思维方式交互作用的过程，而且人们的思维定式以及情绪、欲望、兴趣、爱好等心理活动和种种非理性因素都参与实际的思维过程。因此，研究思维过程的动力学机制，也应该把思维过程当作复杂的思维动态网络系统和思维系统工程来加以考察。

要研究思维过程的动力学机制，同时应当与大脑思维能力的动力学机制的研究紧密地结合起来。钱学森院士认为：“人脑的思维能力是不断发展的：

（1）人类的历史含有此意；

（2）一个人的思维能力也如此。

那么，它又是怎样发展的呢？第一是人脑这个开放的复杂巨系统有很强的可塑性，是活的，不是死的、不变的；第二是实践的作用。”② 这样看来，人脑是思维主体在实践过程中实现其思维动力学的基础机制。因此，应当深入研究大脑复杂的动力学机制。正因为如此，所以，“研究脑科学的任务是要搞清这种思维能力发展的机理、机制，是精神学 mentalias 的核心”。③ 只有把大脑思维机制的研究深入地开展起来并且卓有成效，才能有力地促进对思维动力学机制的研究，从而推动对思维过程的系统辩证性的研究。

国内外科学界、哲学界对大脑思维机制和思维过程的研究取得了可喜的进展，近 20 多年来，更有一系列的论著问世，尤其是《右脑与创造》《大脑如何思维——智力演化的今昔》《大脑工作原理——脑活动、行为和认知的协同学研究》《思想的社会》（《The Society of mind》——至今未见到中译本）以及《意识与大脑——多学科研究及其意义》更加令人欣慰。同时，笔者近 20 多年来参加了一系列与脑科学、思维科学相关的学术会议。例如，1997 年参加了由中国科学院和科技部举办的北京香山科学会议的两次会议，主题分别是“开放的复杂巨系统理论与实践”“跨

① 王寿云等：《开放的复杂巨系统》，浙江科学技术出版社 1996 年版，第 282 页。

② 同上书，第 281—282 页。

③ 同上书，第 282 页。

世纪的脑科学——脑的复杂性研究”，2000 年，参加了香山科学会议的另一次会议，主题是“意识与大脑”，其中涉及意识、思维是如何反映和建构思维客体的，思维过程是怎样体现为动力学过程的。2001 年，参加了在中国科学院数学与系统科学研究院召开的“科学与文化”国际学术研讨会，会上，也对大脑思维的动力学机制进行了探讨。2000 年、2002 年，在国家自然科学基金委和中国科学院举办的复杂性科学国际学术研讨会上，也涉及大脑思维动力学机制的问题。而且，笔者参加了北京大学和北京大学现代科学与哲学研究中心举办的一系列学术活动。例如，1997 年的脑科学会议和“生命科学与哲学”学术研讨会，1998 年的“思维科学与哲学”学术研讨会，2003 年的“认知、思维与复杂性探索”学术研讨会。通过参加上述这些学术活动，了解到人脑系统的研究是脑科学、系统科学和复杂性科学研究的一个前沿领域。还了解到人脑是一种开放的复杂巨系统，它的行为主要是整体的行为，而不是单个脑细胞的个别行为、各个脑细胞的孤立行为，也不是脑细胞的线性行为。因此，研究大脑思维的动力学机制有其特殊之处，特别是对脑的动力学机制和非线性行为的过程的情形、特点和规律，应当着重地加以研究。只有这些方面的研究取得了重大的进展，对推动思维动力学机制和思维过程的研究才可望获得重大的进步。

不仅如此，而且研究思维过程的辩证性，应当与研究思维过程的系统性内在地贯穿起来，才能更深入地揭示思维过程的系统辩证性。为此，就应当从矛盾、过程、系统内在统一的理论高度出发，去深入地探索思维过程的系统辩证性。

思维过程的系统辩证性既根源于客观世界的系统辩证性，同时，思维过程本身也体现着系统辩证性。对这两个方面的辩证统一，恩格斯有着丰富、深刻的思想。他指出：“一个伟大的基本思想，即认为世界不是既成事物的集合体，而是过程的集合体。”[①] 他还认为：“我们所接触到的整个自然界构成一个体系，即各种物体相联系的总体。”[②] 这里，“体系”一词也可译成“系统”，则前一句话就变成了“我们所接触到的整个自然界构成一个系统”。恩格斯还指出：“辩证法就归结为关于外部世界和人类思

---

① 《马克思恩格斯文集》第 4 卷，人民出版社 2009 年版，第 298 页。

② 《马克思恩格斯文集》第 9 卷，人民出版社 2009 年版，第 514 页。

维的运动的一般规律的科学，这两个系列的规律在本质上是同一的，但是在表现上是不同的……概念的辩证法本身就变成只是现实世界的辩证运动的自觉的反映。”① “所谓的客观辩证法是在整个自然界中起支配作用的，而所谓的主观辩证法，即辩证的思维，不过是在自然界中到处发生作用的、对立中的运动的反映。”② 恩格斯认为，要坚持主观辩证法是客观辩证法之辩证反映的观点，就应当“意识到自然过程的辩证性质”。③ 因为“自然科学现在越来越有必要系统化，这种系统化只能在现象本身的联系中发现”。④ 那么，怎样实现自然科学的系统化呢？恩格斯主张，应当对自然科学的发展过程和最新成果进行辩证的综合和理论的思维。只有这样，才能对自然科学“加以系统化”。⑤ 从而才能“迫使理论自然科学发生革命”。⑥ 很显然，恩格斯在这些地方是把矛盾、过程和系统贯通起来考虑的，而且揭示了自然科学、思维过程的辩证性与系统化的客观根源与内在机制。

毛泽东把矛盾、过程和系统的内在统一讲得更明白，也更加透彻。他指出：“要研究每一个大系统的物质运动形式的特殊的矛盾性及其所规定的本质。”⑦ 在这样的研究过程中，应当从感悟认识飞跃到理性认识，“造成概念和理论的系统”。⑧ 他还认为：“矛盾即是运动，即是事物，即是过程，也即是思想。”⑨ 据杨超和温济泽等老同志回忆，毛泽东在延安主持讨论“矛盾论”问题时，曾打算写《过程论》，作为《矛盾论》中的一章或单独成书，后因忙于处理紧急的军事、政治要务而未能如愿。⑩ 从这些论述中人们可以发现，毛泽东是把矛盾、过程和系统贯通起来考虑的。而且他认为，思想和认识也是矛盾、过程和系统的内在统一的，其中当然包括思维过程的辩证法、系统性。

---

① 《马克思恩格斯文集》第 9 卷，人民出版社 2009 年版，第 298 页。

② 同上书，第 470 页。

③ 同上书，第 15 页。

④ 同上书，第 505—506 页。

⑤ 同上书，第 15 页。

⑥ 同上。

⑦ 《毛泽东选集》第 1 卷，人民出版社 1991 年版，第 310 页。

⑧ 同上书，第 291 页。

⑨ 同上书，第 319 页。

⑩ 《全国毛泽东哲学思想讨论会论文选》，广西人民出版社 1982 年版，第 69 页。

（四）思维方式的系统辩证性

现代科学的综合交叉的迅速发展和马克思主义哲学的深入研究，使思维方式的系统辩证性具有新颖的内容和明显的特点。主要表现在：

1. 交叉协调性

现代科学的发展和马克思主义哲学的前进，促使人们在思维过程中要综合交叉地运用逻辑思维、形象思维、灵感思维、社会思维、模糊思维、创造性思维以及直觉、联想、类比、想象等多种思维方式，并且要使这些思维方式彼此协调，构成系统，从而实现思维过程的系统辩证性及其所能达到的要求。

2. 动态主导性

人们运用多种思维方式，从事思维活动，在思维发展的动态过程中，各种思维方式在思维过程中所起的作用并不是等量齐观、平分秋色的，而是由于思维过程中发展阶段的不同。各种思维方式所起的作用不同，因而在多种思维方式的动态协调中总有主导的思维方式起着决定性的作用。而且，在不同专业、不同学科乃至不同经历的人们的思维过程中，所运用的思维方式也各有自己的主导的思维方式。更何况，随着人们所从事的专业、学科以致经历等的变化，其各自的主导的思维方式也将发生相应的变化或非线性的复杂变化。因此，思维主体应当自觉地运用思维辩证法，适时地调整和优化思维方式网络系统中的动态的主导的思维方式，从而使思维过程和思维结果能够符合人们预期的或经修改后的优化的要求。

3. 整体优化性

人们运用多种思维方式于动态发展的思维过程，其基本的要求就是要达到整体优化性。由于思维过程和思维方式是一种复杂的动态网络系统，因此，思维主体在思维过程中运用多种思维方式去反映和建构客观世界的过程中，就应当努力达到整体优化的要求，以期能够从本质和规律的复杂的动态网络系统的层面上，反映和建构客观世界的真实面貌。同时，思维主体在思维过程中运用多种思维方式去反映和建构客观世界的过程中，也应当自觉地使思维过程和思维方式遵循系统辩证性的规律，努力符合整体优化的要求。

七 对中国人的思维的评析

以上内容，我们探讨了中国人的思维的总体特征及其在各个领域的表现和成就。现在，我们拟对中国人的思维作一些总体的综合评析；并对在这一评析过程中所出现的某些观点提出商榷的意见。

（一）对中国人的思维的总体评析

中国人的思维，在总体上有五大特点，这在前文中已有论及，而且在各个领域中作出了杰出的贡献。但同样，中国人的思维亦有其不足之处。我们对中国人思维的评析，应当采取实事求是的辩证分析的态度和方法，那种一味拔高、全盘肯定或者肆意贬低、全盘否定的民族虚无主义的态度和方法都是不可取的。国学泰斗、著名哲学家张岱年教授在《中国文化发展的道路》一文中指出：

我认为中国传统文化有四长、四弊：

四长是：

1. 摆脱神学独断的生活信念；

2. 重视相反相成的方法；

3. 肯定道德自觉的人格观念；

4. 爱国爱族的牺牲精神。

四弊是：

1. 尚通忽别的致思心习；

2. 不重实际探求的学术方向；

3. 忽视个性自由的人际观念；

4. 尊尊亲亲的传统陋习。[①]

虽然张岱年先生是对中国传统文化的优长和弊端进行的分析，但对我们研究中国人的思维，仍具有方法论上的启示意义。

中国人的思维，从总体上看有其精深独到之处，在人类思维史上做出了卓越的贡献。概括地说来，中国人的思维优长是：

1. 对逻辑思维进行了长时间的探讨，并且提出了许多开创性的思想；

---

① 邓九平编：《张岱年哲学文选》（上），中国广播电视出版社 1999 年版，第 324—325 页。

2. 对形象思维、灵感思维提出了系统而深刻的思想，在人类思维史上作出了独特的贡献。

3. 对军事思维有相当深刻的见解，在世界军事思维史上树立了丰碑；

4. 对辩证思维提出了相当全面且颇为深刻的见解，彰显了中国人的思维的理论高度。

中国人的思维也有不足之处，主要表现在：

1. 尚通忽别的思维习惯；

2. 忽视从实际到理论之思维飞跃的环节；

3. 不重视多种思维方式与非理性因素的交互作用；

4. 轻视思维成果的现实转化。

尽管中国人的思维存在着上述的优点和不足之处，但从总体上看，中国人的思维的优点之处是主要的，而且是我们应当继承和发扬的精华部分。那些不足之处，经过辩证分析，吸取教训，也可以转化成为我们今天在思维过程中应当努力避免的，同时在更高的水平上推进辩证思维的研究。

在对中国人的思维的总体评析的过程中，有一些观点是笔者不敢苟同的，有必要提出一些商榷的意见。下面，择其要者，略加辨析。

（二）对“中国没有哲学”的观点的商榷

有一种观点认为，“中国没有哲学”。我的商榷意见是：

1. 中国有哲学。不仅古代中国有许多大的哲学家，有丰富而深刻的哲学文献，如本章第一节所述。而且，现代以来，中国坚持和发展马克思主义哲学并且作出重大贡献的人物有：李大钊、毛泽东、李达、艾思奇、冯定、黄枏森、庄福龄、陶德麟、韩树英、陈先达等人。对中国哲学和中外哲学比较研究成就卓著的人物有：冯友兰、张岱年、汤用彤、金岳霖、贺麟、熊十力、梁漱溟、汤一介等人。对西方哲学研究作出杰出贡献的人物有：郑昕、张世英、苗力田、洪谦、熊伟等人。在伦理学领域，张岱年、冯定、周辅成、李琦、罗国杰等人作出了杰出的贡献。在美学领域，堪称20世纪美学双峰的朱光潜、宗白华以及其他著名美学家如蒋孔阳、杨辛等人都作出了突出的贡献。难道这些人不算哲学家？他们的论著不算哲学？事实胜于雄辩，历史自有公论。

现在，中国几十所大学设有哲学系或哲学院，全国约有近百所哲学研究机构，哲学刊物和综合刊物的哲学专栏不可胜计，发表的哲学论著不计其数，全国的哲学学术活动更是如火如荼。难道这些都不是哲学范围内的事业？

说“中国没有哲学”的这位先生，他于20世纪50年代毕业于某著名大学的哲学系，现在却说出“中国没有哲学”，如此高论，数典忘祖，怎不令人瞠目！

事实上，如本章第一节所述，国外学者和研究机构对中国哲学赞扬备至。难道他们的研究成果也是无稽之谈？

2. 哲学是人类意识形态的高级形态。在人类历史上，在物质文明和精神文明的基础上和过程中，就会有哲学的产生和发展。世界各国都是如此。为什么单单“中国没有哲学”？这位先生并没有给出论证。他的唯一论据是所谓中国“没有逻辑”。这也是站不住脚的。在中国五千年的文明史中，具有丰富而深刻的逻辑思想，而且，随着自身研究的深入，对外交流的扩大，发展了逻辑的各门学科。本书第四章第二节已对此作了概略的介绍，兹不赘述。

3. 哲学是文化领域的高层学科。哲学与文化存在着辩证互动的复杂关系。我们党的十七届六中全会和十八大及其后的三中全会提出了建设文化强国的历史任务，实施文化发展的大繁荣和文化走出去的战略方针。正是在这样的情况下，这位先生提出了“中国没有哲学”的观点。这就不能不由人思考两个方面的问题。一方面，说“中国没有哲学”，这是否是想从根本上否定我们党关于建设文化强国的历史任务和发展文化的一系列战略方针。另一方面，说“中国没有哲学”，这是否有适合“西化”论和文化殖民主义需要之嫌。当然，中国学者与外国学者特别是西方学者就哲学领域的问题开展平等交流，共同探讨，相互学习，取长补短，这是正常的文化交流。但是，值得警惕的是，西方确有一些人推行“西化”论，实施文化殖民主义。说“中国没有哲学”，至少在客观上有迎合“西化”论和文化殖民主义之需要。

（三）对中国没有出现近代科学应当怎么看

有一位著名科学家，2004年提出了一个观点，认为中国之所以没能产生近代科学，主要是受《易经》思维方式的影响。

对这个观点，笔者实在不敢苟同。还在见到这个观点的当时，笔者就打电话请教我的老师、著名哲学家汤一介教授。他说："这位科学家说的是外行话，我要写文章批评这个观点。"

笔者认为，这位科学家把复杂问题简单化了。

1.《易经》具有辩证思维的内蕴

《易经》认为："一阴一阳之谓道。"《周易·系辞上》主张："日新之为盛德。"《周易·乾卦·文言》指出："终日乾乾，与时偕行。"《周易·革卦·象传》认为："天地革而四时成，汤武革命，顺乎天而应乎人，革之时，大矣哉。""易穷则变，变则通，通则久。"解释《易经》的《易传》认为，"生生之谓易"，"刚柔相推而生变化"。可见，《周易》经传中蕴含着辩证思维的因素。这些因素怎么会阻碍中国产生近代科学？当然，《易经》中也有占卜等迷信的部分，这些部分会在一定程度上妨碍中国产生近代科学。但是，这些部分与《易经》中的辩证思维因素相比，不是主要的。所以，不能认为中国之所以没有产生近代科学，主要是受《易经》思维方式的影响。

2. 中国没有产生近代科学的社会原因

中国在明朝末年以前，在当时的世界上，在经济、政治、文化等领域一直处于领先的地位。对此，英国著名科学技术史家 J. 李约瑟（J. Needham）博士有颇为深刻的见解，"他发现从西汉到南宋千余年间，中国是地球上经济最繁荣、科学技术最发达的地区"①。毛泽东在中国人民政治协商会议第一届全体会议的开幕词《中国人民站起来了》中指出："中国人从来就是一个伟大的勇敢的勤劳的民族，只是在近代是落伍了。这种落伍，完全是被外国帝国主义和本国反动政府所压迫和剥削的结果。"②

近代以来，中国之所以未能产生近代科学，主要的社会原因有两个：一是内部原因，二是外部原因。就内部原因来说，封建统治阶级实施纲常名教，科举取士，不重视科学技术，认为科学技术是奇技淫巧，不能登儒家思想的大雅之堂。所以，中国人民的创造智慧受到很大的压抑，因此中国未能产生近代科学。就外部原因来看，鸦片战争以后，帝国主义入侵，使中国逐步沦为半殖民地、半封建社会，致使中国积贫积弱，经济凋敝，

① 杨雪：《李约瑟与李约瑟之谜》，《光明日报》2013 年 11 月 14 日第 12 版。
② 《毛泽东文集》第 5 卷，人民出版社 1999 年版，第 343—344 页。

民生困苦，无力发展科学技术。外因通过内因而起作用，内因与外因交互作用，从根本上阻碍了中国发展科学技术。因此，中国在那时不可能产生近代科学。

3. 中国未能产生近代科学的原因是一种复杂的系统

从上面的分析来看，中国未能产生近代科学，是一种由复杂原因造成的社会现象。不能把这种复杂的社会现象简单地归咎于《易经》思维方式的影响。那位科学家是物理学领域的权威专家，在物理学领域作出了令人景仰的科学贡献。这是应当肯定的。但在科学与社会的关系的问题上，似乎不像物理学领域那么简单，而应当采取实事求是、复杂系统的辩证分析方法。这样，才能深入事物的本质，作出符合实际的科学结论。

（四）能否全盘否定中国人的思维

有论者著书，批判中国人的思维。该著中的许多观点，笔者实难苟同，现提出商榷意见。

1. 中国落后的原因是什么

该著认为：“中国人的思维混乱而且僵化，是我们社会不能进步的根本原因。”“中国落后的根源……根本性的原因是我们传统的思维模式。”“落后的思维模式导致我们中国的落后。”

首先，对中国落后应当有分析。中国在明朝末期以前，不是处于落后状态，而是处于领先地位。近代以来，中国是落后了，那是由于封建主义和帝国主义的双重压迫与剥削造成的（后来加上官僚资产阶级）。新中国成立后，中国逐步摆脱落后状态，现正成为世界上有重要影响的大国。所以，不能笼统地说中国一直处于落后状态。

其次，对中国落后的原因应当做辩证的分析。近代中国落后的原因，一是封建统治，二是帝国主义入侵。当然，中国人的思维方式落后也是原因之一。不能把复杂的现实原因仅仅归结为思维上的原因。即便是思维，也应对中国人的思维作辩证的分析，既要看到中国人的思维的优点，也要看到中国人的思维的局限。而不能笼统地将中国人的思维当做糟粕加以全盘否定，认为中国人的思维落后是中国社会落后的根本原因。

2. 中国人的思维模式究竟是什么

该著的作者认为，“中国人的思维是一种感性思维”，这种感性思维方式，“难以认识事物的本质”。

中国人的思维多种多样，在逻辑思维、形象思维、灵感思维、社会思维、创造性思维、模糊思维、辩证思维等领域都有卓越的建树，作出了杰出的贡献。其中蕴含着丰富、深刻的理性思维的思想。怎么能把中国人的思维仅仅归结为“感性思维”这一种思维方式呢？这位先生对中国哲学、中国文化、中国科技、中国文艺、中国美学、中国军事学中所蕴含的诸种思维方式的思想以及中国人的思维史是否作过精深的研究而得出上述的结论，其治学的严谨性真让人有点怀疑。

3. 中国人的思维是否是实用主义的

该著说：“中国人是为了富贵而追求名利，是实用主义的。”又说：“中国人是在诠释遵从中徘徊和衰落。”

说中国人的思维是实用主义的，这与历史事实和思维进程不尽符合。中国在先秦时期的百家争鸣的热潮中，各家学说对世界本原、天人关系等领域进行了有益的探讨，并且取得了辉煌的成就。这难道是实用主义的吗？中国在五四运动时期，高杨民主与科学的旗帜，并且接受了马克思主义的指导，开创了中国历史上新的革命时期，这难道也是实用主义的吗？中国在延安时期，开展了整风运动，对共产党员进行了一次普遍的马克思主义的教育运动，这与实用主义有半点关系吗？这位先生是否研究了中国历史和中国人的思维史？他作出的上述结论，其“大胆”和“创新”之处，实在令我辈学人望尘莫及。

4. 中国人是否把平衡当做静止的

该著认为：“我们中国人的思维把平衡视为静止的，不动的，没有张力的。这样，平衡就无法适应矛盾的发展，结果是平衡自身被打破了，而我们中国人为了平衡往往掩盖矛盾。”

事实胜于雄辩。中国历史上，把平衡当做矛盾运动的动态过程来看待的人物和论著，如若群星。《易经》《道德经》是如此，荀子、张载、王夫之等哲学家也是这样。更不用说毛泽东的《实践论》《矛盾论》了。I. 普里高津客观地评价了中国人关于整体和谐、动态平衡的思想。他说：“只要对中国文化稍有了解，就足以使访问者感受到它具有一种远非消极的整体和谐。这种整体和谐是由各种对抗过程间的复杂平衡造成的”。[①]

① ［比］G. 尼科里斯、I. 普里高津：《探索复杂性》，罗久里、陈奎宁等译，四川教育出版社 1986 年版，第Ⅰ—Ⅱ页。

I. 普里高津在这里指出了中国人认为的平衡是矛盾运动的动态的复杂的平衡。不知道这位先生读到 I. 普里高津的这段话后作何感想?

5. 能否说中国人把辩证法思想变成了诡辩术

该著说:“我们却把辩证法思想又发展成了诡辩术。”“我们中国人抽象思维的能力不高,形式逻辑薄弱,把辩证法给搞成了诡辩法。”这样,“思维规律和自然规律越来越不一致”。

前已述及,中国人的思维极其丰富,把辩证法应用于思维领域取得了卓越的成就。世界著名哲学家 W. F. 黑格尔就对中国人的抽象思维和辩证思维能力给予很高的评价。他说:“中国人也曾注意到抽象的思想和纯粹的范畴,古代的《易经》(论原则的书)是这类思想的基础。《易经》包含着中国人的智慧(是有绝对权威的)。”① 不知这位先生谈了 W. F. 黑格尔这段话后,能否反躬自问他的上述结论的科学性?当然,中国人确有把辩证法变成诡辩术的,那不过是历史的末流。看问题应当抓住主流,更不能以偏概全吧。当然,对历史末流也应当高度重视,采取对策,加以解决。但是,总不能把末流当成主流,甚至变成全部吧。

6. 中国人的思维是否是一个平面的圆圈

该著断言:“中国人的思维构成一个平面的圆圈,没有起点也没有终点,思维只能在感性中按固定的套路游走,很难有突破性的创造。”

真是欲加之罪,何患无辞。说中国人的思维是一个平面的圆圈,这与历史事实大相径庭。先秦时期,名家、墨家和儒家在逻辑思维领域作出了重要的贡献,他们的思维理论体现了动态发展的过程。在形象思维和灵感思维方面,中国人的思维理论更是作了独特的贡献。西晋文学家陆机认为:“遵回时以叹逝,瞻万物而思纷,悲落叶于劲秋,喜柔条于芬春;心懔懔以怀霜,志眇眇而临云;咏世德之骏烈,颂先人之清芬;游文章之林府,嘉丽藻之彬彬;概投篇而援笔,聊宜之乎斯文。”梁朝文学家刘勰指出:“寂然凝虑,思接千载;悄焉动容,视通万里;吟咏之间,吐纳珠玉之声;眉睫之前,舒卷风云之色;其思理之致乎。”这哪里是思维的平面圆圈,分明是客观主观化的动态思维过程,是一种螺旋式上升的辩证过程。郑板桥论画竹的三个阶段:眼中之竹、胸中之竹、手中之竹,更是客观主观化、主观客观化的辩证发展的思维过程,哪里有半点平面圆圈的影

① [德] W. F. 黑格尔:《哲学史讲演录》第 1 卷,三联书店 1956 年版,第 120 页。

子！王国维论治学过程的“三境界”说则更是体现了思维过程的动态前进性。鲁迅、郭沫若关于文学创作的论述，有力地揭示了思维过程的辩证性和前进性。国学泰斗、著名哲学家张岱年教授提出的“综合创新论”更从哲学高度论述了思维过程的动态发展和综合创造。这些都是中国人思维中的典型代表，他们的思维及其思维理论跟“平面圆圈”说是根本对立的。更不用说毛泽东的思维理论了。毛泽东认为：“要完全地反映整个的事物，反映事物的本质，反映事物的内部规律性，就必须经过思考作用，将丰富的感觉材料加以去粗取精、去伪存真、由此及彼、由表及里的改造制作工夫，造成概念和理论的系统，就必须从感性认识跃进到理性认识。”[①] 这明明讲的是辩证认识和辩证思维的过程，这同“平面圆圈”说有半点联系吗？

这位先生对中国人的思维史究竟有多少了解，竟然如此武断地认为，中国人的思维是一个“平面的圆圈”。这种治学态度倒是值得追问和反思的了。

7. 能否说中国人的思维不如原始思维

该著认为：“僵化而模糊的概念，使我们中国人的思维极为混乱。从而使我们中国人的思维陷入了一个不能自拔的怪圈，甚至有的地方还不如原始思维。”

奇文共欣赏，疑义相与析。这又是一个令人大开眼界的“高论”。众所周知，原始思维诞生于人类社会的早期。那时生产力水平低下，人们之间的社会交往不多，因而那时人们的思维侧重于零散的、局域的、简单的形象思维。而从思维史发展的实际上看，中国人的思维在很多方面达到了很高水平，对人类思维作出了多方面的杰出贡献。怎么能够说中国的思维甚至不如原始思维呢？

8. 中国人是一个懒的民族吗

该著断言：“中国人是非常懒的一个民族，正是懒惰造成了中国人的辛苦和生活的艰辛。由于中国人思维的惰性，进而造成行为上的惰性。”

首先，中国人真是一个懒的民族吗？说中国人是一个懒的民族，这本身就是一个伪命题，根本不符合历史事实和现实情况。中国人勤劳、智慧、创造了灿烂的古代文明。在世界上四大文明古国中，只有中国文明延

① 《毛泽东选集》第1卷，人民出版社1991年版，第291页。

续至今而没有中断。难道这是一个懒的民族所能造成的吗？新中国成立后，中国人的勤劳、智慧更得到了空前的发扬，才创造了举世瞩目的人间奇迹。这位先生怎么不看历史，不看现实，而一口咬定中国人是一个懒的民族呢？

其次，中国人的辛苦和生活艰辛的原因是什么？在旧社会，中国人的辛苦和生活艰辛是由于受封建主义、帝国主义、官僚资产阶级的压迫和剥削造成的。在新中国，中国人的生活得到了很大的改善，现在总体上达到了初步小康的水平。但是，由于历史的原因和某些现实的因素，中国人的生活水平还不算很高。现在，正在科学发展观的指引下，在构建社会主义和谐社会、全面建成小康社会、实现中华民族伟大复兴的中国梦的历史进程中，向建成全面的、更高水平的小康社会迈进，为实现中华民族伟大复兴的中国梦而奋发进取，以期创造更加美好的物质生活和精神生活。

最后，把中国人的生活艰辛归结为中国人的懒惰，这既不符合历史事实，也不符合社会网络系统运行的真实情况。充其量也是一叶障目，对社会网络系统的复杂性缺乏辩证的、实事求是的分析。

9. 中国先秦时期没有科学和哲学吗

该著断言：“我们认为先秦时期当时没有产生科学和哲学的原因，是当时古中国人有过多原始人的社会形态和原始思维。”

这又是一种“高论”。

首先，中国先秦时期是否没有科学和哲学。中国先秦时期在天文学、物理学、数学、地学、农学、医学等领域成就卓著，在当时的世界上独领风骚，占有光荣的一席之地。当然，由于那时社会的条件和实践、认识水平的限制，当时的科学不可能像今天的科学那样有严整的理论体系。中国先秦时期，哲学的发展更是举世瞩目。孔子哲学、墨子哲学、孟子哲学、老子哲学、庄子哲学、管子哲学、荀子哲学、《周易》等是当时哲学领域的代表性哲学。怎么能说中国先秦时期没有科学和哲学呢？

其次，中国先秦时期是否处于原始社会和原始思维的阶段。其实，中国先秦时期早已跨越了原始社会，而进入了由奴隶社会向封建社会过渡的转型时期。那时的中国人已经有了相当发达的思维水平，上述科学和哲学的出现就是证明。更不用说，《诗经》《左传》《国语》等都表明那时的中国人的思维水平早已超越了原始思维。怎么能不顾历史事实而一口咬定那时中国仍处于原始社会和原始思维的状态呢？

10. 中国是否是一个谎言大国

该著认为："中国人在社会上就表现出典型的虚伪和两面派作风，话语和内心不一致，这样我们中国又成了一个谎言大国，所谓'当面是人，背后是鬼'的话语，就是中国人个性的反映。"

这又是一个奇妙的"高论"。

首先，中国是否是一个谎言大国？中国历史上重视诚信，这在世界上是颇为出名的。近代中国也以诚信为主，这在历史文献中早有定论。新中国成立后，中国一直倡导以诚信为本。当然，在现实生活中，不讲诚信、奉行谎言也不乏实例。但那不是中国的历史主流。不能以偏概全地说中国是一个谎言大国。

其次，撒谎是否是中国人个性的反映？中国人的个性各各不同，但在本质上是讲求诚信、助人为乐的。生活中确有不讲诚信、坑蒙拐骗的现象，但那不是所有中国人的个性行为。而且，这种行为受到道德的谴责和法律的约束。我们看问题应当看本质、看主流、看发展，而不能以偏概全，静止凝滞。

11. 近代日本侵略中国的原因究竟是什么

该著认为："中国人极度贪婪、冷酷、卑琐、怯懦，甚至对同胞的残忍行为能够围观取乐。""日本近代敢于侵略中国，侮辱中国人，其根源在于此。"

这是又一个奇谈怪论。

首先，中国人是否是"极度贪婪、冷酷、卑琐、怯懦"的民族呢？历史和现实都表明，中国人是勤劳、智慧、有正义感、有同情心的民族。现今的道德模范生动地弘扬了中华民族的传统美德，他们尊老爱幼、诚实守信、助人为乐、济困扶危，体现了新时代精神的光辉。当然，现实生活中，那种"贪婪、冷酷、卑琐、怯懦"的现象确实存在，但那不是中国人的全体表现和主流表现，而且，这种表现受到社会的谴责和法律的制约。

其次，近代日本侵略中国的原因究竟是什么？近代日本走上了帝国主义、军国主义的道路，帝国主义就是战争，日本之所以敢于侵略中国，主要是由它的帝国本性所决定的。这正如毛泽东所深刻揭示的那样："中日战争不是任何别的战争，乃是半殖民地半封建的中国和帝国主义的日本之间在20世纪30年代进行的一个决死的战争。"[①] 日本"它是一个强的帝国主义国家……在世界也是五六个著名帝国主义国家中的一个。……由于日本社会经济的帝国主义性，就产生了日本战争的帝国主义性，它的战争是退步和野蛮的"[②]。这就昭示世人，近代日本敢于侵略中国，是由它的帝国主义的本性所决定的，而绝不是由于某些中国人的"贪婪、冷酷、卑琐、怯懦"所造成的。当然，当时中国落后，落后就要挨打，这也是日本敢于侵略中国的一个原因，但主要原因还是日本的帝国主义本性。这位先生论述日本侵略中国的原因，根本不提日本的帝国主义本性，而只归咎于所谓中国人的"贪婪、冷酷、卑琐、怯懦。"这位先生的这番言论，如果当年日本天皇地下有知，真可能爬起来，热情握手，感谢他的这番言论，并且很可能给他颁发一个大大的勋章。这位先生这种说法，如何对得起在抗日战争中伤亡的几千万中国军民？又怎样面对浴血奋战并夺取胜利的中国广大军民？

12. 中国的出路何在

该著认为："古希腊人是为了追求真理（真实、真性）而追求智慧，是理想主义的；而中国人是为了富贵而追求名利，是实用主义的。""西方是在怀疑和批判中进步，而中国人是在诠释遵从中徘徊和衰落。""我们中国人对于中国以前的文化和西方传播过来的文化，只要实用就行，从来不探求实质，更别说批判和发展了。""西方人的智慧是科学，中国人的智慧却是以权谋为主要特征。""我们的社会生活中除了讲中国话、吃中国菜、再有就是愚不可及的中国式思维外，还剩下什么？""我们中国人对自己一无所知，对全世界更是一无所知，尤其对西洋人和东洋人根本就不了解。"

在这位先生看来，中国人"实用主义""徘徊和衰落""权谋""愚不可及"，对中国和世界"一无所知"。那么，怎么办呢？按照这位先生的逻辑思路，那只有向西方人和东洋人学习，走他们的道路了。

首先，对这位先生加诸中国人的种种弊端，应当有所分析。中国人是智慧的民族，根本不是这位先生所说的那样。至于有些中国人信奉实用主义等，那也不是全体中国人的所为，不能代表中国人的主流。

---

① 《毛泽东选集》第2卷，人民出版社1991年版，第447页。

② 同上。

其次，中国人在基本的经济制度、政治制度、文化制度、军事制度等方面应当坚持有中国特色的社会主义，而不能照搬外国，全盘西化。

最后，中国人在文化和思维方面，应当博采众长，融会贯通，消化吸收，综合创造，应当以我为主，洋为中用，弘扬中华民族的自尊心、自信心和创造性，作出无愧于伟大时代的、具有中国特色的历史贡献。而不能不分精华和糟粕，简单化地步西方的后尘。

13. 小结

研究社会主义文化和思维问题，首先应当解决为什么人的问题。毛泽东指出："为什么人的问题，是一个根本的问题，原则的问题。"① 社会主义文化，应当坚持为社会主义服务、为人民服务的方向和立场。可是，这位先生却说中国人"自私""懒惰""虚伪和两面派""贪婪、冷酷、卑琐、怯懦"，说中国是一个"世界公认"的"自私自利"的"谎言大国"，是一个"不懂得维护和平"的"陷入战乱"的国家，是一个"僵化而模糊""思维极为混乱"的国家。这位先生如此看待中国人和整个中国，不知道他究竟在为谁服务？

研究文化和思维问题，应当坚持运用辩证唯物主义和历史唯物主义的世界观与方法论，作出有利于中国和世界的积极贡献。然而，从这位先生上述的对文化和思维问题的见解来看，跟辩证唯物主义和历史唯物主义的世界观与方法论相去何止万里。真不知道这位先生运用什么样的世界观和方法论，得出他对文化和思维问题的上述结论的？

所以，研究文化和思维问题，还是应当老老实实地解决立场、观点、方法问题，还是应当运用辩证唯物主义和历史唯物主义这个最科学、最锐利的思想武器，去分析问题和解决问题吧！

① 《毛泽东选集》第3卷，人民出版社1991年版，第857页。

第六章

思维科学与马克思主义哲学的前景展望

思维科学在与相关学科和马克思主义哲学交互作用过程中的辩证前进，必将使其成为21世纪的显学，将在对提高人们的综合素质、推动社会发展方面发挥更大的积极作用。马克思主义哲学的发展，必将更加广泛、更为深入地成为人们认识世界、改造世界的强大的精神武器。

一 思维科学将成为21世纪的显学

思维科学兴起于20世纪中后期。当前，思维科学在世界范围内正处于创立、形成的时期。从科学与哲学发展的全局与趋势来看，思维科学将成为21世纪的显学。这要从思维科学与相关学科、马克思主义哲学的辩证互动中来加以考察，也应当从思维科学自身发展的趋势中进行探讨。

（一）思维科学将成为显要学科

思维科学目前仍处于探索、创立阶段，但是，随着社会实践的发展和科学技术的进步，思维科学与各门科学的交叉、融合以及思维科学研究队伍的日益壮大，思维科学的发展趋势是前景光明、令人鼓舞的。

1. 社会实践的发展和科学技术的进步使思维科学日益繁荣起来

社会实践的发展和科学技术的进步，既为思维科学的发展提供了日益增长的客观需要，又为思维科学的发展提供了现实的可能。一方面，社会实践的发展和科学技术的进步，需要有思维科学的发展并与之匹配。这表现为，社会实践的发展，展现了思维科学的日益重要，提出了提高思维主体自身综合素质的“软件”系统——思维的迫切需要。而且，科学技术的进步，也愈益凸显思维科学的重要作用。因为从事科学技术研究和实践的人们，在他们的工作过程中，日益深刻地体会到正确的理论思维和科学思维对于他们所从事的工作具有决定性的意义。正是在这样的背景条件下，思维科学的发展成为时代实践和科学技术发展之必需。另一方面，社会实践的发展和科学技术的进步，提供了思维科学日益繁荣的现实可能性。这是因为，社会实践过程中，人们会发现思维科学的发展有了各种现实的可能。而且，在这一过程中，思维主体自身也会找到思维科学发展的各种方法。同时，科学技术的进步，给思维科学的发展提供了日益增多的现实可能性。例如，人—机结合、人—机融合、人—网融合等复合智能系统的发展，会给思维科学的发展提供日益增长的现实可能性。

由上可见，思维科学的发展将成为显要学科是有充分根据的。

不仅如此，而且，还应当考虑到，思维科学是一门复杂的综合交叉的科学，它必将在与相关学科的交互作用的过程中得到发展。

2. 人文科学、社会科学的发展必将促进思维科学的进步

人文科学中的哲学、美学、逻辑学、文学艺术等和社会科学中的语言学等的发展，必将促进思维科学的深入前进。同时，中国传统文化研究的深入，也必将促进思维科学的深化、细化。

3. 自然科学的发展也将促进思维科学的前进

自然科学中的神经生理学、脑科学、心理学等学科的发展，必将促进思维科学更加具有现代科学的内容，因而也必将更加深入、前进。

4. 交叉科学的发展必将推动思维科学的不断前进

交叉科学包括边缘学科、横断学科和综合学科，其中很多内容属于复杂性科学的范畴。交叉科学的发展，必将促使思维科学在吸纳其理论、方法的基础上和过程中得到更广泛、更深入、更高层次的发展。

5. 技术科学的发展必将促进思维科学更加深化、细化

综合集成法、科学方法论、情报学、数理语言学、结构语言学、模式识别等技术科学的发展，也必将促进思维科学更加深化、细化，从而更加深入、前进。

6. 工程技术的发展必将推动思维科学的进步

综合集成研讨厅体系、大成智慧工程、密码技术、计算机软件工程、情报资料库技术、文字学、计算机模拟技术、智能计算机等工程技术的发展，也必将促进思维科学更加深化、细化，同时，也使思维科学更具有实

践性和可操作性，从而也更加促进思维科学为人类服务。

（二）马克思主义哲学的发展对思维科学的引领作用

马克思主义哲学指导思维科学。马克思主义哲学的发展，必将更加发挥它对思维科学的引领作用。21世纪马克思主义哲学的发展，就它与思维科学的辩证互动的关系来看，将可能在4个方面显示更加突出的亮点：

一是把认识主体当做认识对象来研究。古代哲学主要研究客观世界，近代哲学研究主体与客体的关系（主要是主客二分），马克思主义哲学在研究客体与主体、实践与认识矛盾运动的过程中，更加重视对主体自身的研究。马克思主义哲学发展到现代形态，把认识主体也当作认识对象来研究，这样使马克思主义哲学进入到新的阶段。这就使思维科学的研究进入到新的领域并提高到新的层次。

二是人学的研究。马克思主义哲学从总体上研究人的起源、人的本质、人的发展规律、人的社会功能等方面。这就使思维科学的研究深入到思维主体自身的广泛领域，并有助于揭示人的思维的深层的本质和规律。

三是美学的研究。马克思主义哲学研究美的内涵、美的本质、美的创造、审美规律、美的社会功能等内容。这就促使思维科学的研究更加深入到真、善、美辩证统一的更深层次，特别是有助于深入揭示形象思维的本质和规律。

四是文化哲学的研究。马克思主义哲学研究文化的起源、文化的形态、文化的特点、文化的本质、文化发展的规律、文化的社会功能、研究文化的方法论等内容。这就使思维科学的研究有了更坚实的文化基础，并且深入到文化领域的诸多方面探讨文化与思维的辩证互动的复杂关系，从而能够更深入地揭示思维的特点、本质与规律。

马克思主义哲学研究的上述内容，必将更加广泛、深入地引领思维科学的发展，从而促使思维科学具有更高的理论水平而成为21世纪的显学。

（三）思维科学自身的深入、前进

思维科学本身就是一门综合的、交叉型的学科。它在发展过程中，会在与日益发展的各门学科，诸如哲学、文学、艺术、文化学、生理学、脑科学、心理学、计算机科学（特别是人工智能）等学科的交叉、融合中发展成为日益显要的学科。例如，思维科学与哲学的交叉、融合（我们这里所说的哲学，主要是就马克思主义哲学来说的），一方面，思维科学要接受马克思主义哲学理论思维的指导，另一方面，思维科学的发展，又会为马克思主义哲学的丰富、深化和发展提供日益增多的思想素材。再如，思维科学与文学、艺术、文化学等学科的交叉、融合，一方面，思维科学将会从这些学科的丰富而深刻的思想宝库中汲取营养而发展自己，另一方面，思维科学的发展又反转过来对这些学科在整合、融通的意义上更好地向前发展。至于思维科学与生理学、脑科学、心理学、计算机科学（特别是人工智能）的交叉、融合，一方面，思维科学将从这些学科的发展成果中汲取营养而丰富、深化、发展自己，另一方面，思维科学也将对这些学科的成果进行整合、融通，从而能够促进这些学科在交叉、融合的过程中更好地发展起来。

可见，思维科学是一门开放的复杂巨系统的科学，它在与各门学科的交叉、融通中会发展成为一门显要的学科。

在与人文科学、社会科学、自然科学、交叉科学、技术科学和工程技术交互作用的过程中，思维科学必将吸取这些科学、技术的最新成果和方法精华，而使自身与时俱进地得到更广泛、更深入的发展。尤其是思维科学的基础学科——思维学将会获得更广泛、更深入的发展。逻辑思维、形象思维、灵感思维、社会思维、模糊思维、战略思维、创新思维、辩证思维将在不断总结社会实践的新鲜经验的基础上和吸取相关学科的最新成果的过程中，得到更广泛、更深入的发展。

同时，在与马克思主义哲学交互作用的过程中，一方面，思维科学接受马克思主义哲学的立场、观点、方法的指导，使其自身的发展眼界更加高远，考虑问题会更加高屋建瓴，能够从马克思主义哲学与思维科学交叉互动的高度和角度来谋划思维科学自身的发展。另一方面，在马克思主义哲学的指导下，思维科学能够从更高层次上吸纳相关学科的理论成果和方法精华，更深入地发展自身的学科。这两方面的综合作用，必将使思维科学日益成为21世纪的显学。

（四）思维科学研究队伍的壮大

思维科学研究队伍的日益壮大，使思维科学成为显要学科具有现实基础和不竭动力。思维科学的研究队伍，就世界范围来看，已经相当可观。就中国来看，形势更加喜人。一方面，有长期从事思维科学教学和研究的成就卓著的老年、中年专家，另一方面，也涌现了一批又一批风华正茂的青年才俊。就老年、中年专家队伍来看，他们学养丰厚，功底扎实，成果丰硕，建树多多。他们对思维科学的基础学科——思维学作了长期的、有成就的研究，也对思维科学的技术科学和应用技术（工程技术）作了大量的研究工作，正在推进着思维科学的发展。更为可喜的是一大批年轻新秀脱颖而出，崭露头角，他们特别重视对思维科学中非理性因素的研究。而他们的研究是在坚持理性与非理性辩证统一的基础上进行的，是在坚持理性指导的前提下开展对思维科学中非理性因素的研究的。这表明，这些学术新秀的研究工作方向正确，重点深入，他们正在成为思维科学研究队伍中大有作为的一代学人。在这些老年、中年专家的带动下，在青年才俊奋力建树的过程中，思维科学肯定会有更大、更新的发展，而日益成为显要的学科。

（五）思维科学在思维革命中可以大显身手

信息社会是信息革命的社会表现。信息革命的发展趋势是向智能革命过渡。而智能革命又包括相互衔接的两个阶段：初级阶段是知识革命，高级阶段是思维革命。知识革命包括目前已经出现的知识工程、专家系统、知识的综合交叉等以技术工程形态呈现的领域。思维革命则是指揭示人的思维过程的情形、特点、规律和人一机融合、人一网融合等复合智能系统的思维过程的情形、特点、规律等。

思维革命将是人类社会深入发展的一个重要阶段。在这一重要阶段里，思维科学将在其中大显身手。因为思维科学将在与现代科学技术、古今中外的优秀文明成果的交融、整合的过程中，在大成智慧学逐步实现的过程里，由信息向知识再向智慧的发展，集大成，得智慧。在这一历史过程中，思维科学将在更广、更深、更高的层次上发挥着前所未有的巨大作用。而且，由于大成智慧教育的逐步实现，各类创新人才相继成批涌现，形成了群星灿烂、人才辈出的喜人局面。这样，思维科学将在这样的历史进程中日益显示出巨大的威力。更何况，思维科学也是一种开放的复杂巨系统，它在这样的历史进程中将不断地反映客观世界、社会实践，以及与各门科学的交叉、融合的过程里使自身得到不断地丰富、深化和发展，从而使其在思维革命的过程中大显身手提供了现实可能和力量源泉。

二　马克思主义哲学的发展前景

21 世纪，马克思主义哲学发展的前景是光明的。就与思维学发展的相关角度来考察，21 世纪，马克思主义哲学的发展具有如下的内容和特点。

（一）科学发展的新趋势

20 世纪，科学技术的发展，呈现出 4 个基本特点：

一是科学技术的加速度发展

表现在基础研究的突破期大大缩短，从基础研究到开发应用的周期明显加快，科学技术的应用效果空前巨大，科学知识的积累出现了按指数增长的发展趋势。

二是科学既高度分化又高度综合，出现了以综合为主的整体化趋势

表现在交叉科学如系统科学、复杂性科学等发展过程中的整体化趋向。

三是科学技术化，技术科学化

经过近代以来的三次科学技术革命，特别是 20 世纪中叶出现的科学技术革命群，使科学与技术相互渗透，交互作用，快速转化，辩证发展，使整个社会形成了以“科学—技术—生产”为主要模式的运行机制，同时为人们研究与处置社会实践与思维过程的辩证互动关系提供了智慧的启迪和现实的手段。

四是智力的放大和脑力劳动的部分解放

近代以来的科学技术的发展，主要是解放人的体力劳动。20 世纪中叶以来计算机特别是人工智能的发展，使人类社会出现了智力的放大和脑力劳动的部分解放的新特点。

21 世纪，科学技术的发展，上述科学技术发展的特点将继续发挥作用，还将出现一些新的发展趋势，这主要表现在下列 3 个方面。

1. 四“理”的联系和综合

所谓四“理”，是指物理、事理、人理和心理。本来，四“理”是研究各自领域特殊规律的道理的学问。但是，我们在辩证唯物主义和历史唯物主义的基础上，即在承认物质决定精神、社会存在决定社会意识的基础

上，遵循唯物辩证法的基本要求，又承认精神对物质、社会意识对社会存在的巨大反作用，以及精神领域、社会意识领域各个组成部分之间的复杂的交互作用。因此，在研究四“理”的辩证关系时，一方面，肯定物理、事理、人理、心理的各自领域的矛盾特殊性，另一方面，又承认这四大领域之间存在着若干联系和某种共性，因而可以交叉渗透而实施辩证综合。

正是在这样的理论前提下，从新世纪科学发展新趋势的角度，我们来探讨物理、整理、人理、心理的各自内涵及其相互联系和可能走向新的综合。

所谓物理，主要是指自然界事物的道理。它研究物质世界自身内部各种事物及其相互关系的情形、特点、关系、本质、规律和功能等诸多方面。它不限于通常所说的物理学所研究的物理，而是指广义物理学所研究的物质运动的道理，包括物理学、化学、天文学、地质学以及地理学和气象学中的自然因素（这两类学科还有人为因素的作用）作用过程中等学科所研究的物质运动的道理。至于在生命科学、脑科学、心理学、思维科学、社会科学、人文科学等领域所研究的内容中，虽然也包括物理运动的过程和规律，但那只是低级形态的运动过程和规律，处于次要和服从的地位，这些领域中各有其自身特殊的运动过程和规律。

什么叫事理？简略地说就是办事的道理。事理研究的是人们在认识客观世界（包括自然界和社会）的过程中，如何去改造世界的规律和道理。至于在对主观世界的认识和改造的过程中，也存在着事理研究的课题，但那是在与客观世界交互作用的大前提和总过程中应当考察的问题。

所谓人理，就是指做人的道理和人事的道理。做人的道理是指人作为社会的组成成员，他应该怎样做人，应该怎样对他人、对社会作出具有积极意义的贡献。例如，作为个人如何做人，应该做到立志成才，好学上进，勤奋努力，艰苦奋斗，勇于探索，努力创新等。作为个人对集体、对社会，应该做到爱祖国，爱人民，爱劳动，爱科学，爱护公共财物，爱护生态环境，爱共产党，爱岗敬业，乐于助人，奉献社会，“苟利国家生死以，岂因祸福避趋之”。同时，要吸取中国古代文化和外国文化中关于如何做人的好的思想，加以发扬，并提高到新的层次上来。

人事的道理是指社会、群体如何从有利于整个社会的全局利益和长远发展考虑，去正确处理社会、群体与个人关系的问题。例如，集体和社会应当尊重人，了解人，关心人，爱护人，尊重知识，尊重人才，尊重劳动，尊重创造，使人尽其才，才尽其用，并且为人的成长和人才发挥作用特别是创新、创造的作用，尽可能提供优越的或较好的工作条件、社会环境、物质待遇等。

上述两个方面即做人的道理与人事的道理的辩证结合，才是完整意义上的科学的人理。

人们对于心理的研究，国内外的文献可以车载斗量。《中国大百科全书》（哲学卷II）认为："心理（mind）。高度有组织的物质脑的特性，主体对客体的反映，它是通过感觉、知觉、表象、记忆、想象、思维、感情和意志等多样的形式表现出来的。"①《马克思主义哲学全书》指出："心理，作为客观事物在脑中的反映，是感觉、知觉、记忆、思维、情感、意志及能力、气质、性格等心理现象的总称。"② 这两种关于"心理"的界定，各有优长，而且都是在坚持辩证唯物主义反映论的基础上所作出的界说。笔者同意这些观点，特别是第一种看法。

研究四"理"的相互关系，应当遵循辩证唯物主义和历史唯物主义的立场、观点、方法，并结合四"理"之间的辩证关系来进行探讨。

首先，应当考察"物理"与"心理"的关系。

列宁在坚持辩证唯物主义反映论的基础上，深刻地揭示了物理的东西与心理的东西的辩证关系。他指出："物理的东西不依赖于我们的意识而存在，感觉是按一定方式组成的物质的机能。"③"物、世界、环境是不依赖于我们而存在的。我们的感觉、我们的意识只是外部世界的映象。"④"（1）物理世界是不依赖于人的意识而存在的，它在人出现以前、在任何'人们的经验'产生以前早就存在；（2）心理的东西、意识等等是物质（即物理的东西）的最高产物，是叫作人脑的这样一块特别复杂的物质的机能。"⑤ 当然，心理的东西对物理的东西具有能动的反作用。

其次，应当研究"事理"与"人理"的相关关系。

事理是指办事的道理，即应当在符合客观事物的自然规律和社会规律的基础上，充分发挥人的主观能动性，把事情办好。人理是指做人的道理

① 《中国大百科全书》（哲学卷II），中国大百科全书出版社1987年版，第1010页。
② 李淮春主编：《马克思主义哲学全书》，中国人民大学出版社1996年版，第752页。
③ 《列宁选集》第2卷，人民出版社2012年版，第59页。
④ 同上书，第66页。
⑤ 同上书，第170页。

和人事的道理。人理应当以事理为基础，同时给事物以一定的影响，特别是积极的有益的影响。

最后，研究四“理”的相互关系，应当在坚持物质决定意识、社会存在决定社会意识这一辩证唯物主义和历史唯物主义的基本前提下，同时应用唯物辩证法来加以考察。既应考虑到这四个“理”各自领域的特殊性，又应注意到它们之间存在着的辩证关系。在此基础上和动态过程中，把握特殊性与普遍性、个性与共性的辩证关系，从而实现辩证的综合，进而推进科学研究的综合创新和培养综合交叉的创造型人才。

2. 四“和”的交叉与协调

所谓四“和“，是指人与自然的和谐、人与人的和谐、人与社会的和谐、人的身与心的和谐。这四种“和谐”各有自己特定的内容和规律，但它们之间又存在着交叉渗透与综合协调的关系。这也是21世纪科学发展的又一新趋势。

人与自然的和谐，其实现的过程经历了一个辩证发展的否定之否定的演变过程。在古代，人们比较多地受制于自然，在相当大的程度上成为自然奴役的对象。到了近代工业文明以来，人们比较多地强调认识自然、征服自然、改造自然，使自然成为人们征服的对象，结果造成了资源枯竭、环境污染、生态失衡、疾病丛生，直接威胁到人类自身的生存和发展。近几十年来，特别是最近20多年来，人们从自身实践的过程中面对现实，反思过去，展望将来，才省悟到应当认识自然、利用自然、改造自然、保护自然，实施可持续发展，以实现人与自然的新的和谐。这是一种否定之否定的辩证发展过程，是人们认识人与自然的关系上的一次重大飞跃。

人与人的和谐，其前提和基础是遵守做人的道理，特别是人际关系的道理。比如，关心他人，乐于助人，尊老爱幼，互相尊重，互相关心，互相爱护，救人急难，济困扶危，诚实守信，保护隐私，等等。全国道德模范的善行壮举，为整个社会树立了处理人际关系的杰出典范。

同时，对中国古代文化和外国文化中处理人际关系的道德信条也应当批判地吸收。人与人的和谐，是在真、善、美相统一的基础上的内在要求和高层规范。这种人与人的和谐，应当有利于人与自然的和谐、人与社会的和谐、人的身与心的和谐，从而促进整个社会的进步和人的自身的发展。

人与社会的和谐，主要有两方面的内容。一方面，作为个人和群体，应当遵循做人的道理和道德的规范，以及社会的条律、条例、法律、制度等，对社会作出积极的奉献。他们奉献于社会的（包括物质上的和精神上的）部分应当大于从社会索取回来的部分，这是一切社会进步最基础的源泉。另一方面，作为社会，应当充分地尊重人，理解人，关心人，爱护人，尊重知识，尊重人才，尊重劳动，尊重创造，使人们能够各得其所，各展所长。同时，为人们的成长和发展不断地创造出较好的物质条件、精神条件和社会环境。

人与社会的和谐，在历史上经历了一个曲折发展的过程。只有到社会主义社会，人们才从真正意义上获得了解放，从而从人与社会、社会与人两个方面的协同作用中较好地实现了人与社会的和谐。经过社会主义初级阶段和社会主义发达阶段的发展，将来过渡到共产主义社会，人与社会的和谐才达到历史上崭新阶段和最高层次。那时，人们将获得自由的、全面的发展，社会为人的发展提供最优越的条件。

人的身与心的和谐是一种复杂的、辩证的发展过程。人体系统是由生理因素、心理因素、精神因素（精神因素比心理因素更广泛、更复杂）、社会因素复杂的交互作用而形成的复杂的、动态的网络系统。人应当通过人与自然的和谐、人与人和和谐、人与社会的和谐、人的身与心的和谐之间的协调，才能获得健康和发展。在人的身与心的和谐中，应当特别重视心的作用。因为心是人的精神世界，包括世界观、人生观、价值观、科学观、审美观、知识结构、认识方法、思维方式等内容。身是人体系统的物质基础，心是人的精神世界，在身的物质基础上，心对人的发展起着导向和决定的作用。

上述四种和谐之间存在着复杂的辩证关系。

首先，人与自然和和谐，是人与人和谐、人与社会的和谐、人的身与心的和谐的前提。人来自自然又高于自然，有了人从事物质生产、精神生产以及人类自身的生产，才形成了人类社会。在人类社会中，才产生了人与人的关系、人与社会的关系以及人的身与心的关系。因此，人与自然的和谐，是实现其他三种和谐的前提。

其次，人与人的和谐、人与社会的和谐是关键。这是因为，一方面，只有实现人与人的和谐、人与社会的和谐，才能真正地、科学地实现人与自然的和谐。另一方面，只有实现了人与人的和谐、人与社会的和谐，才能更好地实现人的身与心的和谐。

最后，人的身与心的和谐是基础。若就个人对群体、对社会、对自然的角度考察，那么，人的身与心的和谐，则可以为实现其他三种和谐提供社会中个体的基础。若就群体对社会、对自然的角度，那么，人的身与心的和谐，也是实现其他两种和谐的基础。而且，群体的身与心的和谐，对个体的身与心的和谐，也有重要的影响。

这四种和谐的交叉和协调，体现了科学发展的新趋势。这种新趋势，为人们的科学研究、思维方式、人才培养乃至治国方略都展现了新的领域，提供了新的启示。

3. 人文科学、社会科学更加显示出突出的重要作用

在21世纪，人文科学（包括哲学、文学、史学等等）、社会科学（经济学、政治学、法学、教育学、社会学、行政学、新闻学、管理学、语言学等）将发挥更加突出的重要作用。这是由于当今社会实践的需要和可能。当今的社会实践是在大自然观、大科学观、大实践观指导下的实践，这种实践过程是由实践对象、实践主体和实践的中介系统所构成的复杂的动态网络系统。认识和处置这样的复杂的动态网络系统，需要综合运用现代科学特别是人文科学、社会科学的理论、知识和方法等。而且，当今的社会实践所体现的复杂的动态网络系统的特性更为明显，这就使得人们更有可能综合运用现代科学特别是人文科学、社会科学的理论、知识和方法等，以解决社会实践过程中种种复杂的问题。

同时，在21世纪里人文科学、社会科学将发挥更加突出的重要作用，还由于人们认识的需要和可能，在新的实践过程中，人们认识到，社会实践和科学发展更需要自然科学与人文科学、社会科学的交融、综合，特别是要发挥人文科学、社会科学的积极作用。马克思、列宁、蔡元培、M. 普朗克、毛泽东、I. 普里高津等人在这方面有着丰富、深刻的论述。江泽民同志从2001年到2002年，连续三次发表了关于重视和繁荣哲学社会科学的重要讲话。其中，2002年4月28日，在与中国人民大学师生座谈时，指出："哲学社会科学，主要是帮助人们解决世界观、人生观、价值观，解决理论认识和科学思维，解决对社会发展、社会管理规律的认识和运用的科学。掌握必备的哲学社会科学知识，对于人们正确认识纷繁复杂的社会现象，提高道德素养和精神境界是十分重要的，对于今天领导干部特别是高级干部学会讲政治、懂全局、驾驭复杂形势、研究战略策略、

提高领导水平更是十分重要的。"[①] 江泽民同志的讲话，高屋建瓴，综观全局，系统地、深刻地阐述了哲学社会科学的科学内涵与伟大作用。这在科学发展史上，在社会发展的总进程中，突出地强调了人文科学、社会科学在当今时代科学发展中的崭新趋势和社会功能，表明了人们对人文科学、社会科学在当今社会实践中的历史地位和伟大作用的认识达到了前所未有的新的高度。胡锦涛同志多次指出：学习马克思主义，用发展着的马克思主义特别是中国特色的社会主义理论体系指导中国特色社会主义的伟大实践；在马克思主义指导下，繁荣发展哲学社会科学；开展马克思主义理论与建设工程，总结中国和世界当今社会实践的新鲜经验，丰富、深化、发展马克思主义的哲学社会科学。

同时，更应当看到，正是在这种崭新趋势的推动之下，现在世界各国的高等教育，都特别重视并加强人文科学、社会科学的教育和研究。I. 普里高津等人发起成立欧洲重建社会科学委员会，认为高等教育光重视自然科学、工程技术的教育，培养技术理性主义的人才是不够的，应当加强社会科学的教育，培养文理交叉的复合型人才。这种趋势在美国、日本等资本主义国家也有展现。

不仅如此，而且在当今社会实践和科学发展的条件下，高度重视并充分发挥人文科学、社会科学的积极作用也有了现实可能性。这是因为，一方面，当今社会实践和科学发展的进程使人文科学、社会科学更深入地、更综合地运用于社会实践和科学发展的研究过程之中更有可能。另一方面，在当今社会实践和科学发展的条件下，人文科学、社会科学也更有可能直接渗入、参与、指导、融贯于社会实践和科学发展的过程之中。这样，人文科学、社会科学不仅在这种实践的过程中发挥积极的作用，而且在接受实践检验的同时，可以获得更综合、更高层、更深入的发展。

（二）21 世纪马克思主义哲学发展的内容

在 21 世纪，由于社会实践、科学技术和各种理论的迅猛发展，由于国际间的学术交流与文化竞秀、融合趋势的深入前进，因此，马克思主义哲学将在唯物论、辩证法、认识论、唯物史观以及部门哲学等方面都会出现新的丰富、深化和发展。

---

① 江泽民：《在考察中国人民大学时的讲话（摘录）》，《高校理论战线》2002 年第 5 期。

1. 唯物论

由于现代科学特别是物理学、天文学、地学、化学、生命科学、神经生理学、脑科学、系统科学和复杂性科学的发展，极大地促进了唯物论研究的深入、前进。现代科学从宏观和微观等方面揭示了客观物质世界矛盾运动的情形、特点、关系、本质、规律和功能，并且这种研究有了新的高度、新的深度、新的复杂性意义上的发展，将为唯物论的发展提供了丰厚的思想素材和现代科学的基础。

2. 辩证法

由于当代社会实践发展的复杂性、曲折性和前进性将会出现新的情形、特点和规律，同时，由于现代科学技术的发展将更会形成多样性的统一，更加突出了改造世界的方法论功能，而且，各种先进的科学理论和人文科学、社会科学中进步理论的发展更趋向于成为马克思主义哲学体系的新内容，乃至更有利于上升到唯物辩证法理论内容的新高度、新深度。因此，在21世纪，唯物辩证法将会出现新的发展。

这种新的发展，不仅在唯物辩证法的基本理论方面将会达到新的高度、新的深度，而且很可能提炼、概括出一批新的范畴，丰富、深化、发展唯物辩证法的基本内容。这些新范畴诸如物质与信息、系统与环境、结构与功能、简单与复杂、多样性与统一性、随机性与确定性、自然与人等。同时，在21世纪，由于思维科学将会出现重大的发展，特别是思维学诸种思维方式的深入、前进及其复杂的交互作用，现代科学尤其是人文科学、社会科学的思维方式将会出现重大的进步。因此，辩证思维也将会出现重大的发展。

3. 认识论

当代社会实践的发展和现代科学的进步以及各种当代社会思潮的相互激荡，一方面，从当代社会实践和人类认识发展的总进程中使认识论问题更加突出，进入到把认识主体也当作认识对象的新阶段；另一方面，当代社会实践的发展、现代科学的进步以及人类认识历史进程的内在逻辑，又有助于人们更为全面地、深入地探讨认识论领域的前沿问题的各个方面，从而使认识论的发展达到新的高度、新的深度。

4. 唯物史观

当代社会实践的发展，更加凸显了社会存在与社会意识的复杂的交互作用。特别是更加突出了生产力与生产关系、经济基础与上层建筑这一社会基本矛盾的复杂的交互作用。同时，在社会发展的动力学系统中，更加突出了社会基本矛盾和人民群众创造世界历史的伟大作用。而且，空间并存的民族独立国家、资本主义国家、社会主义国家之间的复杂交往，反映了时间上先后相继的不同的社会形态之间复杂的交互作用。正是由于这些情况以及其他更多的复杂情况，在21世纪，唯物史观将会出现新的重大的发展。这种重大的发展，不仅表现在社会基本矛盾理论，社会形态学说，人民群众创造世界历史的伟大作用的理论等方面将会出现新的发展，而且在社会主义、共产主义的思想理论、现实运动、社会制度等方面也将会出现新的丰富、深化和发展。同时，在社会历史的发展规律的曲折性与前进性、偶然性与必然性等的研究方面，在对社会主义建设规律、共产党执政规律，在对这些领域的客观规律与指导规律的研究方面，都将会出现新的重大的发展。

在21世纪，马克思主义哲学不仅在基础理论方面将会出现上述一系列重大的发展，而且在部门哲学或应用哲学方面也将会出现新的重大的发展。这些部门哲学或应用哲学包括经济哲学、政治哲学、法哲学、文化哲学、科学哲学、人的哲学、管理哲学、领导哲学等方面。其中文化哲学、科学哲学尤为学界所普遍重视，我们将对这两个方面进行简略的考察。

5. 文化哲学

文化哲学不仅要研究文化的起源、内涵、结构与功能，而且着重研究文化发展的规律和指导文化发展的规律。就文化发展规律的研究来说，文化与经济、政治交互作用的发展规律、古代文化与现代文化彼此贯通的发展规律、先进文化与落后文化、腐朽文化相互斗争的发展规律、民族文化与世界文化辩证互动的发展规律等，这些都是要着重研究的内容。就指导文化发展的规律的研究来说，“二为”方向与文化发展的指导规律“双百”方针与文化发展的指导规律等，这些更是文化哲学应予着重研究的内容。在这些文化发展规律的指导下，遵循文化发展的内在规律，我们应当以科学的理论武装人，以正确的舆论引导人，以高尚的精神塑造人，以优秀的作品鼓舞人，高扬主旋律，提倡多样化，建设面向现代化、面向世界、面向未来的，民族的科学的大众的社会主义新文化，实施文化大发展、大繁荣、文化走出去的伟大战略，承担建设社会主义文化强国的历史任务，并对世界文化的发展作出辉煌的贡献。

6. 科学哲学

我们这里所说的科学哲学，是指马克思主义哲学指导下的科学哲学，是马克思主义哲学的一门分支学科。它不同于西方的科学哲学。虽然这两者都对科学发展的规律进行研究，但是，马克思主义哲学指导下的科学哲学跟西方的科学哲学相比，有三点明显的区别。

首先，是否以唯物论为基础。

马克思主义哲学指导下的科学哲学认为，科学是揭示客观物质世界的本质与规律的理性认识的知识体系，是以唯物论为基础的。而西方的科学哲学不考虑科学发生、发展的唯物论基础，只考察科学发展的认识过程。所以，西方的科学哲学也叫作认识论主义。

其次，是否自觉地运用唯物辩证法。

马克思主义哲学指导下的科学哲学，自觉地运用唯物辩证法来研究科学发生的客观基础，科学发展过程的内在规律，科学与社会复杂的交互作用，科学与其他社会意识形态的辩证互动关系等。而西方的科学哲学，无论是逻辑主义模型中的演绎主义、约定论和归纳主义，还是历史主义模型中的T. S. 库恩和P. 费耶阿本德的多元主义、I. 拉卡托斯的合理性理论、D. 夏佩尔的关联主义，都未能自觉地运用唯物辩证法来研究科学发展的认识过程。当然，历史主义模型比起逻辑主义模型来，在考察科学发展的认识问题的过程中，有较多的辩证法因素，而且，强历史主义比起弱历史主义来，更多地揭示了科学发展的认识过程的辩证性。但是，从总体上看来，西方的科学哲学并未达到自觉地运用唯物辩证法的理论高度。

最后，是否自觉地考察科学与社会的辩证互动关系。

马克思主义哲学指导下的科学哲学自觉地运用历史唯物主义研究科学与社会的辩证互动关系。一方面，认为科学系统是整个社会复杂的动态网络系统的重要组成部分；另一方面，认为科学对社会具有重要的、复杂的作用。而西方的科学哲学并未在历史唯物主义的指导下自觉地研究科学与社会的辩证互动关系，而只是曲折地反映了科学与社会的辩证互动关系。

当然，近30多年来，随着西方学术界对科学、技术、经济与社会等复杂关系研究的开展，特别是由于复杂性探索的不断深入，西方的科学哲学已开始注意科学与社会相互关系的研究，但也未达到历史唯物主义所要求的理论高度。

总之，我们应当坚持马克思主义哲学指导下的科学哲学的研究，汲取西方科学哲学中的有益成分，作出创造性的研究成果，推动中国乃至世界科学哲学的研究。

（三）马克思主义哲学发展的主要途径

在21世纪，马克思主义哲学将通过哪些途径实现发展呢？概要地说来，主要有下列几种途径。

1. 深入开掘马克思主义哲学的伟大宝库

这就是从马克思主义哲学的本真状态中，原汁原味地来研究马克思主义哲学。这当然要通过文本考证、文献搜求、深入探讨、比较考察等工作来进行研究，但研究的重点应当放在考察马克思主义哲学思想发展的本来面目这一领域，而不附加以任何外来的成分。对于后来各国研究马克思主义哲学的各种见解，既包括马克思主义理论大师，马克思主义哲学工作者的种种见解，也包括其他研究马克思主义哲学的各种见解，首先要看这些见解是否符合马克思主义哲学的本意，特别是是否符合马克思、恩格斯哲学思想的本意，并且考察是否随着时代的发展和实践的进步作出了坚持马克思主义哲学的创造性的发展。只有从源头上了解马克思主义哲学的本来面目，了解马克思主义哲学的历史发展，才能据此结合实践来发展马克思主义哲学，从而实现马克思主义哲学发展的新的飞跃。

2. 认真总结当代社会实践的新鲜经验

马克思主义哲学的伟大生命力就在于理论联系实际地不断向前发展。马克思主义哲学来源于社会实践又指导社会实践，并在接受社会实践检验的过程中，不断地总结社会实践的新鲜经验，经过提炼和升华，不断地丰富、深化、发展自己。

就当代社会实践来看，从中国的角度来说，一是国内的，二是国际的。就国内来说，要认真总结社会主义现代化建设和社会主义改革的实践经验，特别是要认真总结中国特色社会主义理论体系指导下全面建成小康社会、构建社会主义和谐社会、实现中华民族伟大复兴的中国梦这一光辉实践过程中的新鲜经验，作为丰富、深化、发展马克思主义哲学的主要来源。从国际上来看，对社会主义国家和社会主义运动的实践、对第三世界中广大国家和若干地区复杂的社会实践、对资本主义国家的社会实践、对原来的社会主义国家后来改旗易帜的国家的复杂、曲折的社会实践，都应当进行马克思主义的分析和总结，作为丰富、深化、发展马克思主义哲学的重要来源。

3. 综合汲取现代科学的前沿成果

对20世纪科学发展的四个领域、四大特点、七个前沿领域和21世纪科学发展的三大新趋势，都应当进行认真研究并且综合汲取其最新成果，作为丰富、深化、发展马克思主义哲学的思想素材。

4. 正确评析国内外重大思潮及其论争

马克思主义哲学是一种开放的、复杂的动态网络系统，它是在同非马克思主义、反马克思主义哲学思潮相比较、相斗争的过程中而得到发展的。在21世纪，马克思主义哲学要能获得飞跃式的发展，其中一个重要途径就是要对国内外重大思潮及其论争进行正确的评析。通过评析，对一些流派或思潮战而胜之，对另一些流派或思潮采取批判吸收的态度。同时，通过正确的评析，也是寻求发展自己的理论思维的重要的精神条件之一。

（四）实现马克思主义哲学发展的基本方法

实现马克思主义哲学发展的基本方法是唯物辩证法。在当今社会实践、现代科学和理论思维的条件下，应当将唯物辩证法和现代科学（含自然科学、人文科学、社会科学、交叉科学、技术科学等）的认识方法综合交叉、协同优化，作为马克思主义哲学发展的基本方法。就其要者而言，下列几种基本方法似可作为首选。

1. 综合创新方法

这种方法是20世纪30年代由张岱年教授首先提出来的，其重点是研究文化的综合创新。到了80年代，在新的“文化热”的推动之下，张岱年教授又多次重申并且大大发展了他的综合创新的方法论。

我们在考察21世纪马克思主义哲学发展的基本方法的问题上，可以辩证地吸收综合创新的方法论，作为发展马克思主义哲学的基本方法。因为文化与哲学在内容上本来就有内在贯通之处，在方法论上唯物辩证法与综合创新论又彼此一致。

马克思主义哲学的综合创新，应与在上述四个途径的探索过程中，同时注意对中国传统哲学的批判继承和对外国哲学思想的有分析的吸收，在马克思主义哲学的指导下，创造出具有时代精神的马克思主义哲学的新形态。这种新形态的马克思主义哲学，既是对马克思主义哲学的基本立场、观点和方法的坚持，又是对马克思主义哲学在新的时代条件、社会实践和科学基础上的丰富、深化与发展。

2. 网络集成方法

笔者提出这种发展马克思主义哲学的基本方法，一方面，是受钱学森院士所主张的综合集成法的启示，另一方面，也是现代科学中复杂的动态网络系统之前沿成果而融通之后的一种看法。运用网络集成方法，一方面，应当坚持唯物辩证法的认识方法与思维方式。另一方面，又应当积极采用现代科学（含自然科学、人文科学、社会科学、交叉科学、技术科学等）的认识方法与思维方式，并把这两类认识方法与思维方式综合集成起来，形成认识方法与思维方式的复杂的动态网络系统，用以处置马克思主义哲学发展过程中的种种复杂的问题，从而逐步实现马克思主义哲学的新发展。

三　思维科学与马克思主义哲学在交互作用中辩证前进

思维科学与马克思主义哲学在交互作用的过程中，彼此促进，实现两者的辩证前进。这主要表现在下列的两个方面。

（一）马克思主义哲学指导思维科学的发展

马克思主义哲学从世界观与方法论之辩证统一指导着思维科学的发展。

1. 从必要性来看

从思维科学自身的性质和方式特点来看，需要有马克思主义哲学作为指导。

首先，从思维科学的学科性质来考察。

思维科学是一门综合交叉的复杂性科学，迫切需要马克思主义哲学的指导。因为思维科学与多学科综合交叉，形成一门整体优化的综合学科，所以，必须用马克思主义哲学作为世界和方法论的指导。

其次，从思维方式来看。

思维科学要对各种相关学科进行辩证综合和理论思维，要将多种思维方式组成复杂的动态网络系统，必须用马克思主义哲学作为世界观和方法论，来认识和处置辩证的思维过程和思维方式之间的复杂的交互作用及其所内蕴的思维规律。

2. 从可能性来看

这要从马克思主义哲学的学科性质和辩证思维的方法论特点来考察。

首先，从马克思主义哲学的学科性质来看。

马克思主义哲学是关于自然、社会和人类思维的最一般规律的学说，是人类知识体系的复杂的动态网络系统的最高层次，是人类最高智慧的结晶。而思维科学虽然是一门综合交叉的复杂性科学，但其所涉及学科的广度、深度和高度尚不及马克思主义哲学所能达到的智慧水平。所以马克思主义哲学能够从世界观和方法论的高度和角度指导思维科学的发展。而且，从特殊与一般的方法论方面来考察，马克思主义哲学是研究自然、社会和人类思维的最一般规律的学说，而思维科学虽然较之各门具体科学已属综合交叉的一般性科学，但与马克思主义哲学这种最一般的学说比较起来，它仍然是研究特殊领域（人类思维）的特殊规律的一门学科。根据一般与特殊的方法论原理：一般指导特殊，特殊体现、丰富、深化一般，所以马克思主义哲学能够指导思维科学的发展。

其次，从辩证思维的方法论特点来看。

马克思主义哲学既是一种正确的世界观，也是一种根本的、科学的方法论体系，这集中表现为辩证的认识方法和思维方式。诸如个别与一般、分析与综合、归纳与演绎、抽象与具体、有限与无限、逻辑的东西与历史的东西相一致等辩证的认识方法和思维方式。这些认识方法和思维方式相互渗透，彼此交叉，形成了具有内在联系的、辩证的认识方法与思维方式的科学系统。而思维科学关于人的思维过程和思维方式的思想，无不体现了辩证思维的过程和方法。因而，马克思主义哲学能够指导思维科学的发展。

（二）思维科学可以丰富、深化、发展马克思主义哲学

思维科学的各个层次及其总体成果可以丰富、深化、发展马克思主义哲学。具体说来，表现在下列几个方面。

1. 思维科学的基础科学——思维学对马克思主义哲学的丰富、深化与发展

思维科学的基础科学——思维学对马克思主义哲学的丰富、深化与发展，主要是通过下列几条途径实现的。

首先，从思维科学的学科地位来看。

思维科学与相关学科——自然科学、人文科学（其中，哲学与思维科学的交互作用另作探讨）、社会科学、交叉科学、技术科学等的综合交叉，可以使相关学科及其与思维科学综合交叉的理论成果、方法体系等内容，作为丰富、深化、发展马克思主义哲学的最新途径之一，为丰富、深化、发展马克思主义哲学从若干方面提供最新的思想素材。而且，思维科学的最新成果特别是思维学的最新成果，通过连接思维科学与马克思主义哲学的认识论这座桥梁丰富、深化、发展马克思主义哲学。

其次，从思维方式的交互作用来看。

思维科学的诸多思维方式的综合作用通过丰富、深化、发展辩证思维这条途径来丰富、深化、发展马克思主义哲学。思维科学的思维方式多种多样，而且组成为复杂的动态网络系统。其中，逻辑思维、形象思维、灵感思维、社会思维、创新思维（从一定意义上——原始性创新原发性创新可以等价于创造性思维）、模糊思维等，对辩证思维的丰富、深化、发展具有极其重要的贡献，尤其是形象思维、灵感思维和创新思维对辩证思维的丰富、深化、发展具有独特的作用。而且，诸种思维方式所组成的复杂的、动态的思维网络系统，对丰富、深化、发展辩证综合和理论思维也具有巨大的促进作用。通过以上这些方面的综合作用，可以看出思维科学的基础科学——思维学对马克思主义哲学的丰富、深化、发展起着积极的作用。

最后，从思维科学内部和知识体系中各部分交互作用的关系来看。

思维科学的基础科学——思维学吸纳思维科学的技术科学和思维科学的工程技术的最新成果，并且通过整合、升华，再经过认识论这座桥梁，为马克思主义哲学的丰富、深化与发展提供源源不竭的思想素材。

2. 思维科学的技术科学对马克思主义哲学的丰富、深化与发展

思维科学的技术科学——综合集成法、科学方法论、情报学、数理语言学、结构语言学、模式识别等的最新成果，可以丰富、深化、发展马克思主义哲学。

首先，从科学哲学的层次结构上来看。

从科学哲学的层次结构的观点看来，思维科学的技术科学层次从哲学的应用层次——科学哲学的层次上可以提炼思想成果，为丰富、深化、发展马克思主义哲学提供生生不息的思想素材。

其次，从思维科学与哲学的层次结构上来看。

在人类知识体系的网络结构中，思维科学的技术科学的前沿成果，经过提炼和升华，可以递进到思维科学的基础科学——思维学，再经过思维科学与马克思主义哲学连接的桥梁——认识论，为丰富、深化、发展马克思主义哲学做出贡献。

3. 思维科学的工程技术（工程应用）可以丰富、深化、发展马克思主义哲学

首先，从工程哲学层次上作出贡献。

思维科学的工程技术从工程哲学层次上为丰富、深化、发展马克思主义哲学提供思想素材。思维科学的工程应用包括：综合集成研讨厅体系、大成智慧工程、密码技术、计算机软件工程、情报资料库技术、文字学、计算机模拟技术、智能计算机的研制，等等。思维科学的这些工程技术从工程哲学方面可以提炼出丰富、深化、发展马克思主义哲学的思想素材。

其次，从工程哲学的连通体系上来看。

从思维科学的工程技术提炼而成的工程哲学到思维科学升华而成的科学哲学（含思维科学的技术科学提炼而成的工程哲学和思维科学的基础科学的应用哲学），再通过认识论这座桥梁，丰富、深化、发展马克思主义哲学。

四　思维科学与马克思主义哲学将促进主体综合素质的全面提高

主体是一种怎样的复杂的动态网络系统？思维科学与马克思主义哲学各自对提高主体的综合素质起着什么的作用？它们在交互作用的过程中有着何等的积极意义？本节将对这些问题展开一些探讨。

（一）主体是一种复杂的动态网络系统

马克思指出：“人的本质不是单个人所固有的抽象物，在其现实性

上，它是一切社会关系的总和。"[①] 社会主体——人是一切社会关系的总和，是一种复杂的动态网络系统。

1. 主体结构的四大层次

主体结构包含四大层次，即个体主体、群体主体、社会主体、人类主体。其中，个体主体也不是由单人因素所构成的静态的实体，而是由生理因素、心理因素、精神因素（精神因素包括比心理因素更广泛、更复杂的内容）、社会因素交互作用所形成的复杂的动态网络系统。随着社会实践和主体素质的发展，精神因素、社会因素将起着越来越重要的作用。

个体主体是整个主体的复杂的动态网络系统的细胞，它对整个主体的复杂的动态网络系统起着复杂的作用，它也可以从其他个体主体以至群体主体、社会主体、人类主体方面接受复杂的作用和影响。

群体主体也是一种复杂的动态网络系统，小至一个小组，中至一个单位、一个团体、一个社区，大至一个地区、一个部门以至阶层、阶级等，都是群体主体。群体主体在整个主体的复杂的动态网络系统中，既可以对个体主体发生复杂的交互作用，又可以对社会主体、人类主体发生复杂的交互作用。社会主体既与个体主体、群体主体存在着复杂的关系和交互作用，又与人类主体发生着复杂的交互作用。

社会主体既与个体主体、群体主体存在着复杂的关系和交互作用，又与人类主体发生着复杂的交互作用。

人类主体是主体网络系统中的最高层次，它与个体主体、群体主体、社会主体之间存在着复杂的关系和辩证的交互作用。

在现代社会，群体主体、社会主体将居于重要的地位并发挥着更积极的作用。

在社会主义条件下，应当以马克思主义哲学为指导，按照社会主义、共产主义的理想、要求，结合社会主义各个时期的现实状况，正确处理这四种类型主体之间的辩证关系，使之符合向社会主义发达阶段和共产主义前进的要求。

2. 主体类型的软性划分

如果从主体所承担的社会任务来看，主体又可分为实践主体、认识主体、价值主体和审美主体。这种划分，不同于上述那种意义上的划分，而

① 《马克思恩格斯文集》第1卷，人民出版社2009年版，第505页。

是对实体主体的一种软性划分。从主体的这种软性划分的类型来看，主体应当在这四种角色的复杂的交互作用的过程中实现辩证的统一。这就要求全面提高主体的综合素质，以社会主义、共产主义的自由的、全面发展的新人的要求推动着上述实践主体、认识主体、价值主体、审美主体协同优化的动态发展。

3. 主体功能的复杂性

主体是一种开放的复杂巨系统，它在上述复杂的活动过程中，具有复杂的社会功能。

首先，确定目的功能。

主体所从事的实践活动、认识活动、价值活动、审美活动是一种有目的的行为，而不是一种盲目的行为。主体的目的，经过主体的行动过程，转化为达成预期的客观现实，即算实现了预定的目的。目的实现之后，又根据客观条件的变化和主体发展的新的需要，对新的活动过程确定新的目的，又开始了新的目的—行动—现实的辩证转化过程。这是一种永无止境的、辩证发展的螺旋式上升或波浪式前进的辩证过程。

目的从何而来？马克思主义哲学认为，目的是客观规律在人们头脑中的反映所形成的行动过程的目标。马克思指出：最灵巧的蜜蜂和最蹩脚的建筑师相比，蜜蜂营造蜂房的活动是一种本能的活动，而建筑师在从事建筑活动之前，脑海里就已经有了关于建筑物的完整构想，即观念地存在于劳动过程结束时的结果。[①] 恩格斯认为："人离开动物越远，他们对自然界的影响就越带有经过事前思考的、有计划的、以事先知道的一定目标为取向的行为的特征。"[②] 列宁指出："人的目的是客观世界所产生的，是以它为前提的，——认定它是现存的、实有的。"[③] 又说："外部世界、自然界的规律（这是非常重要的），是人的有目的活动的基础。"[④] 而且，人的主观目的确定之后，就可以通过实践改造世界，又检验主观目的，从而获得客观真理。因此，列宁指出："从主观概念和主观目的到客观真理。"[⑤] 毛泽东认为："做就必须先有人根据客观事实，引出思想道理、意见，提

① 《马克思恩格斯文集》第5卷，人民出版社2009年版，第208页。
② 《马克思恩格斯文集》第9卷，人民出版社2009年版，第558页。
③ 《列宁全集》第55卷，人民出版社1990年版，第159页。
④ 同上书，第157页。
⑤ 同上书，第161页。

出计划、方针、政策、战略、战术、方能做得好。"[①] 人们的实践过程，表现为合规律性与合目的性的辩证统一的过程。

现代科学特别是系统科学和复杂性科学的发展，更加突出了目的在主体活动过程中的重要性，提出了"预决性"（finality）的问题。所谓预决性，是指在一个复杂系统在其运行之前，人们就根据已有的信息和对该系统运行的发展趋势的信息的预期，经过综合评析，把该系统演化过程的优化结果在观念上先提取出来，作为该系统演化过程中的目标，规范和制约该系统的演化过程。当然，在复杂系统的实际运行过程中，人们还应当根据系统内外情况的复杂变化和种种随机因素的正负干扰，作出适时的、必要的调控，以使系统在优化运行过程中向着优化的目标逼近。这种预决性的理论，不仅与马克思主义哲学的上述观点相一致，而且与中国古代文化中"凡事预则立，不预则能废"[②] "行成于思，毁于随"[③]、有志者事竟成、胸有成竹等思想内在贯通。

人的目的一般是由多元化的目标所组成的综合目标体系。对这种综合目标体系中的多元目标，应当做辩证的、具体的分析。在综合目标体系中，有的是战略目标，有的是行动目标；有的是主要目标，有的是次要目标；有的是必须紧急实现的目标，有的是应当争取实现的目标；有的是最优目标，有的是次优目标；等等。在实现上述综合目标体系的过程中、应当辩证分析，把握全局，突出重点，达到动态协同、整体优化的要求。

不同层次的主体，其目的的确定和实现的过程，也是一种复杂的交互作用的过程。个体主体的目的的确定和实现的过程，不仅会受到其他个体主体的目的和群体主体的目的的影响，而且往往以社会主体和人类主体的目的作为前提和基础。当然，个体主体的目的的实现，应当有助于其他个体主体以及群体主体、社会主体乃至人类主体的正当目的的实现。群体主体的目的的实现，也应当有助于推动个体主体、社会主体、人类主体的正当目的的实现。社会主体、人类主体的目的的实现过程，应当推动个体主体、群体主体的正当目的的实现。可见，这四种主体的目的的确定和实现的过程，是一种复杂的交叉作用的辩证发展的过程。因此，应当根据对社

① 《毛泽东选集》第2卷，人民出版社1991年版，第477页。

② 《礼记·中庸》。

③ 韩愈：《进学解》。

会、对人类作出重大贡献的目标，个体主体、群体主体应当自觉地作出自己的贡献，而社会主体、人类主体在自己作出重大贡献的同时，应当为个体主体、群体主体的发展和贡献提供尽可能好的环境与条件。

更应当看到，主体活动的目的不是一成不变、一蹴而就的东西，而是一种复杂的辩证发展的过程。上述四种主体的目的都是一种动态发展的辩证的过程。这表现为不仅有阶段目标、过程目标、总体目标、长远目标之间的辩证互动和复杂变化，而且要根据客观情况的复杂变化和主观状态的种种发展，自觉地调整目标之间的辩证关系，使得主体自身能够既头脑清醒，高瞻远瞩，又脚踏实地，从实际出发，在实现目的动态发展的过程中，才能够自觉主动，及时调控，驾驭全局，稳操胜券。

其次，服务社会的功能。

主体服务社会的功能也是一种复杂的动态网络系统。这首先集中表现在为社会的长远战略目标服务上。就中国来说，这种功能体现在贯彻落实科学发展观，全面建成小康社会，实现中华民族伟大复兴的中国梦，进而由社会主义初级阶段过渡到社会主义发达阶段乃至进入共产主义社会。社会的这些长远战略目标，要求主体为之英勇奋斗，并且一代接一代地努力作出辉煌的业绩。这是实现主体服务社会的最基本的功能。

主体服务社会的功能还表现在为社会的阶段发展目标的服务上。就中国来说，这种功能体现在为社会主义初级阶段的目标，以及由这一阶段发展目标结合社会发展过程之各阶段的实际情况而制定的各个具体阶段的发展目标的服务上。就当前阶段来看，主体应当为贯彻落实科学发展观、全面建成小康社会、实现中华民族伟大复兴的中国梦这一阶段的发展目标服务。正是在为社会的这些大的阶段和具体阶段发展目标服务的过程中，主体服务社会的功能才能得到切实有效的发挥，并作出时代和实践所要求的贡献。

主体服务社会的功能还表现在为社会的全局利益服务的过程之中。社会是由家庭、单位、地区、部门等不同层次的组元构成的。每一个层次的组元都有自己的目标和利益，然而社会整体依据于长远战略目标和现实阶段的具体情况，在其发展的每一个阶段都有其全局利益。主体服务社会很重要的功能就是服务于社会发展的全局利益。只有全局在胸，服务全局，才能作出科学的、实在的社会奉献。

同时，主体服务社会的功能更应当落实在每一个局部的努力之中，应当将长远目标、全局利益同当前行动的直接服务指向辩证地统一起来。主体应当立足本职，爱岗敬业，从我做起，从小事做起，莫因善小而不为，莫因恶小而为之，把远大理想同当前的具体实践密切地结合起来，千里之行，始于足下，一步一个脚印，踏踏实实地作出实实在在的奉献。

最后，泽被后世的功能。

主体服务社会，不仅要立足现在，而且要顾及将来。主体的实践活动、认识活动、价值活动、审美活动的综合效益，应当能够为后世子孙实现可持续发展提供一代又一代的先行努力，为后世子孙更好地发展提供越来越好的自然环境、社会环境、物质条件和精神条件，教育后世子孙能够青出于蓝而胜于蓝，对时代、对社会作出超过前人的奉献。其中最重要的是精神条件，主体应当教育后代具有远大的理想、崇高的品德、扎实的本领、健康的体魄，能够继承前人又超过前人。主体服务社会的功能如此泽被后世，才能像长江后浪推前浪一样，社会新人超旧人，整个社会才能持续地、健康地由低级阶段向高级阶段发展。

4. 主体成长机制的复杂性

主体成长机制是一种复杂的动态网络系统，它是由主体与客体以及种种随机因素复杂的、非线性的交互作用的过程所体现的。

首先，主体素质的提高依赖于社会制度。

在私有制社会里，奴隶主阶级、地主阶级、资产阶级垄断教育、科学和文化，扼杀了劳动人民无数优秀的人才，限制了、剥夺了劳动人民提高综合素质的各种权利和条件。当然，由于劳动人民直接从事社会实践，创造了物质财富和精神财富，推动了社会历史的革命变革，他们是创造世界历史的动力。然而，如果劳动人民获得更好的教育、科学、文化的权利，他们的素质就会更高，他们对社会历史的贡献就会更大。这种状况，只有到了社会主义社会、共产主义社会，劳动人民有了空前优越的接受教育、科学、文化的权利和条件，他们的综合素质才能获得极大的提高，成为自由的、全面发展的新人，对时代和社会作出空前的历史贡献。

结合笔者成长的经历，对主体成长依赖于社会制度这一点愈益深信不疑。笔者出生于苏北农村，从小打草、卖草。新中国成立后才能够上学，中学、大学阶段，全靠人民助学金，才能完成学业。大学毕业后留校任教，50 多年来，虽未作出什么大的贡献，但是，为人民的教育事业还是兢兢业业，培养了国内外不少人才，并且出了一批科研成果。笔者终生感谢社会主义制度，感谢党、人民、老师的培养、教育之恩。

其次，主体素质的提高还有赖于体制机制。

体制机制科学、合理、深化、完善，主体素质可以由差变好，甚至可以由坏变好，由一般变成优秀，好的变得更好，加上其他主客观有利条件的配合，可以出现人才辈出、群星灿烂的喜人局面。反之，如果体制机制不好，主体素质可以由好变差，甚至变坏，小人得势，好人受罪。可见，体制机制对主体素质的变化影响很大。因此，在干部、管理人才、科教人才以及工农大众中优秀人才的发现、培养、使用、考核、监督、评价、奖惩的体制机制方面，应当有一套科学而完善的制度和方法，使政府风清、官员清廉、民心纯正，使主体素质的提高有一个不断优化的社会环境和人事环境。

再次，主体素质的提高还有赖于机遇。

机遇总是给有准备的人。再好的机遇，如果主体自身没有做好准备，也会擦肩而过，失之交臂。就整个社会来说，应当为主体素质的提高尽可能创造优越的环境和良好的机遇。而就主体自身来说，最重要的是要有理想、求上进，能够敏锐地抓住机遇，努力发展，成就事业。

最后，主体素质的提高重要的是依赖于主体自身的主观努力。

在同样的客观条件下，由于主体自身主观努力的情况不同，主体素质的状况也就各异，主体对社会的贡献因而也就大相悬殊。马克思曾经指出：天才在于勤奋。I. 牛顿和 A. 爱因斯坦认为：天才在于百分之九十九的汗水，百分之一的灵感。所以，主体素质的提高是一个主观努力与客观条件相互匹配而主观努力最为重要的不懈奋斗的过程。中国古人讲，艰难困苦，玉汝于成。唐朝诗人李商隐说得好：“历览前贤国与家，成由勤俭败由奢。”主体素质的提高，应当以国家、人民的利益为重。宋朝诗人陆游在《病起书怀》中说：“位卑未敢忘忧国，事定犹须待阖棺。”清代重臣、诗人林则徐被贬戍到新疆以后，抒发他的凌云志向：“苟利国家生死以，岂因祸福避趋之。”所以，提高主体身心素质，应当以人民、国家利益为重，经过主体自身的努力奋斗，才能不断实现初衷，为社会作出卓越的贡献。

主体素质提高的过程，是客观条件与主观努力交互作用的过程。这种过程是一种动态发展、辩证前进的过程。因此，青少年时期，应当立定志向，学好本领。中年时期，应当坚持理想，建功立业。老年时期，应当老有所为，保持晚节。总之，人的一生应当是不断提高综合素质的整个过程，不能把提高主体素质当作一个阶段的事情来对待。有些人在青少年时期，很有抱负，而且也崭露头角，但到中年以后，放松主观努力，以致一生成绩平平。有些人在艰难困苦时期，能够努力奋进，但当条件好转时，就玩物丧志，不思进取，甚至走向堕落的道路。有些人在位卑权轻之时，尚能为人民做一些好事，但到位高权重之时，就忘乎所以，贪污受贿，违法乱纪，最终成为阶下之囚。凡此种种，都深刻地表明，提高主体素质是一种复杂的过程，是一种不断前进的过程，是一种自觉努力、不懈奋斗的过程。若能如此，则主体素质的提高不仅能够日新月异，不断前进、上升，而且主体自身也能够成为高尚的人，纯粹的人，有道德的人，脱离了低级趣味的人，大有益于人民的人。

（二）思维科学与马克思主义哲学的交互作用促进主体素质的提高

主体素质包括政治素质、思想素质、理论素质、科学素质、文化素质、道德素质、审美素质、认识方法与思维方式以及身体素质等内容。思维科学与马克思主义哲学的交互作用有利于促进主体素质的提高。

1. 马克思主义哲学可以指导和统率主体素质的提高

马克思主义哲学从世界观和方法论的辩证统一指导和统率主体素质的提高。具体说来，主要有以下几个方面的内容。

首先，马克思主义哲学从世界观上指导主体素质的提高。

马克思主义哲学是研究自然、社会和人类思维最一般规律的学说。马克思主义哲学认为，自然界是存在着普遍规律和特殊规律交互作用的复杂的规律网络系统；社会运行规律不仅是一种复杂的规律网络系统，而且指明社会规律作用的进程和结果必将使人类社会实现社会主义、共产主义；人类思维规律不仅是外部世界规律的反映，而且它自身也是遵循着辩证法规律运行的辩证过程，这种过程自身有其特殊表现和功能。主体素质提高的过程是在自然、社会和人类思维规律交互作用的过程中不断提高和辩证前进的过程。这样，马克思主义哲学就从世界观上指导着主体素质的提高。

其次，马克思主义哲学从方法论上指导主体素质的提高。

马克思主义哲学认为，自然、社会、人类思维的运动过程都遵循着唯物辩证法的基本规律，而且，思维过程所遵循的辩证思维的规律只是外部世界的辩证规律的能动反映和特殊表现。主体在认识世界和改造世界的过程中，都应遵循唯物辩证法的基本规律及其在思维领域中辩证思维的规律。这样，马克思主义哲学就从方法论上指导着主体素质的提高。

最后，马克思主义哲学可以从世界观与方法论的统一上指导和统率主体素质的提高。

主体系统是一种复杂的动态网络系统，主体素质的提高过程是一种复杂的社会系统工程。因此，主体素质的提高有赖于各方面因素复杂的交互作用，而马克思主义哲学可以从世界观与方法论的统一上指导和统率主体素质提高的各种因素，包括客观因素和主观因素以及各种知识、认识方法和思维方式。

2. 思维科学可以促进主体素质的提高

思维科学可以从多个方面促进主体素质的提高。概要说来，主要有以下几个方面。

首先，思维科学与相关学科可以提高主体素质。

思维科学与相关学科的技术、知识和理论可以提高主体素质。而且，这些相关学科与思维科学综合交叉，整合到思维科学的范畴之中，这也从交叉型的复杂性科学的角度为主体素质的提高提供了综合交叉的知识视野与方法论启示。

其次，思维科学与思维规律的网络系统有助于主体素质的提高。

对思维科学的不同层次——基础科学、技术科学、工程技术及其规律的认识可以帮助主体提高思维素质。同时，思维科学各层次之间由低到高直至通过认识论这座桥梁通向马克思主义哲学的发展规律，也有利于主体素质的提高。特别应该值得指出的是，思维科学的基础科学——思维学所探讨的逻辑思维、形象思维、灵感思维、社会思维、模糊思维、创造性思维、辩证思维等各自领域的规律及其交叉整合的规律，可以在更高层次上有助于主体素质的提高。

3. 思维科学与马克思主义哲学在交互作用过程中更能促进主体素质的提高

思维科学与马克思主义哲学的交互作用，可以从特定的角度和更高的层次上有助于主体素质的提高。

首先，从认识论领域促进主体素质的提高

思维科学与马克思主义哲学的交互作用，不限于认识论这一领域，但是着重从认识论领域来揭示思维科学与马克思主义哲学的交互作用的过程对提高主体素质的促进作用，有两方面的意义。一方面，在思维科学与马克思主义哲学交互作用的过程中，特别是从认识论领域中，获得马克思主义哲学指导思维科学发展的启示。这就从特定角度和更高层次上有助于主体素质的提高。另一方面，也从思维科学对马克思主义哲学——特别是通过认识论——的丰富、深化、发展中获得智慧的启迪。这就从人类智慧的更高水平上促进主体素质的提高。

其次，从思维方式、思维规律方面促进主体素质的提高。

思维科学对马克思主义哲学的交互作用，还从思维方式、思维规律的深入层次上使思维主体获得启示，这也可以提高主体的素质。思维科学的基础科学——思维学中的各种思维方式的各自规律及其交叉、整合的规律与马克思主义哲学的辩证思维规律的深层次交互作用，就可以大大深化马克思主义哲学认识论和思维科学关于思维学的理论。同时，也使思维学的理论水平获得更高层次的发展。这就给主体以高层次的智慧的启迪，吸收其理论成果和方法论智慧。这样就更有助于主体素质的提高。

五　思维科学与马克思主义哲学对社会发展的巨大促进作用

社会系统是什么样的一种系统？思维科学与马克思主义哲学对社会发展起着怎样的作用？本节将就这些内容作一些简要的探讨。

（一）社会系统是一种特殊复杂的动态网络系统

社会系统是世界上最复杂的开放的复杂巨系统，它是一种特殊复杂的动态网络系统。探讨社会系统的特殊的复杂性，拟从以下几个方面加以考察。

1. 社会系统是一种特殊复杂的开放的复杂巨系统

什么是开放的复杂巨系统？钱学森院士对此作了科学的界定。他指出："对开放的复杂巨系统，我们可以说：

（1）系统本身与系统周围环境有物质的交换、能量的交换和信息的交换。由于有这些交换，所以是'开放'的。

（2）系统所包含的子系统很多，成千上万，甚至上亿万，所以是

‘巨系统’。

(3) 子系统的种类繁多，有几十、上百，甚至几百种，所以是‘复杂的’。……由这三条又引出第四个特征：开放的复杂巨系统有许多层次。”①

那么，社会系统的特殊复杂性表现在哪里呢？

首先，社会系统的组成元素的特殊复杂性。

社会系统的组成元素是人，而人是有意识、有主观能动性、有社会性的。在阶级社会里，人是有阶级性的。这些不同于自然系统，由此产生了特有的复杂的情形、特点和规律。这是社会系统特殊复杂性的第一个表现。

其次，社会规律的特殊复杂性。

社会规律不同于自然规律。自然规律自发地发生着作用，比如，水往低处流，不论人们认识它也好，不认识它也好，它总是在自发地发生着作用。当然，人们可以利用自然规律，达到人们的目的。比如，通过巨泵扬程，把水从低处抽引到高处，再从高处向低处流动。但社会规律作用的实现，必须有人的参与作用。一方面，社会规律作用的实现，必须依赖于进步的、革命的力量的积极奋斗；另一方面，社会规律作用实现的过程中，会遇到没落的、腐朽的社会势力的顽强抵抗。比如，资本主义的灭亡和社会主义的胜利是同样不可避免的客观规律，其规律的实现，一方面，要靠无产阶级和广大劳动人民的积极奋斗，另一方面，要克服和战胜没落的、腐朽的社会势力的反抗。当然，这一社会规律的实现，须经过长期、艰巨、复杂的斗争过程。其间，有种种复杂、曲折的历史现象。但是，历史发展的总趋势是由上述社会发展的客观规律所决定的。

最后，改造社会的特殊复杂性。

人们改造社会，必须依据社会发展规律和自然界发展规律，结合社会实践的具体情况，研究推进社会实践的指导规律，并且贯彻、运用这些指导规律于实践过程，方能取得改造社会的成功。以战争为例，毛泽东指出，“战争和战争指导规律都是发展的”，② “一切战争指导规律，依照历

① 钱学森：《创建系统学》（新世纪版），上海交通大学出版社 2007 年版，第 125—126 页。

② 《毛泽东选集》第 1 卷，人民出版社 1991 年版，第 173 页。

史的发展而发展，依照战争的发展而发展”。[①] 他还认为：“指挥员在战争的大海中游泳，他们不使自己沉没，而要使自己决定地有步骤地达到彼岸。指导战争的规律，就是战争的游泳术。”[②] 他还特别强调地指出：“学习战争全局的指导规律，是要用心去想一想才行的。因为这种全局性的东西，眼睛看不见，只能用心思去想一想才能懂得，不用心去想，就不会懂得。”[③]

当然，人们改造自然的实践，也有指导规律的问题。但是，改造社会的指导规律是基于社会发展规律并结合具体实践情况而形成和发展的，这也不同于改造自然的指导规律。

2. 社会发展是一种由低级向高级形态发展的动态过程

马克思主义哲学认为，社会是一种复杂的动态网络系统，这种复杂的动态网络系统表现为由低级形态向高级形态的辩证运动过程。

社会的生产力与生产关系、经济基础与上层建筑构成社会的基本矛盾的运动过程，这种矛盾运动过程是一种复杂的系统整体。马克思指出：社会关系就是“一切关系在其中同时存在而又互相依存的社会机体”。[④] 正是由于生产力与生产关系的辩证统一构成了社会的生产方式，而生产关系的总和构成了社会的经济形态，社会经济形态的发展是一种自然历史过程。所以，马克思认为，“我的观点是把经济的社会形态的发展理解为是一种自然史的过程”[⑤]，“每一个社会中的生产关系都形成一个统一的整体”[⑥]。

恩格斯依据社会基本矛盾的辩证运动，描绘了人类社会由低级形态向高级形态依次发展的总体图景，这幅社会发展的总体图景就是一种复杂系统的动态发展的过程。在社会发展的这种过程中，每当社会基本矛盾出现激化的阶段和时刻，社会就会发生革命。正是由于社会基本矛盾的辩证运动所引起的社会变革，推动了人类社会由低级形态向高级形态的依次更替，从而形成了人类历史不断前进的动态系统。还应该指出，固然“历

① 《毛泽东选集》第1卷，人民出版社1991年版，第173页。

② 同上书，第183页。

③ 同上书，第177页。

④ 《马克思恩格斯文集》第1卷，人民出版社2009年版，第604页。

⑤ 《马克思恩格斯文集》第5卷，人民出版社2009年版，第10页。

⑥ 《马克思恩格斯文集》第1卷，人民出版社2009年版，第603页。

史过程中的决定性因素归根结底是现实生活的生产和再生产。……经济状况是基础，但是对历史斗争的进程发生影响并且在许多情况下主要是决定着这一斗争的形式的，还有上层建筑的各种因素；……这里表现出这一切因素间的相互作用，而在这种相互作用中归根结底是经济运动作为必然的东西通过无穷无尽的偶然事件……向前发展”①。

由此可见，人类社会的发展，是由多参数、多变量、多层次、多种规律交互作用所形成的辩证的动态过程。但是，社会发展的总趋势是实现社会主义、共产主义。毛泽东指出：“由社会主义过渡到共产主义是一场斗争，是一个革命。进到共产主义时代了，又一定会有很多的发展阶段，从这个阶段到那个阶段的关系，必然是从量变到质变的关系。”② 总之，纵观人类社会的历史进程和未来趋势，我们坚信：“惟独共产主义的思想体系和社会制度，正以排山倒海之势，雷霆万钧之力，磅礴于全世界，而葆其美妙之青春。”③ L. V. 贝塔朗菲认为：“‘大系统’就是历史过程的‘模型’……历史过程是叫做高度文化或文明的实体或大系统的过程。”④可见，马克思主义哲学关于社会系统发展的理论与现代系统论是内在贯通的。

国内外学者认为，马克思主义哲学在现代系统理论创立过程中起着巨大的指导作用，特别是社会系统理论的创立方面尤其明显。贾泽林、王炳文研究员认为：马克思的“理论工作的主要部分都可以看做是富有成果的现代系统方法研究的先声”⑤。D. 麦奎里、T. 安贝克指出：马克思是在“社会科学中使用现代系统方法的始祖”⑥。苏联哲学家 B. Л. 库兹明认为：“马克思主义所有最重要的发现在科学认识和社会认识中划了一个时代，这些发现的决定性前提之一就是系统观念和原则。”⑦“这种发现对世

① 《马克思恩格斯文集》第10卷，人民出版社2009年版，第591—592页。

② 《毛泽东文集》第7卷，人民出版社1999年版，第352页。

③ 《毛泽东选集》第2卷，人民出版社1991年版，第686页。

④ ［奥］L. V. 贝塔朗菲：《一般系统论——基础 发展 应用》，秋同、袁嘉新译，社会科学文献出版社1987年版，第168页。

⑤ 贾泽林、王炳文：《系统理论对哲学提出的新课题》，《哲学研究》1980年第2期。

⑥ ［美］D. 麦奎里、T. 安贝克：《马克思和现代系统论》，转引自《国外社会科学》1979年第6期。

⑦ ［苏］B. Л. 库兹明：《马克思理论和方法中系统性原则》，三联书店1980年版，第223页。

界观中认识论方面的进展具有极大的重要性。用现代语言来说，就是系统中心论代替了在许多世纪占统治地位的实物中心论。"① 他还指出："马克思的辩证法首先是社会系统的辩证法。"② "历史唯物主义除了从内容说是社会历史过程的一般理论之外，从方法论方面看，毫无疑问它实质上就是系统。"③ I. 普里高津等人认为：马克思是"现代系统论的鼻祖"和"社会结构学说的奠基者"。美籍著名系统科学家 E. 拉兹洛于 1988 年 4 月 7—8 日在北京国家图书馆举行的全国系统科学学术研讨会上发表演讲时，指出：马克思如果活到现在，他肯定是一位最优秀的系统科学家。因为他的理论就包含了现代系统理论。

3. 社会发展是有其内规律的

马克思、恩格斯对这个问题持肯定的看法。前面所说的社会基本矛盾的运动推动社会的发展，这是最基本的社会发展规律。马克思、恩格斯还从理论上多侧面地阐明了社会发展规律的问题。恩格斯指出："历史进程是受内在的一般规律支配的。……历史事件似乎总的说来同样是由偶然性支配着的。但是，在表面上是偶然性在起作用的地方，这种偶然性始终是受内部隐蔽着的规律支配的，而问题只是在于发现这些规律。"④ 列宁认为："只有把社会关系归结于生产关系，把生产关系归结于生产力的水平，才能有可靠的根据把社会形态的发展看做自然历史过程。"⑤

在社会发展规律问题上，L. V. 贝塔朗菲也受到了马克思等人的思想的影响。他肯定了马克思等人的下列思想："历史过程不完全是偶然的，而是遵循可以确定的规则或规律。"⑥ 接着，他提出了自己的看法："历史有规律吗？……社会现象中可以看到统计规则或规律；……我们对社会系统的内在的、专有的、组织的规律也有一些看法。这一点没有争议。"⑦

---

① ［苏］В. Л. 库兹明：《马克思理论和方法中系统性原则》，三联书店 1980 年版，第 219 页。

② 同上书，第 222 页。

③ 同上书，第 231 页。

④ 《马克思恩格斯文集》第 4 卷，人民出版社 2009 年版，第 302 页。

⑤ 《列宁选集》第 1 卷，人民出版社 2012 年版，第 8—9 页。

⑥ ［奥］L. V. 贝塔朗菲：《一般系统论——基础 发展 应用》，秋同、袁嘉新译，社会科学文献出版社 1987 年版，第 166 页。

⑦ 同上书，第 166—167 页。

4. “我国的社会主义建设是一项极为复杂的社会系统工程”

在阐明了社会发展的网络系统、内在规律等问题之后，我们将着重探讨钱学森院士关于我国的社会主义现代化建设的思想。1992 年 10 月 20 日，钱学森院士在给广西经济研究中心罗远贵研究员的信中，明确指出：“我国的社会主义建设是一项极为复杂的社会系统工程。”① 他与涂元季在 1992 年 10 月的《人民论坛》上发表文章《我国社会主义建设的系统结构》中，强调指出：“四个领域、九个方面的社会主义建设，即社会主义政治文明建设，包括民主建设，体制建设和法制建设；社会主义物质文明建设，包括经济建设和人民体质建设；社会主义精神文明建设，包括思想建设和文化建设；社会主义地理建设，包括环境保护、生态建设和基础设施建设。我国的社会主义建设事业，从总体上来说，是不是这样一种系统结构？当然，社会主义建设必须有中心，中心就是经济建设。”② 接着，他们从社会主义建设是一项极为复杂的社会系统工程的理论高度指出：“社会主义建设的各个方面又必须协调发展，才能获得高的效率。因为社会和社会存在的环境是一个非常复杂的巨系统，一定要用系统工程的方法，才能把各方面工作协调好。”③ 1995 年 1 月 11 日，钱学森等人将《我们应该如何迎接 21 世纪》的文章送中央领导同志参阅。在该文中，他们又讲了社会主义现代化建设是一项包括四个领域、九个方面的复杂的社会系统工程，只是对社会主义现代化建设的中心与 1992 年的提法相比稍有变化，指出：“科技经济建设是中心。”④

钱学森院士提出的关于社会主义现代化建设是一项复杂的社会系统工程的思想，与党中央后来提出的科学发展观、构建社会主义和谐社会、全面建成小康社会、实现中华民族伟大复兴的中国梦的伟大战略任务在思想上是内在贯通的，而且，钱学森院士的上述思想为党中央提出的一系列伟大战略任务在思想工作上先导性的重要准备。

钱学森院士的上述思想与党中央提出的一系列伟大战略任务充分表明，社会主义现代化建设和社会主义改革是一项特大的、复杂的、动态的社会系统工程。因此，建设这样的社会系统工程，就应该运用系统科学的

① 涂元季主编：《钱学森书信》第 7 卷，国防工业出版社 2007 年版，第 24 页。

② 钱学森：《创建系统学》（新世纪版），上海交通大学出版社 2007 年版，第 173 页。

③ 同上书，第 173—174 页。

④ 同上书，第 203 页。

理论和方法加以考察和处置。所以，钱学森院士指出："系统科学真是社会主义治国之本!"①

5. 社会主义现代化建设"要用总体设计部作为决策的咨询系统"

钱学森院士在总结领导国防尖端技术实践经验的基础上，明确指出："总体设计部设计的是系统的'总体'，是系统的'总体方案'，是实现整个系统的'技术途径'。"② 他还认为："总体设计部的实践，体现了一种科学方法，这种方法就是'系统工程'，……我国国防尖端技术的实践，已经证明了这一方法的科学性。"③ 后来，随着我国社会主义现代化建设事业的蓬勃展开，面对的情况和问题错综复杂，于是，钱学森院士把这种总体设计部的方法推广开来，应用到整个国家的社会主义现代化建设和社会主义改革这项特大的、复杂的、动态的社会系统工程中来。他强调指出："要研究大战略，整体的战略……研究整个国家这么错综复杂的关系。"④ "现在提出的整个国家的问题，那就更需要这样一个'总体设计部'，需要各方面的专家参加。"⑤ 总体设计部是从总体上为决策者和决策部门提供咨询服务的群体。钱学森院士认为："总体设计部由多部门、多学科的专家组成，在以计算机、网络和通信为核心的高新技术支持下，对社会主义现代化建设的各种问题，进行总体分析、总体论证、总体设计、总体规划、总体协调，提出具有可行性和可操作性的配套的解决方案，为决策和决策部门提供科学的决策支持。"⑥ 他还指出："我们活着就是为了中国的社会主义建设，而中国的社会主义建设目前最重大的事就是社会主义建设总体设计部。"⑦

钱学森院士还对总体设计部的来源、功能、性质作了深刻的分析。他指出：

"（二）我们对系统总体设计部的认识源于导弹总体设计部的实践，

---

① 涂元季主编：《钱学森书信》第5卷，国防工业出版社2007年版，第226页。

② 钱学森、王寿云、许国志：《组织管理的技术——系统工程》，《文汇报》1978年9月27日。

③ 同上。

④ 中共中央组织部等：《迎接新的技术革命》（上册），湖南科学技术出版社1984年版，第22页。

⑤ 同上书，第23页。

⑥ 钱学森：《创新系统学》（新世纪版），上海交通大学出版社2007年版，第202页。

⑦ 涂元季主编：《钱学森书信》第7卷，国防工业出版社2007年版，第385页。

而那时领导我们工作的是周恩来总理和聂荣臻元帅，他们都强调中国共产党领导革命过程中的斗争经验，包括大规模集团军的战斗经验，如周总理就提出‘三高’（高度的政治思想性、高度的科学计划性、高度的组织纪律性）。所以，我们的总体设计部是社会主义思想指导下的总体设计部。它实施党的民主集中制。这是我们的特点，也是优越性所在。

（三）有了这样的中国导弹总体设计部的实践经验，才使我们可能提出社会主义总体设计部体系。这是中国的，资本主义国家是学不了的！

（四）……所以总体设计部问题是中国社会主义建设的大课题，不是可有可无的小事！”①

他还认为：“我们这里讲的社会主义建设总体设计者是以马克思列宁主义、毛泽东思想为指导的，对党和国家负责的。绝不是资本主义国家所谓的思想库，那是为垄断资本家服务的。”②

钱学森院士关于社会主义现代化建设是一项极为复杂的社会系统工程的思想，关于社会主义现代化建设总体设计部的思想，为党中央重大战略决策提供了理论准备和科学支持。习近平同志在党的十八届三中全会上作《关于（中共中央成立全面深化改革若干重大问题的决定）的说明》时，指出：“全面深化改革是一个复杂的系统工程。……中央成立全面深化改革领导小组，负责改革总体设计、统筹协调、整体推进、督促落实。这是为了更好发挥党总揽全局、协调各方的领导核心作用，保证改革顺利推进和各项改革任务落实。”③

钱学森院士在论述从定性到定量的综合集成法时，明确指出：“我们的看法是辩证的，从定性到定量，定量又上升到更高层次的定性。……就是‘定性和定量相结合的综合集成法’，简称叫‘综合集成’，翻译成英文倒是可以借用他们那个词 Meta—synthesis，是高层次的综合。”④ 他还指出：“这是真正的现代化的方法，把信息技术、计算机、人工智能和知识工程统统用上了。而且我认为，这真正是社会主义的，因为在社会主义国家，我们的目的就是为了认识客观世界，改造客观世界，最终达到为人民

① 钱学森：《创建系统学》（新世纪版），上海交通大学出版社 2007 年版，第 293 页。

② 同上书，第 157 页。

③ 习近平：《关于〈中共中央关于全面深化改革若干重大问题的决定〉的说明》，《人民日报》2013 年 11 月 16 日第 5 版。

④ 钱学森：《创建系统学》（新世纪版），上海交通大学出版社 2007 年版，第 99 页。

谋幸福。……我们有一个方法能解决这个问题，叫‘定性定量相结合的综合集成法’——‘系统工程法’。”[①] 1989 年 9 月 8 日，钱学森院士在与中国科协“中国交通运输发展战略与政策研究”课题组的同志们以“高层次咨询论证要用系统工程方法”为题发表的讲话中，指出：“这里讲的系统工程方法是从定性到定量的综合集成……方法，就是让专家们充分发表不同的建议与意见，吸收过来，然后在众多专家建议和思路的基础上，综合起来，以专家的智慧建立用上百个参数、几百个参数的模型，再进行运算。”[②] 然后，再根据专家们的建议多次修改模型，最后得出专家们都满意的思路、结论和办法。“采用这种系统工程的研究方法，对诸如社会主义建设中的大问题作为一个开放的复杂巨系统进行研究，得出来的结论才能令人信服。这种研究方法，就是从定性到定量综合集成法。”[③]

这种综合集成方法论，一方面它联系着现代科学体系结构，这是面向社会认识层次的，也就是理论方面的。另一方面，它又联系着社会实践方面的应用研究。可见，这种方法论的运行过程，不仅是一种辩证发展的动态过程，而且是一种综合集成的优化过程。因为这种科学方法论的实质，是将专家群体（包括各方面专家）、数据和各种信息与计算机技术有机地结合起来，把各种学科的科学理论和人的经验知识结合起来，这三者本身又构成一个系统。这个方法论的特点，就是在综合集成的过程中，能够充分发挥这种由认识主体、认识方法和认识手段组成的复合智能的网络系统的综合效应和整体优势，从而能够更全面、更深刻地把握客观世界和实践过程的本质、规律和功能，为实践提供辩证的、科学的方法论的指导。

关于从定性到定量综合集成研讨厅体系，1992 年 3 月 6 日，钱学森院士在给汪成为院士的信中，指出：“最近我向王寿云同志提出一个新名词，叫‘从定性到定量综合集成研讨厅体系’，是专家们用计算机（可能要几十亿 Flop）和信息资料情报系统一起工作的‘厅’。”[④] 同年 3 月 13 日，他在给戴汝为院士的信中，认为：“我们的目标是建成一个‘从定性到定量综合集成研讨厅体系’。这是把专家们和知识库信息系统，各 AI 系统几十亿次/秒的巨型计算机，像作战指挥演示厅那样组织起来，成为

① 钱学森：《创建系统学》（新世纪版），上海交通大学出版社 2007 年版，第 100 页。
② 同上书，第 87 页。
③ 同上书，第 88 页。
④ 涂元季主编：《钱学森书信》第 6 卷，国防工业出版社 2007 年版，第 270—271 页。

巨型人—机结合的智能系统。……在我们社会主义中国，应该把这个宝贵经验（指Seminar——引者注）与马克思列宁主义、毛泽东思想和现代科学技术结合起来，这就是厅。”① “这是21世纪的民主集中制工作厅，是辩证思维的体现！”②

这种研讨厅体系，是按分布网络和层次结构来建设的动态机制，是一种具有纵深层次，横向分布，交互作用的矩阵式的研讨厅体系。这种系统通过人—机交互，反复对比，逐次逼近，实现从感性认识到理性认识，从定性到定量再到更高层次的定性的转化，从而对于经验性的假设的正确与否作出明确的结论。钱学森院士对这种研讨厅体系的运行机制和认识作用给予很高的评价。他指出：“这个研讨厅体系的构思是把人集成于系统之中，采取人·机结合，以人为主的技术路线，充分发挥人的作用，使研讨的集体在讨论问题时互相启发、互相激活，使集体创见远远胜过一个人的智慧。通过研讨厅体系还可把今天世界上千百万的聪明智慧和古人的智慧(通过书本记载，从知识工程中的专家系统表现出来）统统综合集成起来，以得出完备的思想和结论。这种研讨厅体系不仅具有知识采集、存储、传递、共享、调用、分析和综合等功能，更重要的是具有生产新知识的功能，具有知识的生产系统，也是人·机结合精神生产力的一种形式。”③

总体设计部与从定性到定量综合集成法、从定性到定量综合集成研讨厅体系内在贯通，彼此一致，构成了完整的科学技术的方法论。这种科学技术的方法论对社会主义现代化建设是至关重要的法宝。钱学森院士指出：“管理社会，管理国家都要用系统工程和从定性到定量综合集成法，要用总体设计部作为决策的咨询单位。”④ 他还认为：“系统科学、系统工程和总体设计部，综合集成和研讨厅体系紧密结合，形成了从科学、技术、实践三个层次相互联系的研究和解决社会系统的复杂性问题的方法论，它为管理现代化社会和国家，提供了科学的组织管理方法和技术，其结果将使决策科学化、民主化、程序化以及管理现代化进入一个新

① 涂元季主编：《钱学森书信》第6卷，国防工业出版社2007年版，第279—280页。

② 同上书，第279页。

③ 钱学森：《创建系统学》（新世纪版），上海交通大学出版社2007年版，第202—203页。

④ 涂元季主编：《钱学森书信》第8卷，国防工业出版社2007年版，第332页。

阶段。”①

（二）思维科学与马克思主义哲学在辩证互动中对社会发展的巨大作用

社会系统是最复杂的开放的复杂巨系统，它的发展受到诸多因素的影响。其中，思维科学与马克思主义哲学在辩证互动过程中对社会发展起着巨大的指导和推动的作用。

1. 马克思主义哲学对社会发展的巨大指导作用

马克思主义哲学是研究自然、社会和人类思维最一般规律的科学。它对社会发展规律的研究，对社会与自然、人类思维交互作用过程中规律的研究，为无产阶级和广大劳动人民指明了斗争的前进方向。

首先，马克思主义哲学从世界观上指导社会发展的巨大作用。

马克思主义哲学指明，人类社会的基本矛盾是生产力与生产关系、经济基础与上层建筑的矛盾。这对社会基本矛盾的运动，表明了社会主义代替资本主义是历史发展的客观规律。当然，实现这一规律，由于各国的具体情况不同，因而各国实现社会主义的具体途径会有差异。但是，其共同的本质都是实现社会主义，取代资本主义。

当前就世界范围来看，社会主义由社会主义思潮到社会主义运动再到社会主义制度，经历了一个漫长而曲折的发展过程。当今世界，要实现社会主义取代资本主义，有三类情况需要人们加以深入的研究并作出战略上的抉择。

第一类情况是第三世界的国家如何实现并发展社会主义。其中，大多数国家要解决的历史任务是通过民族独立，发展经济、政治、文化、社会和生态文明，走上社会主义道路。第三世界中的社会主义国家，则要继续探索怎样坚持、发展社会主义的历史课题。

第二类情况是资本主义国家的工人阶级和其他广大劳动人民怎样实现社会主义取代资本主义的历史任务。这一历史任务在当今时代具有新的特点，如何根据马克思主义的基本原理，结合当今资本主义发展的现实状况，实现社会主义取代资本主义的历史任务，这是应当创造性地加以考察和战略处置的历史课题。

① 钱学森：《创建系统学》（新世纪版），上海交通大学出版社2007年版，第203页。

第三类情况是原来是社会主义国家，后来改旗易帜，这样的国家如何实现社会主义取代资本主义这一历史性课题。这是当今时代出现的新问题。应当根据马克思主义的普遍真理，结合这类国家的实际情况，探索出用社会主义取代资本主义的新途径来。

基于以上情况的分析，可见社会主义取代资本主义是一个长期、复杂、艰巨的斗争的历史过程。这就要求共产党人坚持马克思主义的普遍原理，结合当代社会和各类国家的具体情况，进行创造性的理论思考和战略处置。

就中国的情况来说，社会主义取代资本主义的历史过程，既有与世界上社会主义取代资本主义的共同性，又有中国自己的特殊性。对中国的这一历史过程，钱学森院士作了深刻的阐述。他指出："从 1921 年 7 月 1 日中国共产党成立之日起，以毛泽东为代表的中国共产党人，把马克思主义基本原理和中国革命的具体实践相结合，找到了中国革命取得成功的道路，提出通过新民主主义革命走向社会主义的战略。……把一个贫穷落后的旧中国变成了社会主义新中国，这是中国历史上最伟大的翻天覆地的革命，可以说，这是现代中国的第一次社会革命。"① 他接着指出："这次社会革命的结果是政治上建立了社会主义制度，理论上建立了马克思列宁主义、毛泽东思想的指导地位，经济上打破了半封建半殖民地社会的生产关系，逐步建立起社会主义新型生产关系，使中国劳动人民的积极性得以发挥，社会生产力获得解放。"② 在社会主义制度下，毛泽东对中国建设社会主义的道路进行了艰辛的探索，作出了许多创造性的贡献。

中国社会主义的发展历程，正如胡锦涛同志在党的十七大报告中所指出的："我们要永远铭记，改革开放的伟大事业，是在以毛泽东同志为核心的党的第一代中央领导集体创立毛泽东思想，带领全党和全国各族人民建立新中国、取得社会主义革命和建设伟大成就以及艰辛探索社会主义建设规律取得宝贵经验的基础上进行的。"习近平同志《在纪念毛泽东同志诞辰 120 周年座谈会上的讲话》中指出："新民主主义革命的胜利，社会主义基本制度的确立，为当代中国一切发展进步奠定了根本的政治前提和制度基础。"

---

① 钱学森：《创建系统学》（新世纪版），上海交通大学出版社 2007 年版，第 196 页。

② 同上书，第 196—197 页。

其次，马克思主义哲学在方法论上指导社会发展的巨大作用。

马克思主义哲学从方法论上给社会发展以正确的指导，这集中表现在唯物辩证法和辩证思维给社会发展以强大的思想武器，用以认识和处置社会发展最深层次的矛盾的复杂的动态网络系统和规律的复杂的动态网络系统。

我们知道，社会是一种复杂的动态网络系统。其内在根据是什么呢？根据之一就在于，矛盾的复杂的动态网络系统是社会发展的深层内蕴。社会发展要能正确进行并取得优化的效果，应当正确认识并且优化处置由各种矛盾所构成的矛盾的复杂的动态网络系统。这种矛盾的复杂的动态系统包括：人与自然的矛盾，人与社会的矛盾，人与人的矛盾，人的身与心的矛盾，社会存在与社会意识的矛盾，生产力与生产关系的矛盾，经济基础与上层建筑的矛盾，社会主义与资本主义的矛盾，经济、政治、文化之间的矛盾，基本矛盾与主要矛盾，平衡与不平衡的矛盾，共性与个性的矛盾，客观规律性与主观能动性之间的矛盾，全局与局部的矛盾，长远与当前的矛盾，战略与战术的矛盾，等等。而且，这些矛盾之间的关系错综复杂，并且是辩证发展的。所以，要使社会能够顺利发展，就必须正确认识并且优化处置这种矛盾的复杂的动态网络系统。只有运用唯物辩证法和辩证思维这种马克思主义哲学的最正确、最锐利的思想武器，才能正确认识社会发展之内蕴的矛盾的复杂的动态网络系统，并作出优化的处置，从而才能获得优化的经济效益、社会效益和生态效益。

要使社会发展能够顺利进行并且取得优化的效果，还应当从方法论上运用唯物辩证法和辩证思维去正确认识并优化处置规律的复杂的动态网络系统。

规律是什么？所谓规律，是指客观世界、实践过程和精神领域中的本质的联系和发展的趋势。列宁认为："规律是本质的现象。"[①] 因为"规律是现象中持久的（保存着的）东西（规律——现象中同一的东西）"。[②] "现象比规律丰富"，[③] 而规律是现象背后存在着的、深层的、相对稳固的东西。正因为如此，所以，"（现象、整体、总体）（规律＝部分）"[④] 因

① 《列宁全集》第55卷，人民出版社1990年版，第127页。

② 同上书，第126页。

③ 同上书，第127页。

④ 同上。

而规律更能体现事物的本质及事物、现象、过程发展的基本趋势。可见，规律具有客观性、深层性和相对稳定性。这种相对稳定性是指在相同的条件下，规律具有可重复性。同时，由于“规律是宇宙运动中本质的东西的反映”，[①] 因而，“规律和本质是表示人对现象、对世界等的认识深化的同一类的（同一序列的）概念，或者说得更确切些，是同等程度的概念”[②]。所以，把握规律是一种不断深入，无限前进的辩证发展的认识过程。

规律是一种复杂的动态网络系统。对此，马克思主义哲学有着丰富、深刻的基本思想，现代科学中的系统科学和复杂性科学更对此作出了积极的、有益的科学贡献。下面，我们拟就规律的复杂的动态网络系统这个问题作一些综合的、简要的考察。

（1）网络性。列宁在这方面的思想非常丰富、深刻。他指出：“一切vermittelt = 都是经过中介，连成一体，通过过渡而联系的。达到整个世界（过程）的有规律的联系。”[③] 这就指明了整个世界是有规律的联系的动态总体，而世界、规律是通过中介、过渡而联系着的。因此，研究整个世界及其复杂的、动态的规律网络系统“需要有中介（联系）”。[④] 所以，人们认识本质和规律这样复杂的、动态的网络系统，是一种辩证运动的无限过程。列宁认为：“人对事物、现象、过程等等的认识深化的无限过程，从现象到本质、从不甚深刻的本质到更深刻的本质。”[⑤] 他还指出：“人的思想由现象到本质，由所谓初级本质到二级本质，不断深化，以至无穷。”[⑥] 人们对规律的复杂的、动态的网络系统的认识，表现为认识过程中的范畴之网、思维中的具体之网和一串串圆圈与螺旋式的曲线的辩证运动。

范畴作为人们反映事物属性和普遍联系的基本概念，它是人类理性思维的逻辑形式。列宁认为：“范畴是区分过程中的梯级，即认识世界的过程中的梯级，是帮助我们认识和掌握自然现象之网的网上纽结。”[⑦] 范畴

① 《列宁全集》第55卷，人民出版社1990年版，第127页。
② 同上。
③ 同上书，第85页。
④ 同上书，第137页。
⑤ 同上书，第191页。
⑥ 同上书，第213页。
⑦ 《列宁全集》第55卷，人民出版社1990年版，第78页。

作为基本概念，它在人们的认识过程中也表现为复杂的动态网络系统。

思维中的具体也是一种复杂的、动态的网络系统。因为人们的认识，从感性实在的具体出发，经过思维行程的抽象，上升到思维行程中的具体。这种思维中的具体是对事物、现象、过程的本质和规律的理性把握，是多种规定性的统一。由于本质和规律是一种复杂的、动态的网络系统，因而作为这种本质和规律之反映的思维中的具体也是一种复杂的、动态的网络系统。列宁认为："最丰富的是最具体的和最主观的。"① 因为思维中的具体是对事物、现象、过程的本质和规律的反映，所以，思维中的具体，其抽象的层次越高，所包含的内容就越丰富，其表现形式就越主观，直到物质与意识这对范畴为最高范畴，其包含的内容最丰富，其表现形式最主观。

人们把握规律的复杂的、动态的网络系统的过程，既是范畴递升的辩证过程，也是思维中的具体不断演进、发展的辩证过程。这种认识过程中的每一层范畴，每一个具体，就表现为认识上的一个圆圈。这种范畴和思维中的具体的辩证发展过程，就表现为认识上的螺旋的曲线。所以，列宁指出："科学是圆圈的圆圈"，② "哲学上的'圆圈'"。③ "每一种思想 = 整个人类思想发展的大圆圈（螺旋）上的一个圆圈。"④ 因而人类把握规律的复杂的、动态的网络系统的认识过程，就是一种螺旋式的曲线。列宁认为："人的认识不是直线（也就是说，不是沿着直线进行的），而是无限地近似于一串圆圈、近似于螺旋的曲线。"⑤

关于规律是复杂的、动态的网络系统，毛泽东对此也有深刻的思想和精彩的论述。以战争为例，毛泽东就指出："我们不但要研究一般战争的规律，还要研究特殊的革命战争的规律，还要研究更加特殊的中国革命战争的规律。"⑥ 而且，不只要研究"战争规律"，更要研究"战争的指导规律"，⑦ 因为"战争和战争指导规律都是发展的"。⑧

① 《列宁全集》第 55 卷，人民出版社 1990 年版，第 200 页。
② 同上书，第 201 页。
③ 同上书，第 308 页。
④ 同上书，第 207 页。
⑤ 同上书，第 311 页。
⑥ 《毛泽东选集》第 1 卷，人民出版社 1991 年版，第 171 页。
⑦ 同上书，第 173 页。
⑧ 同上。

现代科学特别是交叉科学尤其是系统科学和复杂性科学的发展，揭示了本质与规律的层次性（本质与规律是多层次的）、复合性（自然规律与社会规律的复合，自然系统规律与社会复合系统的复合等），交互性（单域规律与广域规律的交互作用，主要规律与次要规律的交互作用，高级规律与低级规律的交互作用，特殊规律、共同规律、一般规律、最一般规律的交互作用等），表现了规律是复杂的、动态的网络系统。

（2）共同性。交叉科学的发展，揭示了不同领域、不同过程、不同层次的交叉地带和结合部位存在着不同类型、不同层次的某些共同规律。交叉科学包括边缘学科、横断学科和综合学科。边缘学科是指两门学科纵向之间的交叉，如物理化学、生物物理等学科。这些学科揭示两门学科在纵向交叉地带和结合部位存在着某些共同规律。横断学科是指两门或两门以上学科（自然科学、技术科学、社会科学、人文科学）横向之间的交叉，如系统科学、信息科学、控制论科学、数理逻辑等学科。这些学科揭示两门或两门以上学科在横向交叉地带和结合部位存在着某些共同规律。综合学科则是指三门以上不同领域的学科所呈现的纵横交错的复杂交叉，如天地生科学、天地生人等学科。这些学科揭示了三门以上学科错综复杂的交叉规律。

从以上交叉科学的三种类型来看，共同规律不是同一层次、同一类型的，它本身就是一种复杂的、动态的网络系统。而且，还应当更深入地考虑到，由于共同规律的联结和中介的作用，就构成了更高水平的规律的复杂的、动态的网络系统。这种更高水平的规律的复杂的、动态的网络系统是由特殊规律（各门具体科学所揭示的特殊领域的规律）、共同规律（交叉科学所揭示的不同领域之间的复杂的共同规律）、一般规律（由部门哲学或某些哲学类型所揭示的规律，如科学哲学、文化哲学所揭示的规律，中国哲学、西方哲学所揭示的规律等）、最一般规律（马克思主义哲学所揭示的关于自然、社会和人类思维最普遍的规律）构成，形成了规律的复杂的、动态的网络系统。

（3）决定性。现代科学特别是系统科学和复杂性科学的发展，已扬弃了 I. 牛顿以来的线性决定论，而进入了研究决定性（确定性）与非决定性、必然性（规律性、决定性）与偶然性（随机性）等的非线性的复杂交互作用过程内在规律的辩证决定论的新阶段。

我国著名科学家钱学森院士认为，对决定性与非决定性的问题，应当根据马克思主义哲学的基本原理和现代科学的最新成就作出辩证的思考。一种情况是，“在某些局限下出现的非决定性的问题，在更高层次中又会变成决定性的”①。另一种情况是，“微观层次的量子力学所表现出来的非决定性，实际是决定性的渺观层次中十维时空运动的混沌所形成的。本来是决定性的运动，但看来是非决定性的运动”②。为什么会出现这种情形呢？“这是因为超弦的渺观世界是十维时空，有六维在微观世界看不见，不掌握，因而有六个因素没有考虑，漏掉了，可以说是因为微观世界科学家的一‘无知’，造成本来是决定性的客观世界，变得好像是非决定性的了。这才是‘隐秩序’，藏在渺观的秩序。”③ 总之，“客观世界的规律是决定性的……客观世界是决定性的，但由于人认识客观世界的局限性，会有暂时要引入非决定性的必要。这是前进中的驿站，无可厚非，只是决不能满足于非决定性而不求进一步地澄清”④。

钱学森院士的上述见解，尽管国内外科学界、哲学界对之是见仁见智、褒贬不一，但是，笔者认为，这些见解启示人们在对随机性、偶然性的大量出现和深入研究的过程中，应当从随机性与确定性、偶然性与必然性的复杂的联系中，去更深层次地探讨辩证决定论的内容和规律。所以，笔者认为，钱学森院士的这些见解，既坚持了唯物论，又坚持了辩证法，很可能在规律的复杂的、动态的网络系统方面，揭示了不同层次的规律在交互作用过程中所出现的一种新规律，因而这是一个值得重视的创新性的见解，对之应该加以鼓励，深入研究，而不应拘守成见，一概排斥。

（4）协同性。认识世界的过程，要把握规律的复杂的、动态的网络系统。改造世界的过程，在把握客观规律的基础上，还必须运用指导规律与实践过程。人们在认识世界和改造世界的过程中，要在客观规律与指导规律的协同作用，辩证互动的动态过程中，达到科学地认识世界、优化地改造世界的要求。这也是规律的复杂的、动态的网络系统的题中之意和内在要求。

要使社会发展取得优化的成果，应当对上述矛盾的复杂的、动态的网络系统和规律的复杂的、动态的网络系统加以正确的观察和优化的处置，

① 钱学森：《创建系统学》（新世纪版），上海交通大学出版社 2007 年版，第 93 页。

② 同上。

③ 同上书，第 93—94 页。

④ 同上书，第 92 页。

特别是对社会主义国家的执政党——共产党来说尤为重要。例如，中国共产党特别要高度重视并正确运用人类社会发展的规律、社会主义建设的规律和共产党执政的规律，并且要在实践过程中，探索新发现的各种规律，以此指导和促进社会主义社会的不断发展。

2. 思维科学对社会发展的促进作用

思维科学对社会发展的巨大促进作用，主要表现在两个方面：一是思维科学通过提高人们的综合素质，对社会发展起促进作用；二是思维科学的各个层次特别是思维科学的基础科学——思维学对哲学、文化、科学等领域的研究，可以推动这些精神领域对社会发展产生巨大的促进作用，从而表现了思维科学特别是思维学对社会发展所起的促进作用。

首先，思维科学通过提高人的素质促进社会的发展。

思维科学与相关学科武装人们的头脑，可以提高人们的素质，从而促进社会的发展。而且，思维科学的各个层次特别是思维学所研究的思维规律，可以在更高层次、更深内容方面提高人们的素质，从而推动社会的发展、进步。

其次，思维科学与相关学科所研究的规律与方法，可以推动社会前进。

思维科学的各个层次，特别是思维学渗透于哲学、文化、科学等领域及其所研究的规律与方法，可以极大地提高这些精神领域的生产，从而对社会发展起着巨大的推动作用。

3. 思维科学与马克思主义哲学的辩证互动推动社会发展、进步

思维科学与马克思主义哲学在辩证互动的过程中，对社会发展起着强有力的作用。

首先，从规律的交互作用推动社会的进步。

思维科学与马克思主义哲学在辩证互动过程中，从思维规律与哲学规律交互作用的发展的过程、特点及规律的复杂的、动态的网络系统进行更深层次、更高水平的考察，得出社会发展同思维科学与马克思主义哲学在规律研究方面的新的成果与方法，从而能够在更高水平、更深层次上推动社会的发展、进步。

其次，从精神生产的规律与方法论方面推动社会的发展。

思维科学与马克思主义哲学在辩证互动的过程中，能够从精神生产的规律与方法论方面对社会发展起积极的指导与推动的作用。思维科学的各个层次——思维科学的工程技术、思维科学的技术科学、思维科学的基础

科学——思维学在与马克思主义哲学辩证互动的过程中，不仅通过工程哲学、科学哲学促进马克思主义哲学的发展，从而推动社会的进步，而且，思维科学通过认识论这座桥梁，可以丰富、深化、发展马克思主义哲学，从而对推动社会的发展起着巨大的促进作用。

4. 思维科学与马克思主义哲学在智能社会的建设过程中将大有作为

信息社会是信息革命的社会表现，信息革命的发展趋势是向智能革命过渡。而智能革命又包括相互连接的两个阶段。其初级阶段是知识革命，这包括目前已经广泛应用的知识工程、专家系统以及知识的综合交叉和技术工程形态出现的综合交叉等领域；其高级阶段则是思维革命，这包括揭示人的思维过程的情形、特点和规律以及人—机融合、人—网融合等复合智能系统的情形、特点和规律等。智能革命的社会表现是智能社会。在智能社会的建设过程中，思维科学与马克思主义哲学将起着巨大的指导和促进的作用。

（1）智能社会的基本特征

智能社会是由信息社会发展而来的。智能社会是由人—机融合、人—网融合等复合智能系统处理实践过程的社会。智能社会的基本特征至少有这样几条：

首先，利用智能对知识进行工程化处理。

在智能社会里，决定社会发展的决定性的因素，不是一般的信息和知识，而是发展了的新人所具有的新知识和高智力，是实现知识化的水平和能力。

其次，智能社会是高智力结构的社会。

智能社会既需要人的自然智力，又需要智能机器的人工智力，而且应当把这两种智力优化地组成为复合智力系统。这样，人的智力水平通过这种复合智力系统的不断开发而获得不断提高整个社会所有成员的智力水平，从而形成了高智力结构的社会。

最后，智能社会实现产业智能化。

在智能社会里，社会智力选择产业结构，使高智力密集型产业占据主导地位，并且实现工厂智能化。在智能社会里，生产的过程在很大的程度上转变成为智能集成系统的优化设计、优化运行、优化调控、优化目标实现的过程。智能集成制造系统是由智能计算机、智能机器人和“机器专家”等组成的智能化产业系统。这种系统实现了设计、制造、管理和运营等环节的全过程一体化，使社会生产由自动化进入了智能化的新阶段，从而改变了生产模式。[①]

在这样的智能社会里，思维科学与马克思主义哲学将发挥更大的指导和促进的作用。因为智能社会里实践过程的智能化，要求思维科学与马克思主义哲学作出多方面的更大的贡献。这主要表现在，智能化的实践过程要求人们有更高的综合素质，这对思维科学与马克思主义哲学发挥更大的作用提出了实践的需要。而且，人的复合智能水平的动态过程要求思维科学与马克思主义哲学在精神领域更广、更深、更高的层次上，引导人们不断探索新的问题，从而不断引领整个社会的前进。这是在精神领域要求思维科学与马克思主义哲学发挥更大的作用的精神的需要。更何况，智能社会里实践过程和精神领域的智能化，为思维科学与马克思主义哲学发挥更大的作用提供了空前规模与水平的现实可能性。可见，在智能社会里，思维科学与马克思主义哲学大有用武之地。

(2) 智能社会与共产主义社会的关系

智能社会与共产主义社会是什么关系呢？这两者在本质上是内在贯通、彼此一致的。为什么？因为：

首先，共产主义社会的内涵与智能社会的发展趋势内在一致。

共产主义社会将为人们提供丰厚而高尚的物质生活和精神生活。而智能社会的基本特征和发展趋势也体现着这样的社会内容。

其次，共产主义社会的人与智能社会的人也存在着彼此一致之处。

共产主义社会的人是自由的、全面发展的人。这是马克思、恩格斯的科学预言。马克思、恩格斯当年在设想未来的共产主义社会时，曾经深刻地预见到，在共产主义社会里，由于旧式分工的消灭，由于城乡之间、工农之间、脑力劳动和体力劳动之间本质差别的消灭，由于社会生产力的高度发展和人的综合素质的全面提高，因而在那种社会里，人们将得到自由的、全面的发展，而不再局限于某种固定的社会分工。那个时候的人们，品德高尚，多才多艺，可以从事那种社会里多种社会领域的社会活动，可以是园艺师、诗人、建筑师，又是提琴手、猎人，或者从事别的社会职业。而智能社会的人在许多方面与共产主义社会的人有本质上的相同之处。可见，由信息社会向智能社会过渡的那种社会以及智能社会与马克

① 童天湘：《论智能革命——高科技发展的社会影响》，《中国社会科学》1988 年第 6 期。

思、恩格斯当年所设想的共产主义社会在本质上有内在的贯通之处。

（3）社会主义的信息社会向智能社会过渡的条件

社会主义的信息社会向智能社会过渡，其前提条件是已经有了社会主义制度，发展着的社会主义所有制和科学、文化、教育等精神条件。要实现这种社会过渡，关键是要全面提高人的综合素质。因为全面提高人的综合素质，既突出了人是信息社会的主体，也体现了信息社会向智能社会过渡的根本要求，同时为向社会主义的发达阶段乃至向共产主义过渡准备条件。

（4）资本主义的信息社会能否自发地过渡到智能社会

对这个问题，应作具体分析

首先，资本主义社会在某些科学技术领域可以为过渡到智能社会提供一些必要条件。

从科学技术系统来看，资本主义的信息社会在信息科学、生命科学、智能化等方面取得重大的进展。这就可以为向智能社会过渡准备了一些必要条件。

其次，资本主义社会由于其内在矛盾不可能为过渡到智能社会提供充分的条件。

从整个社会的网络系统来看。资本主义的信息社会受到资本主义社会基本矛盾的制约。因为从信息科学技术的发展来看，它要求信息资源全球共享，为全人类造福。但是，在资本主义的信息社会里，生产资料的资本家私人占有又从根本上限制了这种全球共享信息资源的内在要求。在资本主义的信息社会里，资本主义制度要求信息科学技术首先要为资本家垄断集团服务，不管是一国的垄断集团，还是跨国的垄断集团，其实质都是一样的，经济上为资本家攫取高额利润服务，政治上实现对其他国家和地区的控制与奴役。

最后，资本主义社会不可能自发地过渡到智能社会。

因为智能社会与共产主义社会有内在的贯通之处，而资本主义的信息社会仍然是资本家占有生产资料，资本家垄断集团及其代理人掌握着国家政权。在这样的社会条件下，要实现资本主义的信息社会向智能社会的过渡。其根本的前提是要实现生产资料所有制的革命变革，以及由此引起的整个社会形态的革命变革。由此可见，资本主义的信息社会是社会主义革命的前夜，其间必须实现社会制度的革命变革，才能为变革后的社会向智能社会过渡提供历史的前提。这就告诉人们，必须在新的历史条件下，坚持实现社会主义取代资本主义的社会发展的客观规律。

纵观人类历史与当今社会，我们坚信，“惟独共产主义的思想体系和社会制度，正以排山倒海之势，雷霆万钧之力，磅礴于全世界，而葆其美妙之青春”①。历史的辩证法是：随着现代科学技术的迅猛发展和人类社会的不断进步，未来的世界必将是社会主义、共产主义的世界。

① 《毛泽东选集》第2卷，人民出版社1991年版，第686页。

参考文献

（按文献在书中出现的次序排列，每章中的同一文献只列出最初出现者。）

引　论

李斌：《亲切的交谈——温家宝看望季羡林钱学森侧记》，《人民日报》2005年7月31日。

涂元季等整理：《钱学森的最后一次系统谈话——谈科技创新人才培养问题》，《人民日报》2009年11月5日。

涂元季主编：《钱学森书信》第7卷，国防工业出版社2007年版。

第一章

《马克思恩格斯文集》第4卷，人民出版社2009年版。

《列宁选集》第2卷，人民出版社2012年版。

《马克思恩格斯文集》第9卷，人民出版社2009年版。

《列宁全集》第55卷，人民出版社1990年版。

《毛泽东选集》第1卷，人民出版社1991年版。

涂元季主编：《钱学森书信》第9卷，国防工业出版社2007年版。

涂元季主编：《钱学森书信》第1卷，国防工业出版社2007年版。

顾吉环、李明、涂元季编：《钱学森文集》卷三，国防工业出版社2012年版。

《毛泽东文集》第8卷，人民出版社1999年版。

涂元季主编：《钱学森书信》第3卷，国防工业出版社2007年版。

涂元季主编：《钱学森书信》第4卷，国防工业出版社2007年版。

顾吉环、李明、涂元季编：《钱学森文集》卷五，国防工业出版社2012

年版。
总装备部科技委、总装备部政治部：《钱学森学术思想研究论文集》，国防工业出版社 2011 年版。
涂元季主编：《钱学森书信》第 5 卷，国防工业出版社 2007 年版。
涂元季主编：《钱学森书信》第 7 卷，国防工业出版社 2007 年版。
涂元季主编：《钱学森书信》第 8 卷，国防工业出版社 2007 年版。
涂元季主编：《钱学森书信》第 6 卷，国防工业出版社 2007 年版。
涂元季主编：《钱学森书信》第 2 卷，国防工业出版社 2007 年版。
《毛泽东文集》第 7 卷，人民出版社 1999 年版。
涂元季主编：《钱学森书信》第 10 卷，国防工业出版社 2007 年版。
顾吉环、李明、涂元季编：《钱学森文集》卷六，国防工业出版社 2012 年版。
顾吉环、李明、涂元季编：《钱学森文集》卷二，国防工业出版社 2012 年版。
李明、顾吉环、涂元季编：《钱学森书信补编》第 4 卷，国防工业出版社 2012 年版。
钱学森著：《创建系统学》（新世纪版），上海交通大学出版社 2007 年版。
钱学森著，吴义生编：《社会主义现代化建设的科学和系统工程》，中共中央党校出版社 1987 年版。
钱学森 1994 年春致钱学敏的信。
钱学森：《智慧与马克思主义哲学》，《哲学研究》1987 年第 2 期。
李明、顾吉环、涂元季编：《钱学森书信补编》第 5 卷，国防工业出版社 2012 年版。
李斌：《亲切的交谈——温家宝看望季羡林钱学森侧记》，《人民日报》2005 年 7 月 31 日。
涂元等整理：《钱学森最后一次系统的谈话——谈科技创新人才的培养问题》，《人民日报》2009 年 11 月 5 日。
《列宁选集》第 4 卷，人民出版社 2012 年版。
《钱学森手稿》，郑哲敏主编，山西教育出版社 2000 年版。
宋健主编：《钱学森学术贡献暨学术思想研讨会论文集》，中国科学技术出版社 2001 年版。
钱学森：《论技术科学》，《科学通报》1957 年第 2 期。

《中国大百科全书》（哲学卷 I），中国大百科全书出版社 1987 年版。
李淮春主编：《马克思主义哲学全书》，中国人民大学出版社 1996 年版。
刘延勃、张弓长、马乾乐、张念丰主编：《哲学辞典》，吉林人民出版社 1983 年版。
刘蔚华主编：《方法论辞典》，广西人民出版社 1988 年版。
孙小礼主编：《自然辩证法通论·第 2 卷 方法论》，高等教育出版社 1993 年版。
钱学森：《科技情报工作的科学技术》，《国防科技情报工作》1983 年特刊。
钱学森：《开展思维科学的研究》，《大自然探索》1985 年第 2 期。
《马克思恩格斯文集》第 9 卷，人民出版社 1999 年版。
钱学森：《电子计算机软件与新时期语言文字工作》，《光明日报》1980 年 8 月 5 日。
《马克思恩格斯文集》第 5 卷，人民出版社 2009 年版。
《简明不列颠百科全书》第 4 卷，中国大百科全书出版社 1985 年版。
顾吉环、李明、涂元季主编：《钱学森文集》卷四，国防工业出版社 2012 年版。
《马克思恩格斯文集》第 1 卷，人民出版社 2009 年版。
《马克思恩格斯文集》第 2 卷，人民出版社 2009 年版。
《马克思恩格斯文集》第 10 卷，人民出版社 2009 年版。
《列宁选集》第 1 卷，人民出版社 2012 年版。
《毛泽东文集》第 7 卷，人民出版社 1999 年版。
《马克思恩格斯文集》第 8 卷，人民出版社 2009 年版。
郑昕：《康德学述》，商务印书馆 2001 年版。
卢嘉锡等主编：《院士思维》卷一，安徽教育出版社 1998 年版。

第二章

北京大学现代科学与哲学研究中心编：《钱学森与现代科学技术》，人民出版社 2001 年版。
涂元季主编：《钱学森书信》第 5 卷，国防工业出版社 2007 年版。
涂元季主编：《钱学森书信》第 6 卷，国防工业出版社 2007 年版。
顾吉环、李明、涂元季编：《钱学森文集》卷五，国防工业出版社 2012

年版。
顾吉环、李明、涂元季编：《钱学森文集》卷三，国防工业出版社 2012 年版。
涂元季主编:《钱学森书信》第 7 卷，国防工业出版社 2007 年版。
涂元季主编:《钱学森书信》第 8 卷，国防工业出版社 2007 年版。
钱学森:《创建系统学》(新世纪版)，上海交通大学出版社 2007 年版。
涂元季主编:《钱学森书信》第 9 卷，国防工业出版社 2007 年版。
《马克思恩格斯文集》第 1 卷，人民出版社 2009 年版。
《张岱年文集》第 1 卷，清华大学出版社 1989 年版。
顾吉环、李明、涂元季编：《钱学森文集》卷四，国防工业出版社 2012 年版。
《马克思恩格斯文集》第 10 卷，人民出版社 2009 年版。
宗白华:《美学散步》，上海人民出版社 1981 年版。
[苏] 高尔基:《论文学》，孟昌、曹葆华、戈宝权译，人民文学出版社 1978 年版。
《马克思恩格斯文集》第 9 卷，人民出版社 2009 年版。
[美] C. F. 霍凯特:《现代语言学教程》(下)，索振羽、叶蜚声译，北京大学出版社 1987 年版。
《张志公作学术报告》,《北京社联通讯》1989 年第 3 期。
《列宁选集》第 2 卷，人民出版社 2012 年版。
《列宁全集》第 55 卷，人民出版社 1990 年版。
《斯大林选集》下卷，人民出版社 1979 年版。
《马克思恩格斯文集》第 5 卷，人民出版社 2009 年版。
《列宁全集》第 18 卷，人民出版社 1988 年版。
《毛泽东文集》第 7 卷，人民出版社 1999 年版。
涂元季主编:《钱学森书信》第 1 卷，国防工业出版社 2007 年版。
《毛泽东选集》第 2 卷，人民出版社 1991 年版。
[美] 威廉·卡尔文:《大脑如何思维——智力演化的今昔》，杨雄里、梁培基译，上海科学技术出版社 1996 年版。
[德] 赫尔曼·哈肯:《大脑工作原理——脑活动、行为和认知的协同学研究》，郭治安、吕翎译，上海科学技术出版社 2000 年版。
[美] 托玛斯·R. 布莱克斯利著：《右脑与创造》，傅世侠、夏佩玉译，

北京大学出版社 1992 年版。
涂元季主编:《钱学森书信》第 4 卷，国防工业出版社 2007 年版。
汪云九、杨玉芳等:《意识与大脑——多学科研究及其意义》，人民出版社 2003 年版。
《毛泽东选集》第 1 卷，人民出版社 1991 年版。
《中国大百科全书》(哲学卷 II)，中国大百科全书出版社 1987 年版。
王甦、汪安圣:《认识心理学》，北京大学出版社 1992 年版。
涂元季主编:《钱学森书信》第 2 卷，国防工业出版社 2007 年版。
涂元季主编:《钱学森书信》第 3 卷，国防工业出版社 2007 年版。
涂元季主编:《钱学森书信》第 9 卷，国防工业出版社 2007 年版。
[法] 埃德加·莫兰:《复杂思想：自觉的科学》，陈一壮译，北京大学出版社 2001 年版。
涂元季主编:《钱学森书信》第 10 卷，国防工业出版社 2007 年版。
北京大学现代科学与哲学研究中心编:《复杂性新探》，人民出版社 2007 年版。
苗东升:《论涌现》，《河池学院学报》2008 年第 1 期。
[美] 约翰·霍兰:《涌现》，陈禹等译，方美琪校，上海科学技术出版社 2001 年版。
[美] M. 盖尔曼:《夸克与美洲豹——简单性与复杂性的奇遇》，杨建邺、李湘莲等译，湖南科学技术出版社 1998 年版。

第三章

《马克思恩格斯文集》第 9 卷，人民出版社 2009 年版。
胡文耕:《信息、脑与意识》，中国社会科学出版社 1992 年版。
《毛泽东文集》第 7 卷，人民出版社 1999 年版。
《列宁全集》第 55 卷，人民出版社 1990 年版。
《毛泽东选集》第 1 卷，人民出版社 1991 年版。
王勤:《非理性的价值及其引导——社会发展视野里的非理性问题研究》，中共中央党校出版社 2001 年版。
何颖:《非理性及其价值研究》，中国社会科学出版社 2003 年版。
涂元季主编:《钱学森书信》第 9 卷，国防工业出版社 2007 年版。
王寿云等:《开放的复杂巨系统》，浙江科学技术出版社 1996 年版。

《冯定文集》第1卷，人民出版社1987年版。
涂元季主编:《钱学森书信》第5卷，国防工业出版社2007年版。
涂元季主编:《钱学森书信》第6卷，国防工业出版社2007年版。
涂元季主编:《钱学森书信》第8卷，国防工业出版社2007年版。
汪云九、杨玉芳等著:《意识与大脑——多学科研究及其意义》，人民出版社2003年版。
《毛泽东文集》第8卷，人民出版社1999年版。
涂元季主编:《钱学森书信》第1卷，国防工业出版社2007年版。
涂元季主编:《钱学森书信》第2卷，国防工业出版社2007年版。
涂元季主编:《钱学森书信》第3卷，国防工业出版社2007年版。

第四章

[英] A. N. 怀德海:《思维方式》，刘放桐译，商务印书馆2004年版。
《马克思恩格斯文集》第9卷，人民出版社2009年版。
《毛泽东文集》第8卷，人民出版社1999年版。
李淮春主编:《马克思主义哲学全书》，中国人民大学出版社1996年版。
卢明森:《思维奥秘探索——思维学导引》，北京农业大学出版社1994年版。
赵光武主编:《思维科学研究》，中国人民大学出版社1999年版。
复旦大学中文系文艺理论教研组编:《形象思维问题参考资料》第1辑，上海文艺出版社1978年版。
《社会科学战线》编辑部编:《形象思维问题论丛》，吉林人民出版社1979年版。
复旦大学中文系文艺理论教研组编:《形象思维问题参考资料》第2辑，上海文艺出版社1979年版。
哈尔滨师范学院中文系形象思维资料编辑组编:《形象思维资料汇编》，人民文学出版社1980年版。
《马克思恩格斯文集》第8卷，人民出版社2009年版。
李传龙:《形象思维研究》，中国文联出版公司1986年版。
总装备部科技委、总装备部政治部:《钱学森学术思想研究论文集》，国防工业出版社2011年版。
《马克思恩格斯文集》第10卷，人民出版社2009年版。

高尔基：《论文学》，孟昌、曹葆华、戈宝权译，人民文学出版社 1978 年版。
何邦泰：《形象思维概论》，广西人民出版社 1986 年版。
《马克思恩格斯文集》第 2 卷，人民出版社 2009 年版。
刘奎林、杨春鼎：《思维科学导论》，工人出版社 1989 年版。
蒋孔阳：《论文学艺术的特征》，新文艺出版社 1957 年版。
涂元季主编：《钱学森书信》第 2 卷，国防工业出版社 2007 年版。
张梦阳：《深读鲁迅，学会思考》，《光明日报》2012 年 10 月 31 日第 5 版。
涂元季主编：《钱学森书信》第 9 卷，国防工业出版社 2007 年版。
《列宁全集》第 55 卷，人民出版社 1990 年版。
郭沫若：《郭沫若诗话》，四川人民出版社 1984 年版。
陶伯华、朱亚燕：《灵感学引论》，辽宁人民出版社 1989 年版。
岳海、德新、晨光：《灵感奥秘试探》，黑龙江人民出版社 1989 年版。
刘奎林：《灵感——创新的非逻辑思维艺术》，黑龙江人民出版社 2003 年版。
张浩：《认识的另一半——非理性认识论研究》，中国社会科学出版社 2010 年版。
夏军：《非理性世界》，上海三联书店 2002 年版。
何颖：《非理性及其价值研究》，中国社会科学出版社 2003 年版。
涂元季主编：《钱学森书信》第 4 卷，国防工业出版社 2007 年版。
涂元季主编：《钱学森书信》第 7 卷，国防工业出版社 2007 年版。
《马克思恩格斯文集》第 1 卷，人民出版社 2009 年版。
《马克思恩格斯文集》第 10 卷，人民出版社 2009 年版。
《毛泽东选集》第 1 卷，人民出版社 1991 年版。
涂元季主编：《钱学森书信》第 3 卷，国防工业出版社 2007 年版。
涂元季主编：《钱学森书信》第 8 卷，国防工业出版社 2007 年版。
钱学森：《创建系统学》（新世纪版），上海交通大学出版社 2007 年版。
苗东升：《模糊学导引》，中国人民大学出版社 1987 年版。
《中国大百科全书》（哲学卷 I），中国大百科全书出版社 1987 年版。
季羡林：《东方文化与东方文学》，《文艺争鸣》1992 年第 4 期。
宗白华：《美学散步》，上海人民出版社 2000 年版。

袁行霈:《中国诗歌艺术研究》，北京大学出版社 1987 年版。
季羡林:《禅与东方文化》，商务印书馆国际有限出版公司 1996 年版。
钱锺书:《谈艺录》(补订本)，中华书局 1984 年版。
[法] 保尔·拉法格等:《回忆马克思恩格斯》，人民出版社 1973 年版。
《列宁全集》第 25 卷，人民出版社 1988 年版。
刘蔚华主编:《方法论辞典》，广西人民出版社 1988 年版。
李际钧:《军事战略思维》，军事科学出版社 1998 年版。
钱学森、王寿云、国志:《组织管理的技术——系统工程》，《文汇报》1978 年 9 月 27 日。
中共中央组织部等:《迎接新的技术革命》(上)，湖南科学技术出版社 1984 年版。
《毛泽东选集》第 2 卷，人民出版社 1991 年版。
《毛泽东选集》第 4 卷，人民出版社 1991 年版。
《建国以来重要文献选编》第 9 册，中央文献出版社 1991 年版。
《马克思恩格斯文集》第 4 卷，人民出版社 2009 年版。
《全国毛泽东哲学思想讨论会论文集》，广西人民出版社 1982 年版。
《列宁全集》第 39 卷，人民出版社 1986 年版。
《邓小平文选》第 3 卷，人民出版社 1993 年版。
江泽民:《论科学技术》，中央文献出版社 2001 年版。
《列宁选集》第 1 卷，人民出版社 2012 年版。
《马克思恩格斯文集》第 5 卷，人民出版社 2009 年版。
《列宁选集》第 4 卷，人民出版社 2012 年版
《列宁选集》第 2 卷，人民出版社 2012 年版
《列宁全集》第 8 卷，人民出版社 1986 年版。
《列宁全集》第 40 卷，人民出版社 1986 年版。
《列宁全集》第 39 卷，人民出版社 1986 年版。
《列宁全集》第 47 卷，人民出版社 1990 年版。

第五章

刘长林:《从系统和信息观点看〈周易〉经传》，《哲学研究》1988 年第 3 期。
[德] 黑格尔:《哲学史讲演录》第 1 卷，三联书店 1956 年版。

[美] 米歇尔·沃尔德罗普：《复杂：诞生于秩序和混沌边缘的科学》，陈玲译，三联书店 1997 年版。

[比] I. 普里高津：《从存在到演化》，《自然杂志》1980 年第 1 期。

马得清：《有一说“一”》，《光明日报》2012 年 5 月 16 日第 12 版。

[比] G. 尼科里斯、I. 普里高津：《探索复杂性》，罗久里、陈奎宁等译，四川教育出版社 1986 年版。

[比] I. 普里高津、[法] I. 斯唐热：《从混沌到有序》，曾庆宏、沈小峰译，上海译文出版社 1987 年版。

[德] H. 哈肯：《协同学讲座》，宁存政、李应刚译，陕西科学技术出版社 1984 年版。

[德] H. 哈肯：《协同学——自然成功的奥秘》，戴鸣钟译，上海科学技术出版社 1988 年版。

[德] H. 哈肯：《协同学和认知科学》，杨家本译，清华大学出版社、广西科学技术出版社 1994 年版。

钱学森：《创建系统学》（新世纪版），上海交通大学出版社 2007 年版。

中国科学院哲学研究所中国哲学史组，北京大学哲学系中国哲学史教研室：《中国历代哲学文选·先秦编》（上），中华书局 1962 年版。

《马克思恩格斯文集》第 4 卷，人民出版社 2009 年版。

《列宁全集》第 55 卷，人民出版社 1990 年版。

《毛泽东选集》第 1 卷，人民出版社 1991 年版。

《孙中山全集》第 7 卷，中华书局 1985 年版。

潘永祥主编：《自然科学发展简史》，北京大学出版社 1984 年版。

申漳：《简明科学史话》，中国青年出版社 1981 年版。

曾近义主编：《中西科学思想比较》，广东高等教育出版社 1993 年版。

汪应洛主编：《系统工程导论》，机械工业出版社 1982 年版。

本社主编：《祖国》，中国青年出版社 1981 年版。

吴良镛：《中国建筑与城市文化》，昆仑出版社 2009 年版。

吴良镛：《学术文化随笔》，中国青年出版社 2002 年版。

钱学森：《论宏观建筑与微观建筑》，杭州出版社 2001 年版。

卢嘉锡等主编：《院士思维》卷一，安徽教育出版社 1998 年版。

《列宁选集》第 2 卷，人民出版社 2012 年版。

张其成：《中医里面的国学》，《光明日报》2013 年 7 月 1 日第 15 版。

陆广莘：《中医学之道——陆广莘论医集》，人民卫生出版社2001年版。
顾吉环、李明、涂元季编：《钱学森文集》卷四，国防工业出版社2012年版。
顾吉环、李明、涂元季编：《钱学森文集》卷三，国防工业出版社2012年版。
胡其峰：《原创思维：国家进步的灵魂——王琦教授谈中医原创思维研究》，《光明日报》2012年6月21日第13版。
李明、顾吉环、涂元季编：《钱学森书信补编》第5卷，国防工业出版社2012年版。
顾吉环、李明、涂元季编：《钱学森文集》卷二，国防工业出版社2012年版。
《马克思恩格斯文集》第10卷，人民出版社2009年版。
《马克思恩格斯文集》第9卷，人民出版社2009年版。
王寿云等：《开放的复杂巨系统》，浙江科学技术出版社1996年版。
《毛泽东文集》第7卷，人民出版社1999年版。
《张岱年文集》第1卷，清华大学出版社1989年版。
《周恩来年谱（1949—1976）》中卷，中央文献出版社2007年版。
《周恩来文化文选》，中央文献出版社1998年版。
《周恩来年谱（1949—1976）》下卷，中央文献出版社2007年版。
李明、顾吉环、涂元季编：《钱学森书信补编》第3卷，国防工业出版社2012年版。
顾吉环、李明、涂元季编：《钱学森文集》卷六，国防工业出版社2012年版。
《毛泽东选集》第3卷，人民出版社1991年版。
《毛泽东选集》第2卷，人民出版社1991年版。
胡锦涛：《在庆祝中国共产党成立90周年大会上的讲话》，人民出版社2011年版。
张文儒：《中外名战与名帅——兼论东西方兵学文化意识》，当代中国出版社1996年版。
张文儒：《中华兵学的魅力——中国兵学文化引论》，北京大学出版社2008年版。
钮先钟：《中国战略思想史》，台湾黎明文化事业公司1992年版。

《毛泽东选集》第 4 卷，人民出版社 1991 年版。
《全国毛泽东哲学思想讨论会论文集》，广西人民出版社 1982 年版。
《张岱年哲学文选》（上），邓九平编，中国广播电视出版社 1999 年版。
杨雪：《李约瑟与李约瑟之谜》，《光明日报》2013 年 1 月 14 日第 12 版。
《毛泽东文集》第 5 卷，人民出版社 1999 年版。

第六章

《中国大百科全书》（哲学Ⅱ），中国大百科全书出版社 1987 年版。
李淮春主编：《马克思主义哲学全书》，中国人民大学出版社 1996 年版。
《列宁选集》第 2 卷，人民出版社 2012 年版。
江泽民：《在考察中国人民大学时的讲话（摘录）》，《高校理论战线》2002 年第 5 期。
《马克思恩格斯文集》第 1 卷，人民出版社 2009 年版。
《马克思恩格斯文集》第 5 卷，人民出版社 2009 年版。
《马克思恩格斯文集》第 9 卷，人民出版社 2009 年版。
《列宁全集》第 55 卷，人民出版社 1990 年版。
《毛泽东选集》第 2 卷，人民出版社 1991 年版。
钱学森著：《创建系统学》（新世纪版），上海交通大学出版社 2007 年版。
《毛泽东选集》第 1 卷，人民出版社 1991 年版。
《马克思恩格斯文集》第 10 卷，人民出版社 2009 年版。
《毛泽东文集》第 7 卷，人民出版社 1999 年版。
［奥］L. V. 贝塔朗菲：《一般系统论——基础 发展 应用》，秋同、袁嘉兴译，社会科学文献出版社 1987 年版。
贾泽林、王炳之：《系统理论对哲学提出的新课题》，《哲学研究》1980 年第 2 期。
D. 麦奎里、T. 安贝克：《马克思和现代系统论》，《国外社会科学》1979 年第 6 期。
［苏］B. Л. 库兹明：《马克思理论和方法中系统性原则》，三联书店 1980 年版。
《马克思恩格斯文集》第 4 卷，人民出版社 2009 年版。
《列宁选集》第 1 卷，人民出版社 2012 年版。
涂元季主编：《钱学森书信》第 7 卷，国防工业出版社 2007 年版。

涂元季主编:《钱学森书信》第 5 卷，国防工业出版社 2007 年版。

钱学森、王寿云、许国志:《组织管理的技术——系统工程》，《文汇报》1978 年 9 月 27 日。

中共中央组织部等:《迎接新的技术革命》(上册)，湖南科学技术出版社 1984 年版。

习近平:《关于〈中共中央关于全面深化改革若干重大问题的决定〉的说明》，《光明日报》2013 年 11 月 16 日第 5 版。

涂元季主编:《钱学森书信》第 6 卷，国防工业出版社 2007 年版。

涂元季主编:《钱学森书信》第 8 卷，国防工业出版社 2007 年版。

童天湘:《论智能革命——高科技发展的社会影响》，《中国社会科学》1988 年第 6 期。

后　记

笔者尽管诸病缠身，然而只要一息尚存，就仍奋斗不止。在课题研究期间，每天上午只能写作两个小时左右。写的时候，左手摁着稿纸，右手有点哆嗦，一笔一画艰难地进行。每次写作半个小时，一因头晕（心脏病、脑梗死），二因腰病（腰椎骨折），就得休息一会儿。如此循环，上午实际写作就两个小时左右。就这样花了 5 年时间断断续续地写成了书稿。下午和晚上不敢写作，只能浏览各种报刊和相关书籍。一是为专题研究服务，二是广义的学习，博取各方面的知识营养。

在课题研究期间，笔者参考了国内外大量的相关文献。对这些文献的著者、编者谨致衷心的谢意。

2011 年 12 月 20 日，我摔了一跤（脑梗死后第 16 次摔跤），腰椎骨折三处，卧床 5 个多月。2012 年 8 月 22 日又摔了一跤，腰椎间盘突出两处，腰椎骨折一处，胸椎骨折一处，卧床 3 个多月。在病卧期间，感谢各方面人士的关心和照顾。总政政法干部训练班年近九旬的郭毅同志委托他的公子代他前来探视。总参工程兵第四设计院李世辉教授托人从辽宁购得三花接骨散一个月药量，由他的夫人李银荣女士陪同于严冬凌晨 5 点多钟启程到我家赠药。中央音乐学院刘育熙教授偕其夫人邓克女士前来探望。首都医科大学北京中医医院符友丰教授从 2007 年 8 月我脑梗死出院到 2012 年 12 月底莅舍为我义诊。中央民族大学李冰教授送来北京同仁堂的接骨药酒。我们系的领导、同事和社区居委会党支部对我更是关怀备至。我的好友、同学、学生几十人次前来探望，给我以巨大的鼓舞力量。

在病卧期间，我的老伴因陪护她的母亲（一位老革命）在北京大学第三医院抢救，无暇顾及我。我的弟弟冯国斌从苏北农村两次来京，照顾我 70 多天。他用轮椅推我到医院输液，并且照顾我的生活。

在课题研究和病卧期间，我的亲家杜维明大夫和他的夫人毛梅女士主动承担起养育我的孙子的重担，从出生之日起到上小学前的 6 年时间里，付出了大量的心血和辛劳，使我家的生活能够正常运转，我的课题研究得以持续进行。

多年来，我的老伴侯建苓女士为我四处求医，精心照料生活。我的儿子冯刚、儿媳杜丁丁对我们十分孝敬，孙子非常聪明，活泼可爱。这些都给了我很大的安慰和精神鼓舞。

书稿完成后，钱永刚教授曾表示愿意鼎力相助。后来，得到我系“黄枏森项目”的资助，使本书得以面世。中国社会科学出版社勇于承担发展文化的历史重任，同意接纳本书书稿，责任编辑喻苗编审为本书的出版付出了大量的辛劳。

对上述各方面人士所给予的关怀、支持和帮助，再一次表示衷心的谢意。

在本书即将付梓之时，仅作小诗一首，以表心志：

思维深蕴智慧花，人类探求踪无涯。
幸与马哲交互动，春色满园竟奇葩。

著　者

2015 年 1 月于北京蓝旗营草思斋